丝绸之路的起点——西安

赵 荣 秦中朝 编著

陕西新华出版传媒集团
三秦出版社

图书在版编目（C I P）数据

丝绸之路的起点——西安 / 赵荣，秦中朝编著.
—西安：三秦出版社，2016.12
ISBN 978-7-5518 -1227 -6

Ⅰ.①丝… Ⅱ.①赵… ②秦… Ⅲ.西安 - 概况
Ⅳ.①K924.11

中国版本图书馆CIP数据核字（2016）第318971号

丝绸之路的起点—— 西安

赵 荣 秦中朝 编著

出版发行	陕西新华出版传媒集团 三秦出版社
社 址	西安市北大街147号
电 话	（029）87205121
邮政编码	710003
印 刷	陕西博文印务有限责任公司
开 本	787mm × 1092mm 1/ 16
印 张	30.75
字 数	436千字
版 次	2016年 12月第1版
	2018年 5月第 2次印刷
标准书号	ISBN 978-7-5518-1227-6
定 价	86.00元
网 址	http://www.sqcbs.cn

陕西省地图

陕西省标准地图 · 基础要素版

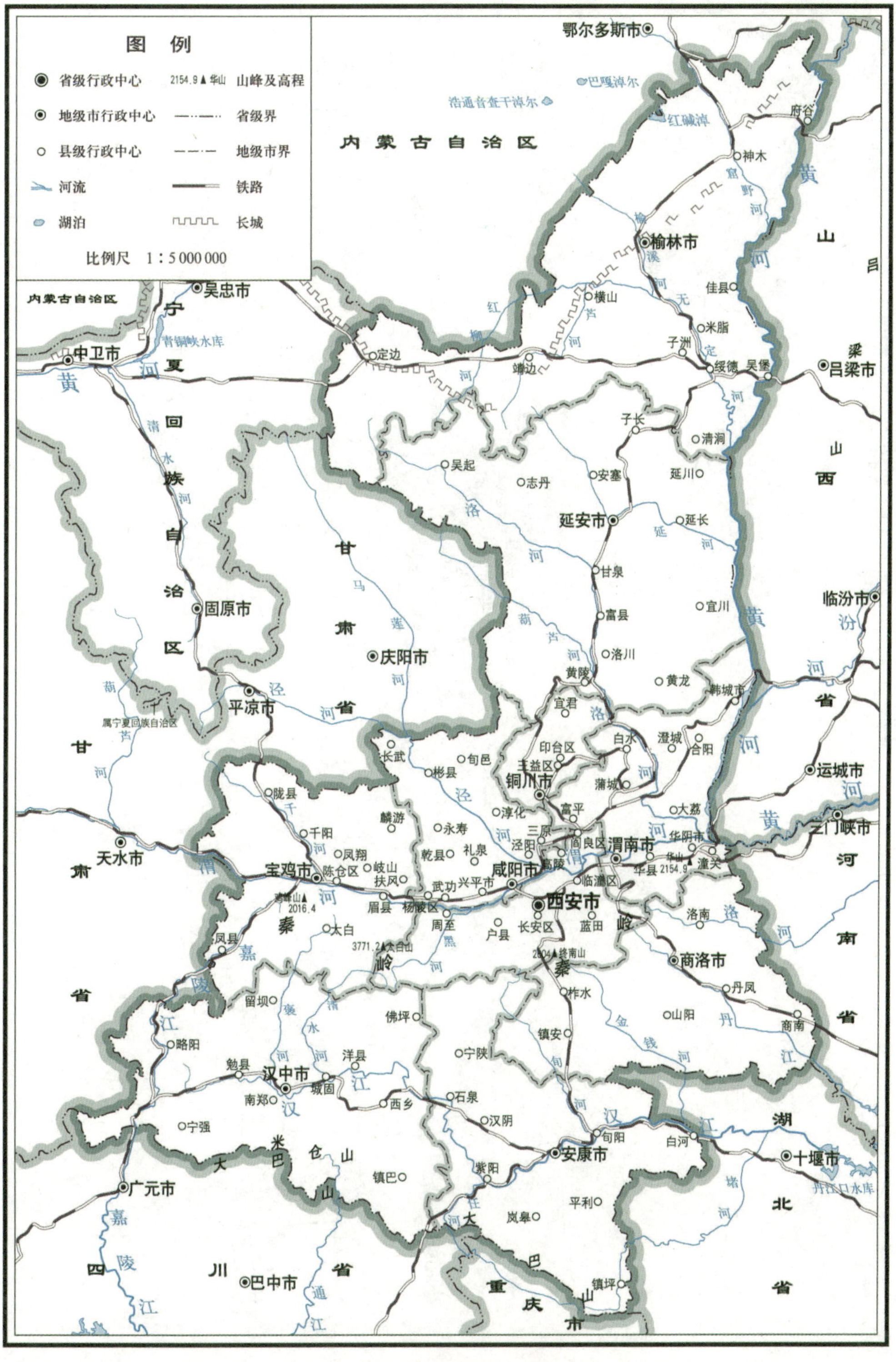

西安在陕西省的地理位置

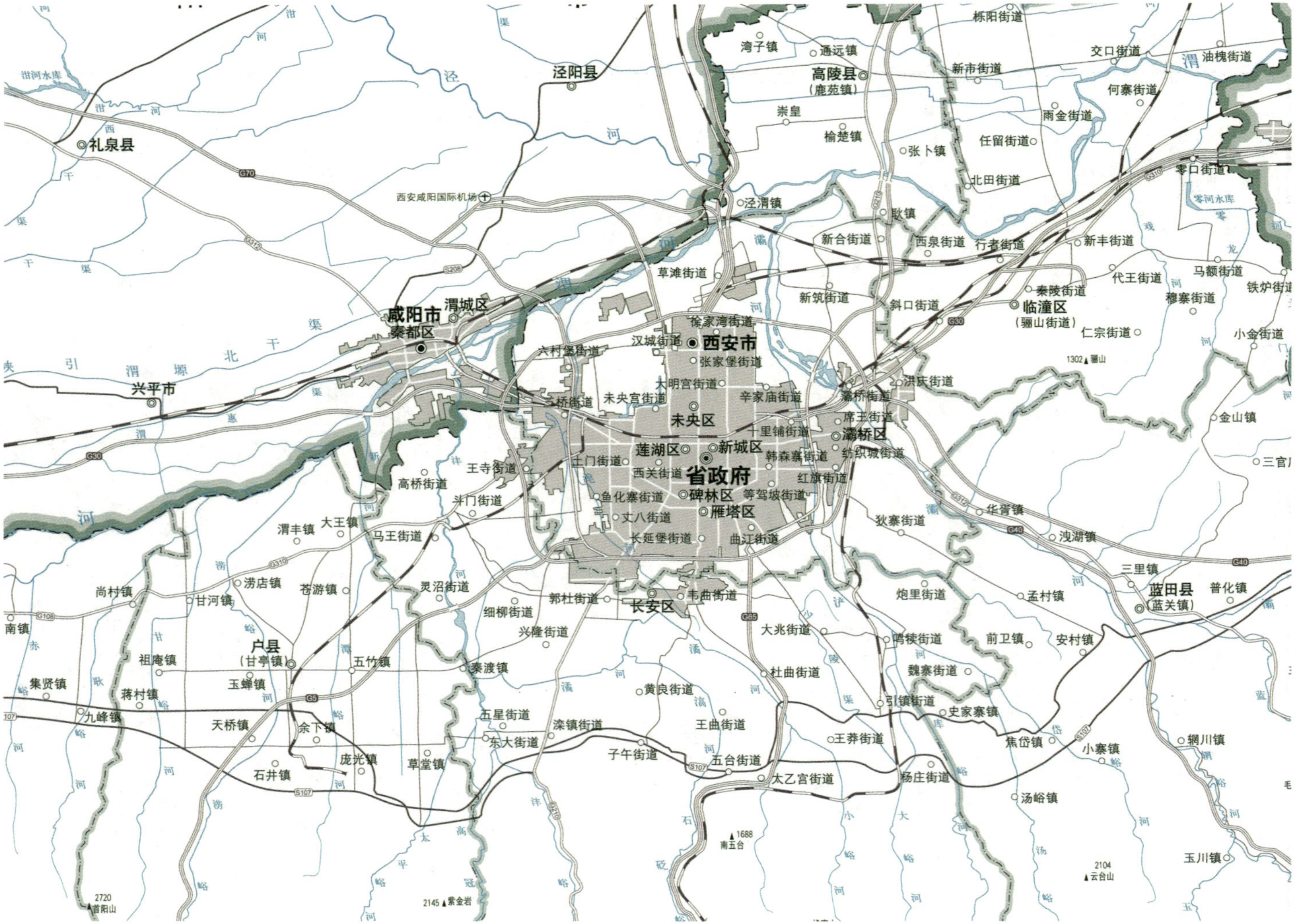
西安市
省政府
咸阳市
秦都区
渭城区
泾阳县
高陵县
(鹿苑镇)
临潼区
(骊山街道)
蓝田县
(蓝关镇)
户县
(甘亭镇)
兴平市
礼泉县
长安区
未央区
新城区
莲湖区
碑林区
雁塔区
灞桥区
西安咸阳国际机场
泔河水库
零河水库
湾子镇
通远镇
崇皇
榆楚镇
张卜镇
泾渭镇
耿镇
新合街道
新筑街道
草滩街道
徐家湾街道
汉城街道
六村堡街道
张家堡街道
大明宫街道
未央宫街道
三桥街道
辛家庙街道
洪庆街道
灞桥街道
席王街道
十里铺街道
韩森寨街道
纺织城街道
红旗街道
土门街道
西关街道
鱼化寨街道
丈八街道
长延堡街道
等驾坡街道
曲江街道
王寺街道
斗门街道
高桥街道
马王街道
渭丰镇
大王镇
涝店镇
苍游镇
灵沼街道
郭杜街道
韦曲街道
细柳街道
兴隆街道
秦渡镇
五竹镇
尚村镇
甘河镇
南镇
祖庵镇
集贤镇
蒋村镇
玉蝉镇
九峰镇
天桥镇
余下镇
庞光镇
石井镇
草堂镇
五星街道
东大街道
滦镇街道
子午街道
黄良街道
王曲街道
五台街道
太乙宫街道
大兆街道
杜曲街道
王莽街道
引镇街道
鸣犊街道
魏寨街道
史家寨镇
杨庄街道
狄寨街道
炮里街道
孟村镇
前卫镇
安村镇
华胥镇
洩湖镇
三里镇
普化镇
焦岱镇
小寨镇
汤峪镇
辋川镇
玉川镇
金山镇
三官庙
小金街道
仁宗街道
秦陵街道
斜口街道
代王街道
穆寨街道
马额街道
铁炉街道
新丰街道
行者街道
西泉街道
零口街道
北田街道
任留街道
雨金街道
何寨街道
交口街道
油槐街道
新市街道
栎阳街道
1302 骊山
1688 南五台
2104 云台山
2145 紫金岩
2720 首阳山

西安城区周边地图

陆上丝绸之路路线示意图（采集自三秦版《丝绸之路中国段文化遗产研究》）

陕西历史博物馆

宝鸡青铜器博物院

西安碑林博物馆碑亭

宝鸡杨家村青铜器窖藏

（西周）何尊

（西周）四十二年逨鼎

秦始皇陵出土铜车马 2 号车（安车）

（春秋）秦公钟

（唐）鎏金铁芯铜龙

（西汉）汉武帝茂陵出土鎏金铜马

（唐）摩羯纹金杯

前　言

西安，古称长安。位于中国内陆腹地的黄河中游地区的关中盆地，这里山川锦绣，四塞险固，资源丰富，物华天宝，优越的自然环境为中国古代社会历史发展与文明演进提供了得天独厚的自然背景，造就了陕西作为中华文明肇兴之地的重要地位。

远在100万年前，蓝田猿人就在此生存繁衍。距今六七千年，仰韶文化的半坡人在此创造了母系氏族社会的繁荣。新石器时代晚期，中华民族的始祖炎黄氏族部落活动、勃兴于黄河与渭河流域，拉开了中国古代文明的序幕。周人居陕年久，始封于邰，继迁于豳，进而经营周原，建都丰镐，于此制礼作乐，祭祀宴飨，铸典章于金石，余泽绵绵久远。秦人崛起于西北，以咸阳为国都，挥戈东进，横扫六合，开创了中国历史上第一个中央集权的封建王朝，其所创建的政治制度垂千年而不易。秦亡而汉并天下，于公元前202年定都长安，建立西汉王朝，历时200余载。汉武帝定儒术为一尊，休养生息，开边拓土，凿通西域，开拓了人类历史上沟通东西方文化与商贸往来的“丝绸之路”，国力强盛，声威远被。隋统一后，于今西安建都城大兴。唐因其址，名为长安，历“贞观之治”“开元盛世”，海纳百川，八方辐辏，“万国衣冠拜冕旒”，达于中国封建社会辉煌的巅峰。唐以后，随着全国政治、文化中心迁移，长安失去国都地位，昔日辉煌渐成前朝旧事，然陕西仍不失西北名藩地位。1935年后，中共中

央和中央红军到达陕北，此后 13 年，陕北遂成为中国共产党艰苦砥砺、成长壮大并最终夺取全国政权最为重要的根据地，享有“革命圣地”之誉。

“秦中自古帝王州”。从西周至唐代，先后有 14 个王朝在陕西建都，历时 1100 余年。尤其是西周、秦、西汉、隋、唐数朝，西安作为全国政治、经济、文化中心，遂臻中国历史最为繁盛强大之时期，无论是以中国历史发展的纵坐标，抑或是以世界格局的横坐标去认识与观照，西安都不失为一种辉煌历史的典范。这种千载国都的地位，以及居于“中央”和“京畿”的区位优势，不仅使得这里文物之盛甲于神州，也决定了这里文化遗存的悠久性、丰富性和至高性，代表了古代中华文明的最高水平。国家主席习近平曾说，陕西是“天然的历史博物馆”，诸多文物是中华文明的精神标识和中国革命的精神标识。包括古遗址、古墓葬、古建筑、石窟寺与石刻、近现代重要史迹及代表性建筑，以及其他遗迹遗存等。尤其是西安附近所遗留的宗周旧迹、秦汉遗珍、隋唐故墟，莫不尽萃于此，成为国家文脉和民族精神的寄托。

关于关中、长安区域的考古和历史文化研究，历来深受学者重视，学术成果丰硕浩繁。抱着“将小众发现变成大众文化”的理念，我们也曾组织专家学者编写过陕西历史文化普及类图书，如《人文陕西》《话说西安十三朝》等。

2013 年，当国家主席习近平提出“一带一路”战略的时候，我们正经历丝绸之路跨国申报世界文化遗产的最后冲刺阶段。习近平主席在哈萨克斯坦说：“我的家乡中国陕西省，就位于丝绸之路的起点。站在这里，回顾历史，我仿佛听到了山间回荡的声声驼铃，看到了大漠飘飞的袅袅孤烟。”再次使西安、陕西历史文化成为中外媒体和学者们关注的热点。

特别是，2014 年 6 月 22 日在卡塔尔的世界遗产大会上，包括汉长安未央宫、唐大明宫等七处陕西境内遗址的“丝绸之路——长安至天山廊道段”申遗成功时，我们深感为社会提供一本关于丝绸之路起点——西安（长安）的图书的必要性和重要性。很荣幸本书选题入选了 2014 年度陕西省重大文化精品项目。

我们曾分别主编的《人文陕西》《话说西安十三朝》，有一个共同的特点就是运用多年来的考古发现资料，以朝代为序，分从地理、政治、经济、军事、文化、宫苑建筑、宗教、艺术等方面立体式展示每一个朝代的历史全貌。朝代清晰，史料详实。但是，有一个缺陷，就是通俗性还稍显不足，尤其是对于历史学而外的普通读者，并不直截了当。因此，我们商议，在原有两书的基础上，重新编写一部书，采取一事一记、叙事与议论结合的方式，读者阅读一篇，就能明白一件历史事件，了解一件历史掌故，借鉴一个历史经验或者教训。我们将历史背后的故事尽可能解读出来，让读者在阅读之中也有所反思。全书设置 8 个部分：一、天府之国，中国长安；二、历史悠久，文明源脉；三、凤鸣岐山，赫赫宗周；四、九都八迁，大秦一统；五、汉并天下，立都长安；六、五胡交融，隋定大兴；七、东方之都，盛唐长安；八、西部重镇，西安肇兴。规划了 108 个专题，尽力按照历史的发展顺序罗列开来。其内容主要借鉴了上两书的精华部分，并增加了最新的研究动态和理解。为尊重原创作者的劳动，对于一些特别专业的篇章，虽有改动，但依然在篇末保留原有作者的署名。在此特别感谢李郁先生的执着和负责，他担负了全书的文字组织和梳理，也特别感谢《人文陕西》和《话说西安十三朝》两书的原创作者和顾问团队：王世平、谭前学、

尹夏清、姬乃军、徐良高、武复兴、黄留珠、王学理、杜文玉等先生的辛勤劳动和贡献。

由于近年来的区域规划和地名更改频繁，我们在引用有关资料的时候，保留原有资料所标注的区域地名，若有不便，敬请谅解。同时，本书在选用图片的时候，基本上采用的是考察参观时所拍摄的实景图片，虽然没有专业拍摄的文物图片清晰美观，但与读者参观时所见的展品状态基本一样，能够给读者以身临其境的感觉。如有不能令读者尽兴之处，亦望谅解。如果展柜没有更改，则以此书对照观赏，或可获意外之喜。由于笔者水平有限，错误之处在所难免，还请方家指正为盼。

赵荣

2017.5.16 于西安

目　录

壹　天府之国　中国长安

一、山高水长，沃野千里——古人选择长安建都的关键因素

西安古称长安，位于渭河平原的中部稍南。地处秦岭之北，渭水之南。渭河平原土壤肥沃，农业发展较早，物产比较丰富。西汉司马迁曾说“关中自汧雍以东至河华，膏壤沃野千里，自虞夏之贡以为上田”（《史记·货殖列传》）。东方朔则更称之为“天府”“陆海”（《汉书·东方朔传》）。

渭河平原又被称之为关中盆地、关中平原。渭河从西而东贯穿了关中盆地的始终。渭河是一条古老的河流，支流河道很多，经过长期泛滥和冲积，逐渐堆集成了平原，地势较低而平坦，幅员辽阔，气候温和，

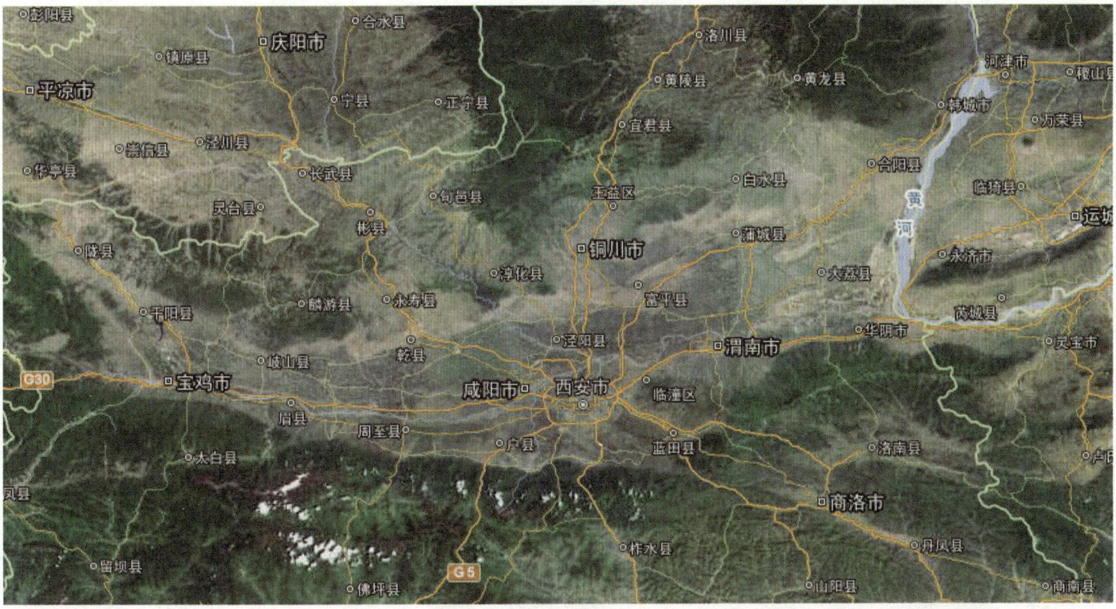

图 1–1　关中平原地形图

雨量适宜，是人类最早的发祥地之一，是人类良好的生活繁衍区和植物生长区。关中平原南北较窄，宽度不一；东西较长，约有 360 公里，号称八百里秦川。依赖着渭河发展的雍（今陕西凤翔）、栎阳、咸阳、长安等城市，在两千多年以前，已经和西南的巴蜀（今四川一带）、西边的羌中（今青海一带）、北边的戎翟，在商业上有着繁密的联系。这个盆地曾是古代中国最富庶的地区。司马迁在《史记·货殖列传》中评论说："故关中之地，于天下三分之一，而人众不过什三，然量其富则什居其六。"

长安被山带河，"名山甲于天下"，三面环山，南秦岭，北高原，西连陇山山脉，渭河贯通，东有黄河天险，具备"建邦设都，皆凭险阻"（《通志·都邑序》）的天然有利条件。同时，长安地区水源丰富，河流纵横，南有滈河、潏水、北有泾、渭，东有浐、灞，西有沣、涝，正是所谓"八水绕长安"的天然资源，为其繁荣奠定了基础。

长安周边坡原起伏，沃野千里，水源充足，是最适宜人类生存和发展的区域。优越的自然环境在古长安的历史上发挥着非常重要的作用。

二、"关中"之"关"："四塞以为固"

《史记》卷六十九《苏秦列传》记载，战国时期，苏秦曾到秦国游说秦惠王说："秦，四塞之国，被山带渭，东有关、河，西有汉中，南有巴蜀，北有代马，此天府也。以秦士民之众，兵法之教，可以吞天下，称帝而治。"由于商鞅的原因，这时的秦王对这些四处游说的所谓策士非常反感，没有采纳他的建议，于是苏秦发奋游说东方六国合纵抗秦。

图 2-1　函谷关图

《史记》卷七十九《范雎列传》记载，秦昭襄王时，范雎入秦，游说秦王说："大王之国，四塞以为固，北有甘泉、谷口，南带泾、渭，右陇、蜀，左关、陂，奋击百万，战车千乘，利则出攻，不利则入守，此王者之地也。"他得到秦王的重用，从此，秦国日益强盛，六国之势力渐渐衰弱。

《资治通鉴》卷九《汉纪一》记载，秦朝灭亡以后，项羽以西楚霸王的名义号令天下，分封诸侯。有个叫韩生的谋士建议项羽说："关中，阻山带河，四塞之地，地肥饶，可都以霸。"项羽未从，口出狂言：大丈夫当衣锦还乡。于是还都彭城（今江苏徐州），却将原有秦国的故地分封给章邯、司马欣、董翳三降将。丧失了大好的基业，因而遭到韩生嘲笑说："楚人沐猴而冠，果不其然。"

然而，被项羽封为汉王的刘邦却励精图治，明修栈道，暗度陈仓，自汉中还定三秦，并且以关中为基地，东向以争天下。从公元前206年八月，到公元前202年十二月，不到五年时间，终于消灭了项羽，统一了天下。

最初，刘邦想要定都洛阳，得到了文武百官的响应，但是，有一个叫娄敬的下级士兵，却大胆建议说："秦地被山带河，四塞为固，卒然有急，百万之众可立具也。因秦之故，资甚美膏腴之地，此所谓天府者也。陛下入关而都之，山东虽乱，秦之故地可全而有也。夫与人斗，不搤其吭、拊其背，未能全其胜也；今陛下案秦之故地，此亦搤天下之吭而拊其背也。"（《资治通鉴》卷十一《汉纪三》）于是出现了洛阳和长安之争。刘邦犹豫不决，只好请教张良。张良分析说："关中，左崤函，右陇蜀，沃野千里，南有巴蜀之饶，北有胡

图 2-2　大散关图

宛之利，阻三面而守，独以一面东制诸侯；诸侯安定，河、漕挽天下，西给京师；诸侯有变，顺流而下，足以委输。此所谓金城千里，天府之国也。”（《资治通鉴》卷十一《汉纪三》）刘邦遂定都长安。

然而，作为长安的“四塞”，究竟是哪四塞呢？古人认为，关中盆地东有函谷关（位于今河南境内与陕西接近处，潼关以东），南有武关（位于今陕西商洛丹凤县境内），北有萧关（位于今宁夏固原市东南），西有散关（位于今陕西宝鸡市境内）。这几处借助天然的山谷形成关塞天险，具有极其重要的战略地位。依赖这四处关塞为据点，形成了一条条险阻的山水链条，构成了以渭河平原为中心的大片秦国故地的天然保护屏障，因而，人们就将这四塞之地称为关中。关中凭借这些天险，进可以攻，退可以守。

三、长安之水：“荡荡乎八川分流”

水是地球生命赖以生存的重要资源。因此，逐水草而居，是地球生命的本能需求。远古的人类繁衍生息的聚居地都离不开水源。古代西安附近的地面水源很丰富，素有“八水绕长安”之说。围绕着西安古城，北有泾、渭，东有浐、灞，南有滈、潏，西有沣、涝，八条河流，号称长安八水。西汉司马相如《上林赋》说：“终始霸、浐，出入泾、渭，酆（沣）、镐（滈）、潦（涝）、潏，纡余委蛇，经营乎其内，荡荡乎八川分流，相背而异态。”因此，西安的历史发展、环境变迁、文化兴衰，在“八川”的荡荡分流中均留下了丰富的记忆。

渭河 源出甘肃省渭源县鸟鼠山，东南流入陕西境内，横贯关中平原。由北向南流的金陵河、汧河、漆河、泾河、石川河、洛河等，以及由南向北流的黑河、涝河、沣河、浐河、灞河、潼河、戏河、潏河、赤水河等，均先后流入渭河，使渭河成为一条羽状河流，东到潼关，汇入黄河。渭河北岸河流多自陇东和陕北黄土高原流下，挟有大量泥沙，致使渭河水流特别混浊。南岸河流源近流短，大河不多，但皆从秦岭北麓沟峪流出，水势变化较大。

渭河是关中的母亲河，是中华民族的重要发祥地，是中华民族文化发育成长的主要地区之一。渭河沿岸遍布的许许多多古代文化遗址，蕴藏着大量考古研究的重要资料。现在的西安附近，是周、秦、汉、隋、唐等 13 个王朝的首都所在，这和渭河的滋养密切相关。

秦汉以来，渭河上便架设有桥梁。渭河桥梁便利了渭河南北交通，对长安的经济、军事有重要价值。据历史记载，渭河上有三座著名的桥梁：

中渭桥 秦、汉、唐三代都曾在渭河上架设桥梁，以便利交通。秦始皇二十七年（前 220）修建横桥，跨渭河南北，汉代改名石柱桥，亦名中渭桥，宽两丈、长三百八十步，位置约在今咸阳市东窑店附近。

东渭桥 在高陵县渭桥镇附近，建于汉高祖或汉景帝时期，主要用以便利长安和栎阳的往来。

西渭桥 汉武帝建元三年（前 138），主要为便利长安和茂陵的交通，又在石柱桥以西另修一桥，因为位置接近长安的便门，故名便门桥，亦名西渭桥。

及至唐代，此三桥仍旧存在。据历史记载，唐肃宗至德二载（757），郭子仪收复长安，自西渭桥进屯潏西；唐代宗广德元年（763），吐蕃兵犯长安，命筑城于户县及中渭桥，屯兵以备之；唐文宗开成五年（840），日本僧人圆仁到长安，经过东渭桥，在他的《入唐求法巡礼行记》中说：“到高陵县渭桥，渭河宽一里许，桥阔亦尔。镇临渭水，在北岸上。”

泾河 是渭河第一大支流，发源于宁夏六盘山东麓，全长 455 公里，流域面积 4.5421 万平方公里，在西安以北流入渭河。泾河下游是中国水利开发最早的地区。秦王政元年（前 246）凿泾水，兴建著名的郑国渠。《汉书·沟洫志》上说：“举臿为云，决渠为雨，泾水一石，其泥数斗，且溉且粪，长我禾黍，衣食京师，亿万之口。”泾河虽距长安较远，但从“衣食京师，亿万之口”两句，可以想见泾河在经济上和长安关系的密切。

郑国渠是依赖泾河水资源所修建，是古代关中第一项大型水利工程。《汉书·沟洫志》说：“韩闻秦之好兴事，欲罢（音疲）之，无令东伐。乃使水工郑国间说秦，令凿泾水……中作而觉，秦欲杀郑国。

郑国曰：‘始臣为间，然渠成亦秦之利也。臣为韩延数岁之命，而为秦建万世之功。’秦以为然，卒使就渠。渠成而用……四万余顷，收皆亩一钟。于是关中为沃野，无凶年。秦以富强，卒并诸侯。因名曰郑国渠。”

沣河　又叫丰水、沣水，在远古的时候，就是一条著名的河流。《诗经·文王有声》上说“丰水东注，维禹之绩”。沣河出自终南山的丰谷，融汇高冠谷、太平谷二水，又接纳、承接了潏水而来的滈水，至咸阳境内入于渭河。西周的丰京在沣水西，镐京在沣水东，秦咸阳、汉长安也都在沣、渭交汇处附近。汉唐时有名的昆明池，也主要是依靠沣水形成并维护的。

浐河　位于西安东郊，源出蓝田县西南的秦岭山中，先后会合了库峪、石门峪、荆峪诸水，流至西安十里铺以北，与灞水汇合流入渭河。浐河水缓缓地流淌在白鹿原与少陵原之间，河谷宽阔，于是形成平畴沃野，与樊川、御宿川号称长安三大川。浐河和古长安的关系最为密切。唐代长安城内的曲江池、兴庆池、太液池的水，均是通过黄渠、龙首渠引自浐河。

灞河　原名滋水，位于浐河之东，与浐河并行，距西安城 10 公里。

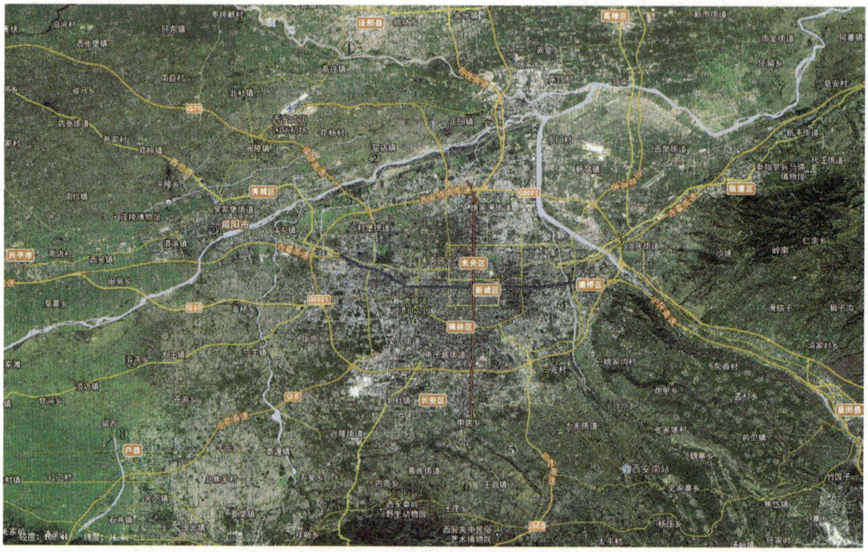

图 3-1　西安周围水系图

①泾河　②渭河　③灞河　④浐河　⑤潏河　⑥滈河　⑦沣河　⑧涝河

春秋时秦穆公称霸西戎，欲显耀其武功，修筑霸城，改滋水名为灞水。其源亦出自蓝田县东南的秦岭山中，先后会合刘峪、蓝峪、辋川诸水，循白鹿原之东北，在光泰庙附近合浐水后入于渭河。

灞河横亘在西安之东，东西往来者必渡此水，因而宋朝程大昌《雍录》说：“此地最为长安冲要，凡自西东两方面而出入峣、潼两关者，路必由之。”加之这一带居高临下，形势极为重要。秦朝末年，秦军在函谷关内尚有数十万人，但刘邦率农民军由武关经蓝田至灞上时，秦王子婴便不得不“衔璧迎降于轵道旁”。轵道是汉长安东门外之大道，道旁有亭，在今灞桥之北。秦汉时期，在灞桥（位置在今桥北）都专设有亭以稽查行人。

灞河自白鹿原而下，河身开阔，形成一处河谷低地。两岸河渠纵横，大小湿地遍布其间。是古今文人雅士、达官显贵休闲养生的好去处。

潏河　在西安城以南15公里处，源出秦岭大义谷，先后汇合白道谷、小义谷、太乙谷诸水，北流10余公里，至江坡折而向西北流。潏河在韦曲附近的碌碡堰分为两支，一北流易名皂河（漕河），一西流入滈，再汇于沣。

潏河水道在历史上对长安城的影响很大。流经汉长安城内外的水主要由潏河引来，唐代流入长安城内的清明渠水，也是引自潏河。

滈水　在西安城西南约20公里处，源出秦岭石鳖谷，合竹谷、豹林谷、子午谷诸水西北流，至香积寺与潏水合，谓之交水，又称福水。唐朝流入长安城内的永安渠水，即由交水导来。由香积寺南向西流，在秦杜附近入沣河。

现在所谓的滈水，似与古滈水并非一水。宋敏求《长安志》说：“滈水出县之西北十八里滈池。”《水经注》曰：“滈水上承滈池于昆明池北，周武王之所都也。”古滈水似是专指滈池以下的部分滈水而言，其流域名御宿川。

涝河　古称潦水，源头有两条，东涝河发源于静峪垴，西涝河发源于秦岭梁，两河交汇后北流，最后北经咸阳流入渭河。涝河绕西安之西。

长安八水，不但是自然水的概念，而且是文化水的名称。在西安城市史的发展中，“八水”记载了无数文人的长安情怀，几乎所有到达长安的诗人都与它们亲密接触，留下了感人肺腑的咏怀诗作。今选几句唐诗与君共赏：

温庭筠：镜写三秦色，窗摇八水光。

韦应物：秦川八水长缭绕，汉氏五陵空崔嵬。

白居易：诏开八水注恩波，千介万鳞同日活。

杜甫：五原空壁垒，八水散风涛。

韩翃：远过三峰临八水，幽寻佳赏偏如此。

李显：四郊秦汉国，八水帝王都。

骆宾王：五纬连影集星躔，八水分流横地轴。

四、长安福地，终南捷径——终南山的历史地理和文化生态

时在公元 8 世纪初期的一天，天台山道士司马承祯刚刚出了皇宫宫门，就遇到了尚书左丞卢藏用。卢藏用听说他又要回到天台山去，便指着终南山对他说：“此中大有佳处，何必在远？”司马承祯便说：“以仆所见，乃仕宦捷径耳。”卢藏用听了，面有愧色。原来，卢藏用在当官以前，曾经隐居在长安附近的终南山，从而引起了朝廷的重视，于是被征召为官。他以为司马承祯也是要用归隐山林的方式索取更大的声名和做官资本，便将自己的诀窍告诉了他的“同道”。可是，司马承祯是真隐士，便以此回绝了他。从此，“终南捷径”一词便用来指代追求功名利禄、达到个人目的的便捷途径。

终南，即终南山，是指雄踞长安以南的一处山脉。终南山是一座古老的名山，又名中南山、太乙山、地肺山、南山、秦山，是西安附近各山的主脉。《尚书·禹贡》《左传》《诗经》《山海经》等书中皆有关于它的记载。它横亘在渭河以南，怀抱西安，从而使西安具有负山面水的形势。

终南山是秦岭的一部分，大的范围包括宝鸡陇县至西安蓝田一带。正所谓“以居地络阴阳之中，遂曰中南。西起秦陇，东彻蓝田，连绵八百里”。《关中记》中说：“终南山一名中南山”“言在天之中，居

都之南，故曰中南。”然而，终南山最著名的是长安以南、以太乙宫为中心的一段，那里风景优美，自古便是修行避暑胜地。史书记载：“终南太一，左右三十里名福地”，又说：“秦末，东园公、夏黄公、绮里季、角里先生隐遁以待天下之定，在此山中也。四皓庙，当时谓之捷径。”由此可见，早在唐朝以前，终南山就以善藏隐逸之士而被称之为“福地”“捷径”。“终南捷径”并非唐朝司马承祯所发明，只是他借用了这一典故表达他的讥讽之义而已。（以上引文见晋·潘岳撰、刘庆柱辑注《关中记辑注》。）以此，后人尤其是唐朝诗人心目中的终南山大致指的就是秦岭自眉县以东至蓝田以西一段。

终南山风景秀丽，重峦叠嶂，苍翠无际，因此唐太宗李世民有一首《望终南山》的诗句赞美它说：“重峦俯渭水，碧嶂插遥天。”终南山中，自古物产丰饶。《汉书·东方朔传》说：“其山出玉石、金、银、铜、铁、豫、樟、柘异类之物，不可胜原。此百工所取给，万民所仰足也。”汉唐时代，长安居民、手工业者所用的薪炭、木材、漆竹、石材、药材等大都取之于南山。

终南山中有两条古道在历史上非常有名，地位非常重要。一名子午路，是西安通往汉中、四川的要道。秦末刘邦去南郑作汉王，走的就是这条路。唐代，四川涪州（今重庆涪陵区）进贡杨贵妃的荔枝，取道西乡驿，不出三日即到长安，因此这条路也名荔枝路。现在的西万公路仍循此线。一名武关路，是西安经商洛通楚、豫的大道。秦始皇二十八年（前219）“自南郡由武关归”，所行即此路。汉刘邦率领农民起义军灭秦，东晋桓温伐前秦，刘裕灭后秦，都由此路攻到长安城下。西安南面地势高，因此军队一出这几条路口，对西安便有居高临下的威胁。

终南山一带除了著名的终南镇、子午镇、楼观镇、集贤镇等外，还有号称天下第一福地的道教圣地楼观台、重阳宫，还有著名的佛教名山南五台、翠华山、圭峰山等。南五台号称“南山神秀之区”之最（《关中胜迹图志》）。翠华山口有一座汉武帝元封二年（前109）所修的太乙宫，因而亦被称之为太乙山。圭峰山下那烟雾缭绕的草堂寺，因为后秦时期著名的高僧鸠摩罗什在此翻译佛经而名扬天下，那氤氲之气也被

图 4–1　终南形胜图〈一〉（见《关中胜迹图志》）

冠以关中八景之“草堂烟雾”，美妙之极，而唐代书法家裴休所写的《圭峰禅师碑》，也为草堂寺平添了十分的书卷气……道教圣迹、佛教胜地和名扬天下的历代隐士为终南山增添了无穷的魅力。

五、秦岭的名称出处——“秦岭，天下之大阻也”辨误

秦岭，是闻名世界、影响古今的一座名山，但是，秦岭的名称起于何时，一直是个未解之谜。许多人说：“司马迁在他那著名的《史记》中，写下‘秦岭，天下之大阻’这句话之后，秦岭才有了正式的文字记载。”可是，笔者近几年翻阅了许多《史记》版本，都没有找出这一句被称之为经典的话。在《史记》的正文里面，没有一句关于“秦岭”的用语，只是在著名的“三家注”里发现了三处关于“秦岭”的字句。兹录如下：

《史记·封禅书第六》

霸、产，《正义》曰《括地志》云：“灞水，古滋水也，亦名蓝谷水，即秦岭水之下流也，雍州蓝田县。浐水即荆溪狗枷之下流也，在雍州万年县也。”

《史记·樊郦滕灌列传第三十五》

（樊哙）至栎阳，正义曰雍州县。赐食邑杜之樊乡。索隐曰案：杜陵有樊乡。《三秦记》曰：“长安正南，山名秦岭，谷名子午，一名樊川，一名御宿。”樊乡即樊川也。

《史记·匈奴列传第五十》

秦穆公得由余，西戎八国服于秦，故自陇以西有绵诸，《正义》曰《括地志》云：“绵诸城，秦州秦岭县北五十六里。汉绵诸道，属天水郡。”

所谓《史记》“三家注”指的是裴骃注《史记集解》、司马贞注《史记索隐》和张守节注《史记正义》。《集解》主要汇聚他人的解释；《索引》在解释原文时，除了发表个人的意见外，也引述他人的解释；《正义》除了解释原文、说明地理之外，还对一些字加了音注。裴骃是南朝刘宋时人，司马贞和张守节皆为唐朝人。刘宋时期的裴骃注《史记集解》没有出现“秦岭”一词，其他两位唐人的注释里分别有“秦岭”出现，一个是地名，即秦州秦岭县，两个是山名。

《括地志》是唐朝时的著作。《三秦记》却是汉代人辛氏所撰。存一卷。三秦，即战国时秦国的故地。项羽灭秦以后，分其地为雍、塞、翟三国，因而谓之三秦。著者辛氏，汉代学者，名字不详。该书记录了秦汉时三秦的地理、沿革、民情、都邑、宫室和山川。司马贞所引述的《三秦记》的记述说：“长安正南，山名秦岭。”

笔者据此查阅三秦出版社2006年1月第1版《三秦记辑注》“秦岭”条记：“秦岭东起商洛，西尽汧陇，东西八百里。岭根水北流入渭，号为八百里秦川。”下一条即：“秦岭东起商洛，西尽汧陇，绵亘千里，经万壑千谷不能断绝，盖南山之脊，江河之水所由分处，故岭南皆谓江，岭北皆谓河。”由此可知，最迟在西汉时期辛氏撰写《三秦记》的时候，“秦岭”之名已经出现了。

至于是谁将“秦岭，天下之大阻也”胡乱编撰为“司马迁《史记》语”，不足为征。然而，这种借助古代名人编撰的“经典记述”，却以讹传讹，扰乱视听，竟然也被许多名家名作所引用，其影响力着实让人吃惊。

据长期研究秦人来源的北大历史系出身的陕西电视台编导赵学智

（网名“牧马人先生”）研究，“秦岭，天下之大阻也”是网民根据《汉书·东方朔传》之“夫南山，天下之阻也”篡改而来。由此可见，东汉时期，南山依然是秦岭的通用名。

秦岭在古代普遍被称之为“南山”“终南山”。当然，这里的“南山”称呼是针对长安和关中而言的一个地理位置概念。据《三秦记》上说：“秦岭东起商洛，西尽汧陇，东西八百里。”这就是八百里秦川的来由。《汉书》上也说：“秦地有南山。”《汉书·东方朔传》记载得更加明白：“夫南山，天下之阻也，南有江淮，北有河渭，其地从陇以东，商以西，厥壤肥饶。”明确表示古秦岭的地域并不像现代意义上的秦岭那么大，而是被限定在商洛至宝鸡陇西一带。然而，“终南山”的范围更小，他只是针对长安以南的那一段山谷而言，大概是指蓝田至周至一带。周至以西就是太白山的区域，蓝田以东却是华山的范围。华山、终南山、太白山三个区域，自然形态有区别，文化形态也各异。所以，古人称呼“秦岭”“南山”的范围稍微广一些，指代也不是很具体。但终南山就很具体了。

大概从唐朝开始，“秦岭”开始被大量使用，唐人有很多关于“秦

图 5–1 终南形胜图〈二〉（见《关中胜迹图志》）

岭”的诗作，终南山、南山也经常被提及。但不管怎么用，它们除了自然意义上的山水名称而外，更多的被赋予了文化名山的意味。古人对于秦岭的深厚情感寄托了自己的政治情怀和长安情节。特录几首唐诗与君共赏：

孟浩然《送新安张少府归秦中》：试登秦岭望秦川，遥忆青门春可怜。仲月送君从此去，瓜时须及邵平田。

白居易《初贬官过望秦岭》：草草辞家忧后事，迟迟去国问前途。望秦岭上回头立，无限秋风吹白须。

白居易《蓝桥驿见元九诗》：蓝桥春雪君归日，秦岭秋风我去时。每到驿亭先下马，循墙绕柱觅君诗。

六、离离之古原——承载着长安文化的历史记忆

离离原上草，一岁一枯荣。野火烧不尽，春风吹又生。

向晚意不适，驱车登古原。夕阳无限好，只是近黄昏。

南登杜陵原，北望五陵间。秋水明落日，流光灭远山。

这几首著名的唐诗，第一首诗取自白居易的《赋得古原草送别》；第二首是李商隐的著名诗篇《登乐游原》；第三首是大名鼎鼎的李白所写《杜陵绝句》，五陵即五陵原。

原被称之为古原，本身就是一个文化的概念，诗人赋予了原历史属性和记忆功能。唐诗的影响所及，是无法量化的。因此，对于唐诗的诠释，就无比重要。这几首诗，是吟诵长安的名诗。此处的原作何解释？

古代之所谓原，《辞源》解释说指“广平之地”，也就是指广阔平坦的地方。但是在关中地区，原却是一个古老的历史地理概念。此处的关中，是小关中的概念，根据《关中记》上说：“秦，西以陇关为限，东以函谷为界，二关之间，是谓关中之地。东西方千余里。南北近山者相去一二百里，远者三四百里。南山自华岳，西连秦岭、终南、太白，至于陇山；北有高陵平原，南北数千里，东西二三百里，西接岐、梁、汧、雍之山。”关中被界定在陇关（大散关）和函谷关之间，南沿以秦岭为标志，北沿的东部一部分与黄土高原接壤，北沿的西部与岐山、梁山以

及千阳、陇山相接。这就是陕西“关中地区”的通常说法。关中之内，川原起伏，雄伟壮阔，沃野千里，茫茫无际。但是，此处的原它并不代表平原，而是专指在平原地带隆起的块状或者带状的一处处高而平坦的黄土地带。他们把原下广阔平坦的地带叫川，与之对应。因此，今人读有关长安的古书古诗，所见的“原”字，大概指的就是这种地理形态。《史记》、《汉书》、古诗词等等大致如此。长安有白鹿原、少陵原、铜人原、乐游原、龙首原、细柳原、神禾原、凤栖原等，咸阳有五陵原、毕原、高阳原、鲜原等，渭南有广乡原，新丰有凤凰原，富平有强梁原、美原，岐山有五丈原等等。这些古原，自从有了人类的活动，就有了关于它们的记忆，它们携带着长安的文化基因，烙上了深深的长安文化的印记。研究长安文化，必定会撞到哪个原上，和它发生关系，因此，我们需要了解一下这些原。

西安附近的此种地形，地质学者认为都是古渭河带来的泥沙冲积而成。特别在西安东、南两面，坡原与河流川地交错，园林与田野互映，令人感觉魅力无穷。汉唐长安城内的水，多利用坡原地引进城内。此种地形和山脉、河流，是构成西安自然环境的良好因素，历史上著名的有影响、有文化承载的原有以下几种。

少陵原　少陵原即潏、浐两河间的高地，汉名鸿固原。因为汉宣帝陵园在杜城南原上，名杜陵，故原亦名杜陵原。汉宣帝许皇后葬杜陵之南，坟较宣帝陵小，人称少陵，故该原又名少陵原。此原南起司马村，北至何家营（原名何将军山林），凡 20 余公里。唐代大诗人杜甫家在少陵原下，故自称“少陵野老”“杜陵布衣”。唐玄宗开元年间为增加曲江池水量开凿了黄渠，由少陵原引来浐水注入。

白鹿原　白鹿原在灞、浐二水之间，东西宽约六七公里，南连秦岭，北达灞岸，长约 20 余公里。汉文帝葬此原上，坟名霸陵，故亦称霸陵原。西安东面地方以霸为名的很多，如霸城、霸上、霸头、霸西、霸北等都是，均与此有关。

铜人原　灞桥东北的高地就是铜人原。《关中胜迹图志》转引自《关中记》上说：“秦为金人十二，董卓坏以为钱。余二枚，魏明帝欲徙诣

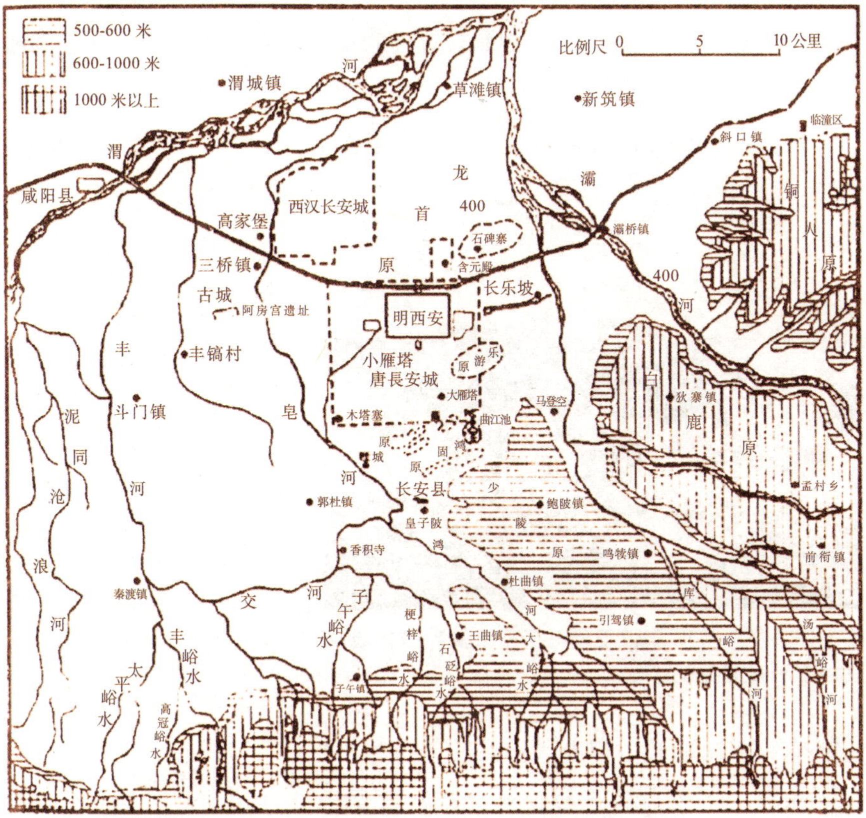

图 6–1　西安地区周围地形示意图

洛阳，到霸城重不可致，今在霸城大道南。”金人即铜人。铜人原是因为这两个铜人立于原上而得名。铜人原正好位于汉长安城东门以外，是西汉的重要墓葬区，西汉成帝曾在这里营造昌陵，后因为劳费太大，经过刘向等人谏阻而中止，其遗址至今还在，农民称之为八角琉璃井。

神禾原　神禾原在西安南约 15 公里处，是樊川、御宿川之间的高地。相传古代原上曾产过 6 斤重的谷穗，故以“神禾”为名。此原南接南五台，北至碌碡堰附近，为潏水界断。

细柳原　细柳原在西安西南约 15 公里处的长安县细柳一带。细柳之名不知因何而起。汉文帝初期，为了防御匈奴侵犯，曾设立细柳营。将军周亚夫军纪严明，汉文帝曾亲自去慰问，也被拒绝入内，被史学界定位为屯兵驻军的楷模，称之为“柳营兵壮”“汉文劳军”。这个成为此后历代强国练兵常用的典故，细柳原亦因此而有名。

凤栖原 亦作栖凤原，是韦曲附近的高地。东接少陵原，西到勋阴坡而尽。因为地近唐长安城南，是主要墓葬区。

咸阳原 咸阳原亦名洪渎原，在渭河北岸，是渭河、泾河的分水岭，也是西汉到唐代的重要墓葬区。西汉11个皇帝，除文帝葬霸陵原、宣帝葬少陵原外，其余都埋葬咸阳原上。高祖长陵、惠帝安陵、景帝阳陵、武帝茂陵、昭帝平陵，号称五陵，古代诗词中所谓“五陵少年”“五陵公子”，就指的生长在此处的富豪子弟。原上还有很多陪葬墓，以及无数陵园建筑和松柏树木。

图6-2 1943年何正瑛与王子云骑毛驴在咸阳古塬上考察文物古迹

毕原 毕原在西安城西南约15公里处。周文王、武王、周公皆葬此原上。《史记·正义》引《括地志》说：“武王墓在雍州万年县西南二十八里毕原上。”唐武则天因他父亲武士彟死后封周国公，为提高其身价，故意把咸阳原上的秦文王、秦武王墓说成是周文王、周武王墓。实际上在西周时期，都是有墓而不坟，还没有埋大坟堆的习俗。

此外，唐长安城内，禁苑中有龙首原，大明宫含元殿即建立其上。乐游原在东南面升平坊，即今大雁塔东北之高地，是游览区，每年正月晦日、三月三日、九月九日，京城的官宦子弟、书生秀才、悠闲之人、名流仕女皆来此处登高游览。

如果说，长安是一位强壮的伟人，那么，南山和北山构成他的骨骼，八水及其支流成为他的血脉，关中平原是他的肌肉，大大小小的古原正是他的筋和关节。古原，一如那秦岭和渭水一样，是长安文化的又一种符号。

七、丝绸之路的起点——西安

西安，古代长时期称之为长安，取其长治久安之意。长安是强盛王朝周、秦、汉、唐的首都，也是魏晋之际主要变革王朝的都城，因而其历史影响波及古代中国和整个世界，是中华文明最具代表性的文化符号，是中华文明主要的发祥地之一。因此，以长安为中心的陕西历史，在很大程度上是代表了那个时代的中华文明史。宋以前西安的历史，不仅是陕西的历史，而且是中华文明史的代表。

在人类文明的早期阶段，大约是公元前40世纪至公元前10世纪内，伴随着奴隶制社会阶段的到来，城市作为文明的聚集点出现，在世界各地，由于地理环境与功能性质的不同而先后出现过城堡、城邦、港口、商业中心等侧重点不同的城市类型。其中最著名的是世界上所谓的五大人类文明发祥地：两河流域、尼罗河流域、印度河流域、爱琴海以及黄河流域的极具特性的、辉煌的著名城市。如巴比伦城，古埃及的底比斯和亚历山大城，古印度摩揭陀国的首都王舍城、孔雀王朝华氏城、犍陀罗国的都城叹叉始罗，古希腊的著名城市雅典城、罗马城。它们分别创造了各自的辉煌，也曾震撼了世界。但是，这些文明在日后的发展过程中由于各种原因而被中断。唯一没有被中断的就是起源于黄河流域的中华文明。那么，中华文明又是如何开端的？远古的城市又是如何产生出现的？

在几千年以前，原始部落的一个个居民点——氏族公社的聚落，随着中心邑聚的形成，其作用不再是单纯地为了防御。如果拥有了专供住在聚邑内的统治者享有的手工业，有市场和商贸活动，再加之有统治和管理机构，它就可能成为一座城市。西安半坡、临潼姜寨等仰韶文化的村落遗址都有宽、深各5米～6米的土沟围绕着。作为一种防御性的设施，出现在距今6700年之前的东方大地之上，我们无妨把它视作是城墙的早期形态。当然，随着夯筑技术的采用，由地下之“沟”升为地上之“墙”，就宣告了“城垣”诞生的信息。

根据古代的文字记载，关于我国历史上何时出现城垣，至少可以追

图 7–1　西安丝绸之路的起点雕塑群

溯到距今 4000 年左右的夏代。《淮南子·原道训》：“鲧筑城以卫君，造郭以居人，此城郭之始也。”鲧是禹的父亲，到禹时，不再禅让，而把王位传给了他的儿子启，成为夏代的开始。启建立了我国历史上第一个奴隶制王朝。以夏王为首的奴隶主贵族已经按照他们的需要，建立由“堂”“室”“门堂”（《考工记》）等组成的宫殿，构筑了“城郭沟池”。根据这些传说，可以认为，早在夏代，中国已经出现了都市城垣这种建筑形式。

由于私有制的出现，氏族部落逐渐解体，随着国家的形成，自然也就有了国都的选定。夏、商、周三代的都邑之制，已从“传说时代”都邑基础上臻于完备。西周几经迁徙，定都丰、镐，分封诸侯 200 余国，又各自有都。公元前 770 年，平王东迁，定都洛邑。

国都是一国的政治中枢，因此，每一个国家对“择天下之中而定国”（《吕氏春秋·慎势》）以便统治四方是极为重视的。

我国最早出现的城市，大概周围只有筑起高墙、挖掘壕沟作为防卫工事而已。随着战争的频繁和斗争的日益尖锐，城市作为统治集团的中心，就显得更加重要。统治者们对城垣寄予很大期望。巨大的城垣不仅能够保护他们不受侵犯，还能够保障他们的生活无忧。我国在春秋战国时期，城垣建筑已达到了成熟阶段，建筑规模越来越大，城墙越来越高、越厚、越坚固，设备也越来越完整。所谓“城非不高也，池非不深也”“三里之城，七里之郭”，都成了当时人们惯用的语言。当时的城市分别建有城郭、隍池、雉堞、城阙、城楼、闸门、吊桥等，应有尽有；城门的数目、城垣的大小，也都有了明确的规定，事实上城市已成为一座座坚固的堡垒。

秦汉以后，封建统治者对于城垣就更加重视，凡具有军事、经济价值的地方，无不建立有高大的城垣。汉唐长安城都是周围数十里，除了外郭城，还有皇城、宫城包围其中，城垣有多至五道的，真是密封绝缘，达到了登峰造极的地步。

我国历史上有所谓的八大古都——西安、洛阳、郑州、开封、南京、杭州、北京、安阳。西安是中国建都朝代最多、时间最长的地方，是奠定了中国古代文明的具有决定价值性质的城市。其中具有划时代意义的重大事件就是汉武帝建元二年（前 139）张骞率领 100 多名随行人员从长安出发前往西域，西行进入河西走廊，历时十三年，成功返回长安，凿通了中西交通，开辟了举世闻名的丝绸之路。丝绸之路的开通改变了原有的世界格局，对于此后人类文明的发展产生了巨大影响。

图 7-2　西安古城墙西南角

汉唐的首都长安，是国际交往频繁、名闻世界的城市。西安一直被认为是中国历史上最著名的古都，与意大利罗马、希腊雅典、埃及开罗并称世界四大文明古都。

贰　历史悠久　文明源脉

八、中华文明的起源——传说时代

中国是世界四大文明古国（分别是巴比伦、古埃及、古印度和古代中国）之一。中华文明又被称作华夏文明，是世界上最古老的文明之一。所谓上下五千年，就是指中国历史自黄帝时代算起大约有 5000 年的文明史。

中国的历史，按照时间的顺序，分为传说时代、上古三代、春秋战国、秦汉、三国魏晋南北朝、隋唐、辽金宋、元明清、中华民国和中华人民共和国。传说时代是华夏文明的启蒙阶段。华夏文明形成于黄河流域。早期先民的历史，通过口口相传延续至今。人们常说“自从盘古开天地，三皇五帝到于今”。盘古就是开天辟地故事的主人公，他开创了人类生存的大空间——天地；三皇是传说中被神化了的三个英明的帝王。

中国先民早期的英明领袖有盘古氏、有巢氏、燧人氏、华胥氏、伏羲氏、女娲氏、神农氏和轩辕氏。

关于三皇的说法不一致：有说天皇、地皇、人皇为三皇；有说燧人、伏羲、神农为三皇；有说伏羲、女娲、神农为三皇。燧人氏、伏羲氏、女娲氏、神农氏、轩辕氏等人，他们在远古文明中产生了重大影响，有着不可或缺的历史地位。他们分别是最早的刀耕火种时代、群婚时代、母系氏族、父系氏族和农耕时代的伟大代表。三皇时代的时间跨度较大，估计有几千年的历史。

五帝是上古时期的五个帝王。根据《史记》等史书记载，五帝一般指黄帝、颛顼、帝喾、尧、舜。据现今整理出来的传说，黄帝和炎帝分别是活动在黄河流域的大部落首领。而后黄帝与炎帝发生冲突，在阪泉

图 8–1　伏羲女娲画像石（山东武氏祠出土）

之战中将炎帝大败，从此炎帝部落归顺黄帝部落，形成炎黄联盟。接着打败了活动在东部的蚩尤部落并在涿鹿之战中彻底击败蚩尤，黄帝便确立了自己的霸主地位，这就形成了华夏族的主干。华夏文明、华夏族的族群从此诞生。后来黄帝的孙子颛顼和玄孙帝喾继续担任部落联盟的首领。帝喾的儿子尧继位，他创立了禅让制，传位给了舜。在舜时期，洪水泛滥，舜便传位给治水有功的大禹。

大禹时代晚期，由于财富已经开始有了积累，人类的生活质量有了提高，私有制和享乐的观念慢慢形成，所以在大禹死后，他的儿子启就破坏了禅让制，自立为王，建立了第一个世袭的私有制王朝——夏朝。

九、中华民族根源文化的基石——上古三代时期

中华民族是一个多元文化的民族融合体，有很多族群、许多民族记忆都能够在上古三代找到源流。尤其是许多姓氏的来源，离不开三代特别是离不开周朝分封制的历史格局。研究三代历史，是解开民族根源文化的钥匙。殷商甲骨文、周原甲骨文的发现，为中国文字记载的历史提供了佐证和依据。

夏朝约在公元前 2070 年至公元前 1600 年之间存在，共传了 17 王，延续约 471 年，最后为商朝所灭。夏朝作为中国历史上的第一个王朝，拥有崇高的历史地位。截至目前这段历史还没有发现文字性的考古文物作印证，所以并未作为信史的开端。但是根据文字记载，夏朝已经有了

中国最早的历法——夏小正。

取而代之的商朝是目前所发现的最早有文字记载和文物可考的历史时期，存在于约前 1600 年至约前 1046 年。商代时文明已经十分发达，有历法、青铜器以及成熟的文字——甲骨文等。商王朝时已经建立起完整的国家组织，以农业为主，但手工业相当发达，特别是青铜器的冶铸水平已经十分高超，甚至已经出现了原始的瓷器。商朝自盘庚之后，定都于殷（今河南安阳），因此也称为殷商。

图 9–1　周原凤雏建筑基址区发现带“周”字陶片

图 9–2　周原凤雏遗址

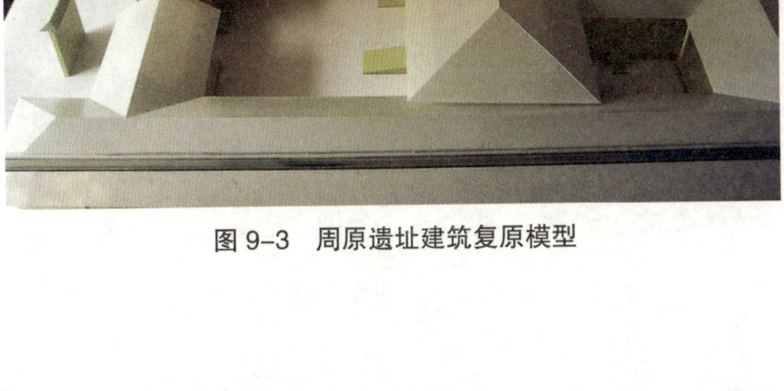

图 9–3　周原遗址建筑复原模型

周族部落最早生活在西部黄河上游一代，商王朝后期，周族逐步兴起，到了大约前1046年，周武王起兵讨伐商纣王，牧野之战，商朝灭亡，周朝正式建立。周朝有许多贵族被封为诸侯建国，其势力很大。周朝时确立的宗法制度和礼乐文明是中国传统文化的核心内容，影响了中华文明几千年。

十、关于人类起源的古老传说

创世传说是上古时期人类最伟大的活动记忆，其传说的主角或者是神或者是人，但都是以神奇的英雄形象出现，并被世代传颂。在中华民族发展的历史长河中，华胥氏是传说最早的始祖，她是伏羲氏和女娲氏的“母亲”。华胥氏生下伏羲和女娲，开辟了中华民族的发展史。

唐代的司马贞在《补史记·三皇本纪》中说：“太昊庖牺氏……母曰华胥，履大人迹于雷泽，而生庖牺于成纪。蛇身人首，有圣德。”庖牺即伏羲。清人梁玉绳在《汉书·人表考》卷二引《春秋世谱》云：“华胥氏生男名伏羲，生女名女娲。”据《太平寰宇记》记载：“蓝田为三皇旧居，境内有华胥陵。”根据这些记载，华胥氏所在地域就在今陕西西安蓝田境内。

图10-1　临潼骊山人祖庙

伏羲氏即伏羲，又称宓羲、庖牺、包牺、牺皇、皇羲、太昊等，为华胥氏之子，传说中他与女娲一样，是巨大的龙身人首或者蛇身人首形象。他发明了用兽皮缝制衣服、结网打渔、投矛狩猎，还发明了瑟。传说伏羲坐于方坛之上，听八风之音，乃做八卦。八卦衍生易经，开辟了华夏文明。他的活动标志着中华文明的开始。

女娲是伏羲的妹妹。传说是她抟土造人，建立了婚姻制度，是人类的创世神；而且天塌地陷之时，她毅然挺身而出，炼石补天，斩下巨大的鳌足用来支撑塌陷的那块天，从而成为人类的救世主。

战国时期的《列子·黄帝》篇中，黄帝梦游华胥国是关于华胥国传说的最早文字记录，而伏羲、女娲的传说历久不衰，最迟在汉朝时期几乎已经家喻户晓、天下皆知。其主要表现在汉画像石上经常出现的造型相似的伏羲女娲形象。

伏羲氏、女娲氏和他们之后出现的神农氏被称之为上古三皇，因此关于伏羲和女娲的传说地很多，但关于华胥氏母子三人的传说却只在今陕西蓝田和临潼一带广为流传。蓝田有华胥陵，每年的二月二龙抬头节都要举行盛大的祭祀活动。临潼有老母殿、人祖庙等历史遗迹。其时代先后和活动范围与浐河半坡人、临潼姜寨人活动的历史有可以联想之处。

十一、炎帝和他的传说时代

炎帝又称神农氏，因崇尚火德，故称为炎帝，又称赤帝、烈山氏。他是继女娲氏之后的天下领袖。相传他的母亲叫女登，有一天出游华阳，居然被神龙缠住了身子，于是身体有了感应而怀孕，便生下炎帝。传说中的炎帝是人身牛首，头上有角，小时候非常聪颖，刚生下 3 天就能说话，5 天时能走路，3 岁时就懂得稼穑之事。

炎帝和黄帝是相邻的部落首领。《国语·晋语》载：“黄帝以姬水成，炎帝以姜水成。成而异德，故黄帝为姬，炎帝为姜。二帝用师以相济也，异德之故也。”姬水、姜水都在渭河平原的西部一带，炎帝部落以姜为姓，黄帝部落以姬为姓。他们最初主要活动在渭水流域，而后逐渐向东发展，越过黄河。

炎帝部落在向东发展的过程中，与黄帝部落发生了冲突。《史记·五帝本纪》说：“轩辕之时，神农氏世衰。诸侯相侵伐，暴虐百姓，而神农氏弗能征。于是轩辕乃习用干戈，以征不享，诸侯咸来宾从。……炎

图 11-1　宝鸡炎帝陵祭祀大殿

帝欲侵陵诸侯，诸侯咸归轩辕。轩辕乃修德振兵……，教熊罴貔貅虎，与炎帝战于阪泉之野。三战，然后得其志。”意思是说，当黄帝部落兴起的时候，炎帝部落开始衰落，当时活动在中原一代的大小部族不断发生冲突，百姓频频遭殃，但是神农氏却没有能力征伐。于是黄帝就训练军队，用来对付那些不遵守号令的人，因而那些诸侯们纷纷来投靠他。但是，当时的炎帝部落却不甘心衰落，便与轩辕黄帝部落发生了激烈的冲突。双方在阪泉（在今天河北境内）进行了三次激烈的战役。黄帝统领着以熊、罴、貔、貅、貙、虎为图腾的部落，终于战胜了强大的对手炎帝，炎帝最终与黄帝结盟并归顺他，形成了炎黄联盟。这一战，历史上称为阪泉之战。炎帝部落与黄帝部落合并以后，渐渐融合成华夏族。华夏族是中华民族的主干，中华民族的后裔自称为华人、炎黄子孙，便是由此而来。

当此之时，天下有三大联盟集团，炎帝、黄帝和蚩尤。炎黄活动在中西部，蚩尤是以东黎族为主，长期活动在东部。炎黄联盟形成以后，他们的势力范围迅速地不断向外扩展，这样就不可避免地对蚩尤部落形成威胁而发生长期冲突。《史记·五帝本纪》记载：“蚩尤作乱，不用帝命。于是黄帝乃征师诸侯，与蚩尤战于涿鹿之野，遂擒杀蚩尤。而诸侯咸尊轩辕为天子。”涿鹿位于今河北省涿鹿村。这是一次具有划时代意义的战役，蚩尤被杀以后，蚩尤集团或被兼并或离散而去，融合了东黎族的炎黄部落从此在中原稳定下来了。华夏族的主体至此便真正形成了。这便是涿鹿之战。

炎帝是中华民族历史上一位伟大的领袖，他奠定了中原的农耕文明。炎帝的历史的功绩主要有：

一是制造耒耜，播种五谷。耒耜的使用和五谷种植，促进了农业生产的发展，是人类由原始游牧生活向农耕文明转化的重要标志。

二是尝百草，发明中医。据说，神农为尝百草，曾经一日之间中毒70次。炎帝在与疾病作斗争的亲身实践中，为后世中医药事业的发展奠定了基础。

三是倡导交易市场，制定交易规则。据《周易·系辞下》载：“神农日中为市，致天下之民，聚天下之货，交易而退，各得其所。”神农发明的以日中为市、以物易物的市场规则是商品市场发展的起源。

四是以麻为布，制作衣裳。原始人本无衣裳，仅以树叶、兽皮遮身，神农教民以麻为布，制作衣裳，这是人类由蒙昧社会向文明社会迈出的重大一步。

图 11-2　神农氏汉画像石
（山东武氏祠出土）

五是发明五弦琴。据《世本·下篇》载，神农发明了乐器，他削桐为琴，结丝为弦，这种琴后来叫神农琴。神农琴“长三尺六寸六分，上有五弦，曰宫、商、角、徵、羽”。

六是制作弓箭。神农始创了弓箭，提高了战斗力。

七是制作陶器。陶器的使用，改善了人类的日常生活条件，人类可以储藏、蒸煮食物，提高了生活质量。

关于炎帝和神农的传说地很多，炎帝死后，究竟葬于何处，至今说法不一。这种现象的存在已有数千年的历史。但炎帝陵著名的有两处。一处位于湖南省株洲市炎陵县的鹿原镇境内；一处位于陕西省宝鸡市渭滨区神农乡境内的常羊山上。论及这种情况，学术界倾向于炎帝时代并非只有一代炎帝存在的观点，虽然都称之为炎帝，实际上是不同时期的不同首领。各地都有各地的祭祀节日。自古到今，每年春节正月十一，宝鸡的民间坚持在九龙泉集会祭祀炎帝诞辰，每年七月初七在天台山集会祭奠炎帝死葬。炎帝文化是陕西宝鸡民间文化的灵魂。

十二、黄帝和他的传说时代

黄帝是远古时期杰出的部落联盟首领，几乎与炎帝生活在同一时期，最初曾依附于炎帝部落，直到炎帝衰落以后，他才得以发展壮大。据史籍记载，黄帝是有熊氏少典的儿子，本姓公孙，因为长期生活在姬水一带，因此改姓为姬；他居住在轩辕之丘，所以又称为轩辕氏；因为他们崇尚土德，土色黄，所以叫黄帝。黄帝是承前启后的中华文明的先祖。（《易·系辞下》：“神农氏没，黄帝、尧、舜氏作，通其变，使民不倦。”孔颖达疏：“黄帝，有熊氏少典之子，姬姓也。”《史记·五帝本纪》：“黄帝者，少典之子，姓公孙，名曰轩辕。生而神灵，弱而能言，幼而徇齐，长而敦敏，成而聪明。”裴骃集解：“号有熊。”司马贞索隐：“有土德之瑞，土色黄，故称黄帝，犹神农火德王而称炎帝然也。”）

图 12-1　轩辕黄帝画像石
（山东武氏祠出土）

黄帝是上古五帝之首。据说他有 25 个儿子，被赐姓者 14 人。黄帝逝世后，他的孙子高阳立，即颛顼帝。颛顼死后，黄帝的曾孙高辛立，即帝喾。帝喾死，其子放勋立，即尧。尧死，舜立，舜是颛顼的第 6 世孙。

当此部落联盟时期，首领是被联盟盟员共同推举的，所以史书使用“立”的意思是被推举作为继承人。黄帝、颛顼、帝喾、尧、舜即是五帝。他们都是黄帝的嫡系后裔。夏禹和商族、周族的祖先也都是黄帝的后裔。后来的周武王姬发建立了周朝，大封诸侯，其中姬姓国就有 53 个。

炎黄是中国姓氏文化的源头。中国的姓氏文化源远流长，却也容易混乱。最初的姓和氏不是一个概念。姓是用来区别族源的，氏是用来确认地缘的。如炎帝部族姓姜，黄帝部族姓姬；同一部族内又分为不同的氏，氏既有以官位赐封的，又有以封地命名或赐封的。姓氏的划分，除了明确出身、地位和身份外，还有限定婚姻的作用。上古时期规定“氏同姓不同者，婚姻可通；姓同氏不同者，婚姻不可通”。(《辞源》“姓氏”条解)，也可能是母系氏族时期流传下来的风俗，但避免了近亲结婚，具有科学性。炎黄时期奠定了中华姓氏文化的源流体系。秦汉以后，姓氏合而为一，统称为姓，但很多地方流传下来的同姓不通婚的习俗一直流传至今。

黄帝重要的臣属有炎帝、应龙、风伯、雨师、天女、仓颉、风后、伶伦、力牧、常先、大鸿神皇、女魃等。

黄帝部落在从姬水向渭河流域、黄河流域发展的过程中，吸收了炎帝部落及其农耕等方面的经验，使本部落迅速发展壮大起来。黄帝的主要功绩概括如下：

一是统一各部：通过阪泉之战，合并了炎帝；经过涿鹿之战，吞并了蚩尤。于是形成了相对统一的联盟部落。

二是种植五谷：据《史记·五帝本纪》，轩辕黄帝的功绩之一是“艺五种”。根据古史传说，神农时期能够种植黍、稷，而黄帝时期则能种植五种粮食作物。“五种”是指“黍、稷、菽、麦、稻”五谷。黄帝非常重视发展农业，他率领百姓“时播百谷草木……节用水火材物”(《大戴礼记·五帝德》引孔子语)。

三是推行教化：史官仓颉造字以记事，开启了文明教化的新纪元；风后衍化握奇图，始制排兵布阵，将人类战争的智慧上升到艺术高度；利用磁铁制造指南车，以辨明方向，是人类利用自然科学的力量进行的

一大发明；伶伦用丝竹制作箫管，确定五音十二律，从原始的音声开始过渡到主动的音乐创作；黄帝的元妃嫘祖娘娘开始养蚕用丝制作衣服，被称为“蚕神”；黄帝还与岐伯讨论病理，作《黄帝内经》，中医因而被称之为岐黄之学。此外还发明了舟车、弓矢、房屋、历数、天文、阴阳五行、十二生肖、甲子纪年、文字、图画、著书、祠庙、占卜等。

四是建立古国体制：黄帝在荆山铸鼎，划野分疆，分设九州，同时分官司职，倡导修德振兵，以治理国家。黄帝的治国思想成为汉代黄老之学的主要内容。

五是实行农业、牧业、手工制作综合发展：黄帝之时，在重视谷物种植的同时，开辟园圃，种植果木蔬菜，饲养兽禽，从事放牧饲养、种桑养蚕等等，实行多种经营；同时发展手工制作，发明机杼，进行纺织，制作衣冠；提高制陶工艺，大量烧造陶器；发明冶炼，开始使用金属工具，能够制造铜鼎、刀箭；建造宫室、屋舍，制造舟车等。

黄帝是上古时期最英明的一位领袖，他的所作所为奠定了中华民族文化的基石，因而被称之为“人文初祖”。相传黄帝平定天下以后，凡事身体力行，人民丰衣足食，天下大治，人民安居乐业。据说黄帝为了

图 12-2　黄帝陵黄帝手植柏

让天下百姓摆脱生老病死的苦难，曾经到崆峒山拜师学艺，苦练道术，最后得道升天，只将他的衣冠留在了桥山之上，于是人们将他的衣冠收集起来葬于此地，称之为黄帝陵。曾经有人怀疑这座陵墓的真假，那其实是对我们祖先的大不敬，因为，这座位于陕西黄陵县城北桥山的陵墓，自从建成之日起，开宗明义为衣冠冢寄托了先民对英明的黄帝的纪念，是黄帝精神的象征。黄帝陵景区里有世界上最大的柏树单一种群，一共八万多株，苍劲青翠，但是它们并不是天然林，而是历代人们不断栽植与养护的成果，其中不乏树龄高达两三千年以上的森森巨木。最大的一棵相传是“黄帝手植柏”，高达 23 米、树围超过 10 米，树龄已达 5000 年，是地球上最古老的柏树，被公认为世界柏树之王，它究竟是不是轩辕黄帝手植已无可考，但它一定是 5000 年前生存在这里的我们的祖先栽植的，这就足够了。

黄帝陵古称“桥陵”，为中国历代祭祀黄帝的场所。1961 年，黄帝陵被国务院公布为第一批全国重点文物保护单位，编为“古墓葬第一号”，号称“天下第一陵”。

先秦时期，秦国已经有了祭祀黄帝陵的记载，秦汉时期，黄帝的祭祀规模日益盛大，尤其是汉武帝的大祭更是将之推向了历史的第一个高潮，《史记·封禅书》载：“汉武帝北巡朔方，勒兵十余万还祭黄帝冢桥山。”唐大历五年（770）开始建庙祀典，从此以后，

图 12-3　轩辕黄帝陵

黄帝陵便一直是历代王朝举行国家大典的场所，亦成为中华民族精神的伟大象征。20 世纪初，孙中山先生为了唤起中华民族的反抗精神，奋

起民主革命，曾亲自书写祭文，以示振兴中华的决心和意志。抗日战争时期，国共合作共同御外敌，1937年清明节，国共两党的代表曾经一起共同祭祀黄帝，毛泽东亲自撰写祭文，蒋中正亲自题写“黄帝陵”碑名，宣示着中华民族齐心协力抗击日本侵略者的坚强信念。

关于黄帝的生卒年月，并不确定。一说黄帝农历三月初三诞生于陕西姬水（一说在今陕西武功县附近注入渭水）流域。诞辰日即是上巳节。一说出生于农历二月初二，正是传统的龙抬头节。卒年不详。上巳节、龙抬头节都与黄帝有关系，各地过节的风俗习惯有同有异。自从黄帝升天以后，民间的祭祀一直延续至今，桥山一带传统的黄帝陵的祭祀每年有两次，一次是九月九日重阳节，一次是清明节。有民祭，也有公祭。黄帝公祭大典已经成为“中华第一大典”，如今的黄帝陵已经成为海内外炎黄子孙共同瞻仰和祭祀黄帝的神圣场所。

附录：仓颉庙——中华文脉起源的象征

仓颉造字，是先民告别蒙昧的象征。在陕西东部白水县苍茫浑厚的黄土高原上有一座古老的仓颉庙，它是国内仅存的纪念文字发明创造者的庙宇。据庙内碑刻记载，早在东汉时仓颉庙就已颇具规模，至今可考庙史已有1800年。庙宇建筑古朴宏大，庙院内古柏参天，生长茂盛，仓颉庙的古柏与陕西黄帝陵、曲阜孔庙古柏群并称为中国三大古庙柏树群。而三者中仓颉庙古柏群的平均树龄最大。这些古柏虬曲蟠绕、苍劲刚强、枝形奇特，确实像古诗中描述的那样：“纵横不知成奇字，恍惚龟文鸟迹书。”

图12-4　白水县仓颉庙仓颉造字碑

仓颉，原姓侯冈，名颉，号史皇氏，生于陕西省白水县杨武村鸟羽山。他是传说时代黄帝的史官，原始象形文字的创造者，也是我国官吏制度和姓氏的草创人之一。传说他仰观天象，俯察万物，首创了“鸟迹书”，被尊为文字之祖。黄帝由衷地推崇他造字的功绩，赐他以“仓”（倉）姓，意为君上一人，人下一君。

在仓颉造字以前，人们结绳记事，即大事打一大结，小事打一小结，相连的事打一连环结。后又发展到用刀子在木竹上刻以符号作为记事。随着历史的发展，文明渐进，事情繁杂，名物繁多，用结和刻木的方法，远不能适应人们生活需要，这就有创造文字的迫切要求。于是仓颉“始作书契，以代结绳”，标志着中国历史走进了有文字记载的时代。

传说仓颉本是天神，他根据兽踪鸟迹而创造了文字，并把文字传给了普通的人们。从此，华夏儿女掌握了与天地抗争最锐利的武器，真正开始了对天地奥妙的揭示，人类也从此告别混沌蒙昧而走向文明。而对于上天来说，人掌握了文字等于得到了最高的机密，于是天失去了对人的掌控，“天雨粟，鬼夜哭”，天在震怒与悲痛之余以灾变来作为对仓颉的惩罚，他从此不能再回到天上，只好做了中国第一个史官，也被后人称为史皇，仓颉庙旁村庄即名史官村。这一传说类似希腊神话中的一个故事：普罗米修斯将天上才有的火种盗取到人间，从此人间有了温暖、有了光明，而普罗米修斯自己却受到了上天的严厉惩罚。就像欧洲的人们怀念那伟大的盗火者普罗米修斯一样，中国人也是世世代代对仓颉怀有极大的崇敬。在我们今天来看，如果说用火是人类告别茹毛饮血的重要标志的话，那么文字就是人类真正走向文明的桥梁，它的重要性一点也不亚于火。仓颉同普罗米修斯一样，都是人们心目中无可比拟的圣人。

文字的创制需要一定的历史条件，对文字的搜集、整理、定型起主要作用的应该是古代部落首领或为他们服务的巫、史一类人。氏族部落林立的时代，封闭的氏族还没有使用文字的环境，一旦社会进入部落联盟并逐渐过渡到国家外交、会盟、战争等重大政治活动时，会促使文字日益成为统治阶层日常交流的重要手段。黄帝是文明初曙时期部落联盟的领袖，由他的史官搜集、整理、加工成最早的汉字，标志着汉字作为

记录语言的符号已开始进入历史的进程。因此，在一定意义上说，文字的创制可以从黄帝时代算起。黄帝是传说中中华民族的人文初祖，他所处的时代，既已具备文字产生的历史条件，也已具备文字产生的人才条件，因而这个时期出现文字也是历史的必然。从考古发掘看，在西安半坡、临潼姜寨等新石器时代遗址中出土的彩陶上就已经发现了具有文字性质的刻划符号。仓颉造字只是在前人的基础上，对文字作了整理和统一，建构了一个稳定的文字系统。

从汉代起，随着以“罢黜百家、独尊儒术”为标志的中国文化大整合，也因为方块的汉字确实难写难记，中国人开始用特别的眼光看待文字本身，对文字充满崇敬之意和神圣之感。这种状况一直延续了几千年，直到几十年前，“敬惜字纸”的招贴还到处可见，告诫人们用过的废纸只要有字就决不能乱扔；一个人“识字”与“不识字”会造成身份地位的重大差别，汉字所具有的这种特殊神圣感是别的国家、别的民族很难体会的。而对文字如此崇敬，自然也就附带上了仓颉，把文字的创始神一同加以顶礼膜拜。当然，汉字的发明决不可能由一人之力、一世之时来完成，这只是反映中国的百姓对汉字发明的无限敬意而已。白水的仓颉庙出现在汉代，当时中国文化刚刚完成了空前的大整合，因之仓颉庙就是这种大整合的产物。

仓颉庙内历代碑石众多，虽经战乱多有散失，现保存的仍有 18 通。仓颉庙的碑石无论从历史价值上，还是从书法艺术、文物价值上，都是仓颉庙古文化艺术的重要组成部分，它历经了各朝各代，不但从中可以看出碑碣的发展过程，而且是一部完整的仓颉庙史。其中东汉时期的《仓颉庙碑》为全国现存最早的碑石之一，这块名碑现藏于西安碑林。《广武将军碑》为苻秦唯一的一块石碑，碑文为隶书，且隶中有楷，亦含有乡草野味，从宋代的赵明诚到近代的康有为、于右任等对此碑的书法都极为推崇。仓颉庙现为全国重点文物保护单位，依托庙院建有仓颉庙博物馆。

十三、中国境内最早的古人类——蓝田猿人

1963 年 9 月，在蓝天县泄湖镇陈家窝子，发现了一个老年女性的下颌骨。1964 年 5 月，又在蓝田县东 20 公里的公王岭发现一个不完整的中年女性头骨。经过专家研究考证确认她们是一种脱离猿类不久的古人类，比北京猿人更为原始，人们把它称为蓝田猿人。

图 13–1　蓝田公王岭遗址

蓝田猿人生活在距今约 65 万年前到 115 万年前的旧石器时代早期，他们的文化遗存主要是打制的粗石器。其种类有刮削器、砍砸器、尖状器和有使用痕迹的石片、石球等。蓝田猿人用这些简单的工具与自然界进行斗争，现在已知与他们同时存在的动物有 30 多种，既有大熊猫、水鹿、大角鹿、斑鹿、猕猴和鼠类这些可供猎食的森林草原动物，也有豺、虎、猎豹、野猪、剑齿虎等猛兽。蓝田猿人就是在这种艰苦环境中，开辟出了较早的一块原始人类生存的园地。

图 13–2　蓝田猿人头骨及蓝田猿人复原图

火的使用，使人类逐渐告别了蛮荒，是人类文明的曙光。从遗迹现场堆积的厚厚灰烬层看，蓝田猿人已经能够用火。

蓝田猿人使用的石器虽然非常粗糙，但是，那已经是人类有意识制造的劳动工具。可以说，正是蓝田猿人打击石器的声音，敲响了人类文明的钟声。截至目前，蓝田猿人是我国境内发现最早的古人类，陕西也因之成了中国人类最早的起源地。

陕西除了蓝田猿人的重大发现之外，重要的还有 1978 年发现的大荔人。大荔人距今大约 20 万年左右，在人类发展过程中处于从猿人向智人的过渡阶段，是我国首次发现的早期智人中的古老类型。他们比蓝田猿人有更大的脑容量以及渐渐隆起的前额，表明人类的智慧在逐渐增加。大荔人头骨、面部的一些特征与现代蒙古人种比较接近，因此，有人认为大荔人是正在形成和发展中的蒙古人种，它的发现，填补了我国乃至东亚古人类学研究上的一大空白，是探索蒙古人种起源和发展奥秘的一个重要根据。

蓝田猿人和大荔人均处于旧石器时代。

石器时代指人们以石头作为工具使用的时代，是考古学对早期人类历史分期的第一个时代，一般分为旧石器时代和新石器时代两个阶段。

所谓的新旧石器时代，是根据工具的形状和使用的复杂程度来划分的。旧石器时代以打制石器为主，大约始于距今二三百万年至距今约 1 万年前；新石器时代以磨制石器为主，大约从 1 万年前开始，止于距今 5000 年左右。

若按照婚姻和家庭形态来看，新石器时代又可分为母系氏族社会和父系氏族社会。在母系氏族社会，世系按女性继承，子孙归属母亲，人们只知其母不知其父，女性在社会中享有很高的地位。这段时期也被称作史前时期，因为人类还没有开始书写传统意义上的历史。

十四、半坡人——迄今发现最早的一批西安原住民代表

中国古代文明“满天星斗”，中国的新石器时代通常主要分为仰韶文化与龙山文化两大阶段，仰韶文化代表的是以女性为主导的母系氏族

社会，龙山文化则代表的是以男性为主导的父系氏族的社会。

仰韶文化和龙山文化是由于考古学的需要而确立的文化类型样本，分别因为1924年、1928年在河南省渑池县仰韶村和山东省历城县龙山镇城子崖发现而命名。它们都是相对发达的新石器时代的文化类型，代表了人类发展的早晚文化时期。

经过近几十年的考古发掘，在陕西地区发现的新石器时期文化特征的遗址有几万处，其中最重要而有代表性的遗址就有近百处，其中重要的如华县老官台文化、史家文化、横阵文化，临潼白家文化、姜寨文化，西安半坡文化，宝鸡福临堡文化；武功县的赵家来文化、长安县的客省庄文化以及陕北神木的石峁文化等。上述文化共同体现了中国新石器时代的基本特征，也勾画出了当时社会发展进步的大致轮廓。

西安的仰韶文化遗存以西安半坡遗址、临潼姜寨遗址为代表。仰韶文化的特点是：（一）代表精品是在磨光的红色陶器之上又加各种彩绘纹饰，所以有人又称它为彩陶文化；（二）陶器都是手工制作；（三）日常使用的器物以大口浅腹钵和尖底深腹小口罐较突出；（四）炊器以粗陶缶为主，并有鼎的存在；（五）工具为磨制长方形石斧和小型石锛

图14–1　西安半坡博物馆半坡姑娘雕像

以及打制的长方形两端缺口的刀子最普遍。

半坡遗址是1953年春，在西安的东郊浐河岸边发现的一处古代聚落遗址。当时正值新中国刚刚建立，此重大发现在全国引起轰动。遗址面积50000平方米。经过周密研究论证，中国科学院考古研究所在1953年至1957年，进行了5次规模较大的科学发掘，发掘面积达1万平方米。1958年建成了中国第一座新石器时代遗址博物馆——半坡遗址博物馆。半坡遗址属于新石器时代仰韶文化类型的村落遗址，属于母系氏族公社的文化，生存其中的人类被称之为半坡人。

西安半坡遗址，包括居住区、制陶工场和公共墓葬区三部分。居住区周围设置了一条宽深各五六米的防御大沟。沟北是公共墓葬区，东边是制陶区工场。在住房附近，挖筑了储藏物品的窑穴和饲养家畜的圈栏。已经发现的46座房基紧密地排列一起，中心区有一所大房子，是氏族成员集体活动的场所。半坡遗址总面积5万平方米，其中居住村落3万平方米。根据遗迹复原的半坡房屋显示，其“人”字形的房屋建筑风格和“木骨泥墙”的构筑方式奠定了我国古典建筑木框架结构体系的基础。同时，中国传统“一明两暗”和“前堂后室”的建筑风格在半坡遗址中也有最早的体现。出土的遗物，也处处闪耀着半坡人在人类早期文明发展中的开创之功：骨质缝衣针和陶钵上的布纹，展示着中国纺织业不同凡响的开端；原始的刻画符号，记录着我们祖先“结绳记事”、“契木

图14-2　西安半坡人面鱼纹盆

图14-3　西安半坡出土红陶尖底瓶

为文”，为创造我国古文字所迈出的重要一步；两头尖、肚子大、形似枣核的尖底瓶应用了力学中的重心与平衡原理，打起水来十分方便；陶埙是我国现存最早的土制乐器，蒸饭用的陶甑，是半坡人利用蒸汽的最早实践……人面鱼纹彩陶盆作为史前先民的艺术杰作以及半坡遗址的灵魂，早已为世所公认。

西安半坡遗址是典型的史前原始村落遗址，距今有六七千年，并且存在了几百年，村内可以容纳数百人生活，而农业是支撑这个村落长期存在的主要经济手段。中外学者的研究指出，中国是世界最大的农业起源国，而很多农作物正是在陕西最早培育成功的，其中便有半坡人的贡献。经过考古发现，半坡遗址中曾出土已经炭化了的粟（小米）和白菜籽，这不但是中国而且是全世界最早的同类农作物实物标本。

经过考古发掘，在西安地区尤其是浐河、灞河、渭河两岸发现了大量的人类遗址，除了以上具有代表性的姜寨遗址外，还有诸如高楼村遗址、田家湾遗址、鱼化寨遗址、马腾空遗址、大白杨遗址、三桥遗址等，它们分布在西安的几乎每个区。然而半坡遗址却是新中国成立以来第一个大面积发掘的古代人类聚落遗址，半坡人因而成为迄今发现的最早的一批西安原住民的杰出代表。

十五、姜寨村落遗址——迄今发掘的中国新石器时期面积最大的一个遗址

大约在距今一万年以前，陕西地区开始进入新石器时代，到目前为止，陕西发现最早的新石器时代的先民是沙苑人，他们居住在大荔沙苑一带。由于他们还没有发明陶器，所以这一类文化也被称之为先陶文化。

从新石器时代的中期起，先民们已经普遍地进行渔猎，他们有弓箭、梭镖、鱼叉甚至渔网等工具，他们能够种植农作物，还能驯化并饲养家畜，建造房屋，从事纺织。由于原始农业比较发达，贮藏成为自然而然的事情，于是逐渐形成了相对集中的原始定居点，规模有大有小。

在新石器时期的后期，原始的村落如雨后春笋般发展起来，渭水两岸村庄密布，目前考古工作者在关中地区发现的新石器时代晚期的村落

图 15-1 临潼姜寨遗址出土人面鱼纹盆

图 15-2 姜寨遗址出土兽面纹细颈壶

遗址就有 35000 多处，有些地方的原始村落密度甚至比今天的村庄密度还大。

姜寨村落遗址是与半坡遗址大约同时期的新石器时代遗址，坐落在骊山北麓，潼河北岸，距西安城东 25 公里多。其面积达 5 万平方米，文化层厚 3 米 ~ 4 米，为迄今发掘的中国新石器时代面积最大的一个遗址。

姜寨村落整个遗址分为居住区、窑场和墓地三个部分。居住区略呈圆形，布局较整齐，总面积约两万平方米。中间是一块广场，所有房屋都围绕广场形成一个圆圈，门户也向中央开。房屋共有 100 多座，按大小可分为小型、中型、大型三种，大房子的面积 90 平方米 ~ 150 平方米，中等房子 30 平方米 ~ 40 平方米，小房子 12 平方米 ~ 20 平方米。按建筑方式可分为地面建筑、半地穴和地穴式三种。

整个聚落的外面，由一道小沟围着。在居住地内外有许多陶窑窑场。墓地在居住地附近，有墓葬 600 多座。遗址内共出土生产工具和生活用具 1 万多件，生产工具以磨制石器为主，还有许多骨器。生活用具主要为陶器，彩陶器中有许多精美的、前所未有的葫芦形鱼鸟纹彩陶瓶。姜寨遗址、规模之大以及保存之完整、布局之清晰，在我国史前考古发掘中都是罕见的。它向人们展示了一幅原始人丰富多彩的生活画卷。

半坡遗址和姜寨遗址距离很近，隔着灞河相望，它们究竟是什么关系，敌人或者盟友？亲戚还是朋友？或者压根就是一个大部落的个体部落？是或者不是，难以定论。但是有一点是肯定的，它们是同一时代生活的邻居。它们所处的仰韶文化时期，因伴随丰富的彩陶出土又被称为“彩陶文化”。

彩陶是新石器时期广泛流行于黄河流域的一种精美陶器。胎质多为红陶。主要特征是在陶坯上用褐、红黑、白等色进行绘饰。图案多为动物纹、植物纹或变形几何形纹等。

彩陶图案是中国人最早用毛笔画的图案，是中国绘画的起源；而彩陶上面的一些特定符号，则可看作是中国文字的先驱。

姜寨遗址和半坡遗址一样，均出土了大量精美的彩陶，陶器图案也比较复杂，显示出先民们在长期的生产、生活实践中对一些经验、规律的初步探索和认识总结，体现了先民们朴实、真切的审美意识。这些彩陶作品中最著名的是半坡的人面鱼纹盆，画面中心是一个人头，它的嘴巴两边各有一条鱼。这样画的用意是什么？是表示连年有余，是希望人能够像鱼一样子孙繁衍，还是以鱼作为部落的图腾？这些问题太复杂而神秘，世界上有很多学者都在探讨，不同说法有 28 种之多，至今没有定论。

十六、杨官寨遗址——拥有巨大环壕的超级聚落

杨官寨遗址是近年来发现的距离西安最近的、影响最大的大型仰韶文化遗址。它位于陕西省高陵县姬家乡杨官寨村泾河左岸的一级阶地上，面积 80 余万平方米。2004 年开始发掘，位列“2008 年度全国十大考古新发现”的首位。已发掘面积超过 17000 平方米，发现房址 49 座、灰坑 896 个、壕沟 9 条、陶窑 19 个、瓮棺葬 33 个、墓葬 45 座、水井 5 口，出土各类文物 7000 多件。其中，镂空人面覆盆形器、动物纹彩陶盆、涂朱砂的人面塑残陶器等均为国内同时期遗址中十分罕见的珍贵文物。

杨官寨遗址发现了仰韶文化时期的超大型聚落环壕，轰动了学术界。经初步钻探，环壕平面大致呈梯形，基本上为南北向布局，周长约

1945米，壕宽6米～9米、最宽处约13米，深2米～3米。壕内面积达24.5万平方米。保存如此完整、规模如此巨大的环壕聚落遗址在这之前从来没有发现过。当时就有考古专家大胆推测，这个相当于40个标准足球场大小的聚落，也许是中国最早也是规模最大的城市。但是，自从2012年，陕西榆林石峁遗址发现“史前最大规模城址”，这个推测虽然不再可能成为定论，但它是人类早期的一座大城市的推测应当成立，其影响之大不容忽视。

图16-1　杨官寨遗址出土涂朱砂人面残陶片

图16-2　杨官寨遗址出土陶碗

杨官寨遗址的发掘具有无可替代的文化价值，尤其是遗址南部由成排分布的房址、陶窑及储藏窖穴等组成的制陶作坊的发现，表明当时的社会已经出现比较明显的分工，一部分家庭专门从事陶器的制造。

如果说半坡遗址和姜寨遗址全面反映了新石器时代仰韶文化的繁盛面貌的话，那么杨官寨遗址，则反映了承接这一时期文明发展的最高水平。

劳动是人类生存的本能，制作劳动工具是人之所以区别于动物的唯一标志。关于中华文明的起源，以炎黄起源说为主。关于人类文明形成的标志，学术界主要依据生产方式、劳动工具、居住条件、有无文字以及治理形态几大要素作为主要的参考。其实，除了这些要素，最能反映人类文明独特之处的是创造性劳动，是艺术活动。人类文明要区别于动物世界，唯一的标志是它是否是超出人的动物性本能的活动。如果说制作粗陶器具是人类生存的本能需要，那么彩陶就是超乎本能的创造，是享受美的需要；如果说穴居、巢居是人的本能需要的话，那么环壕邑聚就具有了主动防御的观念作为行为，超前意识表现得非常明显，是人类创造性劳动的杰作。半坡人、姜寨人、杨官寨人所创造的文明无疑为中国人文明起源提供了可靠的考古证明。

十七、半坡人、姜寨人的生存方式——仰韶文化的特征解析

半坡人、姜寨人是生活在西安地域范围内的史前人，他们被认定为西安地区新石器时代的代表，他们的文化被划分为仰韶文化类型。几十年的考古发掘成果，为我们研究他们的生存方式提供了大量的资料，他们在居住方式、劳动工具、食物结构、生活用品以及原始工艺、刻划符号、婚姻形态、丧葬风俗和社会管理等方面非常接近甚至完全相同。

1. 居住方式

仰韶人住的房屋有方形和圆形两种，最常见的是半窨穴式的方形房屋。无论方形或圆形，房屋的中间都有一个火塘供取暖、煮饭和照明之用。靠近门的地方有两道短墙，可能是屏风一类设置。居住面平整光滑，有的房子里分高低不同的两部分，可能是分别用作睡觉和放置东西之用的。由屋内通向屋外的门道作台阶或斜坡状。就房屋的规模说，有大、中、小三种类型。大房子的面积 90 平方米 ~ 150 平方米，中等房子 30

图 17-1　半坡人居住的圆形房屋模型

图 17-2　西安半坡人使用的石斧复原图

图 17-3　西安半坡人使用的陶纺轮

平方米～40平方米，小房子12平方米～20平方米。居住面和隔壁都用草泥土内加木筋做成，表面光滑平整，有的加火烘烤，更加坚固。屋顶是用木椽排架起来，上面覆盖一层厚草泥土，也经过了烘烤，能抵御风雨的侵蚀。屋内用2根～6根柱子支撑屋顶。为了加固柱基，在木柱周围加有夯打过的泥圈，柱基下还垫有陶片、烧渣等物，以防下陷。

和房屋交错分布在一起的是储藏物品的窖穴。在半坡的一个窖穴中，还保存有已经腐朽的粟米达数斗之多。半坡发现窖穴200多个，姜寨65个，大都是口小底大的圆形袋状坑，口径1米，底径1.5米～2米，深两米左右。姜寨的窖穴中三分之一以上还设有台阶，这种台阶或三级或四级，大都是顺时针方向旋转而下。

2. 劳动工具

半坡人和姜寨人的生产以农业为主，同时从事家畜饲养、捕鱼打猎和采集等活动。在半坡和姜寨遗址发现了数千件用石、骨、角、陶等原料制成的劳动工具。这些工具有石斧、石锛、石刀、石凿、石锄、石铲、石箭头、石矛头等。已发现的渔猎工具有三角形、长条状、圆柱状、扁平状等各式各样的箭头，有精致的骨制鱼钩，以及单刺、双刺等不同结构的鱼叉。这些工具反映了当时人们从事生产活动的状况和性质。

3. 食物结构

半坡人和姜寨人的食物除了粟米、蔬菜外，还有狩猎物及鱼类。他们采用将野草砍倒烧光的办法开辟土地，然后用挖土棒或骨铲等点播种植。当时种植的唯一谷物是粟，前述在半坡遗址一个窖穴中发现的粟米，以及墓区随葬品中发现的粟米，都说明了人们对它的重视。

仰韶人是我国最早的农人，也是最早的蔬菜种植者。他们已发明了种植白菜、芥菜等蔬菜的方法。

捕鱼在人们生活中占有重要地位，采集经济在当时也占有一定的地位。河滩和水塘中大量的螺蛳和淡水蚌类，是经常性的采集对象。人们又把植物块根、昆虫和松子、榛子、栗子等果实用来充饥。当时已有了社会性的性别、年龄分工，农业和采集多由妇女、儿童承担，而渔猎生产则主要是男子的事。

4. 生活用品

陶器是日常生活中的主要用具，按用途分，有炊煮用的灶、罐、鼎；汲水用的尖底瓶、葫芦瓶和小口壶；饮食用的钵、盆、碗、盘、皿、杯；

图 17–4　临潼姜寨遗址出土鱼纹葫芦瓶

图 17–5　临潼姜寨遗址出土刻符钵

储藏东西用的罐、瓮等。总计五六十种之多。其中除少量灰色、灰黑色的以外，大部分是红色和红褐色的陶器。饮食器和水器多用细泥陶制成，炊器和储藏器多用粗砂陶制成。

5. 原始工艺

器物表面大多装饰有绳纹、线纹、剔刺纹，还有水波、绳索、鱼网、编织物等。彩陶非常普遍，彩陶纹饰中以奔驰的鹿、飞翔的鸟、吞食的鱼、爬伏的蛙和悠游水中的小虫等动物花纹最为生动。其中的那些非常生动逼真的鱼网和鱼纹图案，以人面鱼纹盆最具代表性。

彩陶的图案花纹，一类是由圆点、弧线和三角组成的曲枝纹；一类是由直线、三角、圆点组成的几何图形纹。这些图案大都是红底黑花，

图 17-6　西安半坡陶窑遗址

也有橙黄色底描黑花或紫花的。

一些陶器的盖、肩、把钮被捏制成人头、鸟头、壁虎、蛇等动物的形状，形象古朴生动，这是我国最早的陶塑艺术。这是半坡时代的先民们所创造的优秀艺术品。

当时人穿的衣服，夏天用麻布，冬天用兽皮制成。根据已发现的文物资料看，上身类似背心，下身为短裙，衣裳是分开的。

仰韶人的装饰品种类繁多，就类别说有头饰、颈饰、腰饰和手臂饰；就形状说有环饰、坠饰、璜饰和珠饰；就质料说有石、玉、骨、陶、蚌和兽牙等。在姜寨墓地发现一个十四五岁的女孩，佩带骨珠达 8000 颗之多，这些珠子多联结成环络串饰，佩挂在颈项和胸前。

仰韶人的制石、制骨、制陶等方面的工艺制造精巧而又规则，达到了一定的水平。

制陶业是当时主要的工艺部门，专门由妇女操作。她们选择黏性适宜而又细软的黄土，挑去其中的杂质，再和成泥条。用泥条盘筑而成陶器的雏形，经过一系列的刮磨整修，就成为各种器物。然后用各种工具刻画或挑剔成丰富多彩的花纹，并以铁矿石、氧化锰等天然矿石为颜料，用类似毛笔一类的工具，在陶器上画出各式各样的图案来。经窑烧后，就变成了坚实美观的彩陶器。

石器制造有一系列比较复杂的工艺过程，既有用进步的磨制法，也有用原始的打制法，在修整和加工时又多用琢制法。那些各种各样的砍砸器、刮削器、切割器如刀子等，用打制法制造，而那些石凿、锛、锥、针和装饰品就是用磨制法制造，如果要制造大型工具如石斧等，则两种方法并用，一般是先打成雏形，然后磨光。磨制石器要经过切锯、琢磨、钻孔等工序。

蚌器、骨器的制作多用锉和磨的办法。当时制成的骨器如鱼钩和针等，工艺之精巧，可以与现代的金属制品相媲美。

编织工艺是将苎麻一类植物纤维用纺锤捻结成线，然后编织成布。陶器底部印记的布纹，每平方厘米经纬各 10 条，类似现代的粗帆布。古代传说：“伯余之初作衣也，緂（tián）麻索缕，手经指挂，其成犹网罗。”（《淮南子·氾论训》）大约就是这种原始编制工艺的写照。

6. 刻划符号

在半坡遗址和姜寨遗址出土的四五十种彩陶器物上，在彩陶钵口沿外宽带纹中，常带有一些明显的刻画符号。这些符号或呈竖线或呈十字，重复地出现在同类器物的特定部位上。这值得引起注意，这应该是原始人对某种事物的标记，考古工作者认为这是我国文字发展的渊源之一。

图 17–7　陶器上的刻画符号

7. 丧葬风俗

从半坡、姜寨以及与之同属仰韶文化时期的史家墓地及居址中，共发现了 300 多座成人墓葬和 100 多座小孩墓（大多是瓮棺葬）。其中半坡的 100 多座成人墓，大多数是单人仰卧直肢葬，只有两座墓分别是两个男性和四个女性的同性合葬墓。儿童的瓮棺葬 50 多座，分两群，一群 13 个，一群 30 多个。史家发现的均为多人二次合葬墓，一般 20 人左右，多的达 51 人，共埋葬 700 多人，除一座为男性合葬墓外，其余

图 17-8　西安半坡遗址出土的瓮棺

的男女老幼均有。这些墓葬中的尸骨分数层，排列得非常整齐，头部都向西或西北方向。

随葬品以陶器为主，都是日常生活用品。也有一些石制骨制的生产工具或装饰品，以及粟米等。

从上述埋葬办法推测，二次埋葬法应是在明确信念支配下所奉行的一种仪式。这种葬法是先将尸体放在一个特定的处所，待肌肉腐烂后，再把骨头收集起来第二次正式埋葬，后人又称其为“洗骨葬”。流行这种葬习的部落，他们大约有一种信念，认为肉体是人世间的，因而要等待尸体腐烂后，才能最后正式埋葬。小孩的尸体一般被安置在粗陶罐或瓮内，上面盖一个细陶钵或盆，在钵、盆底部凿一个小洞，洞上再盖一个小圆陶片。留这个小洞，大约是古人迷信死者的“魂灵”可以通过这里出入。把小孩埋在房子旁边，据推测可能是为了保护孩子不让野兽伤害，并能经常出入与家人“团聚”的意思。

原始人对死者的头向处理很重视，从民族学资料得知，头向反映两种信念：一种认为人死后要回到本氏族原来的老家去，所以就把死者的头安置在传说中老家所在的方向；另一种是相信还有另一个“鬼魂”的世界，人死后要到那里去生活，一般认为这个世界在日落的西方。仰韶人死后头朝向西方的一致性，也许就是这种信念在支配他们。

8. 婚姻形态

半坡人和姜寨人属于母系氏族公社时期，在母系氏族公社中，全氏族可分为若干母系家庭，全体成员生活在一起，他们过着族外的对偶婚姻生活。男女双方分别住在自己的氏族中，每个氏族或家庭都要为成年妇女准备房屋，以接待外族来的伴侣，而少年和老人则住在公共聚会的大房中。姜寨和半坡遗址中那些大型房屋和周围的小房子，就是这种生活的反映。

在实行以对偶的族外婚制度下，本氏族男女不能结婚，各自在自己的氏族内生活，因此，死后夫妻双方各自埋在自己氏族的公共墓地里，而且兄弟姊妹是分开埋葬的。半坡墓地男女分葬和同性合葬的情况，正好是这种婚姻制度的说明。

由于这种婚姻制度缺乏稳固的经济基础，所以两性关系比较松散，结合的时间也短，子女随母，因而“民知其母而不知其父”就是自然的事了。

9. 社会管理

母系氏族公社是以女性来计算世系的，因为在当时原始的经济条件下，妇女担负着生产和生活的主要任务，她们为社会付出了最多而有价值的劳动，因而受到普遍的尊敬。低下的生产力水平决定了当时社会上没有剩余产品，因而也就没有剥削、压迫和奴役。

氏族民主是当时社会形态的特点之一。对公共事务如选举酋长、解决与邻族的关系等问题，都通过全体成员参加的集会，民主讨论解决。每个氏族或家庭所建的大型房屋，就是供公共集会的场所。

氏族酋长由全体成员选举产生，他们负责组织生产和管理日常事务。酋长与氏族成员一律平等，他们一般都是勤劳勇敢、全力以赴地为全氏族办事的人，因而受到大家的爱戴。

仰韶文化时期的氏族社会，无疑已有胞族、部落的组织。我们推测，一条河流区域的若干聚落，形成一个胞族，再由若干胞族形成一个部落，西安附近几条河流两岸可能就是一个部落的领地。每个氏族，在整个部落中都是紧密相连的一个个有机体的构成部分。

十八、西安地区龙山文化的典型代表——长安客省庄文化特征解析

龙山文化是继仰韶文化之后，在黄河中下游普遍发展起来的氏族部落文化。其特点：(一)代表作品为闪着黑色亮光而薄的陶器(薄如蛋壳)，因此有人称龙山文化为黑陶文化，带手把的三足鬶(guī)为其典型代表；

（二）陶器为轮制；（三）器形的主要特征是器盖、三足、圈足和把手的大量使用，炊器以鬲为主；（四）石器以磨制为主，有扁平带孔石斧和双孔刀；（五）开始使用蚌器。

在陕西关中地区龙山文化最主要代表为“客省庄第二期文化”，因为它是在长安客省庄发现并晚于第一期的仰韶文化而得名的。1955 至 1957 年，中国科学院考古研究所在客省庄遗址区共发掘出房屋 10 座，窖穴 43 个，烧陶的窖址 3 个，各种工具 261 件，并有大量供日常生活用的陶器和碎片。龙山文化时期的文化比仰韶文化时期有了新的发展和变化。其文化特征解析如下：

1. 居住方式

客省庄第二期文化的房屋有些由内外两室组成，均作半窖穴式建筑，中间有一个通道，平面像“吕”字。房子外形是方形的，内室有方形和圆形两种。方形房屋中都立有一根圆形柱子，以支撑屋脊的大梁。圆形房间内多无立柱，大概是靠周围立斜柱来撑持屋顶的。内外室各有圆凹形的小灶坑，在外室的出口处有一个龛形的“壁炉”，壁炉底部有一条土梁，用以支架炊具。壁炉附近有的还设有小储藏坑。

圆形的房屋有两种，一种是圆形的单室，另一种是一圆一方组成的双间房子。窖穴多是圆形袋状坑，其特点有三：首先是坑口小，最上一节是直的，像瓶子的颈部；其次，颈下腹部骤然增大；第三，接近底部的一段又是直的。一般口径 1 米，底径 4 米，深 2.5 米左右。坑口由一个盘状陶盖盖着，这种盖子直径 1 米左右，盖中心部分还有一个圆孔。

2. 生产工具

这一时期的经济活动以农业为主，由于工艺技术的进步，新的生产工具不断被创造出来。已发现的斧、锛、刀、凿、镰等劳动工具，与仰韶文化时期相比，有了很大的改进。如石斧大都体形圆扁，磨制得非常光滑；石铲大而薄，刃部锋利；用于收割的长方形或半月形的刀子，精巧适用，镰刀也是这一时期发明的。上述工具除石制的外，还大量采用坚硬的蚌壳制作，这些都极大地提高了生产效率。

随着农业的发展，畜牧业也繁盛起来。仰韶文化时期畜禽只有猪、狗两种，这时又有了马、水牛、黄牛和鸡。渔猎和采集经济也很发达。打猎以鹿类和其他小动物为主要对象，所用的武器有弓箭和石、骨、角等材料制成的矛头。渔具有用骨、蚌制成的鱼钩，以及系有石坠的鱼网。

图 18-1　长安客省庄遗址出土的陶鬲

3. 生活用具

客省庄第二期文化人们使用的陶器别具风格，从器形上说主要是三足器（多为空足平底器）。按器物的用途分类，有饮器，如单把手鬲（lì）、斝（jiǎ）、大口绳纹罐、鬶（guī）、盉（hé）等；食器，如罐（分单耳、双耳和三耳）、盆、盘、碗和豆等；储藏物品的如瓮、壶等。其中大瓮的盖子，是将盖和瓮体一起制好后割开形成的，因而盖上十分严密。盖顶附有葫芦形把钮，并穿有气孔。这些器物以灰色为主，其次是红色的，黑色的较少。器物表面的纹饰以蓝纹和绳纹为主，并附有条状或钉铆状的凸体。只有极少数器物上有红色彩绘，而且大多是在器物烧好后画上去的，因而颜色容易脱落。另外，有些器物估计是用于礼教的。这些陶器大多是手工捏制而成，只有鬲和斝的裆部是磨制的，轮制陶器只用于制造小型器物。

4. 生产方式

由于生产门类的增多、工具的改进和技术的进步，社会分工日益明显。男子的随葬品大多是劳动工具和工艺工具，而妇女则大多是纺轮、锥、针一类物品。说明男子主要从事农业、畜牧业和工具制造业，采集业和狩猎也占有很大成分；而妇女则着重从事编织、缝纫一类活动。由于男子从事主要的生产活动，掌握了经济大权，因而他们在家庭和社会中逐渐取得了统治地位，形成了父系氏族公社。

5. 信仰遗存

在客省庄第二期文化中发现有卜骨。卜骨为牛羊的肩胛骨，保存天然形状，用火在骨面上烧灼后，根据裂纹占卜。灼痕排列没有一定规律，数目由两个到10个不等，比西周时的卜骨原始得多。

客省庄发现墓葬较少，仅有小孩墓一座，没有随葬物。此外，在客省庄还发现了象征男性崇拜的陶“且”。

客省庄第二期文化与齐家文化和河南龙山文化的时代相当，距今4000年左右，当时已进入典型的父系氏族公社时期。它的主要特征是：（1）占卜之风兴起；（2）祖先崇拜的萌芽；（3）礼教器物的出现；（4）工艺技术的进步，导致了农业生产的发展和畜牧业的繁盛。这些条件使客省庄第二期文化成为西安地区西周奴隶社会的前驱。

十九、炎黄时代的历史学解释

炎帝和黄帝生活在距今5000年左右的时期，处于中国原始社会即将朝着私有制社会转变的关键阶段。过去的历史学家常常以此为分界线，把炎黄以前称为蒙昧时代，把炎黄以后称为文明时代。而炎黄时期正是华夏族由蒙昧时代跨入文明时代的象征。经过对仰韶文化时期半坡、姜寨、杨官寨文化类型的分析，我们认为最迟是在炎黄时期中国人的祖先已经摆脱了蒙昧时代，进入了人类的文明时代。

关于炎黄部落的发源地，根据最早记述炎黄二帝的古书《国语·晋语》所说：“黄帝以姬水成，炎帝以姜水成。”可以知晓炎帝生活在姜水一带，黄帝生活在姬水一带。经过学者们的研究，认为姜水就是今天陕西关中西部宝鸡地区渭水的一条支流——清姜河，而姬水可能就是今天陕北黄陵一带洛水的支流——沮水，又有一说是在陕西武功的漆水河，属渭河支流。

炎帝部落是以姜姓氏族为核心的较大的部落，炎帝正是这个大部落的酋长。“炎”是光与热的象征，古人认为“在地为火，在天为日”，炎帝部落崇拜火德，崇拜太阳神。至今的宝鸡地区还有拜火的习俗，每年春节期间最热闹的活动就是要“社火”，也有用火驱邪、消灾免难的说法，这些都印证了炎帝氏族生活在宝鸡和以火为图腾的传说。现在宝鸡还有姜氏城遗址，据说正是古老的炎帝城堡。

此外，值得注意的是，宝鸡地区现已查明的新石器时代文化遗址约有 740 多处。其中的北首岭遗址，是我国著名的史前文化遗址。位于宝鸡市金台区金陵河西岸的台地之上，是一处保存较好、内涵丰富的仰韶文化村落遗址。遗址南北长 300 米，东西宽 200 米，面积约 6 万平方米，分为早、中、晚三期，年代为公元前 5150 年至前 3790 年。距今约 7100 年至 5600 年。出土的彩陶钵、鹅蛋形三足罐和双联鼎等陶器别具特色。仰韶文化遗存有房子、墓葬与陶器、石器等。其中墓葬 451 座，包括长方形土坑墓与瓮棺葬，一般都有陶器等随葬品。一件器表绘黑彩水鸟啄鱼纹的船形壶，是难得的彩陶艺术珍品。

图 19–1　宝鸡北首岭遗址房屋复原图

北首岭遗址发现的北首岭类型文化遗存，为研究华夏文明演进的过程提供了不可替代的重要资料。以北首岭遗址为代表的文化遗存，展示了宝鸡璀璨的史前文明，提示人们可以联想宝鸡作为“炎帝故里”的历史文化依据。

炎帝是中国上古史上黄河中游第一个部族联盟的奠基人，他在渭水中游宝鸡地区艰苦创业，完成了由采集经济向种植经济的转变，所以，史书又称炎帝为神农氏。炎帝所处的时代相当于考古学上说的仰韶时代向龙山时代的过渡阶段，直到龙山时期的前期。后来，炎帝部落沿着渭河向东，又顺着黄河向今河南西部发展，最后到达山东、湖北甚至湖南等地。

姜炎文化对中华文明的形成做出了卓越的贡献。周人的始祖、后稷的母亲姜嫄就是留在宝鸡地区的姜炎后裔，周人正是在姜炎文化的基础之上成就了辉煌的文明。

黄帝与炎帝一样出于少典部族，但比炎帝所处的时代稍晚。黄帝部

图 19-2　宝鸡北首岭遗址出土鸟衔鱼纹壶

图 19-3　宝鸡北首岭遗址出土船型网纹壶

族由炎帝时期从少典氏族分化出来的一支向东北方向发展，逐步迁徙到黄土高原的南部，活动在陕甘交界的黄土高原上。黄帝部落强大起来后，也不断扩展自己的势力，一部分沿洛河南下，到达今天的大荔、韩城一带，东渡黄河，沿中条山和太行山麓向东北方向发展，最后一直到达今河北省和北京市一带。据学者考证，今天的山西南部、关中东部、河南北部、河北一带，在西周以前就有大量的姬姓诸侯，他们是黄帝部落向东迁徙时沿途留下来的分族。

截至 2015 年，在陕北地区发现的最大规模的史前遗址是石峁遗址。它位于陕西省神木县高家堡镇石峁村的秃尾河北侧山峁上，地处陕北黄土高原北部边缘。自从 1976 年发现石峁遗址以来，先后进行了多次发掘，2006 年该遗址被公布为全国重点文物保护单位。经过系统调查和考古发掘，发现石峁城址是一处宏大的石砌城址，由皇城台、内城、外城三座基本完整并相对独立的石构城址组成。内城墙体残长 2000 米，面积约 235 万平方米；外城墙体残长 2840 米，面积约 425 万平方米。出土大量的陶器、玉器、人骨以及壁画、纺织品和祭祀台等。2012 年 10 月，经来自中国考古学会、国家文物局、陕西省文物局、中国社科院考古研究所、国家博物馆等单位的 40 余位考古专家对石峁遗址发掘现场联合考察认为，石峁遗址是已发现的中国史前时期规模最大的城址。

通过分析调查，专家初步认定石峁城址应当始建于龙山文化中期，延续至龙山文化晚期至二里头文化早期阶段，无疑是黄河中游地区龙山

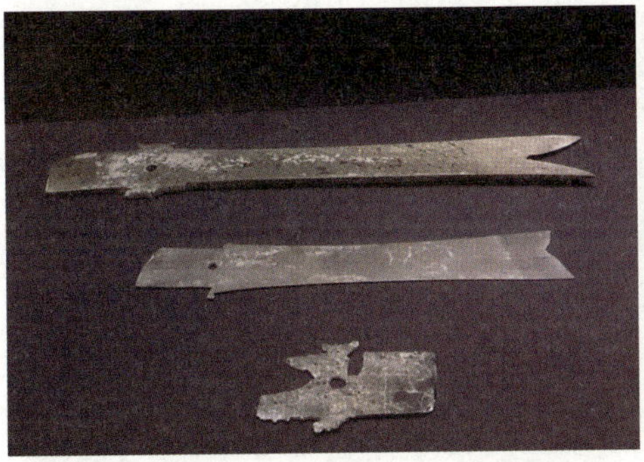

图 19-4　榆林石峁遗址出土的礼器玉牙璋

图 19-5　牙璋使用示意图

文化晚期至夏代早期之间的一个超大型中心聚落，是黄河腹地二里头遗址之外，存在于公元前 2300 年左右的文化遗址。这一时期正与黄帝活动的时间大体相当，所以有专家提出石峁古城为黄帝部族所居的观点。2013 年石峁遗址以“中国文明的前夜”入选“2012 年十大考古新发现”和“世界十大田野考古发现”以及“二十一世纪世界重大考古发现”。即使不能确认石峁遗址就是黄帝的城址，但它或者可以作为传说时代的黄帝时期或者与之密切相关的五帝时代文化特征的考古学佐证。

传说中的阪泉之战和涿鹿之战，是已考整个龙山文化时期最大的战争。通过这两场战争，宣告了龙山文化时代移民运动的完成。而其中的阪泉之战更具有部族大整合的意义，它实际上是黄帝部族向先期到达中原的炎帝部族发起的挑战，目的是争夺更大的势力范围和盟主地位。最终的结果是炎帝部族被融进黄帝部族，形成新的部族联合体——炎黄部落联盟。这一部落联盟，正是华夏部族的主体，中华民族的雏形至此开始形成。

根据学者们的研究，炎黄部落联盟主要分为两大支派，其中一支生活在陕西华山一带称华族，另一支生活在山西夏水一带称夏族，合称“华夏族”。到后来，华夏的概念不断演化延伸，成为一个泛指中国的概念，中国大地便常常称为华夏大地。

二十、西安的繁盛时期——十三王朝

周秦汉唐形胜地，十三王朝定乾坤。西安坐落在关中大平原的腹部。

中国历史上的周、秦、汉、隋、唐，以及新莽、西晋、前赵、前秦、后秦、西魏、北周等大小王朝，都曾在这里建都。

公元前1134至公元907年以西安为都城地的王朝有：西周（前1134年左右周文王都丰，前1046年周武王灭商建国～前771），秦（秦孝公十八年即前350年都咸阳～前221年秦帝国建立～前207年），西汉（前206年封汉王，前202年称帝～8年），新莽（9年～23年，在常安），东汉献帝（189年～220年在位,190年～196年，在长安），西晋愍帝（313年～316年，在长安），前赵（319年～329年，在长安），前秦（351年～394年立国，351年～385年，在长安），后秦（武昭帝384年称王，386年都长安～417年），西魏（535年～556年，在长安），北周（557年～581年，在长安），隋（581年～618年，在长安），唐（618年～907年，在长安）。这便是现在公认的13朝故都说，在长安建都时间约1170多年，时间最长。

西安十三朝建都脉络表

王朝	建都地	建都时间段	建都年数
西周	丰、镐京	前1134，前1046年～前771	363、275
秦	咸阳	前350年，前221年～前207年	143、14
西汉	长安	前202年～公元8年	210
新莽	常安（长安）	9年～23年	14
东汉献帝	长安	189年～220年在位,190年～196年，在长安	6
西晋愍帝	长安	313年～316年	4
前赵	长安	319年～329年	10
前秦	长安	351年～394年立国，351年～385年都长安	34
后秦	长安	384年称王，386年～417年都长安	31
西魏	长安	535年～556年	21
北周	长安	557年～581年	24
隋	长安	581年～618年	37
唐	长安	618年～907年	289

图 20-1　西周四十二年逨鼎

图 20-3　“汉并天下”瓦当

图 20-2　秦代杜虎符，西安南郊山门口出土。符是古代军队用于传达命令、调动军队的一种特殊凭证。通常作虎形，分为左右两半，右一半留中，左一半外带。需要调动军队时必须由宫内派出使者带着右半符前往军队驻屯地交由长官验符方可听从命令

图 20-4　唐三彩骑马胡人俑

冠以西安都城的名义，包括西周丰镐、秦都咸阳在内，如从公元前 1134 年周文王都丰算起以迄于今，古都西安的城建史应该有 3140 多年的时间了。

长安建都的朝代中具有特别文化遗产的有：

西周是青铜文化的盛期，其所建立的礼乐文明等影响了中国以至东亚、东南亚儒家文化圈的主流文化直到今天；

秦是封建时代的第一个王朝，它所建立的统治体制和制度文明一直影响到当今世界很多国家；

汉是我国农业发展的第一个高峰，汉朝的统一思想、行政体制、文

化定位和外交模式等等成为此后历代大统一王朝的楷模，至今依然有借鉴意义；

隋唐是封建文化的繁盛时期，它所创立和实践的开放和包容的国家发展模式为历代史家所称道，为历代文人所向往。

这五个王朝也是中国古代国家统一，规模宏大，农业、手工业、交通业都较发达，科学技术先进，经济、文化繁荣昌盛的时期。

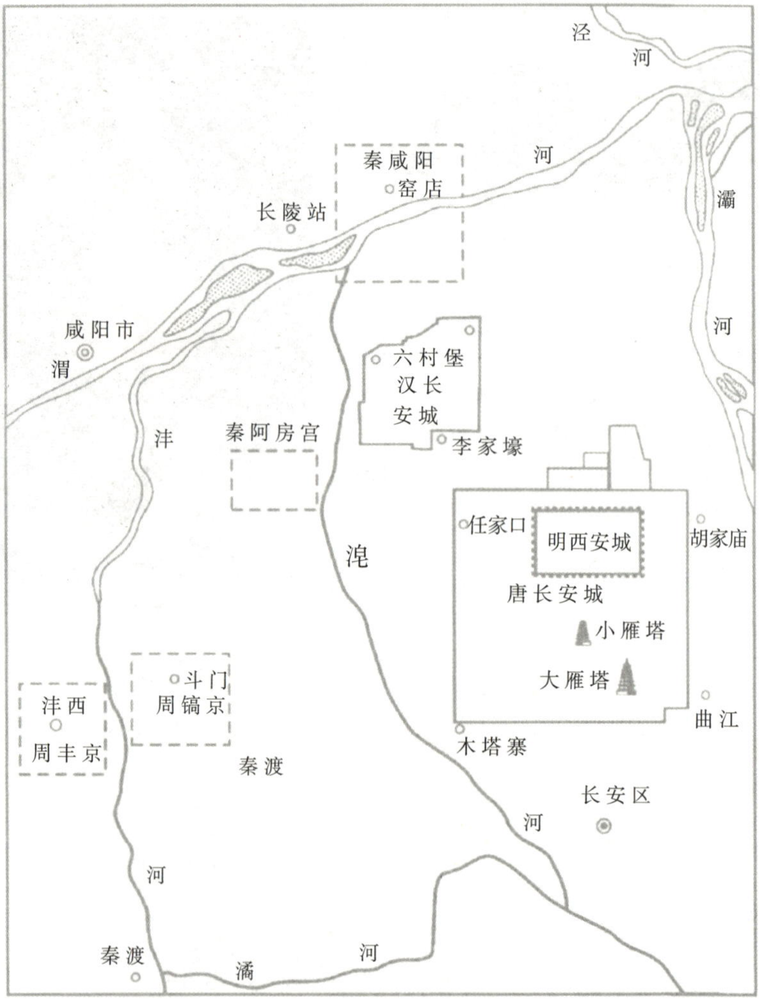

周秦汉唐都城变迁示意图

叁　凤鸣岐山　赫赫宗周

二一、解码《诗经·大雅·生民》——探究后稷及其时代的社会记忆

国人讲述历史，虽然口不离上古三代，内心却不免空虚，总想找一些实际的物证来说明自己。并不像西方人那样，将一部《圣经》和希腊神话作为他们文化的根源来对待，视之为一种精神予以继承。中国的文化远比西方的记载详尽，我们却不善于利用，实在是一种资源的浪费。

古人曾经说“六经皆史”，一部《诗经》，虽然只有305篇，但是，它是两千年前的周朝人的作品这点，应该是确定无疑的，它所记载的形形色色的事件应该是最原始的历史记录。舍近而求远，非我所能也，然借《诗经·生民》之一斑，或可得窥周祖后稷及其时代的社会记忆。

根据张西堂先生的研究，“《诗经》是中国古代的一部乐歌总集”。“是中国秦汉以前的《乐府》……绝大部分是来自各地方的民歌”。这些诗歌，歌唱着他们的劳动生活、他们的思想、他们的情感。其中的一部分诗作正是史诗，《生民》生动地描述了周人的始祖后稷的出生、成长和生产生活情景，是迄今为止最全面的后稷诗传。

《诗经·大雅》是周朝贵族阶层所流传的歌词，是必然经过最高阶层加工修订而成的，其中关于先祖创世的英雄史诗更是世代传唱。我们将之翻译成为现代文大义如下：

【厥初生民，时维姜嫄（yuán）。】

最初的周人，是由姜嫄所生。

【生民如何？克禋（yīn）克祀。】

究竟是怎么回事呢？那是祈求上帝的结果。

【以弗无子，履帝武敏歆。】

因为姜嫄没有孩子，前去踩踏上帝的那只大脚印拇指，当时有了感应。

【攸介攸止，载震载夙 。】

就在祭祀的间歇，感觉有了身孕而心存戒备。

【载生载育，时维后稷。】

肚子里的孩子一天天长大，那就是后稷。

【诞弥厥月，先生如达。】

怀胎刚满了十月，他就顺利地生了下来。

【不坼（chè）不副（pì），无菑（zāi）无害。】

没有难产时的崩裂和切创，没有经常出现的那些灾难。

【以赫厥灵，上帝不宁。】

这样显示了他的英明，那是有上帝为他保康宁。

【不康禋祀，居然生子。】

祭祀求子的功德好大啊，果然生了一个儿子。

【诞寘（zhì）之隘巷，牛羊腓（féi）字之。】

将他放置到狭隘的巷子里，过往的牛羊庇护他、乳养他。

【诞寘之平林，会伐平林。】

将他放置到广阔的树林里，正好遇到伐木的人而收留他。

【诞寘之寒冰，鸟覆翼之。】

将他放置到寒冰之上，却有鸟儿张开了翅膀覆盖他。

【鸟乃去矣，后稷呱（gū）矣。】

鸟儿飞去了以后，后稷呱呱地开始了啼哭。

【实覃（tán）实訏（xū），厥声载路。】

后稷很快长大了，他的声音大得惊人。

【诞实匍匐，克岐克嶷。】

当他在地上爬行时，就已经开始懂事。

【以就口食，蓺（yì）之荏菽（rěn shū）。】

为了解决人们的吃饭，他种植大豆。

【荏菽旆旆（pèi），禾役穟穟（suì）。】

大豆长得生机勃勃，禾苗尖尖长势美好。

【麻麦幪幪（méng），瓜瓞（dié）唪唪（fěng）。】

麦子长势茂盛，瓜果繁实累累。

【诞后稷之穑，有相之道。】

后稷种植庄稼，自有他一套实用的本领。

【茀（fú）厥丰草，种之黄茂。】

拔除那些丰草，种上嘉谷。

【实方实苞，实种实褎（xiù）。】

齐齐整整长得好，茁壮的势头不停歇。

【实发实秀，实坚实好。】

禾苗长大又结实，一天天饱满又成熟。

【实颖实栗，即有邰（tái）家室。】

弯弯的垂穗随处见，安居乐业就在有邰。

【诞降嘉种，维秬（jù）维秠（pī），维穈维芑（qǐ）。】

天降良种给他，那就是黑色的黍，还有那红色的和白色的嘉谷。

【恒（gèng）之秬秠，是获是亩。】

遍地种植的那些黑黍，按亩计算收获。

【恒之穈芑，是任是负。）

还有那些红色的、白色的嘉谷，总是肩扛着、背负着。

【以归肇祀。诞我祀如何？】

带回来之后首先去祭祀天神。那是怎样祭祀天神呢？

【或舂或揄（yǎo），或簸或蹂（róu）。】

舂米的舂米，淘米的淘米，簸糠的簸糠，揉米的揉米。

【释之叟叟，烝之浮浮。】

颠来倒去嗖嗖嗖的声音真好听，蒸米的热气白腾腾的煞是诱人。

【载谋载惟，取萧祭脂，取羝（dī）以軷（bá）。】

按照事先的计划来行事，焚烧那涂上脂膏的萧杆，杀了那精选的公羊作为祭祀的牺牲。

【载燔（fán）载烈，以兴嗣岁。】

烧烤祭祀的场面多么热烈，那是为了祈求来年继续有个好收成。

【印盛于豆，于豆于登。】

我将浆果盛满在豆中，我将羹汤盛放在登里。

【其香始升，上帝居歆。】

那祭祀时的香气慢慢升腾，诚恳地祈求上帝前来享用。

【胡臭亶时，后稷肇祀。】

哪儿能闻到这样真心诚意的香气？那就是后稷从而开始被祭祀的场景。

【庶无罪悔，以迄于今。】

后代的子孙不敢有一点疏忽大意，世世代代的祭祀一直持续到今天。

现在的学者谈起后稷，必然引述西汉司马迁的《史记·周本纪》,《周本纪》的记述，主要内容并没有超过《生民》的有关记述，但远远没有《生民》详细生动。因此，结合《周本纪》，我们不妨对《生民》作以解析。

根据《周本纪》所述，周人的祖先后稷名弃，“其母有邰氏女，曰姜嫄。姜嫄为帝喾元妃。姜嫄出野，见巨人迹，心忻然说，欲践之，践之而动如孕者。居期而生子，以为不祥，弃之隘巷，马牛过者皆辟不践；徙置之林中，适会山林多人，迁之；而弃渠中冰上，飞鸟以其翼覆荐之。姜嫄以为神，遂收养长之。初欲弃之，因名曰弃”。

这一段记述是司马迁对于后稷历史的再造，我们不难从中发现其对于《生民》的隐晦之处的揭露：

第一，姜嫄作为帝喾的元妃，帝喾并不是后稷的亲生父亲。司马迁采纳了他是感应神人所生的说法，与《生民》保持一致。

第二，因为后稷并不是帝喾亲生，以为“不详”，曾经被三番抛弃。但是，在《生民》之中，并没有这样明显的表述。他们所用的是“寘”

而非“弃”字，其褒掖的意思是明确的。

过去的史学家几乎一致认为，弃无父而生的传说，反映了周部族也曾经经历过“只知其母不知其父”的母系氏族社会。我认为这也是“为周祖讳”。帝喾是黄帝的孙子，是父系氏族社会的部落领袖，姜嫄是他的“元妃”，即原配夫人，不是母系氏族部落的首领。《生民》明确地表示：“生民如何？克禋（yīn）克祀。”姜嫄“以弗（祓 fú，除去）无子”，才采取祭祀上帝的办法而求得子，果然有了身孕。此前，姜嫄之所以没有怀孕，应该是帝喾的原因，或者因为他远征久而未归，或者因为他贪恋新欢而冷遇姜嫄……于是，最有可能的事情发生了，姜嫄有了婚外情，甚至是一日情。姜嫄在不该怀孕的时间有了身孕，结论只有一个：后稷是野合的结果。姜嫄和她的随从们心里清楚，被认为“不祥”，后果很严重，于是编了那样的故事。我认为，姜嫄野合的可能性反映的是父系氏族社会时期，母系氏族社会婚姻关系的遗风依然存在，性观念还比较开放。此解码一。

基于解码一，那么“诞寘（zhì）之隘巷”等三次事故自然是人为设置和安排好的，是为了姜嫄合理地收养这个孩子所造的势。此处不再赘述。但是，从中我们发现，这个时期的畜牧业、砍伐业甚至渔业已经相当成熟。此解码二。

解码三，禋祀，即祭祀禖神，是上古流传下来的古帝王求子所祭之神。其祠在郊，故称郊禖。应该是中国古代民间祭祀的禖祠、求子庙的原始形态。

解码四，上古时期的人对于生育已经积累了相当的经验，但是难产是常见的事情，往往会出现子宫撕裂、产后大出血等症状，危及产妇或者胎儿生命。因此，才将后稷的顺产作为上帝保佑的结果予以庆贺。

解码五，正如《周本纪》所述，后稷是农神，他的时代发明了农业，他选择合适的地方开垦农田，种植的农作物种类比较多，常见的有荏菽（大豆）、麻麦（麦子类）、瓜瓞（瓜果一类）、秬秠（黑黍）、穈芑（不同色的谷类）等。后稷在尧舜时期都做过管理农事的官员，后来被封在邰地，即今天的陕西武功、杨凌一带，是姜嫄的故地。武功县自古

图 21-1 后稷雕像

就有姜嫄庙、后稷祠、教稼台等有关周人最初活动的传说遗迹，可以作为文献记载的佐证。在目前发现并已确认的 40 多个先周农业遗址中，杨凌、武功约占半数以上，说明杨凌是先周农业文明的核心地区之一。

解码六，先周时期的农祭活动非常隆重，每当收割以后，第一件事情就是将收割的庄稼淘洗干净，经过多次加工，供奉给上帝。而且，用公羊作牺牲敬献上帝，同时点燃涂上牛羊的脂膏的萧杆以烘托氛围。这种萧杆应该是至今广泛使用在祭祀场所的香烛的原始形态。如今流传在民间的“忙罢会”“六月六”祀神活动的最早来源也在于此。

解码七，后稷时期，原始手工业也比较发达，已经根据使用功能分别制作不同的器物，例如豆、登的使用。

解码八，周朝的祭祀制度从后稷时期已经开始确立，而且被后世所继承。

其实，《生民》远比《周本纪》更接近历史的真相，只是有些不得不有的隐晦，采用了“理所应当”的神佑的方式，司马迁根据他的理解改编了一回，虽然有所揭露，但是，后代人依据司马迁的论述翻译《生民》却是不应该的，也不合情理。笔者试图将文学作品作为鲜活的历史资料来解码那时的社会记忆，由于才疏学浅，不当之处，万望方家赐教。

（编者按：本文为李郁原创，文责自负。参考书三秦版朱熹注解《诗集传》、张铭洽主编《张西堂卷·诗经六论、诗经选注》、秦中朝编《话说西安十三朝》，陕西旅游版赵荣主编《人文陕西》。其中的字、词、句翻译主要依据朱熹、张西堂的集注，借取其义，并不一一附注。其诗句，翻译难度很大，必有不恰当处，权当是抛砖引玉之论。）

二二、周原膴膴，凤鸣岐山——周王朝兴业的根本之地

“周原膴膴，堇荼如饴。”是《诗经·大雅·绵》中的名句，意思

是说周原的土地肥美，即使是堇荼一类的苦菜，种出来也甘甜如糖饴。诗人饱含激动之情，毫不保留地夸张形容了周原肥沃的地力。周原一带农业的成就令人赞叹不已。

中国是农耕文明分外发达的国家，重农一直是中国的传统。追根溯源，这一切都源于周人和周朝。

周人的始祖原名“弃”，正如《诗经·大雅·生民》所描述的那样，他自小就对农业生产具有浓厚的兴趣，而且种植庄稼的天分极高。因此，尧帝、舜帝都曾经请他担任管理农业的官员，由于弃管理农业有功，被舜封在邰（今陕西武功县）。周族是黄帝的嫡系子孙，以姬为姓。当时的主要农作物是黍稷一类谷物，因此弃被称之为管理黍稷的最高官员，人们尊称他为后稷。“后”是王的意思，后稷的意思就是“谷王”，后世的人将他尊为神灵予以祭祀，也就是农业神。

后稷以后，周人经过多次迁徙。后稷之子不窋时代，戎狄部落也有相当大的发展，周人被迫迁到西北戎狄之间（今甘肃庆阳一带）。不窋之孙公刘（四世祖）即位以后，立志恢复祖业，便率领周人迁至豳（今陕西彬县），重新垦荒种植，“周道之兴自此始”。其后九传到古公亶父（十三世祖），又率族人迁至周原。

周原的中心区域处于岐山与渭河之间，活动范围东西宽约6公里，南北长约5公里，总面积约30平方公里，为今周原遗址的保护范围。这里土地肥沃，气候温和，雨量充沛，四季分明。

周原北有岐山的天然屏障，南有渭水的渔舟之利，自古以来就是人类繁衍生息的理想之地。因为地处周原，姬部族的人从此就被称为周人，古公亶父正式建国，定号为“周”。古公亶父也被尊为“太王”。在商代甲骨文中，“周”字像一片被划分成若干方田的土地，象征着一个农业发达的地区，应该是根据周原的地理地貌所描绘。

周人定居于周原，开始了自己新的历程，“凤鸣岐山”，预示着周人美好的生活从此开始了。这一传说在《诗经·大雅》等许多典籍中都有生动的描述，“凤鸣岐山”从而成为古代形容美好事物诞生的瑞相吉兆的成语。

周人在周原经过近百年的励精图治、休养生息之后，国力日强，成为“三分天下有其二”的强大诸侯国，为日后克商并建立西周王朝奠定了雄厚的基础。文王迁沣，武王都镐，周人从这里发祥，最终完成了灭商建周的大业，而且也开始在更宽、更深的层面影响以后的中国历史和文化。

西周王朝建立后，历代周王仍然坚持重农政策，勤政重民，把周原及其周边广大地区建成了著名农业基地。《诗经》中有大量西周的农事诗，反映了西周对农业的重视以及农业的发展情况。到汉代，人们还叹其“其民有先王遗风，好稼穑，务本业，故豳诗言农桑衣食之本甚备”。可以说，周原是周王朝得以发展壮大的根本基地，周人因其传统的农业社会结构，摆脱了单纯依赖畜牧、狩猎所造成的不稳定性，人们的生活质量得以大幅度提高，也正是因为周人的农耕文明从周朝开始得以迅速传播，从而奠定了我国古代“以农立国”的基本国策 。

图 22-1　出土于扶风的西周史墙盘

周原是周人最重要的发祥地，岐邑是先周的都城，因此，有周一代，在周人的心目中，周原始终具有特殊的崇高地位，周原一直是作为京畿之地，宫室、宗庙始终未废，一些重大国事活动都在此举行。

作为周人的发祥地，周原的地下埋藏着极为丰富的历史文物。自汉代至今，周原一带已发现上百穴西周青铜器窖藏，清代被誉为“四大国宝”的大盂鼎、毛公鼎就出土于此。著名的大克鼎、小克鼎、卫鼎、卫盉、朕匜、冬簋、胡簋、兴钟、史墙盘、折觥、兴壶等众多的青铜重器都是从这里出土的。现在人们称陕西是“青铜器之乡”，实际上主要指的就是周原。

事实上，西周灭亡以后，虽然几经战乱，岐邑毁于兵火，但是周人在周原的活动时间很长，留下了极为丰富的文化遗存。

1976至1978年发掘的召陈大型建筑基址，时间跨度从周初到周末，发掘建筑基址15处，是目前发掘的西周时期最大的一组建筑群落。遗址周围都有宽约50厘米～70厘米的散水，排水设施又分明水沟和陶水管道，建筑材料上使用的各种大小不同的板瓦、筒瓦，不仅是中国，而且也是世界上目前已发现的最早的瓦。建筑装饰除了蚌饰、蚌泡外，还发现了四侧磨光、饰有雷纹的菱型汉白玉。召陈建筑基址的发掘表明，我国传统的“廊院制”建筑在西周时期已经成型，部分建筑的开间面积之大，相当于明清时期的中型殿宇，在3000多年前，出现如此巨大规模的建筑，实在是令人惊叹。

近年来，又先后发现了云塘大型建筑基址、李家冶铜作坊基址、齐家四车道的道路基址、云塘骨器作坊遗址、齐家石器作坊遗址和冶铜遗址等大型遗址，为我们了解周原遗址区域内皇室贵族分布、册命分封、居住状况、生产水平、生活习俗等诸多问题提供了宝贵的第一手资料。

周原甲骨文，是继殷墟甲骨文之后的重大文字发现，是在周原建筑基址的考古发掘中的重大收获。截至目前共发现了21000多片西周早期的甲骨、卜骨，从中清理出带字甲骨293片，共计900多个字。这些甲骨文记录了那次占卜的结果与当时发生的大事，包括战争、祭祀、封赏、

图22-2 周原遗址内的召陈大型建筑基址

天文观察的记录，是研究周人历史文化的珍贵资料。在这批甲骨中，还有刻划易卦的，卦象由奇偶数排列组成卦画，大概是以此来阐释吉凶祸福。史书记载，文王演八卦，应该就是由此推演并发展起来的。

周公庙遗址位于史书所记载的“岐山之阳”。从2004年开始，陕西省考古研究院和北京大学考古文博学院联合对此进行了大规模的发掘。这是一处大型墓葬群，位于岐山南麓的一条土梁上，面积约8万平方米。先后发现了10座带四条墓道的大墓和1000余座中小型商周墓葬，填补了西周墓葬形制的空白。出土了2200多字的西周刻辞，内容涉及王季、周公、召公、毕公等历史人物以及祭祀、战争、数字卦、纪日、月相、占梦、卜辞常用语及甲骨修治现象等多个方面，使周公庙遗址成为目前全国发现西周甲骨文字最多的遗址。考古专家已正式确认它是目前所知最高等级的大型西周墓地，且极有可能就是周公的家族墓地。同时发现的墓地外围长达1500余米的西周城墙，在西周考古史、中国建筑史等方面均具有极其重要的意义。周公庙遗址是新中国最重大的考古发现之一，因此获得了“2008年度全国十大考古新发现”和“2007—2008年度国家文物局田野考古奖”一等奖的殊荣。

图 22-3　周原遗址出土车马器

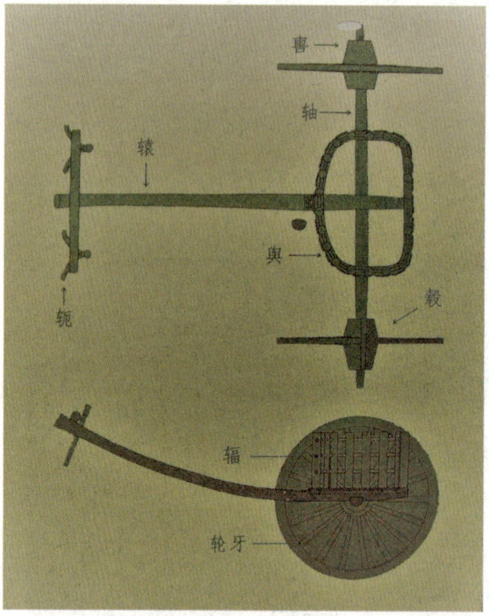

图 22-4　周原遗址出土，随葬单辕马车的车马坑普遍发现于西周时期的大中型墓葬区，其墓主人皆为高级贵族。他们会随葬马和不成套的车马器，或仅随葬车马器。周原遗址发现的大量车马坑表明周原遗址的都城地位。

2014年周原考古再获佳绩。在周原遗址聚落首次发现西周社稷建筑遗存，并发掘出目前所见规模最大的西周时期单体建筑；同时，发现一座埋有以往罕见青铜轮牙马车的车马坑，可谓迄今发现的西周时期最为豪华的车。

多年以来，周原的考古发掘虽然已经取得了很大的收获，但从整个历史情况看，还只是一个开端。要解开周人的许多历史谜团，离不开周原考古的进一步发掘和发现。

二三、何为周——周王朝的历史简说

现在，人们一提到陕西甚至中国，必然会说周秦汉唐盛世，其中周便是首列其中。这是因为，对于中国历史文化开始产生重大影响，是从周人、是从周王朝开始的。无论是以农立国的政策，还是分邦建国的封建制，以及钟鸣鼎食的礼乐制度等，都是周人的创造。可以说，周王朝是中国文化的奠基时代。而奠基的地点正是陕西。

周人是原来活动在关中西部的一个古老的部族。周人的祖先后稷名弃，弃是传说中的五帝之一帝喾的儿子，是黄帝的第四世子孙，姬姓，和传说中的尧、舜是同时代人；而且在弃的时代，周人的农耕技术是先进的，他曾经因为自己高超的农耕经验而被尧舜重用封赏。弃长期致力于传授姬姓播种百谷技术，被尊为“后稷”，意为农神。

周人以渭河平原为基地，不断地发展壮大。活动范围在渭河南北包括关中西部和今甘肃陇东一带地方。泾河流域的彬县、旬邑一带也是周人早期活动的一个中心。

后稷之子不窋时代，周人被迫迁到西北游牧民族之间（今甘肃庆阳一带）。不窋之孙公刘立志恢复祖业，率周人迁至豳（今陕西彬县），重新垦荒种植，“周道之兴自此始”。其后九传到古公亶父，率族人迁至岐山脚下的周原，正式建国，定号为“周”。古公亶父也被尊为“太王”。

古公亶父之子季历在位期间，周的国力有所发展，遂自尊为王，被称作“王季”。他采取种种亲商政策，努力吸收先进的商文化。随着周的日渐强大，商王采取抑制措施，借故杀掉季历。其子姬昌继立。随着周人势力不断加强，周与当时整个黄河流域的最高统治者——商的关系

图 23-1　周文王姬昌

不断加强。当时的商王正是商纣王，纣王虽然是个著名的暴君，但是他对新崛起的周国的实力也不能不予以重视，他封姬昌为“西伯”，授命他统领西部诸侯。西伯昌暗地里积极准备“翦商”，他大行仁德之政，取得百姓的支持，后来的孟子对此赞赏不已，孟子所说的“与民同好”“与民同乐”都是指西伯昌而言的。西伯姬昌特别有战略意义的一大举措，就是将都城从关中西部的周原迁到关中中部的沣水流域，并且在沣水西岸建立了丰京。原来依附商王的许多部族纷纷叛离商王而转投西伯昌，从而使周愈益强大起来。等自己的力量扩展到一定程度，西伯姬昌就自称受命于天而称王，史称文王。但未等开始伐商，文王就因劳累过度死去，他的儿子姬发继承王位，史称武王。

武王继位后，又在沣水东岸修建镐京，与西岸的丰京隔河相对，沣水流域变得繁华热闹。从此，丰、镐二京就成为西周王朝三百多年的都城。周人在丰镐一带努力建设，发展经济，使都城成为了当时全国的政治经济文化中心。与此同时，周武王继承父亲文王灭商的大事业，以姜尚为师、弟周公旦为辅，迁都于镐，图谋东进。即位第二年，便观兵盟津（即孟津，今河南孟州），作了一次伐纣的试探性阅兵演习。两年后，殷商统治集团彻底分崩离析，武王不失时机率兵伐商。后来，双方在牧野（今河南卫辉北）决战，商兵阵前倒戈，纣王见大势已去，在鹿台自焚而死。武王灭商，历史进入了周王朝的大时代。

周朝初期出现了一位杰出的思想家、政治家——周公旦，周公旦为武王之弟。他辅佐武王伐纣，功绩卓著。灭商后一年武王病死，年幼的成王继位，由他称王摄政。管叔、蔡叔对此不满，联合殷商贵族武庚，发动东方 17 国一起反叛。周公坚决兴师东征，历时三载终于平定叛乱。为了巩固统治，周公在洛邑（今河南洛阳）营建东都成周，作为控制东方的中心，并将参加叛乱的殷顽民迁到成周附近，直接监控起来。同时

图 23-2　周公庙遗址内周公汉白玉像

又“制礼作乐”，实行改制。其核心思想是以“礼”治国，政治内容一是大规模“封藩建卫”，推行分封制；二是实施以嫡长子继承制为主体的宗法制。如此把政权与族权紧密结合起来，使周天子成为金字塔式政权和族权的顶峰。因宗法分封而形成的一套完整、严密区分君臣、上下、父子、兄弟、亲疏、尊卑、贵贱等级的周制，以及相应的礼治思想和宗法意识，影响中华民族三千年。后来，周公还政于成王，最后病死于宗周。成王为褒周公之德，特命他的封国鲁国得享天子礼乐。

周成王、康王时期，注意发展农业生产，统治者生活比较节俭，社会出现了繁荣景象，史称“天下安宁，刑措四十年不用”，是为成康之治。

康王之子昭王时，西周开始“微缺”。昭王本人南巡狩不返，死于江上。其子穆王征犬戎无功，自是“荒服者不至”。周贵族开国之初那种汲汲求治的精神渐渐淡化，而日益懈怠骄纵，内部争斗激烈。穆王之子共王更加任性，密康公陪同他出游，在泾水边上得到三个美女而没有献给他，他便灭了密国。懿王、孝王、夷王之王位继承打破了世袭制的传子原则，更引起争乱，大大削弱了王室权威。各国诸侯来朝时，夷王甚至不敢坐受朝拜，反需要“下堂而见诸侯”。

周厉王好利，任荣夷公“专利”。国人不满，发怨言。厉王任用卫巫“监谤”，发现有怨言者则杀之。于是“国人莫敢言，道路以目”。厉王自以为得计，声称“吾能弭谤矣”。三年后，民众不堪忍受压制而暴动，厉王逃到彘（今山西霍州市）。召公、周公二相共同辅佐行政，号曰“共和”（或曰“共伯和干王位”）。陕以西归召公管辖，陕以东归周公管辖。陕即河南和陕西交界的陕原。陕西的地理概念也来源于此。这一年为公元前 841 年，为我国历史上有确切纪年的开始。

图 23–3　多友鼎，西安市长安区斗门镇出土西周晚期文物。鼎腹内壁铸有铭文 278 字，记载了西周厉王时多友率军在今陕甘交界的泾水流域抵御獫狁侵扰的情形，对研究西周军事以及对外关系具有重要价值

共和十四年，周厉王死，宣王即位，“修政，法文、武、成、康之遗风，诸侯复宗周”。然而好景不长。公元前 789 年，宣王与姜氏之戎战于千亩（在今山西介休市），遭到失败，后南征的“南国之师”亦“亡”，复兴的希望破灭。七年后宣王死去。

周幽王时，社会矛盾空前激化，自然灾害频仍，王朝统治岌岌可危。幽王废申后及太子宜臼，立宠妃褒姒为后，并以其子伯服为太子。申后父申侯闻讯大怒，联合缯国及犬戎进攻镐京。幽王命人点燃报警的骊山烽火，但诸侯们都不勤王救驾。原来幽王宠幸的褒姒是个冷美人，为博其一笑，幽王竟数举烽火，戏弄诸侯，使报警系统失灵。结果京都失陷，幽王被杀，褒姒被掳，西周灭亡。此正所谓“幽王烽火戏诸侯，褒姒一笑失天下”。

周幽王死后，申侯与诸侯们立宜臼为平王于申。虢公翰立另一王子余臣为携王于携。平王无力驱逐占据京师的犬戎，于公元前 770 年在晋

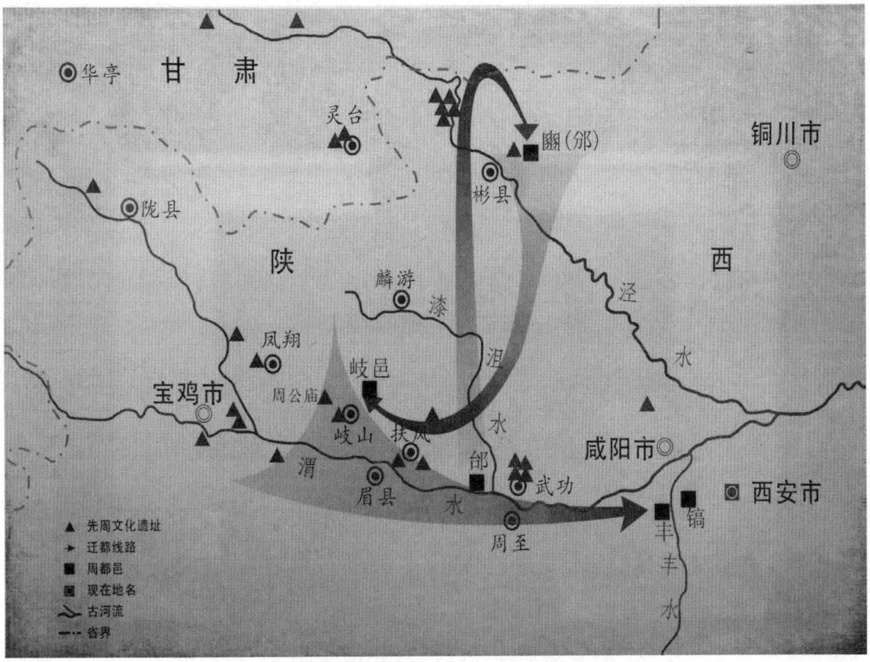

图 23-4 周人迁徙路线图

文侯与郑武公护卫下东迁雒（洛）邑。后来晋文侯杀携王，结束了二王并立局面，平王的天子地位得到诸侯的一致承认。但平王已无实力驾驭诸侯，凡事惟“晋郑是依”，地位只相当一个次等的诸侯国罢了。

综上所述，西周是由周武王姬发于公元前 1046 年所建立，定都于镐京（今陕西省西安市西部）。西周共传 12 王，历时 275 年。公元前 771 年周幽王被申侯和犬戎所杀，公元前 770 年，周平王将京都迁至洛邑（今河南省洛阳市），历史上称东迁以后的周王朝为东周。

附录：

西周建都地：丰、镐两京

西周君主一览：

武王	前 1046 年 ~ 前 1043 年	计 4 年
成王	前 1042 年 ~ 前 1021 年	计 22 年
康王	前 1020 年 ~ 前 996 年	计 25 年
昭王	前 995 年 ~ 前 977 年	计 19 年

穆王	前 976 年 ~ 前 922 年	计 55 年
共王	前 922 年 ~ 前 900 年	计 23 年
懿王	前 899 年 ~ 前 892 年	计 8 年
孝王	前 891 年 ~ 前 886 年	计 6 年
夷王	前 885 年 ~ 前 878 年	计 8 年
厉王	前 877 年 ~ 前 841 年	计 37 年
共和	前 841 年 ~ 前 828 年	计 14 年
宣王	前 827 年 ~ 前 782 年	计 46 年
幽王	前 781 年 ~ 前 771 年	计 11 年

二四、利簋——3000 多年前那一场周武革命的见证

《易经》中说：“汤武革命，顺乎天而应乎人。”这句话的意思是：商汤和武王的改朝换代，是顺应天理，合乎人情的。古人认为王者受命于天，故称帝王为天子，称王者易姓，改朝换代为“革命”。“革”，即变革；“命”，即天命。

武王伐纣是周兴商衰的转折点，在历史上具有划时代的意义。但对这件重大的历史事件，文献记载很少，而且说法也不一致。1976 年在陕西省临潼县（今西安市临潼区）零口出土的青铜器利簋，内底镌刻有

图 24-1　利簋

图 24-2　利簋 1976 年出土于临潼，其铭文解决了牧野之战日期这一千古悬案

周武王在讨伐商纣之前占卦问神的铭文，共32字。铭文的大意是：武王伐纣，在甲子日黎明，对伐商能否取得胜利进行了卜问，兆象很好。就在当天，周师一举打败了商军。到辛未这天（七天以后），武王在驻军处，赐给有事（官名）利（人名）以金（青铜），利觉得很荣耀，遂铸此簋作为纪念。铭文叙及武王克商的日子在“甲子”这一天，与《尚书·牧誓》的“时甲子昧爽”和《逸周书·世俘解》的“甲子朝”的记载相吻合，从而澄清了以往诸多疑惑，无可争辩地肯定了牧野之战的具体日期，并且根据日期推算，还证实了古籍中所载的“战，一日而破纣之国”是有根据的。利簋也因其铭文破解了有关牧野之战日期的千古悬案而成了最著名的青铜重器之一。

根据文献的记载，武王建镐京后，更加积极准备伐商大业。他以太公望为师、周公姬旦为辅，联合许多小国，组建起强大的武装力量。太公望就是后来被神化了的《封神榜》中的姜子牙，相传他学识过人，有大才智，隐居于今天宝鸡附近的蟠溪，终日直钩垂钓以引起人的注意，这实际上是在待价而沽。周文王听说他的大名就亲自去拜访，终于劝动他出山参与朝政。由于他出山时年事已高，所以被尊称为太公望。今天在宝鸡东边还有名胜地叫钓鱼台，那里山色苍翠、巨石如堵，涧水飞下形成瀑布，而水石相激又卷起千堆雪浪，装点出如画的景色，相传这就是太公望当初隐居垂钓的地方。

武王在完成一切准备之后，终于亲率戎车300乘、虎贲3000人、甲士45000人出征伐商。渡过黄河后，武王于孟津大会八百诸侯，组成联军，一直前进到牧野（今河南淇县），距商都朝歌（今河南安阳）不足百里，由巫师选好在甲子日这一天与商军展开大战。因为当时双方主要的兵器为“干”与“戈”，所以周军大举伐商就叫做“大动干戈”，又因周军在甲子日前一天晚上守着“戈”睡觉，成语中的“枕戈待旦”就由此而来；双方接战后，文献中描述这场战斗是“血流漂杵”，可见其激烈与残酷的程度。本来商军人数不少，战斗力也很强，周军已做好了更加惨烈的恶战准备，但商军痛恨纣王的残暴，纷纷临阵倒戈，因之又有成语“反戈一击”产生。败讯传来，纣王知道大势已去，只好登上

鹿台自焚而死，中国历史上第二个大王朝——商，就这样在周人的强大攻势下覆灭。

纣王死后，商王朝土崩瓦解，新兴的周代商而立，成为整个黄河流域新的统治者，统治范围从陇山两侧一直到东海之滨，即《诗经·小雅·北山》所说的“溥天之下，莫非王土；率土之滨，莫非王臣”，这是陕西地区出现的第一个大王朝，也是中国继夏、商之后的第三个大王朝。由于周仍以丰、镐二京为都，位置偏西，所以历史上称这个周王朝为西周，与以后平王东迁所建立的东周相对应。后来周王改称周天子，“天子”为中国历代最高统治者所沿用，意思是天的儿子，代表上天来统治生民，同时是天与人之间的联络媒介，可以随时传达天意，又成为天的代言人。

在丰镐，西周还推行了分封制、礼乐制和井田制等，这些是对后世影响巨大的制度。

西周王朝的诞生，标志着中华文明迈向了新的、更高的阶段，标志着陕西地区各方面的优越条件，到这时终于转化为现实的优势、强势，成为中华文明一个新的中心。

二五、丰京和镐京——西安地区建立的第一个国都

丰京在沣河以西，镐京在沣河以东，相去 12.5 公里。

沣河发源于秦岭北麓，自南向北流入渭河，丰镐两京分别位于沣河两岸。《诗经 · 大雅 · 文王有声》有两段诗是关于丰镐最早的文献记录，特录于下：

“文王受命，有此武功，既伐于崇，作邑于丰，文王烝哉。”

“考卜维王，宅是镐京，维龟正之，武王成之，武王烝哉。”

崇国在今西安市西郊沣河沿岸。这里说文王灭崇国后修了丰京，《史记 · 周本纪》说文王死于迁都丰京的明年。推算起来，丰京当作于公元前 1136 年左右或公元前 1134 年。“考卜维王，宅是镐京”，是说武王称王后，修了镐京。武王继文王称王在公元前 1133 年，镐京当亦作于是年。这是古代西安附近第一次出现全国性的大城市，也是西安发展史上的大事。

图 25–1　丰镐遗址张家坡车马坑遗址

丰镐作为西周时期的都城遗址，是开西安十三朝建都史的先声。历代受到学者的普遍关注。东汉郑玄注解《诗经·大雅·文王有声》说：“丰邑在丰水之西，镐京在丰水之东。”南朝刘宋裴骃《史记·周本纪》集解说：“徐广曰：丰在京兆户县东，有灵台，镐在上林昆明北，有镐池，去丰二十五里，皆在长安南数十里。”关于丰京，宋代程大昌《雍录》引《长安志》曰：“其宫今在户县，灵台、灵沼、灵囿皆其属地也。台、沼、囿，诗人皆尝颂其美矣，而不载其制，今无可考，独灵台遗址至贞观尚在，故魏王泰《括地志》曰：‘辟雍灵沼今悉无复处，惟灵台孤立，高二丈，周围一百二十步也。’”贞观为唐太宗李世民年号，魏王泰为唐太宗之子。意思是说唐朝贞观时期灵台遗址还在。

关于镐京，宋敏求《长安志》说：“郦道元《水经注》曰：‘自汉武穿昆明池于此，镐京基构沦陷，今无可究。’”这是说汉武帝穿昆明池破坏了镐京。关于镐京位置，顾炎武《历代宅京记》说：“武王宅镐。”《括地志》则曰：“镐京在雍州西南二十五里。”颜师古亦曰：“今昆明池北镐陂是。”镐京在昆明池北。

20 世纪以来，考古工作者在传说中的丰镐遗址地带做了大量的、长期的发掘钻探，出土了大量的珍贵文物，发现了大批重要遗迹。根据 2012 年最新的考古成果，初步确认丰镐遗址的四至范围。

丰京遗址

丰京遗址地处沣河以西，在今天的西咸新区沣西新城区域内，东界不会超过沣河滩地，北界往北不会超过郿坞岭北边，西部以灵沼河为界，南部可能在新旺村和冯村之间俗称的“官梁”高地以南一带。范围大致包括客省庄、马王村、张家坡、大原村、冯村、新旺村、曹家寨几个自然村。

镐京遗址

镐京遗址地处沣河以东，在今天的西咸新区沣东新城区域内，从目前的考古调查情况来看，镐京遗址主要分布在沣河以东、滈河以南、太平河以西的广大区域内，说明西周镐京的选址和布局完全与自然环境相结合，体现了城市与自然、人与自然相和谐的法则。镐京遗址的西界为雁塔区原斗门镇西辛庄村向北至张旺渠村一线，北至张旺渠村以东，经官庄、下泉、落水村北至丰镐村一线；镐京遗址的东界、南界范围，因为汉唐时期修浚昆明池而遭到毁灭性破坏，现在只能够以昆明池的西界线来确定现存镐京遗址的东界、南界，应在普度村东、白家庄东、马家营北一线。

丰镐遗址南依秦岭，北望渭河，东临太平河，西临灵沼河，滈河从遗址北部流过，沣河自南到北从丰镐中间穿过，将丰镐分开。地势总体南高北低，东北有高阳原，西南为细柳原。郿坞岭是在这个区域地势较高的黄土原地，呈东北—西南方向从遗址北部横亘而过。其他地区地貌总体起伏不大，地势较为平坦、开阔。三面环水、一面环山。从地理位置看，丰京、镐京共同位于郿坞岭的高地上，而且共同享有沣河的资源，同属于西周的王京。根据大量的文献记载显示，丰京并未因为镐京的建立而废弃，而是同时使用，互补共存，实际上是“一都双城”的局面。

关于丰镐遗址的文化遗存。先周时期的遗存主要分布在郿坞岭上，目前发现的还比较少。进入西周以后，遗存的数量和范围大为增加，在丰京遗址内从郿坞岭向南扩展，并越过沣河向东扩展至镐京。

目前的考古资料表明，主要遗存有：（一）居址：既有贵族居址，又有平民居址。（二）墓葬：既有贵族墓葬，又有平民墓葬。（三）车马坑：从属于贵族墓葬。（四）铜器窖藏。它与贵族居所的范围有一定的联系。

关于丰镐的大小及建置情况，据《诗经》《孟子》描述，有灵台、灵沼、灵囿等供奴隶主玩赏游乐的场所。《孟子》说，文王的灵囿“方七十里”，其中养有麋鹿、白鹤等动物。灵沼内有鱼、飞鸟等。又《周礼·考工记》有这样一段话：

“匠人营国，方九里，旁三门。国中九经九纬，经涂九轨。左祖右社，面朝后市。”

古代所谓国，即指首都。其形制方九里，每边各有三个门，内边纵横各有九条街道，王宫所在的左边是祖庙，右边是社坛，前边是朝堂，后边是街市，已很整齐。又武王灭殷后，为控制东方新占领的地区，命周公在今河南洛阳附近，修筑了王城洛邑。

史书记载，武王居镐，诸侯宗之，故镐亦称宗周。但丰京并未放弃，国家每有大事，周王皆步自宗周而往，以其事告于丰庙，使丰京在传统地位上也很重要。丰与镐互相配合发挥着国家都城的作用。

司马迁在《史记·周本纪》末尾说：“太史公曰：学者皆称周伐纣，居洛邑，综其实不然。武王营之，成王使召公卜居，居九鼎焉，而周复都丰镐。至犬戎败幽王，周乃东徙于洛邑。”武王营建洛邑，并修有一条大道与丰镐交通。在西周 275 年历史中，丰镐起的作用很大，西周始终以丰镐为都，洛阳并非正式的政治中心。周人早期在关中西部活动，在正式建立西周王朝后，首都仍然在关中，一些贵族虽然分封到关外各地，但仍以关中为老家，死后仍要归葬老家。如姜太公封于齐营丘（今山东临淄），但“比及五世，皆反葬于周”（《史记·齐太公世家》注引《周礼》）。古代重厚葬，用最好的东西作陪葬，这是关中出土西周青铜器最多的主要原因。

丰镐遗址出土文物所表现的手工业：主要有铜铸业、制骨业和制陶业等类。铜铸业以青铜器物铸造为主，既有祭器，又有兵器，还有大量的实用器物；制骨业是以动物骨头为原料的手工制造业，主要制作兵器如箭簇和日常用品骨针、骨刀等；制陶业主要制作日用器物和

图 25-2 周丰镐遗址发现的盂簋

冥器。

关中出土青铜器最多的地方有两处，一是岐山、扶风、宝鸡市和眉县一带；一是西安市、长安、蓝田和临潼一带。这是由于西安市为西周首都丰镐所在，岐山、扶风等处则是迁都丰镐前周人的都城所在，是第一次分封时贵族所建城邑集中之处，是他们的老家所在地的原因。大量青铜器都是从这些地方的古墓葬、古遗址中出土的。著名的窖藏有1976年宝鸡扶风县庄白村窖藏、2003年宝鸡眉县杨家村窖藏、2013年石鼓山贵族墓窖藏。

二六、分邦建国——封建宗法制的形成

西周王朝建立后，为了巩固自己的统治，总结以往的经验，在政治上实行了对后世影响巨大的宗法制和分封制。

宗法制是以宗族血缘关系为纽带，与国家制度相结合，维护贵族世袭统治的制度。早在原始氏族时期宗法制就有所萌芽，但作为一种维系贵族间关系的完整制度的形成和出现，则是周朝的事情。分封制也称分封制度或封建制，即狭义的“封建”，是中国古代帝王分封诸侯的制度。由共主或中央王朝给王室成员、贵族和功臣分封领地，属于政治制度范畴。古代宗法制是分封制的基础，在家庭范围是为宗法制，在国家范围是分封制。

宗法制的核心内容是严嫡庶之辨，实行嫡长子继承制。其目的在于稳固贵族阶级的内部秩序。这一制度依靠自然形成的血缘亲疏关系以划定贵族的等级地位，从而防止贵族间对于权位和财产的争夺。在宗法制度下，从始祖的嫡长子开始传宗继统，并且世代均由嫡长子承继。这个系统称为大宗，嫡长子称为宗子，又称宗主，为族人共尊。宗子有祭祀祖先的权利。若宗子有故而不能致祭，那么庶子才可代为祭祀。和大宗

相对应的是小宗。在一般情况下，周天子以嫡长子继统，众庶子封为诸侯，历代的周天子为大宗，这些诸侯就是小宗。诸侯亦以嫡长子继位，众庶子封为大夫，这些大夫为小宗，而诸侯则为其大宗。大夫也以嫡长子继位，为大宗；众庶子为士，即小宗。在宗法系统里，诸侯和大夫实具有大宗与小宗双重身份。大宗和小宗的区别与贵族等级里的层层封建是完全合拍的。如果说分封制从政治结构方面建立了贵族间的等级秩序，那么，宗法制则以注入了特定内容、贯彻了崭新原则的宗族传统观念使这个等级秩序得到稳固。文献和彝铭记载中屡有“宗周”的记载，《诗经·公刘》说：“食之饮之，君之宗之。”从宗法系统看，周天子乃是地位最高的宗子。周初，宗法制首先在周天子和诸侯间实施，以后逐渐及于中、小贵族，以至士与庶民之间，具有了普遍性质。

图 26–1　宰兽簋　有铭文 12 行 129 字，记载周王册命臣下仪式，为记录西周册命制度完整的铭文之一

为了进一步巩固分封制，周人在上层建筑领域内规定了一系列的制度，以使这种分封制度世世代代传下去，如实行畿服制度，规定：“邦内甸服，邦外侯服，侯外宾服，蛮夷要服，戎狄荒服。”这种规定把尊卑、亲疏、内外、远近的等级差别和政治地位，用地理区域的划分加以明确，把与周王室血缘亲密的家族封在都城镐京和洛邑附近，如周、召、郑、虢、毕、芮、毛、散等都是在陕西的周王室的家族，成为周天子的主要依靠力量。卫、鲁、晋、燕等都在洛邑周围，都是周王室的亲属。这一点在考古发掘中已得到明确的证明。如在陕西出土的毛公鼎、散氏盘、虢季子白盘等西周青铜重器，就是分封在陕西的毛、散、虢等家族制造的青铜器。而这方面最重要的发现当属近年来发掘的韩城梁代村两周墓。占地 33 万平方米的梁代村两周墓地，共钻探发现西周、东周墓葬895座，车马坑64座，为陕西省近30年来继宝鸡虢国墓地之后发现的未经盗掘的商周时期高等级贵族墓地，曾入围“2005年全国十大考古新发现”。该墓的发掘成果，不但对芮国的始封年代进行了修正，而且对于深入认识周代芮国的墓葬制度和历史文化，以及周代礼制、封国制度和我国早期雕塑艺术史的研究等，都提供了极为重要的资料。目前，韩城市政府正在该遗址上筹建遗址博物馆。

在西周，各封国被册命受封时，还赐给相应的爵位，如侯、男、伯、公、子等。其地位高低有别，并根据级别规定每年给王室纳贡的数量。而各诸侯国的重要官吏也一般由天子任命。周天子定期巡视各诸侯国。若某诸侯国受到外来势力的侵扰，周王室则出兵保护。各封国对周王室要负担规定的义务，不得违背，以此维护周天子共主的权威和利益。

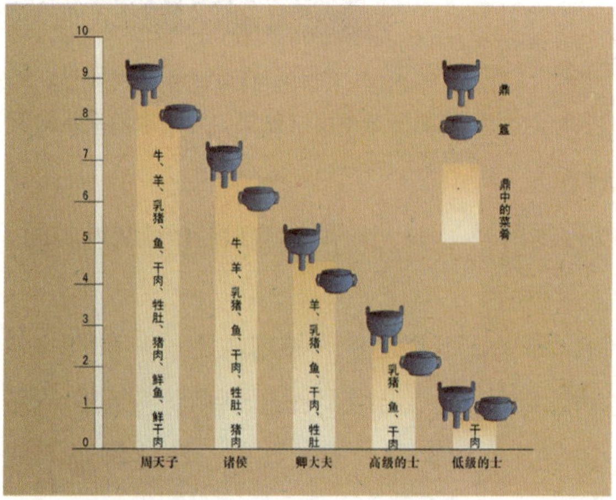

天子与各级贵族列鼎数量及对应食物：

天子：九鼎八簋（牛、羊、乳猪、干鱼、干肉、牲肚、猪肉、鲜鱼、鲜肉干）

诸侯：七鼎六簋（牛、羊、乳猪、干鱼、干肉、牲肚、猪肉）

卿大夫：五鼎四簋（羊、乳猪、干鱼、干肉、牲肚）

上士：三鼎二簋（乳猪、干鱼、干肉）

下士：一鼎一簋（干肉）

图 26–2　西周用鼎制度示意图

图 26–3　鼎是青铜器中最常见的器物，早期为炊器，类似我们现在煮肉的锅。后来随着礼乐制度的不断发展，鼎逐渐演变为一种礼器，成为身份等级的象征

在西周时代，除了中央直接分封各路诸侯外，各诸侯在自己的领地内也实行分封。诸侯一般将中心地区留给自己直接统治，其余土地再分封给他嫡长子以外的亲属——卿大夫，此类封地称为采邑，卿大夫也将分得的采邑再分割给自己嫡长子以外的亲属——士，称作禄田。于是，全国就形成了一个以王室为中心，向四周辐射，由四周拱卫的统一的、等级分明的宗法分封政治结构。周的等级制度规定很细，对于车马、用鼎、用簋等的数量和规格都有严格的规定，如图 26–2 所示。

图 26–4 四簋

西周王朝实行的分封制，尽管被分封的诸侯国在政治、经济、军事上有相对的独立性，但从宏观上考察，毕竟形成了巩固和统一的周王朝，比夏、商两代的体制要进步得多，这当是周人在总结前代和武庚叛乱的经验教训之后做出的重大革新，是社会进步的标志。除此之外，宗法制和分封制在形成中国人认祖归宗的思想、中华民族强大的凝聚力以及孝顺长辈、恪守孝道等传统观念方面，也发挥了积极的作用。

二七、制礼作乐——礼乐文明的定型

周公姬旦是周武王的弟弟，武王灭商后因身体不好，就将国事交给周公主理。周公除实行宗法分封制外，同时还制礼作乐，使礼乐文明得以定型，从而建立起一种高度统一的社会统治秩序，架构了几千年中国传统社会的格局。这是中华文明发展史上具有里程碑意义的一件大事。

图 27–1 周公姬旦

在统治上，周公采用恩威并施的方法。面对虽然失败但不肯屈服的殷商遗民，周公经过实践后想到要“以德服人”而不是

“以力服人”，即用“德治”去感化、教育他们。对周人自己他更是主张用德。而对四夷则要用刑——即暴力强制的方式。恩威并施的结果是成功的，初建立的西周的社会矛盾很快缓和，政局也稳定下来。由于周人时时记取殷商的亡国教训，“殷鉴不远”后来就成为一句告诫人们吸取前人教训的成语。《礼记》曾对比商周两族的宗教意识，认为“殷人尊神，率民以事神；周人尊礼，敬神而远之”，周公重民的思想成为德政的基础，而他的德政思想又为后来的儒家所继承，孔子、孟子都对周公推崇不已，并不断引用他的话来教育自己的信徒和劝诫当权者。孟子所说的名言“天视自我民视，天听自我民听”实际就是出自周公的想法，出自周人一贯的传统。周公的政治思想中还包括重农思想，他主张包括王室、贵族的成员都要重视农业，将农业置于很高的地位，因之，西周的农业很快得到大的发展，并推动了整个社会的进步。

然而，周公对眼前取得的成就并不满足。他以政治家的敏锐与思想家的深邃，发现当时国家需要的并不仅仅是政治层面上的“治理”“管辖”，而国家的臣民也不应当仅仅是不谋反叛的“顺民”。中华民族发展到了此时，已经迫切需要强有力的道德建设与文化建设。他思考的重点是，对社会如何建立强有力的秩序，而对人民如何制定明确的伦理道德规范。周公的这些想法，很快就变成了现实的政治举措，这就是对后世数千年都有重大影响的“制礼作乐”。“礼”是当时具有等级性的各类制度的总和。周公所谓的“制礼”，就是要用“礼”的形式将既有的社会秩序固定下来，让社会能够保持稳定，所以，“礼”首先就是一种对等级的强化、或者说是给高度强制的社会秩序披上一层温柔而合法的外衣，是对等级社会合理性的一种解释；同时，“礼”还是一种政治待遇，周公强调的“礼不下庶人、刑不上大夫”，就是明确告诉人们，“礼”是只对上层（包括王室、诸侯和士大夫）起作用的，而“庶人”（即普通百姓）是不配得到的；反之，严酷的刑罚则只是针对庶人的。在礼制下，每个人的地位都固定下来，层级分明，壁垒森严，并享受相应的待遇，谁也不能越雷池一步，否则就是“僭礼”，更严重就是谋反。为了让社会变得更温和一些，“礼制”中有很多必要的仪规程序，也就是我们今天所谓的礼节、礼貌、礼仪。将这些用制度的形式确定下来，这就使原来已经存在的各种民风民俗得到升华，上升到统一的法规与伦理道德的范畴，“礼制”也开始具有了浓厚的伦理道德的色彩。另外，“礼”的又一个重要内容就是祭祀。在周人看来，“国之大事，唯祀与戎”，这意思是说除了打仗（戎）以外，最重要的国事就是祭祀，这反映了当时自然力对人的支配程度，反过来就是人对自然力的仰赖程度。“礼”的内容中包括有祭祀，这实际也是“礼”最初的含义。从“禮”字本身的构成来看，它左边是一个表示祭祀的“示”旁，右边是一个“豊”字，而“豊”字早在甲骨文中就已出现，它的含义就是在祭祀中用一件叫做“豆”的器皿盛放玉串，以祈求农业丰收。很显然，“禮”这个字就是由祭祀活动、祭器、祭品三部分构成的，缺一不可。由于祭祀是用以协调人与鬼神、人与自然关系的，所以，周公所制的“礼”同时又是实现“天人合一”理想的一种手段。“天人合一”是古代最理想的施政形式，用今天的话来说，就是人与自然的高度和谐。

图 27–2　西周晚期周生豆

在进入文明时代不久、还缺乏有效的社会秩序与规范的环境中，为了克服社会上种种不协调、不文明之举，“制礼”还是绝对必要的措施；比起商纣王一味使用暴力、用暴力对付所有人的做法，周公制礼又是社会文明走向更高层面的重大进步。

周代对后世影响最大的乃是它的礼乐文化。面对周礼，孔子在“郁郁乎文哉”的赞叹和景仰之后毫不犹豫地选择了“吾从周”，他不但把周公作为自己人生的楷模，更以“克己复礼”作为自己人生的最高目标。实际上，周礼不仅影响了孔子的一生，也影响了周以后的整个中国历史和所有中国人。长期以来，中国被称之为“礼仪之邦”，便是因为周公的制礼作乐一直被儒家世代传承并不断修正、规范的结果。

周公制礼对后世影响最大的是在伦理道德方面。随着沧桑岁月的变迁，“礼”所包含的等级含义、祭祀含义都发生着改变或被弃之不用，但有关伦理道德方面的含义却被后世继承下来并加以发扬光大。因为有了周公的“制礼”，所以中国成为当时世界上道德成熟度最高、最先建立行之有效的伦理道德法则的国家。后来的孔、孟对周公之“礼”加以补充、完善，于是又形成所谓“孔孟之道”。“孔孟之道”的核心就是“礼”与“仁”，因此，它在中国能够流行两千年而不衰，并成为中华文明的基础与最重要的组成部分之一。后世儒家的十三部最神圣的经典中，有关“礼”的就有三部，俗称“三礼”，就是《周礼》《仪礼》《礼记》。

为了实现礼制中规定的各项目标，还必须对贵族进行教育，这既是一种手段，同时也成为“礼制”的一项重要内容。贵族子弟从小就要接受国家的教育，内容以礼仪为主，学科有舞、射、御（驾车）、数等，总的来说是以培养尚武精神为主。后来的孔子发展了这一教育思想，主张弟子要习六艺，即礼、乐、射、御、书、数，但仍以礼乐为首。

西周的礼乐文明影响如此深远，以致后世都要以周文化正统的继承者自居。蒋介石生母王氏出自周公之后，蒋家所居住的奉化溪口宅院就被命名为丰镐房，意思是礼仪之家、道德之家。说起来，丰镐为西周之都距今三千年，而溪口离丰镐故地数千里，蒋氏如此命名，可见丰镐已成为中国人心目中礼乐之正宗、道德之渊薮，“丰镐”就是礼仪、道德的代名词，其影响力是足以穿越时间、空间且无比深远的。实际上，类似“丰镐房”在中国的老式宅院中并不罕见，而“诗礼传家”的门匾也随处可见，这都说明周文化的深远影响。

周公在“制礼”之外还进行了“作乐”，这又是一项意义重大的工作。周公的作乐主要是提升“乐”的地位，并且将“乐”纳入“礼”的范畴，也变成一种对政治、道德的规范工具。“乐”本身即包含“舞”在内，而且可以是当时文化艺术的一个总称。“乐”被解释为当时一种美好的东西，是最高的精神享受。以祭祖和祭天地、鬼神的祭乐来说，就是用当时最高、最美的文化成果献给先祖与鬼神，这祭乐中就包含了周人极大的恭崇与敬意。

正是为了配合“乐”，在陕西很早就出现了古典的诗歌。这些诗不仅可以用来演唱，而且可以用来纪事、感慨、劝诫，当然也能用以祭祀。

因此，“礼”“乐”“诗”三者是密不可分的，它们之间有着内在的联系。从春秋时代孔子所辑录与修订的《诗经》来看，其中有相当多的篇章是在周代诞生的，这当中又有很多是出在陕西，如《秦风》《豳风》所录都是有关陕西的民间诗歌。中国被称为诗歌的国家，诗歌有着悠久的传统和极为丰富的内容，诞生了许多世界闻名的大诗人，这种传统若追溯其渊源，应当说周代的民间歌谣与官方的“作乐”都是其正源，诗歌大兴就得益于“乐”之大兴。

岁月悠悠，单就“乐”本身的含义来说，周代古乐早已不传，我们无法知晓其本来面目，但透过陕西出土的大量制作异常精美的西周乐器，还是能够一窥周代音乐的面貌。西周乐器中的铜钟、铜铎、铜镈、铜铃都被完整保存下来，石制的磬也有很多。这些钟、镈、磬往往组合使用，称为编钟、编磬等。现在发现的西周编钟一组多少不一，最多的是一组八枚。其音阶以五声为主，但也能应用七声，用来演奏比较复杂的乐曲，如雅乐、乐舞等。由于“乐”的演奏以金（即青铜）、石、革、木制的打击乐为主，最主要的有鼓、编钟和编磬，那么这样的音乐就应当是铜声悠扬，节奏铿锵，带有早期音乐特有的那种神秘、朦胧、抽象而质朴的美，反映并歌颂周人的精神与情感。我们现在往往用“黄钟大吕”来形容最高级而气魄宏大的音乐，这黄钟大吕就应属于西周音乐，黄钟是乐曲，主乐器用青铜编钟，所以称黄钟；大吕是歌，由人来演唱，所以字面上有两个口。

图 27-3　宝鸡杨家村窖藏窃曲纹编钟

有了相当水准的音乐，自然也就有了相应的舞蹈，二者密不可分。据说就是周公本人，主持整理了前代与民间的舞蹈而形成了周代的六舞、小舞。公元前 517 年，孔子有幸在齐国“闻韶”，听到几百年前六

舞中的“韶”乐，激动得三月不知肉味；周代舞蹈等级森严，天子乐用八佾（六十四人），诸侯就只能用六佾（三十六人），大夫用四佾（十六人），后来人们因为孔子特别推崇周代礼乐，在祭孔时也就采用八佾，以表示祭礼的隆重与对孔子的敬意。

说周公“制礼作乐”就如同说仓颉造字一样，带有浓厚的传说成分，究竟有多少真实性已难以确定，但可以确定的一点是，“制礼作乐”的环境首先发生在陕西，“礼”这个字由一种祭祀行为转化为政治与道德准则，也应同这里优越的农业生产环境有关，同这里原有比较高的文明程度有关。这可以看作是陕西古老的农业文明同新的政治文明、道德文明的一种结合，而后者正是在前者即农业文明的基础上产生的；还有一点就是历史进步到了周代，确实需要建立强有力的道德规范，建立社会秩序，这是社会前进的一种必不可少的基本需要，不管是谁当政都要予以认真考虑的，所以“制礼作乐”是有其历史真实性的，至于是否出自周公一人之力可以另当别论。后人景仰周公，在陕西岐山县，也就是周公的故乡，一座始建于隋唐时的周公庙至今仍屹立着，三山环绕，景色幽美，其中一山名凤凰山，相传就是象征周人兴起的“凤鸣岐山”的地方。庙中殿宇相连，古木森森，碑石成林，至今香火缭绕，表达着海内外中华赤子对周公的缕缕深情。

二八、井田制——孟子笔下的圣人之治

在宝鸡青铜器博物院展馆里，收藏了一件著名的青铜器物——五祀卫鼎，其铭文说，西周共王五年的正月，一个叫裘卫的人想与他的邻居邦君厉交换土地，于是他把这件事报告给刑伯、伯邑父、定伯等大臣。经过询问，邦君厉表示同意并立下誓言，大臣便命令三有司（司徒、司马、司空）以及内吏实地勘察、划定地界并办理了手续。

这是迄今发现的唯一一篇关于西周土地交换的铭文，反映的是西周土地买卖的实例。根据学者们的研究，进一步证实了西周中期部分土地实际已属私有，但土地的转让、交换和买卖，仍需通过王朝重臣确认实施。

我们知道，周人本是以善于经营农业而著称。周人建国后，农业依

然是周人立国的根本，周朝贵族执行的是天赋王权，实行土地公有制，所谓“溥天之下，莫非王土；率土之滨，莫非王臣”。（《诗·小雅·北山》）天子是“公”的代表，然后层层进行分封。王畿之内，凡是周王的领地，派人直接管理；王畿之外，封赏给各个大小诸侯，诸侯又可以分赏给他的臣属。诸侯们在各自的领地，享有绝对的拥有权。正如《左传·昭公七年》所记：“封略之内，何非君土；食土之毛，谁非君臣？”根据《孟子·滕文公上》的记述，西周对于分封的土地进行分包经营，国家规定按一方里为一井区划土地，并统一分配土地给农夫耕种，“方里而井，井九百亩，其中为公田，八家皆私百亩，同养公田，公事毕，然后敢治私事，所以别野人也”。君子享受公田之收获，小人则有私田之利益。这就是史学家所谓的井田制，因其土地区划形同井字，故名。

按照西周奴隶社会论的观点，当时的社会由贵族、平民和奴隶三大阶级构成。而在各阶级内部又有较细的等级划分，这就形成了阶层。贵族包括周王、诸侯和卿大夫等。平民称国人，是自由民，享有一定的政治权利，也承担相应的义务。庶人是当时社会中一个人数众多的阶层，地位在国人之下，但却不是奴隶。孟子将土地拥有者称之为“君子”，从事井田劳动的人称之为“野人”，他们使用一份土地从事农业劳动，将私田上劳动的收获归己所有，不仅可以有家庭，而且可以保存自己的家族、宗族组织。君子应该就是贵族阶层，野人应该属于平民或庶人阶层。他们不应该属于奴隶，最多是属于土地承包者。周的奴隶名称繁多，如皂、舆、隶、僚、仆、台、牧、圉等等，并有等级之分。

图 28–1　五祀卫鼎

西周时期，农业成为社会经济生活中占主导地位的产业。当时青铜农具普遍使用，农田垦耕普遍采用“耦耕”法，在农田垦殖、选种、灌溉、施肥、除草中耕、治虫等方面的技术明显有所进步。这种西周井田制虽然最早记载见于《孟子》，但在以后的多种文献中亦有著录，虽然内容各有变异，但其中关于划分方里的论述却是一致的。

五祀卫鼎的铭文所述，这一事件是经过最高行政长官复议通过的，是有效文书。说明大致在周朝初期，井田制的执行比较严格，但是随着经济形式的变化，也逐渐开始允许土地有效流转，不过其流转的法定程序必须完善。

其实，周朝初期在政治、经济、军事、文化、礼仪等方面制定了一套完整的制度规范，是非常先进、实用的，有利于当时社会的综合发展。除了农业之外，周的畜牧业、渔猎经济以及手工业也都有新的发展，尤其是青铜铸造业，其精妙的艺术成就和高超的技术技艺，在迄今发现的青铜器上得到了绝佳的印证。

二九、儒家五经——周人最宝贵的文化遗产

所谓五经，即《诗》《书》《礼》《易》《春秋》，是儒家最重要的五部经典，与《大学》《中庸》《论语》《孟子》合称为“四书五经”。向来被作为古代读书人的必读之书，唐宋以后，又被作为科举考试的必修科目，因而受到至高无上的尊崇。其整理者周公、孔子以及阐释者朱熹等人，皆被称之为圣人。其价值和重要性可见一斑。

春秋战国以至汉初，是有“六经”，即《诗》《书》《礼》《乐》《易》《春秋》之说，又称“六艺”，只是后来因为《乐经》遗失，才有了“五经”之说。事实上，这几部书所记载的历史，重要的部分都有关于周朝的内容。清代著名史学家章学诚断言“六经皆史”，未必确然，但是，“六经”所反映的先秦的事迹却是不可忽视的。

其实，关于“六经”的辨伪，自从它产生以来，从来都没有中断，我们有责任心的那些先贤圣哲在质疑的同时，也是在阐释这些经典的微言大义，其对于中国思想文化的不断发展具有不可磨灭的重大贡献。正因如此，关于经书的辨伪一直延续到现在。质疑的过程本身就是研究、

探讨的过程，他们在否定或者肯定某种观点的同时，发挥了自己的学术观点，同样将儒学推进到一个新的时期。然而，在两千多年的争辩中，不管他们认可不认可周公或者孔子作为作者的说法，也不管他们承认不承认某部经书或篇章的时代的属性，却很少有学者质疑这些经义的积极意义和教化的价值。正如《礼记·经解》篇所概说的那样："其为人也，温柔敦厚，《诗》教也；疏通知远，《书》教也；广博易良，《乐》教也；洁静精微，《易》教也；恭俭庄静，《礼》教也；属词比事，《春秋》教也。"

20世纪的"古史辨"，对于儒家经典的研究考据可谓透彻，其结论仁者见仁，智者见智。但是对于个案的分析却是我们应该吸取的。当时著名的朴学家张西堂先生在《经学史讲义》中说："《诗》多半是古代民间的歌谣，后来由宫廷或贵族的乐师采集来加工变为乐歌；《书》是多半来自古代史官的记载，有的则出于后代史官的追记；《礼》本多是宗法制社会的行为准则和习俗，后来由儒家变为成文的仪式和制度；《乐》之原在诗三百篇之中，《乐》之用在礼十七篇之中；《易》本卜噬之书，不知其为何人所作；《春秋》本是鲁史，或者经过孔子的改编。这些各不相干的书，论起起源，多半是由古代社会的状况与古代民俗的积习自然产生出来，除了《春秋》以外，都说不上是哪一个人的著述……"

张西堂先生对于周公和孔子的作者身份是持怀疑态度的，即使这样，他依然说："六经是儒家的经典，就其思想内容来说，当然与周公有关，现在我们否认六经为周公之旧典，但如认为与周公、孔子毫无关系，这也是说不通的。"

关于六经的产生及其所阐述的内容，司马迁在《史记·自序》里说："伏羲至纯厚，作《易》八卦；尧舜之盛，《尚书》载之，《礼》《乐》作焉；汤武之隆，

图29–1　宋　马远《孔子像》

诗人歌之；《春秋》采善贬恶，推三代之德，褒周室，非独刺讥而已也。”其中所述都是关于上古三代的故事。虽然古来的学者也有异议，但是，没有哪一位学者完全否认“六经”与周人的关系。

至于六经究竟出自何人之手这个问题，在儒学家看来，虽然重要，但不能否认孔子的作用：“或经孔子的删订，或由孔子而流传。”

正因为如此，儒家经典的神圣性在古代未曾受到挑战，孔子和周公的神圣地位未曾动摇。从汉朝开始设立“五经博士”，儒学的统治地位被确立，“五经”不断衍化，逐渐吸纳了《礼记》《周礼》《左传》《公羊传》《穀梁传》《论语》《孝经》《尔雅》《孟子》，合成十三经，成为中国儒家文化的集大成之作。事实证明，儒家文化在中国历史上的作用和地位牢不可破，其与周代和周人的密切关系不容置疑。

三十、何尊——青铜器之乡的镇国之宝

作为西周王朝都城所在地的陕西，早在西汉时期，就有西周青铜器出土，以后历代均有不少发现。青铜器是指用铜、锡、铅合金制作的器物，因其外表呈青灰色而得名。世界上最早的青铜器出现于5000年到6000年间的西亚两河流域地区。大约4000年前，我国开始出现青铜器。新中国成立以来，由于有计划的考古发掘和民间发现，西周青铜器得以大量出土，其出土数量之大、精品之多，向来为世人所瞩目。近年来，有人将历代史籍文献中有关青铜器出土的记载累计在一起，全国共出土大约2万多件，其中在陕西地区出土的大约就有近1万件；这些出土青铜器保存至今的大约有1万多件，而其中属于陕西地区出土的又有近5千件。这两组数字告诉我们，陕西地区出土的青铜器几乎占了全国的半壁江山，这也就是陕西青铜器在全国地位的一种标示。陕西青铜器当然也以西周青铜器为主，这一部分青铜器的数量也是中国第一。目前，

图30-1 何尊

陕西的青铜器主要收藏于陕西历史博物馆和宝鸡青铜器博物馆，宝鸡因此被称为“青铜器之乡”。1963 年出土于宝鸡的何尊，是西周初年第一件有纪年的青铜器，其中 122 个字的铭文记载了周公摄政辅佐成王在洛阳建筑陪都的重要历史事件，铭文中，“中国”的称谓第一次出现。因而何尊被誉为镇国之宝，是不被允许出国的重要宝物。

图 30-2　四十三年逨鼎

陕西出土的青铜器大部分出自关中地区，特别集中于西周的统治中心——周原、丰镐以及附近一些地方，而又以窖藏所出为多。窖藏是古人专门埋藏青铜器的坑穴。一窖少则几件、十几件，多则几十、上百件。如 1960 年扶风齐家村铜器窖藏出土中友父诸器 39 件，1961 年长安县张家坡铜器窖藏出土师诸器 53 件，1976 年扶风庄白村南微氏家族窖藏一次出土 103 件。最新的发现则是 2003 年在眉县杨家村窖藏发现的 27 件。窖藏内的青铜器，一般大小套合，层层叠压，放置较乱，器物往往并非作于一时。器主为一个贵族或家族，窖藏的地点多在大型建筑基址附近。这些现象与西周末年的重大政治变化有关。当时，犬戎入侵，周平王被迫东迁洛阳，贵族随之逃亡，因铜器不便携带而就地深藏窖内，

图 30-3　石鼓山西周贵族墓出土青铜器

图 30-4　宝鸡石鼓山出土的牛首乳钉纹四耳簋

图 30-5　宝鸡石鼓山出土的长方形禁

期望有朝一日卷土西来，再显荣华。然而，别时容易见时难，这些王公贵族的荣华一去没能复返，倒是时隔近三千年之后，考古工作者才使这些国之重器又见天日。2013 年，宝鸡石鼓山西周贵族墓地发现青铜器数量大规格高，被评为 2013 年全国十大考古发现，其中的铜禁、四耳乳钉兽面纹簋是高等级的罕见文物，震惊了考古界。

西周青铜器的种类很多。根据用途的不同可分为食器、酒器、水器、乐器、兵器、生产工具等几大类。以食器、酒器、水器和乐器四类最为重要，它们大都用在祭天祀祖、朝会宴飨等礼仪场合，故称礼器。地位不同的贵族，其使用器物的种类和数量均有严格的规定和限制。如鼎的使用，天子为九鼎、诸侯七鼎、卿大夫五鼎、士三鼎，这在礼制上规定得非常清楚。诸侯不能用九鼎，大夫也不能用七鼎，否则就是“非礼”“僭越”“犯上”，要受到谴责和惩罚，青铜器就成了身份和地位的标志，尤其其中的鼎更是权力的象征。鼎本来是一种炊具，用于盛放肉食。相传禹铸九鼎，以象征天下九州，从此九鼎便成为了代代相传的国家权力的象征物，它的存亡就是国家的存亡，所以古书上有“桀有昏德，鼎迁于商”“商纣暴虐，鼎迁于周”的说法。

食器中的簋是盛放饭食的器物，相当于现代的饭碗。西周时期还未出现桌椅，宴飨时人们席地而坐，簋放在席上，用手到簋里取食物，至今，还有些少数民族保留这种生活习惯。在西周，簋是除鼎以外最重要的礼器，一般以偶数组合与成奇数的鼎配合使用，最高等级的周天子使用九鼎八簋，地位最低的贵族士只能享用三鼎二簋，这便是所谓的列鼎制度。

酒器中常见的器型有饮酒用的爵、觚，盛酒用的壶、尊、罍、卣等。

古代在祭祀时，巫师往往利用酒精的麻醉作用使人进入某种奇特的幻觉状态，与天上的祖先、神灵相见，所以酒被认为是沟通天地、人神交感的神秘液体，酒器自然在礼器中占有极为重要的地位。由于商人酗酒亡国，西周建立后，周公作《酒诰》，严禁周人饮酒，所以在西周时期，酒器的中心地位逐渐被食器所取代。

水器主要有匜、盘、盉等。西周时期还没有发明碗、筷，贵族们在宴飨时，都要用手拿食物。为了讲究卫生和以示虔诚，必须在宴飨前后洗手，行沃盥之礼。沃盥时一人以盉或匜从上浇水，一人以盘在下承水。古人相信在流水中洗手最干净，这很符合现代人的卫生观念。

乐器均为打击乐器，主要有钟、铙、錞于，以钟最为重要。一般是大小相次成组配合使用，大的发音低沉，小的发音清脆。铙、錞于是军旅乐器，与鼓相配指挥军队进退，所谓击鼓而进，鸣金收兵，“金”就是指铙和錞于。

青铜兵器可分为两大类：一类是进攻兵器，如戈、矛、剑、弓箭等；一类是防御兵器，如胄、甲等。戈是西周兵器中最常见的一种，汉字中伐、武、戎等与战争有关的字多用戈作偏旁，与战争有关的成语如大动干戈、反戈一击、枕戈待旦、化干戈为玉帛等都离不开戈字，可见其在战争中的重要性。

西周青铜器作为一种极为珍贵的文物，早在汉代，人们就已认识到了它的重要价值。汉武帝甚至由于一尊大鼎的出土而改元为“元鼎元年”（前 119）。自宋代开始，在皇帝的推崇和提倡之下，青铜器更成为珍异的收藏品。青铜器的价值主要体现在铭文、纹饰等方面。

在中国，从宋代开始就有学者研究青铜铭文并形成了一门学问——“金石学”，金石学还被有些学者认为是中国考古学的开端。值得一提的是，金石学的创始人就是陕西蓝田的吕大临。铜器上的铭文，少则一两字，多则几十字，最长的近 500 字。古人称青铜为“金”，所以把在青铜器上铸刻的文字称为“金文”，它是我国文字史上继甲骨文之后的一种较为成熟的文字。除印度河流域发现有少量刻有铭文的器物外，世界各地的上古青铜器绝大部分没有铸刻铭文，因此，在器物上铸刻铭文，

图 30-6 逨盘及铭文

是中国青铜器与世界上其他国家青铜器的一个明显的区别。

根据考古资料统计，陕西现已发现和著录的金文总数已达数万字。如此巨大的文字数量，其所包含的丰富的文化信息和文化价值显然是难以估量的。中国的青铜文化之所以在世界青铜文化史上占有特别重要的地位，主要就在于数量巨大的铭文。

铭文一般记载作器者的姓名和作器缘由，内容包括祭祀训诰、赏赐册命、宴飨田猎、土地转让、盟誓契约、奴隶买卖、贵族家史、刑事诉讼等等。由于青铜时代人类尚未发明纸张，而当时记载在竹简木牍、丝帛上的文字资料大都已腐烂无存，那个时代遗留下来的文献也极少，只有《尚书》《诗经》和春秋三传等。就是仅有的这些书籍，经过历代传抄，也早已不是原来的面貌，要根据这些资料对当时的历史作比较真切的认识是很困难的。而青铜器铭文，特别是篇幅比较长的铭文，是当时人们现实生活的反映，没有经过后世的修改，保留了当时的真实面貌，因而具有极高的研究价值，被誉为“青铜史书”。如清道光末年出土于宝鸡岐山县的毛公鼎，有铭文 82 行 497 字，为现存最长的铜器铭文，其铭文价值号称“抵得一篇尚书”； 1975 年出土于陕西岐山董家村窖藏中的五年卫鼎内壁铸有铭文 207 字，记载了一件有关土地纠纷的诉讼案件，对我们了解西周时期土地所有制的变化有相当重要的研究价值；1980 年出土于长安区的多有鼎，内壁有铭文 22 行 278 字，记载了西周晚期，厉王时狁犹入侵和周人反击的经过，内容包括战争的起因、时间、地点和规模，因对研究西周时期的军事和民族关系具有重大价值而被定为国宝；而 2003 年杨家村窖藏出土的 27 件西周晚期青铜器，件件都有铭文，铭文总字数达 4000 多字，列数了除最后一位之外的 13 位周天子的名字，以及许多重要的史实，又一次证明了司马迁记载的正确。其中一件“逨盘”共有 310 字，是 50 多年来出土青铜器中铭文最多的一件。

青铜器铭文在书法艺术方面也有着重要的意义。汉字的书法艺术是我国传统文化的又一瑰宝，它的定型也应追溯到西周的金文。西周早期金文与殷墟甲骨文相似，但较甲骨文显得更遒劲有力，笔道有肥有瘦，首尾纤锐出锋，行款章法自如，结构谨严。到了西周中晚期孝王、夷王后的铜器铭文，字体变为长方，笔道均匀和谐，十分精到。运笔娴熟奔放，章法布局规整严谨。从书写的间架、排列，笔画的点、捺、竖、撇等方面，都形成了中国汉字的基本格局，为以后中国特有的小篆、汉隶奠定了坚实的基础。如大盂鼎铭文字体长方，清秀镌美，富有变化，通篇章法严谨，

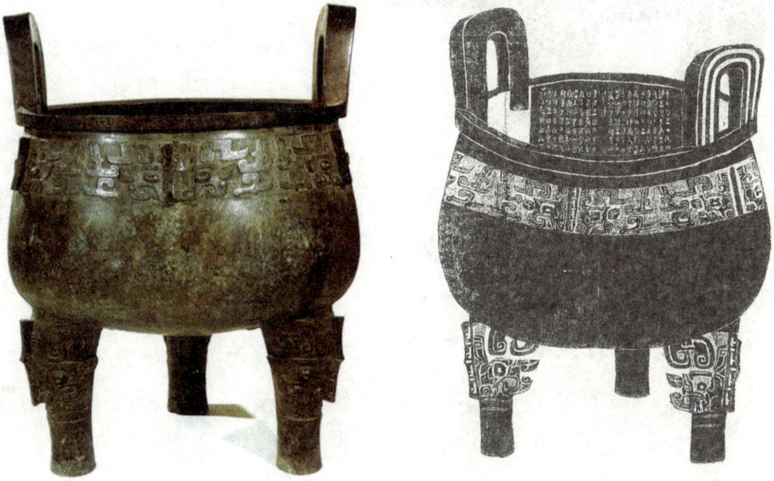

图 30–7　大盂鼎及拓片

行气疏朗有度，是西周铜器铭文中书法造诣最高的作品，它的拓本至今尚被书法家所珍视，是研究古文字和临习书法的范本；而史墙盘铭文字体朴实遒劲、笔势浑圆厚实，也是珍贵的书法艺术瑰宝。

如果说铜器铭文具有极高的学术研究价值的话，那么其造型艺术和纹饰则具有极高的艺术观赏价值。它们犹如一幅字、一幅画、一件雕塑，给人以赏心悦目的艺术享受，我们说青铜器是珍贵的艺术品，主要就是基于其造型和纹饰而言。由于中国古代青铜器大都使用陶范铸造，一般一范只铸一件，没有两件完全相同的青铜器，所以每件青铜器都是独特的艺术品。在造型方面最精美别致的是各种鸟兽尊，全器作成动物形状，构思巧妙，情趣盎然。如 1967 年出土于陕西岐山贺家村的牛尊，整体作水牛形。牛体浑圆，四蹄粗壮，头部前伸，双目圆睁，似在鸣叫。尤其别致的是背上开一方口，口上加盖，盖与牛背以系环相连。盖上铸一立虎，虎四足向前，后身微缩，俨然一副捕食的样子。其华美流利、恢宏豪放的器表纹饰则给人以强烈的艺术美感。除此而外，不少常见器物的造型也富于民族特色，像酒器中的爵、觚、角、斝，食器中的鼎、甗、盨，都是其他民族青铜文化中所少见的。造型的奇特、古朴、别致，再配上中国特有的饕餮纹、夔纹、凤纹、龙纹、雷纹等，使西周青铜器在世界青铜文化之林中显得独具一格，以典型的中国作风和中国气派而大放异彩。

图 30-8　牛尊

西周青铜器上的纹饰相当复杂，大致可分为动物纹、几何纹和人事活动纹等三大类。青铜器上动物纹中的饕餮纹（又称兽面纹）是最神秘、最有名的纹饰。饕餮之名出自《吕氏春秋·先识览》：“周鼎著饕餮，有首无身，食人未咽，害及其身，以言报更也。”由此看来，它是一种非常贪吃的神话动物。今天，人们把胃口好、饭量大的人形容为饕餮就是来自于此。其实，现实生活中并没有饕餮，饕餮只是人们将现实生活中的多种动物集合并加以夸张而产生的一种幻想的动物。它们在发挥装饰作用的同时，还负载了极为丰富的文化信息。也就是说，青铜器纹饰并不仅仅是美观的图案，它们也是当时社会思想观念的曲折反映。从上古到西周盛行的饕餮纹，形象庄严肃穆，特别是商代器物上，在饕餮纹间加饰各种奇禽异兽，富于神秘气息，显然与当时的神话和宗教有关。西周早期的青铜纹饰受宗教思想的影响最为深刻。这一时期的纹饰与商代一样，绝大多数表现动物的形象，且又以幻想的动物占主导地位，如饕餮纹、夔纹等。至于人类自身的活动和社会生活形象，在纹饰中却毫无反映。轻人事而重自然，轻自然而重神怪，表现了屈人以事神的鲜明倾向。从纹饰的风格看，是重繁缛而轻简洁，纹饰布满器物的全身，不留任何空隙，通常有五六种，多者达 20 种。怪异的主题纹饰和繁缛的附加纹饰结合起来，配上古老的器形，给人以凝重庄严、神秘狞厉的感觉。所有这些，都表现出审美意趣服从于宗教迷信的倾向，反映了宗教观念对装饰艺术的深刻影响。

图 30-9　外叔鼎

西周中期以后，青铜纹饰发生了显著的变化，以往复杂恢宏的器物和充满神秘色彩的纹饰相继隐没，最流行的纹饰是窃曲纹、瓦纹、重环纹，饕餮纹退居装饰的次要地位。在结构上，也打破了风行几百年的兽面纹对称构图，代之以比较自由的连续结构。到春秋中期以后，王室衰微，列强争霸，青铜文化走上了大变革时期，青铜纹饰朝着图案生活化方向发展，出现了大量反映人事活动的新纹饰，如宴饮、狩猎、攻战等。

至此，青铜艺术终于摆脱了神灵的荫蔽，跨出宗庙的门槛，成为了现实的人的艺术了。战国中期盛行的云气纹，则与新兴的升仙思想有关。由此可见，青铜器既有美术史的意义，也有思想文化史的价值。

肆　九都八迁　大秦一统

三一、不其簋和秦公簋——秦人艰难创业的历史见证

1980年，在山东滕县后荆沟西周墓地出土了一件青铜器——不其簋，被文博界认定为至今发现的铭文最长、记述有关秦人祖先事迹最详细的青铜器。不其簋的原盖却是一件传世品。在传世的铜不其簋盖上有长达151字的对铭，它呈现了一段不平凡的历史事件。其铭文记载西周宣王时期，活动在西北的猃狁族侵犯周朝的领地，周王命令伯氏率领不其等人征伐猃狁的事实。不其随伯父“伯氏”战胜猃狁。伯氏回京献俘，不其留下继续追击戎人，多有斩获。居西犬丘，被周王任命为“西垂大夫”。

图31–1　山东滕州博物馆藏不其簋

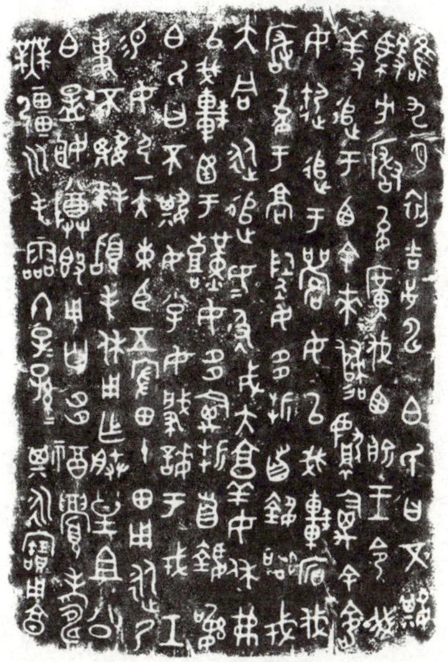

图31–2　不其簋铭文

不其就是秦仲的长子秦庄公，在位时间为前821年至前778年，是秦人祖先中一个划时代的人物。

不其簋铭盖现藏于中国国家历史博物馆。无独有偶，在国博还珍藏着一件秦公簋，记述了秦十二公

31-3　秦公簋

31-4　秦公簋铭文

的创业史。可以与不其簋相互印证。秦公簋于1917年在甘肃天水被发现，簋盖及器身均作细小蟠螭纹，双耳上作兽首。簋盖上有铭文54字，器身有铭文51字，共105字，字体与石鼓文颇为相近。根据专家的考释，铭文应该是春秋时期的秦景公祭祀其父亲秦庄公及其他十一位先祖的一篇祭文。歌颂了十二位先祖为保卫周王室西垂在西戎创业兼并而开拓了秦版图的丰功伟业；记述了襄公奉周宣王之命在西犬丘之地设立西畤、建立宗庙，对白帝和秦先祖进行祭祀的缘由。同时也表达了秦襄公欲建立霸业、统一天下的宏愿。

据史书记载，秦人和周人一样，最初都活动在关中西部，并且都是逐渐向东发展的。大约在商末、周初和周中期，秦人先后进入今甘肃省的东部。但是，不其簋却出土在山东。关于秦人到底从何而来，就成了一个谜，史学界一直存在两种不同的学术观点，即秦人东来说和秦人西来说：

秦人东来说认为秦人远祖来自活动在东方滨海的东夷族。卫聚贤、徐旭生、黄文弼、郭沫若、范文澜、顾颉刚、马非百等先生认同此说。秦人西来说认为秦人属于早期活动在西北地区的西戎的一支。王国维、蒙文通、周谷城、俞伟超等学者均力主此说。

不管是东来说还是西来说，此后秦人的事迹在《史记·秦本纪》中有比较清楚的记载。据说，古时候，黄帝之子颛顼帝的后裔中有一名叫女修的姑娘，吞吃了一枚玄鸟的蛋即怀有身孕，生子大业，由此繁衍成为以后的秦人。大业之子大费，又名柏翳、伯益、益等。当时正是舜帝管理天下时期，洪水泛滥，大费便帮助大禹治理水患，获得成功。舜帝赐给大禹黑色的玉圭以示奖励。禹说："非予能成，亦大费为辅。"舜听后很高兴，就将姚姓之女嫁给大费作为奖励，并赐姓嬴氏。秦人从此有了姓氏，得以开宗立祠，摆脱了附属者的地位，成为可以独立发展的宗族。此后，秦人也出过几个著名的先人，既有名垂千古的，又有遗臭万年的：费昌曾为商汤驭车"败桀于鸣条"；蜚廉、恶来"父子具以材力事殷纣"，不得善终；造父"以善御幸于周穆王"。

周孝王时，秦人首领非子居于犬丘（今陕西兴平境）。因为善于养马而出名，周孝王便让他养马"于汧渭之间，马大蕃息"。周孝王对他大为赏识，于是把今甘肃天水地区清水县一个叫秦亭的地方分给他，建立秦邑，作为周室附庸，"使复续嬴氏祀，号曰秦嬴"。同时也保留了另外一支秦人大骆的后人成作为其嫡嗣，让他在西垂"以和西戎"。

那个时期，周王朝和西戎的关系非常紧张，常常发生战争。周厉王时，西戎灭掉大骆一系秦人。周宣王即位后，秦嬴的孙子秦仲受命讨伐西戎不幸战死，他的儿子秦庄公也就是不其，接着受周宣王之命，率领兄弟五人讨伐西戎，大获全胜，宣王便授予他"西垂大夫"之称，并将大骆和犬丘的土地一起封赏给他。这件事记载在《不其簋铭文》中，与史书的记载相互印证。从此以后，秦人在西北有了相对巩固的发展基地，在同当地戎、狄的斗争和融合中，继续与周朝保持密切的统属关系，不断地发展壮大。

三二、平王东迁——周人之祸，秦人之福

西周晚年，周幽王宠爱褒姒，失信于诸侯。幽王十一年（前771）春，周幽王听信褒姒的话废除了申后以及申后所生的太子宜臼。于是招来祸患，申后之父申侯联合犬戎率兵伐周，将幽王杀死在骊山下。当此之时，由于周幽王多次欺骗诸侯，导致骊山烽火失灵，诸侯们拒绝救援，秦襄公将兵救周，非常卖力，立了大功。诸侯们拥立太子宜臼继位，就是周平王。周平王为了躲避犬戎之难，就带着周室东徙雒邑，秦襄公率兵护送。于是，周平王将原来周朝的根本——岐以西的土地赐给他，并毫不掩饰地说："戎无道，侵夺我岐、丰之地，秦能攻逐戎，即有其地。"

图 32-1　秦子镈，春秋早期，甘肃礼县大堡子山遗址出土，现藏礼县博物馆

图 32-2　铁鋄金银车，战国晚期，甘肃省张家川回族自治县马家园墓地出土，藏甘肃省文物考古研究所

（事见《史记·秦本纪》）与他盟誓，并且封秦襄公为诸侯。秦人从襄公开始有了自己的封国，开始与诸侯国互相通使，以诸侯的平等身份礼尚往来。这一年是秦襄公八年即公元前 770 年。

“祸兮福所倚，福兮祸所伏。”历史就是这么充满变数。在这一场政治游戏中，周幽王做梦也没有想到，自己竟会为了讨好一个女子而失国亡命。秦襄公长途奔袭，誓死勤王，不仅赢得了周王室的嘉奖，被封为侯爵，而且得到了开疆拓土的大好机会。嬴秦终于开始名正言顺地越过陇山，进军关中。关中之地，原本是周王朝的根本之地，既然授予秦国，从此秦国就展开了艰苦的伐戎之战。据《史记·秦本纪》载：

秦襄公十二年（前 766），“伐戎西至岐”；秦文公三年（前 763），“以兵七百人东猎。四年，至汧、渭之会……即营邑之”；十六年（前 750），“以兵伐戎，戎败走。于是文公遂收周余民有之，地至岐，岐以东献之周”，郑重地履行了周王与他们的盟誓；文公二十七年（前 739），“伐南山大梓，丰大特”；秦宪公二年（前 714），“遣兵伐荡社。三年，与亳战，亳王奔戎，遂灭荡社。……十二年（前 704），伐荡氏取之”；秦武公元年（前 697），“伐彭戏氏，至华山下”；十年（前 687）“伐邽、冀戎，初县之”，十一年“初县杜、郑。灭小虢”。经过四世八十年对关中丰、亳、彭戏氏、三戎和陇东之戎的反复作战，秦人不但夺回了被犬戎侵占的岐以西的周人故地，而且将他们的势力向东已经发展到华山一带。上古时期的舜帝曾经告诉秦人的一世祖大费说：“咨尔费，赞禹功。其赐尔皂游，尔后嗣将大出。”此时果然得到应验。

图 32-3 秦公钟五件之一，钟上的铭文长达 135 字，记述了先秦襄公“赏宅受国”以及文公、静公、宪公治国兴邦的业绩，是研究秦国早期历史的原始资料，具有重要的史料价值。钟铸于秦武公初年，距今已 2700 余年。经专家研究，秦公钟铭文为刻铭，是我国现存最早的刻铭

关于这一时期的考古发现有甘肃天水地区甘谷县的毛家坪秦文化和甘肃礼县大堡子山墓地遗址。毛家坪遗址所反映的秦建国前文化的特点是大量融合西戎文化和吸收周文化并举。而礼县一带正是史籍中所说的西垂地区，是秦最早的都邑所在地；大堡子山即所谓的西山，这里是嬴秦成长、壮大的摇篮。20 世纪 90 年代，大堡子山墓地遭到疯狂盗掘，大量文物流失海外，2005 年以来，中国政府开始了大堡子山流失文物的调查和追讨工作，并建立了被盗文物证据链。陆续追讨回许多精美文物。2015 年，甘肃省博物馆举办了《秦韵——大堡子山流失文物回归特展》，展示了大堡子山精美的文物。

三三、东进序曲——秦人开疆拓土的历史轨迹

公元前 770 年，秦襄公受命，所有收复岐山以西的土地尽归秦国所有，这是两千八百多年前，周平王所采取的最有价值的激励措施。秦人为了取得自身生存和发展的空间，以生命为代价展开了前所未有的拓展事业。东进东进，已经成为渗入秦人血脉中的文化基因。为此，秦人多

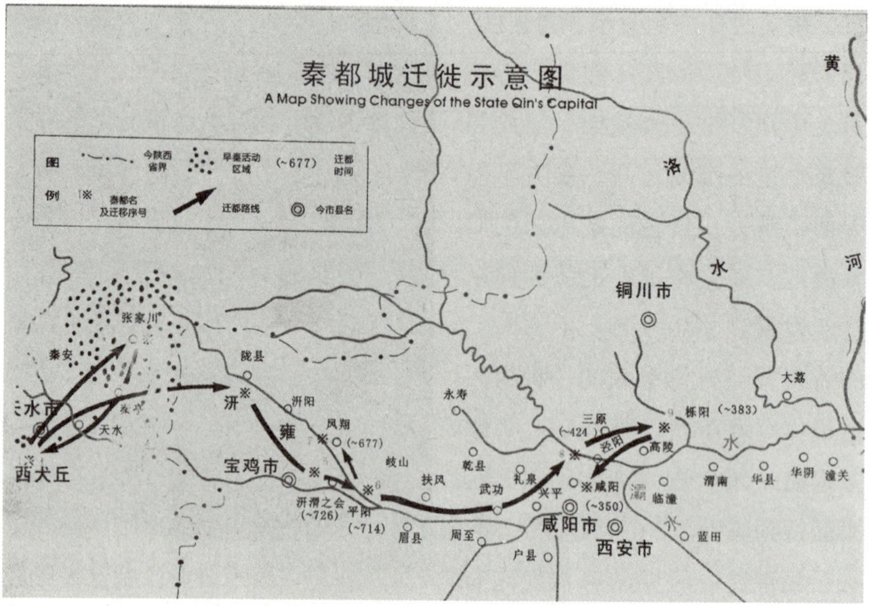

图 33-1　秦都城迁徙示意图

次将他们的大本营即都城搬迁到最有利于战争和发展的地方。

先秦时期，国君所居的中心城邑和都城的建立，无疑是政治经济和军事重地。秦国自从秦襄公开始的多次迁徙明显地勾勒出他们开疆拓土的历史轨迹。

根据史书的记载，秦国从襄公开始，就离开陇东高原、越过陇阪沿着汧水、渭水向关中平原的腹地运动。先后有六次大规模的迁都活动。秦襄公二年（前 776）“徙都汧”；秦文公四年（前 762）卜居“汧渭之会”；秦宪公二年（前 714）徙居平阳；秦德公元年（前 677）“卜居雍”。这几个地方都在今宝鸡境内。秦灵公元年（前 424）“居泾阳”，地当今咸阳市泾阳县境；秦献公二年（前 383）“城栎阳”（《史记·秦本纪》），即栎阳城。经勘探，栎阳故城在今临潼县东北阎良镇东南武屯乡关庄、玉宝屯一带。

其中的雍就是著名的雍城，遗址在今凤翔县城南，后世称之为南古城，这是秦人在关中的第一个都城。《史记·秦本纪》记载：“德公元年（前 677）初居雍城大郑宫。”直到秦献公二年（前 383）迁都栎阳，建都长达 294 年，是秦国定都时间最长的城市，先后有 19 位国君在此执政。雍城在秦国的地位非常重要，是秦国祖庙的所在地。直到秦朝灭亡（前207）的近500年间，雍城始终居重要地位，秦人凡有大事都要到雍城告知祖庙。秦王政九年（前238），嬴政年满20岁，举行加冠典礼，就是在雍城举行。

雍城在地理上占据重要的地位，因它正处于雍水的北岸，古称“雍隙”。意思是雍城是关中通往秦岭的交通孔道。雍城一带地方开发较早，土壤肥沃，生产发达，因此秦德公迁居雍城，为秦国的强盛和霸业奠定了基础。

图 33–2　石鼓

早在唐朝时期，就在雍城一带发现了《石鼓文》，震惊朝野，影响后学。据唐李吉甫撰《元和郡县志》说，发现地点就在今凤翔县南二十里许，当即秦都雍城的礼神中心三畤原所在。鼓共十个，高约三尺，直径二尺，每个石鼓上刻有一首四言诗，字体为秦籀（大篆），一共有718字，但很多字已漫漶不清。《石鼓文》作为存世的早期文字刻石，经过唐宋以来历代学者根据显现的字迹考证，现已肯定是秦人所制。其内容是记载狩猎活动。用石材刻字记事，是秦人在文字载体上的一大创新，此后的碑刻记事被继承，垂范久远。石鼓文是与甲骨文、金文同样重要的文字实物资料，如今被珍藏在故宫博物院石鼓馆。

雍城在秦穆公时代（前659 ~ 前621）是西北最有名的城市。这时秦穆公霸西戎，是春秋时期的五霸之一。穆公以后，历经康公、共公、桓公……献公、孝公等18个秦王270年的发展，到了秦孝公十二年（前350）商鞅修成咸阳宫，秦国的历史就进入了咸阳都时代。

从上述秦都迁徙的史实中可以看出，从秦襄公直到秦孝公定都咸阳，这一个过程整整经历了28代秦王420年，其精进勇毅的精神奠定了秦国称雄的思想基础，加上关中之富饶、秦人的彪悍，秦国的强大之势难当，霸业指日可待。

图 34-1　秦公一号大墓遗址

三四、称霸西戎——秦穆公的传奇

从前在陕西的宝鸡凤翔城内有一座大冢，相传是秦穆公的陵墓。清朝陕西巡抚毕沅也信以为真，专门为之题了碑名。20 世纪 70 年代开始，陕西省文物考古工作者对此进行发掘，此墓被命名为秦公一号大墓。虽然被盗掘严重，但是仍然发掘出一些很有价值的文物，确认了它“五最”的价值：它是迄今为止中国发掘的最大古墓，此其一；柏木质地的“黄肠题凑”椁具，是中国迄今发掘的周秦时代最高等级的葬具，此其二；其椁室两壁外侧的木碑是中国墓葬史上最早的墓碑实物，此其三；所出土的石磬是中国发现最早刻有铭文的石磬，此

图 34-2　秦公一号大墓黄肠题凑构件

其四；秦公一号大墓距今已有2500多年，呈倒金字塔状，全长300米，其中发现的殉葬人达186人，也是西周以来发现的殉葬人数最多的墓葬，此其五。

石磬上的180多个文字的字体为籀文，酷似“石鼓文”。考古专家根据上面的文字“天子郾喜，共桓是嗣”推断，墓主人应该是共公、桓公之后的秦景公。从而，否定了属于秦穆公的传说。虽然如此，但是大量殉人的发现可以作为史书上所记载的秦穆公大规模殉葬的佐证。

《左传》文公六年曾这样记载：“秦伯任好卒，以子车氏三奄息、仲行、针虎为殉，皆秦之良也，国人哀之，为之赋《黄鸟》。”任好即秦穆公，该诗收入《诗经·秦风》之中。其诗曰：

交交黄鸟，止于棘。谁从穆公？子车奄息。维此奄息，百夫之特。临其穴，惴惴其栗。彼苍者天，歼我良人。如可赎兮，人百其身！

交交黄鸟，止于桑。谁从穆公？子车仲行。维此仲行，百夫之防。临其穴，惴惴其栗。彼苍者天，歼我良人。如可赎兮，人百其身！

交交黄鸟，止于楚。谁从穆公？子车针虎。维此针虎，百夫之御。临其穴，惴惴其栗。彼苍者天，歼我良人。如可赎兮，人百其身！

交交形容鸟的叫声。秦穆公卒于周襄公三十一年（前621），死时以177人殉葬。子车为姓，奄息、仲行、针虎是弟兄三人的名。

《黄鸟》描写了秦穆公死时，以大量的活人殉葬，其中就有能征善战的子车氏的三兄弟。该诗描写了三兄弟殉葬时，面对着墓穴恐惧的神情。表现了三壮士对生命的留恋和人们对其的惋惜，流露出人们愿意以百人为之赎身的强烈愿望。诗的写实性很强，从正面反映了秦人的大规模殉葬制度对人们的伤害。

秦穆公是春秋时期秦国最出色的国君，也是当时能够称霸西戎、左右诸侯的霸主。秦穆公的功业，既有秦国国力强盛的因素，其对于人才的重视亦是很重要的方面。百里奚、蹇叔、由余号称穆公三贤，被历代称颂。虽然出身低下，其才能却卓尔超群，他们被秦穆公破格起用，委以重任，果然不负众望，协助秦穆公成就霸业。

百里奚最初因为家贫而流落虞国，曾被虞君拜为虞之大夫。公元前

655 年，晋献公假道灭虢，又顺手牵羊灭掉虞国，百里奚被晋所俘。后来逃到楚国，却被楚人抓获。秦穆公听说他是一个贤能的人，就用五张羊皮将他赎回，然后让他主持国政，号称“五羖大夫”。他又举荐了足智多谋的好友蹇叔，与他共同参与国事决策，竭忠尽智地辅佐穆公。

当此穆公之时，西戎的势力依然强大，有一年，戎王派遣由余出使秦国。秦穆公带着他参观自己豪华的宫室，炫耀堆积如山的财富。由余却不以为然，认为这样过分的奢侈生活，必然劳民伤财，国家必危。穆公觉得他讲得好，因而爱惜他的才能，于是离间他与戎王的关系，使人召之至秦，以礼厚待。后来他果然为秦谋划伐戎，灭国十二（或说二十），开地千里，穆公遂称霸西戎。

秦穆公时期，晋文公称霸中原；此前有齐桓公，此后又有楚庄王、越王勾践。加上称霸西戎的秦穆公，历史上称之为春秋五霸。

三五、春秋末至战国初的秦国

公元前 621 年即秦穆公三十九年，秦穆公去世，因为残酷的殉葬制度，导致“良才尽死，国势陡衰”。（柏阳《中国历史年表》）直到公元前 384 年秦献公即位，这一时期正值春秋末至战国初时期，是秦国新旧制度渐变的一个漫长阶段。

进入战国后，东方一些重要诸侯国，新兴阶级纷纷登上政治舞台，先后不同程度地进行改革，建立了新制度。与此相适应，思想文化领域

图 35-1　韩城市魏长城遗址

出现了“百家争鸣”的局面。而秦国所继承的奴隶主政治体制越来越显示出弊端，矛盾越来越突出，尤其是人殉制度严重地摧残了秦国的战斗力，在对外战争方面，秦国每况愈下，在与东方诸侯的战争中疲于奔命。

在战国初年，秦国与东方交战国相比，在军事上一直处于劣势。此时对秦国的直接威胁，却是来自东邻的魏国。秦灵公六年（前 419），魏在河西筑起少梁城（今陕西韩城市南少梁村），秦简公二年（前 413）起，魏国先后攻占秦国的洛河以东、南至临晋（在今陕西大荔东）、华阴以东的广大地区，并设立了河西郡，治临晋。秦国失去了“河西地”和黄河的天然屏障防线，被迫退守洛河一线。秦简公七年（前 408），秦在河西岸作“堑洛”的军事防卫工程，并筑重泉城（今陕西蒲城县东南钤铒镇），屯驻重兵，防御魏国（《史记·秦本纪》《六国年表》）。从“堑洛”遗迹知，它是利用洛河右岸的地形，上边夯筑城墙、下边堑削外侧的洛河岸，相对地加大城的高度，从而形成一条秦长城。防魏的秦长城，起自华阴县西南，濒长涧河西岸，向北过渭河，傍洛河右岸西北行，经蒲城，绕过洛河大弯，折而向东北，再直北，过白水、宜君，直达黄陵。在今华阴、蒲城、白水、黄陵县有大量的长城遗址和秦墓群，正是秦军戍守长城的见证。这条边城是秦国丧失河西地之后自划的东界，其国力之衰竭可见一斑。

秦简公时期（前 414 ～前 400），秦国社会出现了明显的变化。简公六年，秦“令吏初带剑”，史书或记作“百姓初带剑”。剑在古代不仅是防身武器，而且是身份的标志。春秋以来，东方各国官吏早已各得带剑，秦直到战国之后才颁布了这类法令，尽管时间上晚了许多，但毕竟是破旧立新的进步。翌年，秦开始按土地亩数征税，史书写作“初租禾”。“租”即土地税。这里用作动词，意为征收土地税。“禾”原指粮食，此外引申指地亩。“初租禾”与 186 年前鲁国的“初税亩”名异实同。二者都反映了私田发展已为统治者所承认的客观事实，说明依据地亩数而征收土地税的新制度的诞生。

秦献公（前 384 ～前 362）是秦国最早的改革家。早在公元前 384 年，他一上台，就颁布了“止从死”的法令，废除了自武公以来实行长达 294 年的人殉制度。次年，迁都到泾渭中心交通便利、经济发达的军事前沿地带的栎阳。还实施了有利于手工业、商业发展的“初行为市”（设立市场，允许商品出售）“为户籍相伍”（按五家为“伍”的军事单位编制户口，使军政合一）的法令。又推广县制，集权于国君。

秦献公的初步改革收到了显著的效果，国力很快增强。公元前 366 年起，为收复河西地，曾主动出击，于洛阴、合阳初战告捷。隔了一年之后，秦过黄河，在魏地又取得石门（今山西运城西南）大捷，“斩首”六万，使关东诸侯震惊，连那徒具“天子”虚名的周显王也给予祝贺，并赐以“伯”的称号。魏惠王为了摆脱秦的军事威胁，于公元前 364 年徙都到大梁（今河南开封市）。公元前 362 年，秦与魏战于少梁（今陕西韩城县南），俘虏了魏将公叔痤。于是逼迫魏国在洛河东岸筑起一条防秦的西长城，而且在固阳（今陕西合阳县）设立深沟壁垒的要塞，进行防守。正当秦国数挫魏师之际，秦献公死去，继位的是年仅 21 岁的太子渠梁。这位血气方刚的青年国君，就是历史上有名的秦孝公（前 361 年—前 338 年）。

三六、商鞅变法——中国封建社会法制建设的典范

秦献公死后，他的儿子秦孝公继位。秦孝公是一位极富进取精神的国君，在其父献公改革基础上，坚持继续改革，欲求富国强兵。于是，在他登基的头一年（前 361 年）就下了“求贤令”，说：“宾客群臣有能出奇计强秦者，吾且尊官，与之分土。”（《史记·秦本纪》）当时年仅 29 岁、“少好刑名之学”的商鞅（原名卫鞅，又名公孙鞅）就带着李悝的《法经》，从魏国来到秦国都城栎阳。

图 36–1 商鞅像

商鞅入秦后，首先结识了宠臣景监，并通过他的引荐三次面见秦孝公，终于获得孝公的支持，推行变法。为了取信于民，

商鞅采用“徙木赏金”的做法，树立了威信。然后，大刀阔斧地开始变法活动。商鞅变法总的指导思想是：“变法修刑，内务耕稼，外劝战死之赏罚。”（《史记·商君列传》）驱民于农、战二途。

商鞅的变法主要集中于两次：第一次变法开始于孝公三年（前359），主要内容为颁布垦草令；“令民为什伍”，定连坐之法；推行小家庭政策；重农抑商；奖励军功，严惩私斗；制定爵制，规定各级爵位占有田宅、臣妾奴婢的数量和衣服的等次。第二次变法始于孝公十二年（前350），主要内容为改革陋习，禁止父子兄弟同室居住；普遍实行县制；“为田开阡陌封疆”；统一度量衡；“初为赋”；迁都咸阳。经过变法，秦实现了由落后变强盛的巨大飞跃。

商鞅变法受到秦孝公的高度信任和支持，他打破了僵化的旧体制，从而使秦国萎靡不振的社会面貌为之一新。《史记·商君列传》说商鞅新法“行之十年，秦民大悦。道不拾遗，山无盗贼，家给人足，民勇于公战，怯于私斗”。公元前352年，商鞅由左庶长（秦爵第十级，相当国卿）升任大良造（秦爵第十六级，相当相国），开始了变法后的首次东征。他率军东渡黄河，围降了魏的别都安邑。次年又攻下魏的西长城要塞固阳。一个崭新的强秦的形象震撼了诸侯。

商鞅变法取得了巨大的成功，但是，商鞅作为改革家的权势亦达到顶峰，他那无所畏惧的性格也为他种下了祸根。因而在改革的同时也损害了旧贵族集团的传统权益，打击了旧贵族集团的习惯势力。当秦孝公一死，太子驷（即惠文王）即位，情况立即发生了逆转。商鞅在改革的过程中，为了树立威信，曾与以太傅公孙贾和嬴虔为首的太子及其势力产生激烈的冲突。就在变法初期，贵族集团并不尊重新法，以为何必认真，以致太子触犯法令，商鞅毫不客气地对其师傅依法惩处。所以太子驷刚一上台，便以“谋反”的罪名下令逮捕商鞅，把他杀死并族灭其家。然而，秦惠文王虽然泄了私愤，却保持了新法。当此之时，新法已经实行多年，而且深入人心，所以商鞅虽死，却并没有影响到新法的弘扬。秦惠文王是一位很有政治眼光的君主，他借机铲除了拥有大权的前朝权臣，笼络了新旧贵族的人心，秦国继续沿着变法所开辟的道路前行，秦国开始走向强盛，面貌为之大变，六国因此侧目而视。

在此后 30 年左右的秦昭王时期，当时赵国著名的大学者荀卿曾到秦国考察。秦相应侯范雎在秦都咸阳专门接待了他，当时荀卿谈到对秦国的观感说：

> 入境，观其风俗，其百姓朴，其声乐不流污（流污，犹淫放也），其服不挑（挑，偷也，不为奇异之服也），甚畏有司而顺，古之民也。及都邑官府，其百吏肃然，莫不恭俭、敦敬、忠信而不楛（楛，滥恶也），古之吏也。入其国，观其士大夫，出于其门，入于公门；出于公门，归于其家，无有私事也。不比周，不朋党，倜然莫不明通而公也，古之士大夫也。观其朝廷，其朝闲，听决百事不留，恬然如无治者，古之朝也。故四世有胜，非幸也，数也。

荀子高度赞扬了秦国民风淳朴，风正气顺，百姓服从管理；官员办事认真，公事公办；士大夫勤勉敬业，不结党营私；朝堂之上没有公事积压，安然的好像国家无事。最后他得出结论说：秦国一连四世打胜仗，这不是侥幸，是势所必然。四世指的是秦孝公、秦惠王、秦武王、秦昭王。秦昭王后即秦庄襄王，再经过三年，秦始皇就即位了。

荀子是战国末期著名的学者，他代表的是当时学术界的公正的评判，秦国也借他的口传播了自己的真实国力，荀子的舆论为秦国统一天下争得了相当好的名声。

三七、咸阳——从王都到帝都的演变

公元前 350 年，即秦孝公十二年，当时中国社会正处于战国中期偏晚的时间，秦的新都咸阳便诞生了。从这时起，经过秦国七代国君长达 144 年（前 350 ~ 前 206）的惨淡经营和扩展充实，特别是在公元前 221 年秦始皇建立起中央集权的统一的封建国家之后，咸阳由秦国的都城一跃而成为秦王朝的首府，便又掀起了一波更大规模的扩建和繁荣。于是，这座秦帝国的都城，作为“天下辐辏”的中心，达到了它自己繁荣发达的顶点，成为当时世界东方的一颗明珠。

咸阳作为都城的存在有一个半世纪，它经历了从秦国到秦帝国两个重要时期。咸阳的都城史经历了从“兴”到“废”的四个阶段。即：

图 37–1 冀阙之西阙建筑遗址发掘图

初创期：从秦孝公十二年到二十四年的12年期间（前350～前338），秦孝公重用商鞅对内忙于变法强国，对外强行以军事进攻手段向魏国收回河西地。当时的都城栎阳距离前线较近，不能长期滞留，但也不能返回旧都雍城，就择地咸阳，辟以为都，只能先建造冀阙宫廷及宫垣而无暇他顾，这为以后这座城市的发展奠定了基础。

发展期：从秦惠文王元年起，终庄襄王之世，历经五王90年的时间（前337～前247），秦国已发展成为一个“带甲百余万，车千乘，骑万匹，虎贲之士……至不可胜计”的军事大国（《史记·张仪列传》），凭借着“沃野千里，蓄积饶多，地势形便”的有利条件（《史记·苏秦列传》），咸阳也同步地发展成当时中国的一大都会。在这一阶段，咸阳的建设呈现了三大特点，即：第一，咸阳的城市建设把宫殿建筑、手工业作坊、商业市肆及居民区、王陵及市民墓区等构成城市的主要因素，都纳入统一的总体规划之中，组织在一个合理的布局中；第二，都城的范围急剧扩大，完全突破了局促于渭北一隅的狭小范围，跨过渭河向周都丰镐之侧的广阔地域发展；第三，政治重心也随之有了向渭河南岸主要宫殿转移的趋势。

鼎盛期：秦始皇嬴政在位的37年间（前246～前210。13岁为秦

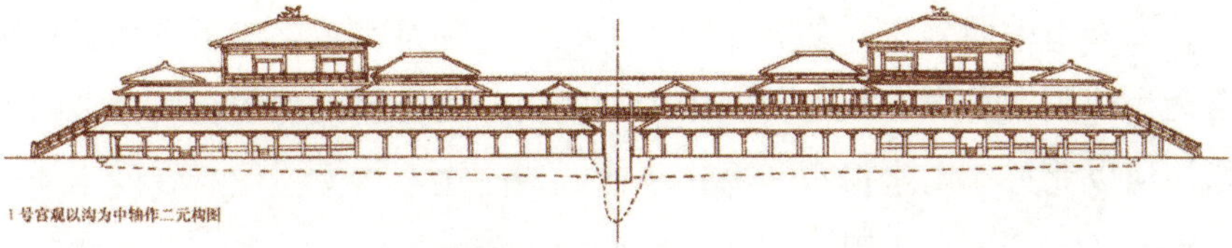

图 37–2 冀阙遗址整体复原南立面图（杨鸿勋绘）

图 37-3　秦咸阳“上天台”遗址排水管道

王，39 岁统一全国自称为“始皇帝”，50 岁病死在出巡途中。）对首都咸阳的建设也取得了极其光辉的成就。一是在统一战争期间曾“徙天下豪富于咸阳十二万户……秦每破诸侯，写放其宫室，作之咸阳北阪上，南临渭”，给予实际的充实；二是调整规划，向南、向东扩大发展，使“诸庙及章台、上林，皆在渭南”“作信宫渭南，已更命信宫为极庙，象天极”“营作朝宫渭南上林苑中”，还驱使“隐宫徒刑者七十余万人，乃分作阿房宫，或作丽山”，从而形成“自雍门以东，至泾、渭，殿屋复道周阁相属”“令咸阳之旁二百里内宫观二百七十，复道、甬道相连”的宏大局面（《史记·秦始皇本纪》）。此时的咸阳作为秦帝国的首府，已有了市中区、近郊和远郊的划分，达到了它繁荣昌盛的顶点。

衰败期：秦始皇死后，赵高、秦二世（前 209 ~ 前 206）时期，首都咸阳在市政建设上没有什么建树。公元前 206 年，秦朝灭亡，反秦起义军领袖项羽领兵进入咸阳，一把火竟把这座都城烧成瓦砾遍地、焦土垒垒的废墟。

总而言之，咸阳的都城历史，起自秦孝公“筑冀阙，徙都之”（《史记·秦本纪》），在秦始皇时期达到极盛，“渭水贯都以象天汉，横桥南渡以法牵牛”（《三辅黄图》），应该说它是战国时期列国都城中的后起之秀，又集中地展示了诸都建筑的精华。咸阳已经是地域广阔的大都市，地跨渭河两岸。其地域范围约为今咸阳市渭城区、秦都区一部分，以及西安市的西郊、北郊和东郊。因此，提到秦都咸阳绝不可狭隘地理解为今咸阳市东那一块地方，因为“咸阳”的得名固然源自秦孝公时专指渭河以北那“山水俱阳”的狭小地域，而在秦惠文王以后它就不能涵盖首都的实际地理界限了。司马迁早就认识到这一点，所有关于咸阳的描述并不局限于汉朝的咸阳地界。所以，我们只能把“咸阳”二字看作是历史的符号而已。从地缘意义上讲，秦都咸阳是周都丰镐的后继，又是汉都长安的前身。唐代大诗人杜甫有诗说“快活八九年，西归到咸阳”，即是以咸阳代指长安的例子。然而由于历史的变迁，主要是由于渭河的冲刷，咸阳古城遗址已很难究寻。（王学理）

三八、咸阳与咸阳宫殿

“咸阳”一名最早载于《史记·商君列传》，秦孝公选都地址定在渭北的咸阳。其中原因之一就是周王室东迁之后，丰镐残破不堪，几乎成了一片废墟。对孝公来说，完全没有实力也没有兴趣恢复那座废都，而是按照他们的需要建一座理想的新城。

我国古代人把山的南坡、河的北岸称作“阳”，如“阳坡”“向阳”“泾阳”“汧阳”“洛阳”等。相对者为“阴”，如：“华阴”“汉阴”“江阴”等。而秦孝公所选的咸阳这个地方位于山南水北，有着“山水俱阳”的地理特点，故而就将此地取名“咸阳”。实际上原指今陕西咸阳市渭城区的渭河北岸到咸阳原之间的开阔地带。

秦都咸阳兴建的历史表明，它曾有过一个由北而南的发展过程。以统一六国前后为例，咸阳市区早已扩展到渭河南岸的广阔地域，不再是“南临渭水”的状态，而成了“渭水贯都”的规模。商鞅变法之后，秦的国力强盛，都城范围也向渭河南岸扩展。如果说秦惠文王在渭南建造的宫室还带有离宫别馆性质的话，而从昭王开始，政治重心则有了向南转移的倾向。那么，在这种情况下，“咸阳”一名就不再局限于渭河北岸那一块狭小的区域了。特别是在秦始皇统一中国之后，渭河南岸作为国都咸阳的“新区”，并开始实施建造“朝宫”于上林苑中的计划。

因此，这时的“秦都咸阳”实际上指的就是包括渭河南北两岸的广阔地域。“咸阳”作为秦都的代名词，成了一个符号，人们就不应该再去“循名责实”了。

咸阳作为秦国的首府，在政治、经济、文化、交通上，都是本国最重要的中心。这种情况与中国古代都城的性质相一致。作为首都，绝不能把它看作一座孤立的城，它必须要有一定的地域范围，作为赖以支持的基础。那么，它就很自然地由“里”同“外”两大部分组成，即所谓城与郊（先秦时期称之为“国”和“野”）。郊，相对地有近郊和远郊的区别。近郊区在行政上归首都直辖。渭河南北的地域都是首都咸阳的直辖区，而远郊区在秦帝国时期却属内史管辖。

秦始皇统一六国之后，首都范围急剧扩大。据《史记·秦始皇本纪》引《庙记》：咸阳“北至九嵕、甘泉，南至长杨、五柞，东至河，西至汧渭之交，东西八百里，南北四百里，离宫别馆相望属也。”《长安志》引文竟说“始皇表河以为秦东门，表汧以为秦西门”。实际上，这里所谓的门不是针对首都咸阳说的，而是就统一天下以前的秦国而言，不是实际的所谓门，而是一种象征，强调它有如关梁一般的重要，是秦人气度的一种表现。

随着咸阳范围的扩大，渭南礼制建筑的兴起，政治重心也发生了偏转。国家庆典、礼宾、朝觐、犒赏、议事等一些大的活动，惠文王之前多在渭北诸宫进行，昭王时则跨有南北，到秦始皇之后则主要在渭河南岸的诸宫了。

《三辅黄图》载：“咸阳故城，自秦孝公至始皇帝、胡亥并都此城。始皇兼天下，都咸阳，因北陵营殿，端门四达，以则紫宫象帝居。渭水贯都，以象天汉，横桥南渡以法牵牛。”这段文献资料说明秦始皇在统一六国过程中，除继续在先王宫区营造新殿之外，还把首都的建设放在一个总体规划的指导下来实施，从而形成了“渭水贯都”的规模。而且首都咸阳设计的指导方针首先是取法于天象的：沿着咸阳原这高亢的地势（因北陵），营造屋宇，殿门向四个方面伸展形成一个中心，正如天帝常居的“紫宫”；滔滔东去的渭水穿过城市，恰似银河亘空，划破无垠的星野；而“横桥”飞架，把南北的阙庙宫观连接起来，正像在满天星斗的苍穹里飞来的“鹊桥”，才使得牛郎织女终以团聚。首都的范围扩大了，渭水成了市中河。但我们并没有发现一座能把渭河两岸众多宫殿建筑包围起来的咸阳城。所以说，“渭水贯都”之“都”，未必就是指首都的城。王学理先生从文献记载，结合考古资料，作了全面研究，得出的结论最早就在1985年出版的《秦都咸阳》一书中写出来："秦都咸阳是个有范围、有朦胧轴线、有宫城而无郭城更不存在跨渭的大城；在布局上，宫殿、寺府、手工业区、商业区、居民区及墓葬等古都组成要素均呈散点的交错型；政治中枢随时间进程在转移，但中心建筑也处在未确定的状态。"

秦都咸阳是从战国都城到汉、唐长安城的过渡类型，既有同时代都城的特点（如宫殿、作坊、市、墓制等有特定的区域），又有在特定的历史环境中形成的特殊性。从秦孝公时期商鞅"筑冀阙宫廷"到秦始皇建立"帝王之都"，营造"朝宫"，历经七代140多年，是一个漫长而复杂的建设过程。因而当我们考虑到秦都咸阳的形成特点时，必要认识到"秦都咸阳"和"咸阳都城"是两个既有联系、又有区别的不同概念，就不会局限在渭北一个小而又小的地段上探讨秦咸阳的布局。

咸阳作为秦帝国的首都，地域范围确实很大。其市中区至少包括了今西安市北郊、西郊和咸阳市东窑店乡之间渭河两岸的广阔地域。渭北区以长兴到三义为东、西区间，北起咸阳原的二道原腹部，往南跨越渭河，至阿房、汉城、灞西一线，构成市中区；郊区延伸颇远，西北到今咸阳市东郊的塔儿坡、市北的"公陵"，东南可达今临潼县西韩峪乡秦芷阳故地。南北长19公里，东西斜跨约63公里。俯瞰咸阳规划的景观，渭北是冀阙宫城、仿六国宫殿、手工业作坊及商贸的集中地，渭南则系诸庙、苑囿、陵寝的分布区。朝宫阙观地处中北部，离宫别馆则环绕首都中心区由近及远地散布，陵墓划区置于市郊一隅。

根据文献和考古发掘，初步认定咸阳有七大宫廷建筑中心，这是朝典、祠天、正寝和后宫的所在。

（1）由宫城卫护的"冀阙宫廷"建筑群：以商鞅建造的"冀阙宫廷"为中心，形成一个群体的宫阙建筑群。今咸阳市窑店镇东北牛羊村的高台建筑，呈规正、对称、两观的形式。突兀、挺拔，雄踞原边，更显宏伟、博大的气魄。其余建筑遗址密布其两侧和后部，形式迥别。从战国到秦末，经过多次扩充、改建，使之完善、持久，并以"宫城"环护，是其构成特点。长期来，为人民称道的"咸阳都城"很可能就是指这座宫城的扩大而言的。

“冀阙宫廷”建筑群居高临下，背依“北陵”，泾水环带，南有泱泱渭水东去，两岸平畴沃野，终南叠嶂，尽收眼底。地势险要、风光独具，奠基自始，秦业兴盛，这不能说不是孝公、商鞅高人一等的选择。

（2）“咸阳宫”建筑群：受天帝居“紫宫”的法天意识支配，秦始皇增修咸阳宫要“帝居”，因“北陵营殿”，使“端门四达”。咸阳宫位居“冀阙宫廷”之侧，并与之连通，受“宫城”环护，晚于“冀阙宫廷”而后来居上，成为渭北诸宫之首。

（3）仿作之诸侯宫室建筑群：散布于咸阳原上，同咸阳北区的其他宫殿杂处，一字排开。西起聂家沟，经牛羊村到姬家道的“咸阳宫城”、刘家沟、山家沟、张陈村，到三义村，北至原巅的怡魏村，多有秦建筑基址的分布，形制各别，原来是“殿屋复道周阁相属”，组成如网如织的经络体系。

（4）双子星座的章台、兴乐宫群：位当咸阳南区的中南部，西汉在此基础上建造未央宫和长乐宫。通过横桥，直接连通渭北的咸阳宫。今长安故城有汉宫遗址。

（5）极庙（信宫）建筑群：规模宏大，甬道四出，连接着渭北诸宫、郦山和甘泉宫。位当兴乐宫之北。

（6）甘泉宫（南宫）建筑群：甘泉前殿是甘泉宫中诸建筑之首，有甬道直通渭北区咸阳诸宫。南宫是相对渭北诸宫而言，成为汉桂宫的基础。

（7）阿房宫区建筑群：是秦都诸宫中之后出者，地处渭南区的西南部，在上林苑中。“表南山之巅以为阙，络樊川以为池。”（《三辅黄图》）是拟议中的建宫设想。阿房宫前殿基址宏大，文物时有出土，不难想象当年“上可坐万人”的雄姿。

咸阳除过上述的七大宫殿建筑群之外，还有很多离宫别馆、行宫信宿性质的宫殿建筑，散布在泾水之南、渭河两岸的近郊。有些宫殿择地而建，以景取胜，如兰池水色澄碧，回肠曲折，悠然入渭，兰池宫掩映于万绿丛中，风景如画；宜春苑中水波涟漪，万花簇拥宜春宫；望夷宫居高临泾，危楼耸峙，望断峰烟；雍门宫华盖宝顶，金碧辉煌，出类拔萃。渭水之南，地域平阔，殿屋重重，星罗棋布，而曲台、六英、华阳、长安、芷阳、凌台、清台点缀其间，附以苑林清流，更具一番诗情画意。

图 38–1　章台宫封泥

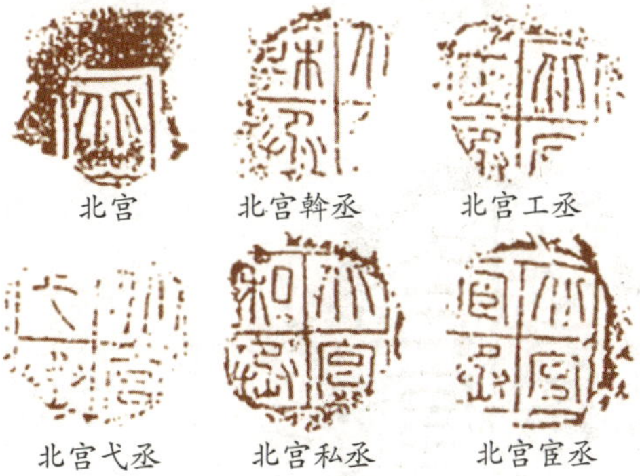

图 38–2　北宫封泥

那么，咸阳城到底是一座什么样的城市？

关于咸阳都城的位置、形制、城垣结构、走向等问题，虽没有直接的文献记载。关于城的片言只语应当引起我们的重视。秦昭王信谗负气要把白起迁之阴密，使“不得留咸阳。武安君既行，出咸阳西门十里，至杜邮。”（《史记·白起列传》）秦二世奢想给咸阳城涂上漆，滑稽多智的优旃就风趣地讥讽道：“善！主人虽无言，臣将固请之。漆城虽于百姓愁苦，然佳哉！漆城荡荡，寇来不能上。”（《史记·滑稽列传》）要漆城，说明有城，有城必有门。咸阳城是什么样子？

根据多年的勘查与思考，王学理在 1985 年出版的《秦都咸阳》一书中首先大胆地提出“咸阳根本不存在郭城”的结论。“早期的咸阳城是以孝公时的‘冀阙宫廷’为基点向外展开的。而且仅有宫城，并不曾形成真正的外郭城，充其量也不过是向西南扩展的附郭而已。也许诸多宫城的连属，就是咸阳的大城。”公元前 350 年，秦孝公迁都咸阳，筑冀阙宫廷作为变法改革的政治指挥中心。在取得初步胜利的基础上，急切地为收复河西地而转向伐魏的战争中去。当秦控制了关中之后，自惠文王开始，取巴蜀、胜义渠，稳定后方，又有充足的资源支持，便东出函谷关，向诸侯国夺取土地了。几乎是连年不断的战争，又多是节节胜

图 38-3　“华阳丞印”封泥

图 38-4　“南宫郎丞”封泥

利，于是，秦国君主“表河以为秦东门，表汧以为秦西门”。（《三辅旧事》）竟把黄河和汧河当做国都的东门和西门，不但没有必要而且也无暇顾及在渭北筑咸阳的外郭城了。

当秦始皇统一全国后，“收天下兵，聚之咸阳，销以为钟鐻，金人十二，重各千石，置廷宫中”。表明刀枪入库、马放南山，已是天下太平。帝国疆域“地东至海暨朝鲜，西至临洮、羌中，南至北向户，北据河为塞，并阴山至辽东”，在东海上朐界中立石为秦东门。（《史记·秦始皇本纪》）既然边界划定，国门高耸，又有重兵北筑长城、南戍五岭，一个巍然挺立的统一体内并无对立势力的存在，还有必要去建城防工程吗？

有关咸阳的文献记载，多是详宫而略城的。前有“冀阙宫廷”建筑群的宫城，后有阿房宫的“阿城”，且都得到考古的验证。其他如咸阳宫、兴乐宫、章台宫等，无不是单独叙事的，因此我们不应把它当作一个孤零零的宫殿来看待，它必然是各自由宫城卫护的建筑群。秦王的政治重心、决事地点，早期在渭北的冀阙宫廷、咸阳宫；中期时在咸阳宫，时在渭南的章台宫、兴乐宫或朝宫；而全国统一后，初以咸阳宫为中心规划城建，随后又全力建筑庞大的阿房宫，显然有了政治中枢彻底南移的趋向。由此可以看出：长期来秦王以宫殿群落处理政务，已经形成了习惯。点式活动，跳动性很大，是其无固定皇宫的特点。秦始皇曾“令咸阳之旁二百里内宫观二百七十，复道、甬道相连，帷帐钟鼓美人充入之。各案署不移徙”（《史记·秦始皇本纪》）。在这里要分清宫殿的性质、作用，似乎已是很难的了。宫自为城，长作稳定。阿房后起，取代必然。多设宫城，卫星点点，再加上首都地域辽阔，

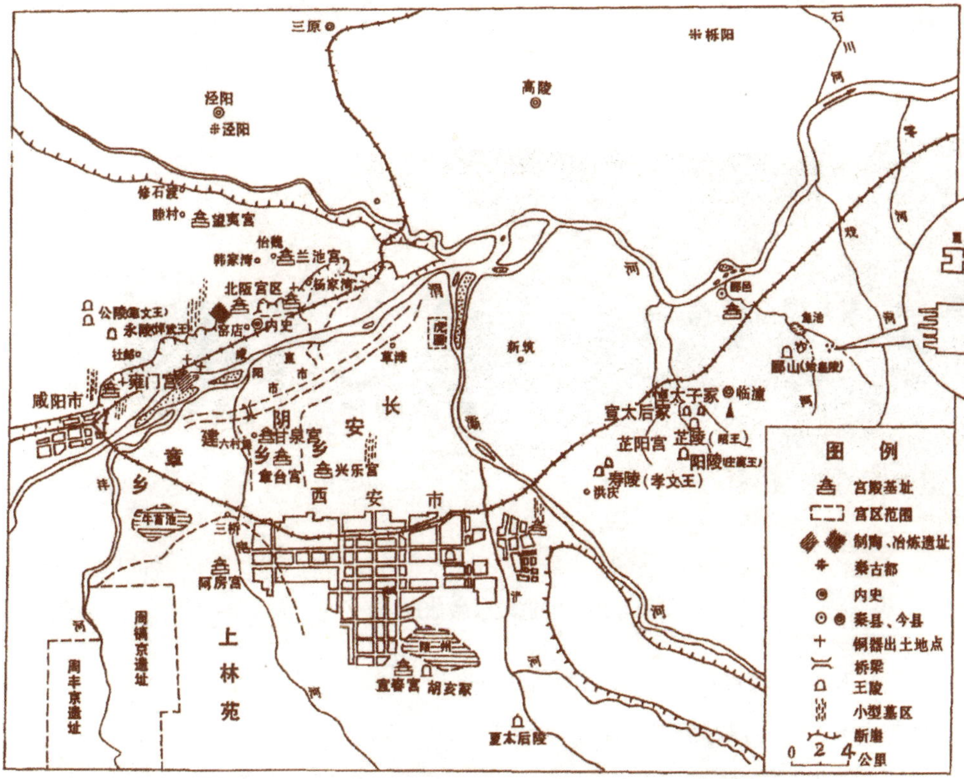

图 38-5　秦都咸阳布局示意图（王学理标示）

就未必更筑咸阳大城——外廓城。所以说咸阳是 一座“有宫城无郭城”的大城市。由连属的宫城构成的咸阳城，只有一个，这就是咸阳原上的“北阪宫城”。（王学理）

三九、阿房宫——究竟是一座什么样的宫殿

李郁按：公元前 206 年刘邦灭秦，项羽入咸阳，至公元前 141 年汉武帝即位，间隔不过 65 年。作为武帝同时代的司马迁既然遍览史书、游历天下、采集传闻，那么他对于阿房宫的记述及其项羽的焚烧行为，不可能没有见闻、没有考察见证。特录此文，作为了解阿房宫的学术参考。

据文献记载，秦阿房宫在渭南秦上林苑中，它东临河，西接沣水，南有周都丰镐故址。位于秦咸阳渭南诸宫殿的西南隅，是为代替信宫而

图 39–1　阿房宫遗址前殿遗址

起，为皇帝大朝所设计的一座巍峨宏大的朝宫，乃秦王设朝施令的中心。阿房宫为秦都咸阳宫殿建筑的后起者与最大者，充分体现了统一国家首府的气魄及皇权至上的威严。它同汉初的未央宫、武帝以后的建章宫，唐初的太极宫、唐高宗以后的大明宫、唐玄宗以后的兴庆宫一样，是帝王常居之宫，朝会、庆典、决事等都在这里举行。

关于阿房宫兴建的时间和方位、指导思想和总体设计、主体建筑的规模和进展等等，司马迁在《史记·秦始皇本纪》中着重做了介绍：

“三十五年……于是始皇以为咸阳人多，先王之宫廷小。吾闻：周文王都丰，武王都镐。丰、镐之间，帝王之都也。乃营作朝宫渭南上林苑中。先作前殿阿房，东西五百步，南北五十丈，上可以坐万人，下可以建五丈旗。周驰为阁道，自殿下直抵南山。表南山之巅以为阙。为复道，自阿房渡渭，属之咸阳，以象天极阁道绝汉抵营室也。阿房宫未成。成，欲更择令名名之。作宫阿房，故天下谓之阿房宫。隐官刑徒者七十余万人，乃分作阿房宫，或作丽山。发北山石椁，乃写蜀、荆地材皆至。……二世元年……复作阿房宫。”《三辅黄图》：“阿房宫亦曰阿城，惠文王造，宫未成而亡，始皇广其宫。”可见阿房宫是一处有主次、有配套设施的群体性建筑工程，绝不是单单指人们通常说的“阿房宫前殿”。在上林苑中起造宫殿建筑也绝不自始皇三十五年始。那么，秦始皇所做的工作，只不过是对惠文王以来的阿房宫做了扩建而已（“广其宫”）。同时，阿房宫地区建筑遗址的地层和出土文物，也给我们提供了这一时代的有力佐证。其地层关系很简单，在耕土、扰土层之下就是夯土，最下层是生黄土。夯层一般厚 6 厘米 ~ 8 厘米、窝径 7.8 厘米，表明建造时间上的一致性。出土的云纹瓦当、粗绳纹板瓦、回纹或网格纹铺地砖也基本是战国、秦流行的纹样。陶文有“左司”“北司”“大匠”等，和秦始皇陵区出土的陶文完全相同，属中央官署陶业作坊的产品。

“前殿阿房”既是阿房宫的主体建筑，列为一期工程，规模恢宏，

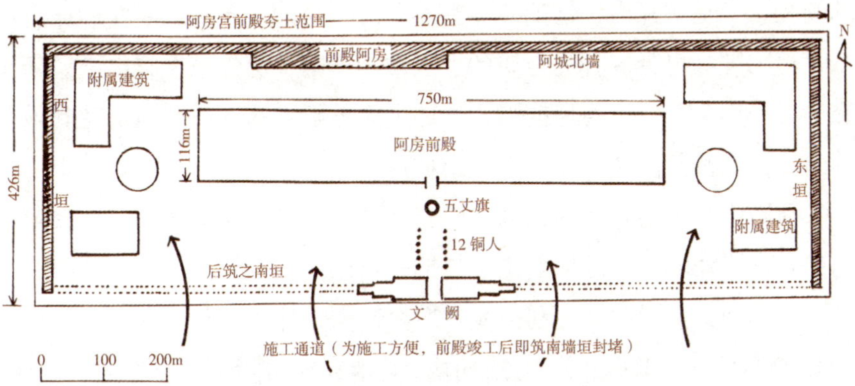

图 39–2　阿房前殿基础部设计方案（王学理复原）

是“重威”思想的反映。“销锋镝以为金人十二，以弱天下之人，立于宫门。”（《三辅黄图》，又见《三辅旧事》）气势磅礴，威仪万千，也充分表现了帝国凌驾群雄，不可一势的气魄。《三辅黄图》说阿房宫“规恢三百余里，离宫别馆，弥山跨谷，辇道相属，阁道通丽山八十余里，表南山之巅以为阙，络樊川以为池”。我们只能认为这是包括原先上林苑建筑和新建朝宫的构想，实际上并未完全付诸实现。因为它尽管是在原有的基础上“广其宫规”，又动员了几十万劳力，但正式营建才不过三年。而这排在第一位的工程，即先前的阿房前殿，还“室堂未就”，便因秦始皇的“驾崩”而停辍。即使在始皇陵覆土之后，秦二世有“复作阿房宫”之举，但不到一年时间，也因陈胜起义军攻入关中，直驱

戏水，致使阿房宫前殿工程和“丽山”的后续工程不了了之。

阿房宫工程虽然只进行了五年，但阿房前殿夯土台基广阔厚重、附属建筑雄伟壮观，可惜其中一些宫室廊观竟在项羽的炬火中化为灰烬。千百年来，人们只能在文学作品的绘声绘色渲染中，去品味它当年峥嵘艳丽的雄姿。而今，考古工作者通过对阿房宫文化遗存的揭示，才使我们研究其本来面貌有了凭借。阿房宫遗址范围占地约 15 平方公里。坐落在龙首原往西南延伸的台地上，海拔高度 394.2 米 ~ 401.4 米。建筑遗址密集区主要分布在今西安市西约 15 公里的三桥镇一带。三桥镇以南。在这一区间内，至今保留的地面夯土基址还有 20 余处，其中以阿房宫前殿遗址最大，又以阿房村和纪阳寨两地的台基最为稠密。建筑用的筒瓦、板瓦、瓦当、铺地砖、圆形和五角形陶质水道、漏斗、原石柱础等遗物随处可见。各类金属的、玉质的文物，历年来多有出土。阿房宫的第一期工程——阿房前殿，大体上由前殿夯基、前殿阿房及其附属建筑、宫城及其门阙等几大部分组成。

前殿作为帝王威严的象征，同秦孝公先筑“冀阙宫廷”一样，阿房前殿是被当作阿房宫的前期工程先期进行的。

经调查，前殿基址是利用龙首塬向西南延伸的余脉——台地（海拔 394.2 米 ~ 401.1 米）、再经夯筑而成，当地人称“郿坞岭”，东起赵家堡、聚驾庄，西至大古城和小古城，东西横长约 1320 米，南北宽约 426 米，总面积近 55.44 万平方米。长方形的巨型夯土台基，南低北高，一般高 3 米，最厚处至今仍高出地面 7 米 ~ 12 米以上。夯层清晰整齐、密实，夯层厚 7 厘米 ~ 8 厘米。早年，在殿址周围特别是北部取土时，曾挖出云纹瓦当、板瓦、残砖、石柱础及红烧土、灰土、陶水管道。

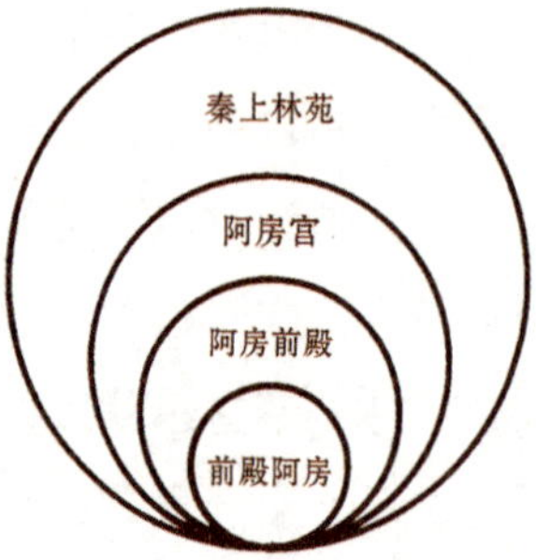

图 39-3　阿房宫概念示意图

考古钻探资料显示，阿房宫前殿遗址东西长 1270 米、南北宽 426 米，面积达 541020 平方米。据此，同文献记载做一勘比来看看结果。在这里，首先应该指出的是，各书所言宫殿的名称并不统一，说“阿房宫”“阿房前殿”和“前殿阿房”者均有之。实际上，这是三个不同的建筑单位，也即是应予区别的三个概念，我们不应混淆。

秦始皇在上林苑中营建“朝宫”时，其主体应是“阿房宫前殿”。前殿打好地基，并在三面筑墙。在北墙的中部，已经建造起“前殿阿房”。但在前殿工程进行的同时，阿房宫范围内的其他宫观建筑项目也在陆续展开。而且其中有些项目，实际上是对原先上林苑中建筑的扩大、改建和增建。有些学者把战国时期秦上林苑建筑从阿房宫中排挤出去，只认定所谓“半拉子工程”的“阿房宫前殿”是“阿房宫”，硬要强调“项羽没有火烧阿房宫”的见解，声言“上了杜牧的当”“委曲了司马迁”“要为项羽平反”……显然是把“部分”当“整体”。概念上混淆的结果，大有“专家制造新误导”之嫌。试想想：战国时期秦上林苑的建筑，能平白无故地越过统一秦 15 年而不被利用？秦始皇大概也不会这么削足适履地狭隘吧！

在阿房宫前殿遗址东北约 400 米的阿房村一带，原有单体建筑十多座，平面的夯基形状各不相同，从而组成一处密集的建筑群。其中以俗称的“始皇上天台”为中心，夯土地基东西展开 400 米、南北宽 110 米。台基由西北向东南呈鱼脊状，渐次升高 15 米，底部周长 230 米，其北、西两侧都有大片夯土向外延伸，有门址和甬道，曾出土有石柱础、砖瓦、瓦当、下水管道等遗物。

阿房宫村北去约 200 米，有一处“北司”建筑遗址（1974 年冬平整农田取土，因最早发现“北司”陶文而定）。经我等访查，并配合北京大学实习而实地发掘。此处建筑结构特殊，既有大的遮蔽空间，巨型的石柱排列有序，使得间次繁复，又有螺旋形上升的环道之类的遗迹（可能是上登复道之路）。从地面几经整修的情况看，应是上林苑中一处时跨秦汉的高台建筑物。绳纹瓦片上多戳印“北司”“宫”“左宫”“右宫”“宫甲”“宫寅”“宫戊”“宫辰”“天官”“大匠”等字。小篆书体，同渭北区陶文比，似更加规正隽秀。显系秦少府、将作大匠领辖下由中央官署制陶作坊制造的产品。

纪阳寨南 200 米 ~ 500 米的地方，有一处密集的建筑群，地当阿房宫前殿遗址的西南部。这里起码包括着七座大小不同、形制各异的建筑物，现仍有夯土台基、石柱础、砖瓦等遗迹、遗物的残留。其中以南端的“烽火台”遗址为最大，其平面呈向南的“凸”字形，东西长 265 米、南北最宽处 40 米，总面积 6354 平方米，夯土台基残高 4 米；有一三层台式建筑遗址，夯土厚 10 米以上，面积达 4019 平方米；另有一长廊式建筑遗址，南北长约 230 米，宽 2.5 米，夯土厚 0.6 米 ~ 1.3 米。遗址内多有灰坑。

阿房宫区西北的一处建筑遗存，要算后围寨村北那残高 6 米的夯土台基了。1973 年平整土地时，我去查看过：它以花纹空心砖砌筑的踏步层层叠叠直上建筑顶部；底部有脊式的五角形陶水管道鱼贯连接，向东南延伸 20 多米；石柱础纵向排列，井然有序，可惜地面遗迹无存，不明其格局。纵观此一建筑，不难想象它原先高下相次，间隔错落，壮阔无比的雄姿。后围寨的胡家村西南有一处 600 平方米的遗址，火烧寨北又有一处面积达 8000 平方米的遗址，都有建筑物的出土，文化层厚达 1.5 米。《三辅黄图》：“云阁，二世所造。起云阁，欲与南山齐。”因为秦始皇建阿房宫“表南山之巅以为阙”，二世所造之云阁，想同南山等高，可知云阁一定在阿房宫内南部，属于宫内的高台楼阁之一。《文选·东京赋》有“（秦）乃构阿房，起甘泉，结云阁，冠南山”之句。《三辅故事》也说云阁是二世起造的。这些同《史记》说始皇死后，秦二世“复作阿房宫”的记载符合，所谓“复作”的事实，我以为就是建造“云阁”。

图 39-4　阿房宫地区出土高足玉杯

阿房宫区原来水量丰沛，东有皂河，西有沣河，南有周之滈池，水位浮浅，形成多处湖泊。茂林修竹，花卉园圃，宫殿掩映，泛舟期间，天然成趣。今日我们面对一派黄沙、处处取土烧砖、秦建筑遗址被涂沫得满目疮痍时，是很难想象它当年的盛容的。只见北自蔺高村，向南经府东寨和苗圃间、沈家寨，再到“上天台”东南，分布着五处形状各异、大小不同的湖泊遗址，总面积约27.14万平方米。其湖相沉积是在地表1.2米以下，有大面积黄色细沙、泥沙分布。原来也许是地下聚水的天然湖泊，但也不排斥引皂河之水的可能。

《汉书·东方朔传》载：汉武帝建元三年（前138）“举籍阿城以南，周至以东，宜春以西……以为上林苑，属之南山”。宋敏求《长安志》：“秦阿房一名阿城。在长安县西二十里。西、北、（东）三面有墙，南面无墙，周五里一百四十步。崇八尺，上阔四尺五寸，下阔一丈五尺，今悉为民田。”可见“阿城”这一名称早已有之，其由来正同颜师古说的“以其墙壁崇厚，故俗为阿城”。那么，这座阿城应系前殿及其附属建筑的宫城。它从东西两侧和北面围护着阿房宫前殿上的群体建筑，整体俨然形成为一座厚重森严的城堡。之所以“三面有墙，南面无墙”，我认为这是建“阿房前殿”时施工程序的安排。南面空缺是为了出入建筑材料的方便，一旦竣工，即筑南墙与门阙。

阿房宫虽毁于秦末大火，而阿城地区在历史时期依然是人事活动繁盛的。《十六国春秋》：“苻坚建元二十年（384），慕容冲据阿城。初，民谣曰：‘凤凰、凤凰，上阿房。’坚以凤凰非梧桐不栖，非竹实不食，乃植梧桐数千株于阿城，以待凤凰之至”。北朝时，阿城曾是一座四方朝拜的寺院道场。在前殿遗址东端的赵家堡西有一巨大的缺头石像，高及4米。有人说是秦的翁仲，但细审此像只见著袈裟，右掌帖胸作“无畏印”，厚重的衣褶垂于足面。尽管因风雨剥蚀，漫漶过甚，但毕竟没有掩饰其为北朝佛像的真容。况且，这一带曾出土过北周时期的鎏金造像与唐代的八棱石经幢，说明从北朝到唐代，此间曾是佛教寺院的所在。隋末，唐太宗李世民入关，自泾阳趋司竹，也曾经屯兵阿城（《旧唐书·高祖本纪》）。

《三辅黄图》说阿房宫“以木兰为梁，以磁石为门”。《水经注》：“门在阿房前，悉以磁石为之，故专其目，令四夷朝者，有隐甲怀刃入门而协之，以示神，故亦曰‘却胡门’”，或称“却胡台”（《长安志·宫室》引《括地志》）。其实全用磁石做门，是不大可能的，因为经熔炼或敲击都会失去磁性的。惟一的做法就是“累磁石为之”（《元和郡县考》）。当时利用磁石（主要成分是Fe_3O_4）“召铁”的性能（《吕氏春秋》有“磁石召铁，或引之也”，又见《精通篇》）向少数民族来朝觐者显示神奇，以恐吓具有贰心者；若真正用以识别“隐甲怀刃”的刺客，那是不大可靠的。

磁石门，说“门在阿房前”，显然指的是“前殿阿房”之前。但有的说是阿房宫的北门(《元和郡县志》),另有说是西门的(《雍录》)。《水经·渭水注》：“滈水北径清冷台西，又径磁石门西，又北注入渭。”“径磁石门西”不等于西门，该门位于滈水入渭处。但滈水在今长安县西南香积寺汇潏而西流，并在秦杜入沣河，所以《长安志》早就说：“今按滈池水流入永通渠，不至磁石门，亦不复入渭矣。”可见滈水下游的地理古今变迁较大。古滈水在隋初因开凿永通渠入长安而消失。《元和郡县志》断定“秦磁石门，在咸阳县东南十五里”。中国科学院地理研究所黄盛璋先生确指在今双楼村（《中国古代地理名著选读·水经·渭水注》）。

磁石门作为阿房宫建筑群的北门，实际标示了宫区的北界。其地应该在今三桥镇之北。20世纪50年代文物普查时，在新军寨村西还有大面积的夯土基址存在，深入地下数米，也曾有一批石刻出土。这里南距阿房前殿遗址四公里，正处于阿房宫的南北中轴线上。经实测，主要遗址面积4000平方米，夯土台基高出地面一米多。西安市文物园林局姜开任先生根据方位判断，磁石门就在新军寨附近（《中国历史文化名城词典》）。

在三桥镇的西安武警工程学院内，有一宫殿建筑遗址，立标志作“秦磁石门”。1997年，王学理随《中国皇帝》拍摄组采风时，根据夯土台基形状没有门址一，见有战国至秦汉时期的筒瓦和板瓦，断定是一处宫殿遗址，而绝非磁石门。

阿房前殿东通郦山，还“自阿房渡渭，属之咸阳，以象天极阁道绝汉抵营室也”。《史记·天官书·索隐》：“天极”即北极，又谓之北辰，有星五，是天帝（泰乙）所居的星宿。横过天河的是“阁道”六星。所谓“营室”，实际是北方玄武七宿中“室宿”二星（玄宫和清庙）同“壁宿”二星（东壁）的连体。按照占星家的说法，天帝是从天极出来，经过阁道，横绝天河而直达营室的。那么，秦始皇重新规划咸阳以法天，咸阳宫象天帝的“紫宫”，阿房宫犹如“营室”，横跨渭水的“横桥”就成了绝汉的“阁道”。这种交通设计，足见它是秦始皇刻意的追求。

对阿房宫的得名，历来有多种多样的说法。有说“阿，近也。以其去咸阳近，且号阿房”（《史记·秦始皇本纪·正义》引颜师古）；有说“作宫阿基旁，故天下谓之阿房宫”（《三辅黄图》）；有说“在山之阿”（《三辅故事》《文选·东京赋》李善注）；有说因前殿高广，“此以其形名宫也，言其宫四阿旁广也”（《史记·秦始皇本纪·索隐》《雍录》）；或因“墙壁崇广”而得名的（《汉书·东方朔传》师古注）；近人有说“言其用，则曰朝宫；言其方，则曰前殿。谓之阿房者，阿房乃一地名，故天下咸以此称之”（马非百《秦集史》）；有说“阿”字是名词的词头，并无意义；或有说“阿”是关中人的地方语，即“那里”的意思。

见仁见智之说，不一而足。但“阿房宫未成”，毕竟还是个临时的称呼。阿房宫处在西安之北呈东北—西南走向的“龙首原”（唐代之前称“龙首山”）西端，《诗·小雅·菁菁者莪》中有“在彼中阿”的句子。其中的“阿”，就是指高起的地形。那么，阿房宫地势高、殿堂高，正吻合“大陵曰阿，言其殿高，若于阿上为房”的解释（《汉书》颜注、《长安志》）。殷人居住的“四阿重屋”，就是一种四坡流水的重檐屋顶。在这里，阿房前殿巍峙，地势高亢，再加之四阿式重檐建筑，作为范围既大、作用又重要的朝宫，从设计到效果无形中就突出了这座庑殿的气魄。故而从“高广”的意思考虑，我以为还是较容易理解的。

2003年，当秦阿房宫考古队对前殿遗址做了一些钻探和试掘工作之后，在神州大地上竟刮起了一股不小的风潮。一些新闻媒体说：“杜牧撒了个弥天大谎，传世名篇《阿房宫赋》——骗国人千年。”同时，“给项羽平反——没烧阿房宫”“委曲了司马迁——火三月不灭”等奇谈怪论，不一而足。

对此，我以为在认识上陷入了一个误区。其实《史记》已经提醒人们切勿把阿房宫设计蓝图与施工程序混为一谈。所谓“阿房宫”，是个大概念。那是就一组群体宫殿建筑的整体而言，其地域范围很大，北起今西安市三桥街道办原三桥镇西北之新军寨、后围寨，南至王寺村—和平村北缘一线，纵长5公里；东以皂河为界，西迄长安县小苏村—纪阳村，横宽3公里，占地约15平方公里。坐落在龙首原往西南延伸的台地上，海拔高度394.2米～401.4米。建筑遗址密集区，主要分布在三桥镇以南。说明阿房宫是以“前殿”为中心向外展开的，我们绝不可以偏盖全。北垣墙中段东西长323米、南北宽15米，现存高度2.3米。建筑倒塌后的堆积物，在其南侧竟宽达7米！其中以板瓦、筒瓦残片为主。这里实际就是《史记》上说的“前殿阿房”。可惜的是，人们长期来并没有把它同“阿房前殿”区分开来。我以为它又是“阿房前殿”的附属工程，属于“阿房前殿”总体设计的内容之一。是在处理好地基之后，首先进行的建筑。而人们不加区别地把“前殿阿房”误作未曾修建的“阿房前殿”，进而又把“阿房前殿”当成“阿房宫”。

阿城之所以“三面有墙，南面无墙”，我以为同施工技巧和政治形势有关。从工程学而言，合理安排、提高时效是一条重要的原则。筑“阿城”时，先三面围墙，既是“阿房”的前一道工序，也便于现场的管理。“南面无墙”，在于留出人员、材料等进出的通道。当“阿房前殿”建起、门阙完工之后，再筑南墙闭合。可惜秦末乱世，形格势禁，阿房宫工程被迫废弃，还谈什么“南墙”！所以我以为“阿城”不是阿房宫的宫城，而是“阿房宫前殿”的特殊外垣。（王学理）

四十、咸阳的苑囿园池——王公贵族休闲娱乐的好去处

“囿者，所以养禽兽。天子曰苑，诸侯曰囿。”（《春秋左传集解·僖公三十三年正义》）苑、囿相通，实际上就是供人们休闲悠游的园林。秦自战国晚期以来，大筑苑囿，不论是规模、数量，还是水平、质量，都极大地有所提升。但是，秦苑囿遗迹保存至今的，却非常稀少，而且

也只能指出其方位和大体范围。

1. 五苑

《韩非子·外储说右》："秦大饥，应侯请曰：'五苑之草著、蔬菜、橡果、枣栗，足以活民，请发之。'"秦五苑中既有蔬菜的种植，还产橡实、栗、枣等副产品，反映了秦重视园林的生产功能。既能接济饥民，说明其规模很大。五苑之设肯定在秦昭王时，甚或更早一些时间。但这时秦控制的范围有限，再从应侯的口气看，五苑当在畿辅一带，不可能远在外地。

2. 上林苑

上林苑是范围最大、景观最美、内藏最多的一处皇家园林。渭南的丰、镐之地早有周的"灵囿"存在，《诗·灵台》有"王在灵囿，麀鹿攸伏，麀鹿濯濯，白鸟翯翯，王在灵沼，于牣鱼跃"之句。秦上林苑的范围，史乘无载。原来的规模大约是：东界灞、浐二河，西至沣河东岸，北起秦都咸阳的渭南新区，南到周都丰镐、秦杜县、曲江一线。环境优美，是秦上林苑得天独厚、胜过他处苑囿、最富特色之处。汉武帝于建元三年（前138）扩建上林苑，《三辅黄图》明确地说："汉上林苑，即秦之旧苑也。"史书明确记载汉朝上林苑建离宫70所，容千乘万骑，又养百兽其中，广种奇花名果三千余种，使山环水绕，宫观掩映，花木扶疏，衬托着喧嚣繁盛的都城长安。

汉之上林苑，其范围之大远远在秦上林苑之上。据《汉书·杨雄传》载：武帝"广开上林，南至宜春，鼎胡，御宿（又名樊川，今长安区韦曲、杜曲一带的盆地），昆吾，旁南山而西，至长杨、五柞，北绕黄山、濒渭而东，周袤数百里。"

3. 宜春苑与曲江、隑州

宜春苑是由曲江及"隑州"构成的园林风景区。《史记·司马相如列传》索隐："隑，即碕，谓曲岸头也。"张揖曰："隑，长也。苑中有曲江之象，中有长州，又有宫阁路，谓之曲江，在杜陵西北五里。"汉宣帝杜陵在今曲江池东南，同张揖记载相同。因为地势低洼，积水成池，又南北狭长，谓之"曲江"；水包长岸，称作"隑州"。

秦宜春苑范围很大，宜春宫位在西南部，而秦二世墓则在曲江池的南岸。汉时，把宜春苑分为上苑和下苑。汉武帝把宜春苑划入上林苑的范围之内，并造曲池，周回五里，池中遍生荷芰菰蒲，其间常有禽鱼翔泳，因水流多曲有似嘉陵江，因改名“曲江池”。汉宣帝在池北建造“乐游苑”。唐开元中，再加以疏导美化，在其旁建慈恩寺、紫云楼，设芙蓉苑、杏园。江岸菰蒲葱翠，柳荫四合，成了三月三日仕女游春的胜地。唐时的“曲江流饮”，更是千古流传的趣话。

图 40-1　“宜春禁丞”封泥印文

图 40-2　“杜南苑丞”封泥印文

4. 杜南苑

这是设立在杜县南的一处别墅性质的园林。苑址估计位于今长安区潏河与交水合流的香积寺一带。这里以神禾原为依托，二水交汇，南屏终南，风景优美，设立秦苑具有良好的自然条件。

此外还有东苑、阳陵苑、鼎湖苑、华阳苑、高栎苑、具苑，等等。

秦国的苑囿里还有专门饲养动物的“兽圈”，即是饲养“百兽”的地方，相当于今之动物园。《太平御览》引《列士传》：“秦王召魏公子无忌。不行，使朱亥奉璧一双诣秦。秦王怒，使置亥于兽圈中。亥瞋目视兽，皆血溅于兽面，兽不敢动。”秦的“兽圈”是个统称，里面养着多种珍稀动物。而对有些同种的大型动物则采取择地单独豢养。

（1）虎圈：《长安志》：“秦故虎圈，周匝三十五步，长十步，西去长安十五里。”

（2）狼圈：《长安志》：“秦故狼圈，广八十步，长二十步，西去长安十五里。”

（3）麋圈：麋圈是麋鹿之圈，也许距上述兽圈不远。秦有“麋圈”封泥。

5. 骊山汤

骊山温泉溢出地面的温度是43℃，水含石灰、碳酸锰、碳酸钠、硫酸钠、氯化钠、二氧化硅等多种矿物质和稀有元素，还有多种离子。水质为中温、低矿化、弱碱性、中等放射性型水，对人体具有较高的医疗作用。经沐浴可治疗疔疖癣疱。古人早已认识骊山温泉的价值，接踵而至，一洗为快。骊山在6000多年前，已成为原始人类徜徉生息之地。其后裔骊山氏在商代就于此建立骊戎之国，据有骊山及温泉。周代在骊山温泉处建立行宫，幽王偕爱妃褒姒在此行乐失国，是尽人皆知的历史故事。秦始皇曾在温泉砌石作浴池并建造房舍，正式取名“骊山汤”。据《三秦记》载：“俗云：秦始皇与神女游而忤其旨，神女唾之则生疮。始皇怖谢，神女为出温泉而洗除，后人因以为验。”因此，人们把骊山汤又称作“神女汤泉”。

自秦之后，历代对骊山汤也多做修饰增建，名称也有更改。从皇帝佞幸、达官贵人、文人士子到庶民百姓，多来这里享受上苍赐予的恩惠。唐玄宗天宝六载（747），改“温泉宫”为“华清宫”，汤池也统称“华清池”。李隆基同杨贵妃在此沉湎于管弦歌舞之中，“朱门酒肉臭，路有冻死骨”成了当时社会的真实写照。

6. 牛首池

牛首池属上林苑“十池”之一。（《三辅黄图》）《史记·司马相如列传》有“濯鹢牛首”之句，《集解》引张揖注云：“牛首，池名，

图40-3　华清池温泉遗址

在上林苑西头。”因池中有自生之韭，亦名“野韭泽”。汉又称“牟首”。《括地志》：“在雍州长安县西北三十八里。”《太平寰宇记》：“地在内苑西，丰水西北。”秦上林苑的西界在丰水，则牛首池当在今咸阳市南钓台乡西张村一带。

7. 滈池

滈池为西周镐京地区的大池。《三辅黄图》：“镐池在昆明池之北，即周之故都也。”又引《庙记》：“长安城西有镐地，在昆明池北，周匝二十二里，溉地三十二顷。”地当秦阿房宫前殿遗址的西南。秦滈池在汉代仍用以灌田，大概在唐代末年或宋初才堰废池涸。

8. 滮池

古池，在周代就用水灌溉。《诗·小雅·白华》有“滮池北流，浸彼稻田”的句子。《水经注·渭水》：“滈水又北流，西北注滮池合。”因为“滈水源出雍州长安县西北滈池”（《括地志》），也即“滈水承滈池”（《水经注》），所以对照“西北注与滮池合”的话，就知道滮池在滈池的西北。

滈池、滮池和牛首池都在秦阿房宫西侧不远处，呈扇形分布，很自然地构成一个环绕朝宫的风景线。对于调节气候、创造优美环境，有着积极的作用。可是在唐代修昆明池时，填塞了北流的注水口，陆续使滈池 、滮池干涸淹废，夷为民田。唐文宗太和年间，石堰堵塞，输水来源断绝，连昆明池也渐渐干涸了。

9. 长池

长池是秦始皇在渭北引水修建的一处人工湖。唐徐坚《初学记》引《三秦记》：“秦始皇作长池，引渭水东西二百里，南北二十里。筑土为蓬莱山，刻石为鲸鱼，长二百丈。亦曰‘兰池陂’。”秦之“兰池陂”实则原来就有“兰池”，汉改名“周氏陂”。秦始皇为了扩大兰池的蓄水量，所以才从上源引渭水入池。不但流经长、流域广，而且引水同兰池结合使容量增大，从形状上看，确是个名副其实的“长池”。

秦的这些苑囿池沼，在汉朝基本上被继承，作为皇宫大院以及上林苑的主要景观不断修复完善，成为中国园林建筑史上的杰出代表。（王

学理）

四一、客卿——秦国的人才强国战略

公元前 247 年夏，秦庄襄王死，他的儿子，年仅 13 岁的嬴政即王位。因为“王年少，初即位，委国事太后及大臣”，（《史记·秦始皇本纪》《汉书·五行志》）实际大权操纵在号称“仲父”的相邦、文信侯吕不韦和自称“假父”的大阴人（宦者）嫪毐手里。吕不韦和嫪毐两大势力集团争权夺利，以致秦国的政局混乱，大小官员莫知所从，不知所措。

图 41–1　秦始皇帝像

秦王政九年（前 238），他 22 岁时，按照秦国的礼法“王冠，带剑”亲政。同年四月，秦王嬴政由咸阳到祖庙所在地旧都雍城行加冕礼，留宿蕲年宫。这时，荒唐淫乱的嫪毐发动政变，向雍进发，准备围攻蕲年宫，加害秦王政。秦王政得到情报，立即命令昌平君、昌文君率军堵截。两军激战于咸阳，王军取胜，斩首数百。接着，又捕获嫪毐，把嫪毐集团彻底消灭。经过查证，相国吕不韦却是嫪毐一案的关键人物，因而受到牵连而获罪，第二年就被免除相位，遭到流放，秦王政十二年饮鸩自杀。至此，秦王嬴政彻底消灭了吕不韦和嫪毐两大集团，完全控制了秦国的权力。

就在这时，秦国又破获了一桩间谍案——韩国为了消耗秦国的人力财力，居然派遣他们的水利专家郑国借助修渠而“疲秦”。于是，秦的宗室大臣纷纷借机进言，他们说：来自各诸侯国的人，表面上是为秦国做事，实际上各为其主。秦王政出于激愤，就下了个“非秦者去，为客者逐”的“逐客令”。出身楚国的秦王亲信李斯也在被逐之列，他无可奈何地上了一份《谏逐客书》，就悻悻地离开咸阳，他说：

臣闻吏议逐客，窃以为过矣。昔穆公求士，西取由余于戎，东得百里奚于宛，迎蹇叔于宋，求丕豹、公孙支于晋。此五人者，不产于秦，而穆公用之，并国二十，遂霸西戎。孝公用商鞅之法，移风易俗，民以殷盛，国以富强。百姓乐用，诸侯亲服。获楚、魏之师，举地千里，至今治强。惠王用张仪之计，拔三川之地；西并巴蜀；北收上郡；南取汉中，包九夷，制鄢郢；东据成皋之险，割膏腴之壤。遂散六国之从，使之西面事秦，功施到今。昭王得范雎，废穰侯，逐华阳，强公室，杜私门，蚕食诸侯，使秦成帝业。此四君者，皆以客之功。由此观之，客何负于秦哉？向使四君却客而不内，疏士而不用，是使国无富利之实，而秦无强大之名也。

今陛下致昆山之玉，有随和之宝，垂明月之珠，服太阿之剑，乘纤离之马，建翠凤之旗，树灵鼍之鼓。此数宝者，秦不生一焉，而陛下说之，何也？必秦国之所然后可，则是夜光之璧不饰朝廷，犀象之器不为玩好，郑魏之女不充后宫，而骏马不实外厩，江南金锡不为用，西蜀丹青不为采。所以饰后宫、充下陈、娱心意、悦耳目者，必出于秦然后可，则是宛珠之簪、傅玑之珥、阿缟之衣、锦绣之饰不进于前，而随俗雅化、佳冶窈窕赵女不立于侧也。夫击瓮叩缶、弹筝搏髀而歌呼呜呜快耳目者，真秦之声也。郑卫桑间、韶虞武象者，异国之乐也。今弃击瓮而就郑卫，退弹筝而取韶虞，若是者何也？快意当前适观而已矣。

今取人则不然，不问可否，不论曲直，非秦者去，为客者逐，然则是所重者在乎色乐珠玉，而所轻者在乎人民也，此非所以跨海内制诸侯之术也。臣闻地广者粟多，国大者人众，兵强则士勇。是以泰山不让土壤，故能成其大；河海不择细流，故能就其深；王者不却众庶，故能明其德。是以地无四方，民无异国，四时充美，鬼神降福，此五帝三王之所以无敌也。今乃弃黔首以资敌国，却宾客以业诸侯，使天下之士，退而不敢西向，裹足不入秦，此所谓藉寇兵而赍盗粮者也。夫物不产于秦可宝者多，士不产于秦而愿忠者众。今逐客以资敌国，损民以益仇，内自虚而外树怨于诸侯，求国之无危，不可得也。（选自中华书局排印本《史记·李斯列传》）

这是一篇千古奇文，翻译过来是说：

臣听说官吏在议论赶走客卿，私下认为错了。从前穆公求取士子，西面在西戎那里得到由余，东面在宛地得到百里奚，从宋国迎接蹇叔，从晋国求得丕豹、公孙支。这五个人不生在秦国，穆公任用他们，并吞了20个部落，得以在西戎称霸。孝公用商鞅变法，移风易俗，百姓富裕兴盛，国家因此富强。百姓乐于听命，诸侯国亲近服从。俘虏了楚魏的军队，开拓千里疆土，直到现在国家治理强盛。惠王用张仪的计划，攻取了三川的地方，向西并吞巴蜀；向北取得上郡；向南占有汉中，包举众多夷族，控制楚国国都鄢郢；向东占据成皋的险要地区，割据富腴的田地。于是解散了六国的合纵，使他们向西服属秦国，功效一直延续到今天。昭王得到范雎，废去了穰侯，赶走了华阳君，加强了王朝，杜塞了私家的弄权，侵占了诸侯国，使秦国建成了帝王大业。这四位君主，都依靠客卿的功劳。从此看来，客卿有什么对不起秦国啊？假使四位君主辞退客卿不接纳，疏远士子不任用，这是使得国家没有富裕的实际，秦国没有强大的声望。

现在大王得到昆冈的宝玉，有宝贵的随珠和璧，挂着明月珠，佩着太阿剑，驾着纤离马，竖立着翠凤旗，架起了鼍皮鼓。这几样宝物，秦国一样都不生产，王上却喜欢它们，为什么？一定要秦国生产的然后可用，那么夜光璧不能装饰朝廷，犀牛角、象牙制的器物不能成为玩好，郑魏的美女不能充实后宫，好马不能充实宫外的马棚，江南的金锡不能用，西蜀的丹青不被采用。用来装饰后宫、充实后列、娱乐心意满足耳目的，一定要秦国生产的然后可用，那么嵌着宛珠的簪子、配上珠玑的耳饰、东阿丝织的衣服、锦绣的修饰品都不能进用，而化俗为雅、艳丽美好的赵女也不立在旁边。敲着瓦甕瓦器、弹着筝、拍着大腿呜呜以唱满足视听的，是真正秦国的音乐。郑卫桑间的民间音乐、韶虞武象的朝廷乐舞，都是别国的音乐。现在抛弃击甕接纳郑卫的音乐，不用弹筝而用韶虞的雅乐，这是为什么？要使情意酣畅于眼前以适合观赏罢了。

现在录用人才却不这样，不问可不可用，不论是非，不是秦国人就辞掉，是客卿就赶走，那么所看重的在于女色音乐珠宝玉器，所看轻的在于人民，这不是跨越海内、制服诸侯的方法。臣听说土地广大的粮多，国家大的人多，军队强盛的战士勇敢。因此泰山不推掉泥土，所以能够成就它的大；黄河和大海不挨弃细流，所以能够成就它的深广；王者不拒绝众民，所以能够宣扬他的德教。因此，土地不论四方，百姓不分国别，四季充实美好，鬼神来降福，这是五帝三王之所以无敌的原因。现在却抛弃人民来帮助敌国，辞退宾客去为诸侯建功立业，使得天下的士子后退而不敢向西，停步不进秦国，这就是所谓资助寇盗兵器并且给与粮食啊。东西不产在秦国而可以被宝爱的多，士子不生在秦国而愿意效忠的多。现在赶走客卿来帮助敌国，减少百姓来加多敌国的力量，对内使自己虚弱，对外在诸侯国建立怨仇，要想国家没有危险，是不能得到的。

李斯的这一份《谏逐客书》，精辟地分析了秦国之所以强大的根本原因就在于引进大量的非秦国人才。也使我们深刻地体会到秦国的人才强国战略。秦国为了达到富国强兵的目的，在全诸侯国范围内多方网罗、搜集人才，为秦国服务。坚持贯彻“任人唯贤”的人才路线，具备“礼贤下士”的诚恳态度，实行释疑信任的作风，使关东的宾客士子在一种强大的诱惑力驱动下看到施展抱负的希望，或只身闯荡、或互相延荐，自愿投奔到秦国来建功立业。

秦国引进的第一类人才是既有纵横的“游说之士”，也有“通古达今”的博士、学子、宾客、客卿等“诸侯国人”。秦国在春秋时期接纳的外来人士如由余、蹇叔、百里奚等；战国时期则有商鞅、张仪、公孙衍、司马错、吕不韦、蒙骜、尉缭、李斯、蒙恬等，他们中有很多是出身微贱的“布衣”，却能通过实绩而封侯拜相。招贤纳士的结果，也使秦国由弱转强，由小变大，一步一步走向胜利。

秦国引进的第二类人才即身怀技艺的工匠、工程专家和术士。商鞅变法，发布《垦草令》，招徕三晋之人。秦始皇陵墓工程就有来自郧阳（今湖北郧县）、高阳（今河北高阳县）、宜阳（今河南宜阳县）、新城（今河南商丘市境内）等地的工匠。两乘精美绝伦的彩绘铜车马，固然是秦中央官府手工业的产品，其复杂的工艺作风从“失蜡法”铸件、焊接到机械加工，同中山王墓、蔡侯墓、曾侯乙墓的铜器相比，具有异曲同工之妙，应该有关东能工巧匠的参与。秦始皇起云明台，就曾“穷四方之珍木，搜天下之巧工”（见《太平御览》卷一百七十八引《拾遗记》）。

还有水利专家郑国，终于修成“郑国渠”，使秦获益。“以医名闻天下”的郑人扁鹊，在秦武王时也来到咸阳。

李斯的这一份《谏逐客书》言辞恳切，说理透彻、例举浅近，的确很快打动了秦王政。好在秦王政是个知错就改的明君，他立即派人赶到丽邑（今陕西临潼区东），追回李斯，官复原位，还免杀了水利学家郑国，收回逐客令。这不仅挽救了在秦的客卿，而且重要的是为以后秦国的统一事业提供了人才保障。

四二、秦的经济——以农为主的多种经营体系

1. 重视农业

秦国政府重视发展农业生产，把对农业的组织管理纳入到法制化的轨道。《商君书》中多处强调耕战政策同富国强兵的关系，并通过赏刑的办法来推行。云梦《秦律》竹简中的《田律》《厩苑律》《仓律》《徭律》《效律》《司空律》等，就是对农业全面管理的多种经济法规。在施行上，要求明确，办法具体，对各级官吏和生产者是有奖有惩的。表现了秦政府对农情的重视。挖掘劳动潜力，创造耕作条件，不违农时。《吕氏春秋》一书中收有《上农》《任地》《辩土》和《审时》四篇论文，是公认的中国较早出现的总结农业问题的调研成果。里耶秦简又全方位的记载了秦朝的社会管理和制度设置情况，为我们研究和理解秦代的历史文化、政治制度提供了可靠的第一手资料。

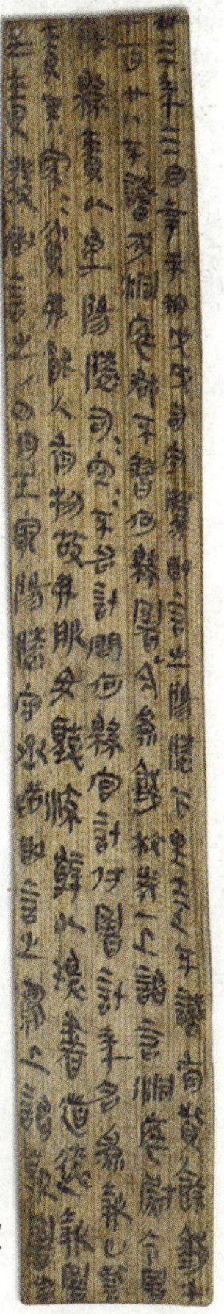
图 42-1 湖南里耶古城出土追讨欠款秦简

正因为耕战政策的贯彻和一系列先进生产措施的施行，秦国农业得到迅速的发展。农业丰收，不仅改善了人民的生活状况，国家也有了更多的粮食储备。由于农业丰收，秦国也出

现了“民殷富”、“蓄积饶多”（《战国策·秦策》）、“庶人富者，累巨万”（《汉书·食货志》）的新局面。再加上巴蜀地区的粮食通过秦岭和巴山中的“千里栈道”，源源运入关中，就使得秦国“仓粟多”“富天下十倍”（《史记·高祖本纪》），为“倾邻国而雄诸侯”（《汉书·食货志》）准备了物质前提。

2. 手工业制造

出自耕战对武器装备、生产工具以及统治阶级和一般人民衣食住行的需要，秦国政府异常重视手工业的发展和管理，因而能做到门类齐全、技术精进，生产品质量也堪称上乘。

青铜铸造固然是门传统的手工业，秦国据有西周故地，收有“周遗民”并掌握了青铜制造技术的工匠。但因辖地小，铜材来源受限，制作上并未摆脱西周之遗风。他们首先把有限的铜材用来制作数量最多、器形最小的戈、矛、镞、削类兵器上。其次才是供少数贵族用的铜容器和生活用器、工具等，如鼎、簋、壶、钫、献、盘、匜、豆、鬲、盆、蒜头壶、带钩等。秦的青铜制造业服从耕战的需要，而转移生产方向，实际上其制作技术却有着高度的发展。例如秦始皇陵西侧出土的两乘驷马铜车，虽则只有原物的二分之一，但制作精细、结合严密，通过铸造成型，再经锉、磨、冲、凿、钻等手法，采用镶嵌、拉拔、焊接、套接、插接、铆接、活铰连接、销钉固定等机械技术，把 423 种计 3700 个零部件组合成一体（其中一号车 201 种 1828 件，2 号车 221 种 1872 件），表施彩绘，华丽鲜明，堪称彩绘的铜铸艺术的佳作。

图 42-2　秦始皇陵出土二号铜车马

战国末期，秦国已重视采矿和冶铁业。官府中专门设立了“左采铁”“右采铁”的官吏（见云梦秦律竹简）。司马迁的四世祖父司马昌曾做过秦的“铁官”。但是，秦国产铁地少而矿床贫，又多呈鸡窝状分布。所以才把有限的铁用来制造农具和手工工具。冶铁铸造主要由国家控制，只能在官府手工业作坊进行。只有到了军事占领魏、赵等国产铁地之后，情况才发生了根本性的变化。

同铜器制造业、冶铁铸造业并称“三大支柱产业”的制陶业，因为同国计民生直接关联，又多是就地取材，就显得特别普遍而活跃。作为中央官营制陶工场，除过生产供皇室生活陶器外，适应城市宫殿和陵墓建筑的需要，大规模的生产内容是建筑用陶。在秦都咸阳和始皇陵园发现大量的砖、瓦、当、下水管道、漏斗、井圈和窑群遗址。秦俑三个坑，使用条砖230350块铺设地面9537.65平方米，可见用量之大。而7000多件陶武士俑和636匹陶马的制作，则是一个由雕塑、焙烧和彩绘一套连续工艺组成的特殊的劳作，其烧成温度950℃～1050℃，均已烧结，表明了对陶土与砂的配比、焙烧中两次收缩的火候掌握都是成功的。其他如金银细工、玉器雕琢、漆器制造、丝麻纺织等手工业门类，都有长足的发展。在冀阙宫廷遗址的一窖穴中出土有一包已经碳化了的衣服，均是平纹的丝绸织品，计有锦、绮、绢等种。单衣、夹衣、丝绵衣和包袱分别由平纹绢、丝绵、绢地锁绣、锦、麻布制成，表现了织、染、绣的技术很高。秦政府专门设有皮革制作工场，专供制铠的原料。

图42-3　秦始皇陵遗址发现下水管道

3. **商业活动**

春秋时代早期的秦国，随着交换的发生已经有了商业贸易的活动。在秦墓中多次发现以海贝与石贝随葬，显然“用作装饰”是说不通的。

图 42-4　秦半两货币

它属于早期的货币形态，在商品流通过程中充当着价值尺度的支付手段，对死者无疑是一种拥有财富的反映。凤翔雍都秦市遗址的发掘，是秦国设市贸易的最好说明。秦穆公曾允许“贾人”贩盐，并向他们征税，于国于民于商都有好处。栎阳“北却戎翟，东通三晋”的地理位置，也多“大贾”。(《史记·货殖列传》）“栎市”陶文的发现，同“初行为市”记载的一致性，正是战国时期秦国商业活跃的表现。

商鞅变法时虽推行重农抑商政策，但并非禁绝一切合法的商业活动。他说“农、商、官三者，国之常官（职）也。农辟地，商致物，官法（治）民”（《商君书·弱民》）。这表明他已明确地认识到了商业是国民经济不可缺少的部分，能够起着沟通有无的作用。

战国时期，进入交换领域的商品只能是剩余的农、牧产品和手工业制品。它包括着粮食、家畜、家禽、蔬菜及各种陶器、木器、漆器、铁器和纺织品等。

《史记·货殖列传》说：“关中之地于天下三分之一，而人众不过什三，然量其富什居其六。”秦国经过商鞅变法，农业、手工业发展起来了，同时也促进了商品经济的发展和商业交换的活跃。咸阳、栎阳、成都及其他通都大邑，依仗着具有相当规模的商品生产，辟有市场，进行专门的商贸活动。就连小地方也有集市的存在。金属铸币的广泛使用，在商品交换中充分发挥了它作为支付手段的功能。秦国经过百余年的发展，到秦王政执政时期，人们所看到的正是一个经济发展、军事强盛的进取的秦国。（王学理）

四三、咸阳诸市——居民生活的保障

秦都咸阳在武、昭之后，商业活动开始活跃，“四方辐凑，并至而会，地小人众，故其民益玩巧而事末也”。（《史记·货殖列传》）因市区的地域辽阔、人口稠密、都市工程接连不断，因此在多处设立市贸场所：

1. **咸阳市**

咸阳市是最大又最久的一处固定性综合市场，由秦政府直接控制和管理，属于享有盛名的官市。交通便利，商贾云集，货物山积。当在冀阙宫廷所在的北阪之南，约在今咸阳市东窑店一带。

作为商贸中心的都市，咸阳市除过商业活动之外，也成了政府行刑、告诫世人的地方。历代处决犯人都在市曹，可以说是秦开的头。

2. **直市**

直，端平之意。“直市”顾名思义，就是市场价格保持一致，不要拐弯抹角地叫价。《三辅黄图》的解释是“物无二价，故以直市为名”，《长安志》说“直市在渭桥北……直市平准物价，故曰直市”。

图 43-1　平市陶文

3. **平市**

此名称反映了它是一处经营民用产品的市场，也包含着公平交易的用意。平市有可能位于咸阳北区的西部，在制陶手工业作坊之北，当在今咸阳市窑店乡长陵车站附近。

图 43-2　丽市陶文

4. **咸阳渭南新区的市**

咸阳渭南新区的市亭未见文献记载，在秦始皇陵园范围出土有“丽亭”“丽市”“丽器”“焦亭”“犬亭”“安亭”“□亭”“亭”“芷”等字的戳印陶器残片，说明这些地方都有市亭的设立并从事制陶业经营。

5. **杜市**

杜县有市，1962 年在城址附近的首帕张村出土千余枚“半两”钱，在盛钱的陶罐底部就有“杜市”二字的戳印。同文的陶器在清涧也发现，在咸阳还搜集到“杜亭”的陶片。这些正是商品流通情况的反映。

6. **奴市和军市**

奴市和军市是两种专业性质的官市。《汉书 · 王莽传》载：秦“置奴婢之市，与牛马同栏。”云梦秦简的出土，证明了此一记载不属虚妄。不但国家和私家占有奴隶，而且通过买卖也是获得奴隶的途径之一。军市的设立，在战国末期是普遍存在着的。从《商君书·垦令》中可知，咸阳不但有百货交易市场，而且也有出售军需用品的“军市”。

上市的商品主要是来自三个渠道，即：

一是来自官府手工业作坊的部分产品，如官府手工业制造铜器、纺织物及漆器一类的奢侈品。

二是来自民营手工业作坊的绝大部分产品，如陶器、竹木器、铜铁农工工具等。

三是个体农民生产的农副产品，如粮食、禽畜、皮毛、帛匹及生活用品。

7. 开市时限与商人地位

立市：《周礼·地官·司市》说：“大市，日昃为市，百族为主；朝市，朝时而市，商贾为主；夕市，夕时而市，贩夫贩妇为主。”秦市是否按这不同时间，进行不同交易内容的活动，不得而知。但有一点是可以肯定的，即：定时交易，击鼓罢市。

商鞅变法时，规定“令军市无有女子”。不只说女子不得入军市，更要紧的是女子不能经营军需物资。反言之，其他的市是允许有女人经商的。但不管商人的地位如何，咸阳活跃的市场是进行物资交流、保障居民正常生活的需要。（王学理）

四四、四方辐辏——以咸阳为中心的道路交通网

秦国以咸阳为中心的交通，是经过了一个由小到大、从单一到繁复的历程。秦孝公立都咸阳，选址在周秦以来横亘关中的交通大道上，这里西经旧都雍，越陇阪直达秦人的发祥地；东向函谷，本来就是一条千里的“周道”。它是从咸阳出发，沿渭河北岸，东过漫漫的河西地，渡黄河，经三晋，直达燕、齐。南越秦岭，分巴蜀与荆楚，可直驱江汉流域。以京畿为中心的“驰道”，在关中境内有三条，即临晋道、函谷道和武关道。它可“东穷燕齐，南尽吴楚”，连接江湖河海，再加之“直道”

抵上郡、九原，褒斜道直下汉中、蜀、黔，从而形成密布如织的交通网络，使帝国版图浑然一体。

由首都咸阳通向天下的这些车马大道，在秦帝国形成过程中确实起了重要的作用。其承载内容与运输活动，也因时间、周边环境而有所不同。

咸阳的国中大道，其规模之大、形式之新颖，体现的是帝都的雄姿。而由此出发、辐射全国的交通干道，在形成中华帝国过程中的作用、地位，更具深刻的文化意义。除却秦始皇旨在加强国防和对各地控制的主观意图之外，客观上则起到了促进全国经济联系、文化交流、 移风易俗的重大作用。

1. 西线诸道

由首都咸阳西去北地、陇西两郡，主要是两条通路，一条是溯泾水而上至北地郡治义渠（今甘肃宁县西北）的“泾水道”；另一条是沿渭水北岸经旧都雍，再溯汧水抵达秦人的陇东故地的“汧水道”。

（1）泾水道：由咸阳出发，经秦望夷宫，越泾水，过池阳（今陕西泾阳县）、云阳秦林光宫（今陕西淳化县北）， 沿泾水西北行，经漆阳（今陕西彬县）、循马莲河谷北上，至北地郡治义渠，进入陇东地区。由此可分别到今甘肃的合水、庆阳、宁夏固原等地。秦伐义渠戎，多是沿泾水道进军的。

（2）咸阳—陈仓—汧水道：这是一条秦咸阳西通雍都的干线再接水道，走出关陇的通路。其经线是：出咸阳西门，经杜邮、废丘（今陕西兴平市南）、斄（即郃，今陕西武功县西南）、郿县（今陕西眉县东北）、虢县（今陕西宝鸡市东）、陈仓（今陕西宝鸡市东），折向西北，沿汧河河谷上溯汧县（今陕西陇县），折西南，越陇关（又名陇山关，故关，大震关），进入陇右地区。如沿通关河上游西北行，经今甘肃张家川至秦安。

（3）咸阳—陈仓—渭水道：由咸阳到陈仓之后，进入深切的渭河峡谷，沿北岸西行，过“燔史关”（今陕西宝鸡市西凤阁岭）到“虎谷”“苦谷”则转向南岸，逾过陇山，抵达邽县治所（今甘肃天水市麦积区）。

进入狭长的河谷平地后，沿渭河西行可达陇西郡治狄道（今甘肃临洮县）。

还有一条“南路”，在邽县渭河南岸的嶓冢山（今甘肃天水市、礼县间）前。据说，由邽县入东柯、永川河，经现在的甘泉、街子、麦积、党川、利桥乡，于嶓冢山下东去，直入咸阳，又可南达汉中郡。

（4）咸阳—陈仓—楚水道：从咸阳到陈仓城西，循陇山的余脉——陵塬再北上，沿金陵河行至县功镇，西折吴山南端，经香泉、赤砂、通洞，西北抵达今甘肃清水县。

2. 通汉水、巴蜀的山间诸道

古代的陕西与四川间有秦岭和大巴山阻隔，但我们的先民硬是跨越崇山峻岭和汉水，辟出许多山道来，克服了自然地理上的障碍。关中通往汉水流域，翻越秦岭的主要道路有陈仓道、褒斜道、傥骆道和子午道四条。由汉中盆地通往成都平原，翻越大巴山的有金牛道、米仓道和白水道三条，南北贯通，殊途同归 。

通往汉水、巴蜀的山道多选线在南北向的山谷中，除了过河要架设梁柱桥外，遇到绝崖峭壁不能辟地筑路之处，就在陡壁上接连凿孔，横插木梁，上铺木板，形成为“栈道”。因为在这悬空的栈道上，有时往往遇山泉飞泻，碎石易于滚落处，还要覆盖顶篷，方便行人安全又能避雨遮阳，这就是所谓“阁道”。“栈道千里，通于蜀汉。”（《战国策·秦策三》）可说是筑路工程史上的一大奇迹。

（1）子午道：这是一条由咸阳出发，正南入子午谷，翻越秦岭，到达汉水流域，分别往东通安康、西去汉中直至四川的道路。

子午道长达千里，穿行山间，多次翻越分水岭，道路崎岖，仅谷道就长达440公里，是蜀道各线中官员、行旅少有来往的一条路。因此，早期文献记载中提及者多同军事活动有关。我以为，为秦始皇陵墓运输水银从旬阳县公馆到两河关，再沿旬河水运到宁陕，后上江口镇以北的这段子午道，才运到施工现场。汉高祖刘邦在鸿门宴之后，去南郑屈就汉王位，随从数万人，也是由杜县南上子午道的。（《史记·高祖本纪》）他接受张良的建议，烧毁所过栈道，给项羽表示不返关中的假象，东汉《石门颂》就说“高祖受命，兴于汉中。道由子午，出散入秦”。

子午道作为交通道路，其沟通南北经济、文化的功能是在东汉以后才得以加强的。现在西安通四川万源的公路，除过西安到长安区硙子坪一段走沣峪外，西乡以上的大段都是沿子午道旧路修筑的。

（2）傥骆道：在西行的道路上，由周至南过秦岭，直驱汉中，是关中去汉水最近的一条路。其入山的北口在周至西南 15 公里处的西骆峪，南口在洋县北 15 公里出山处，故名“傥骆道”或“骆谷道”。傥骆道长 215 公里，而其两个端点（咸阳—汉中）间全程则有 375 公里。

（3）褒斜道：这是一条利用褒、斜二水穿越秦岭的古道。入山的北口在眉县西南，当斜水（今石头河）出山处的斜峪关。出山的南口，在汉中市北褒城石门。全长约 250 公里。秦时由咸阳西行干道过渭河，南向入褒斜道，畅通汉中盆地，再接金牛道入川。在沟通关中平原和汉中盆地的诸道中，褒斜道的开辟时间最早，历史地位最为重要。

（4）陈仓道（故道）：自陈仓故城（今陕西宝鸡市东）西南行，渡渭河，溯清江河出散关（宋以后习称“大散关”，今陕西宝鸡西南秦岭正脊北坡），越秦岭，沿故道水（今嘉陵江上游）河谷西南行至今凤县，折向东南，过柴关岭，经留坝县，入褒河谷，与褒斜道南段重，抵达汉中。

（5）金牛道（石牛道）：金牛道是褒斜道和陈仓道向南延伸去成都平原的路段。其经由路线是：自褒城南下，沿汉水北岸经今勉县境，再由宁强大安驿南下，折向西南，越番冢山，过七盘岭，由四川省广元市朝天区进入嘉陵江河谷，出市中区，过剑门关，直驱成都。

这条道路通行时间很早，是秦蜀交往的纽带，但大力整修却同秦惠文王灭蜀的军事行动有关。大巴山阻隔南北，“蜀道难，难于上青天”。据说，秦惠文王欺诈蜀王，称有五头可以屙金的石牛相赠，还有五名美女相随。贪财好色的蜀开明王极高兴，就派了五个大力士沿途修道迎接。随后，秦军就沿此道灭了蜀国。所以，把勉县以西到剑阁县剑门关口这段蜀道也叫“金牛峡”（或“石牛峡”）。传说，汉中北箕谷口之石门、宁强的五丁关、剑阁县剑门关都是蜀“五丁”所凿。在金牛道的险绝之处多架设栈道，筑有栈阁。为区别于褒斜道、故道上之栈，就称之“南栈”“蜀栈”。同北栈连称“川陕栈道”。

（6）米仓道（巴岭路）：川陕的界山，东有大巴山，西有米仓山。穿过米仓山的道路有三条，即：一条自汉中南行，沿濂水（汉江支流）河谷逆流而上，过米仓山（又名仙台山、玉女山），再顺巴江河谷，到达四川巴中地区，明清称之为“米仓道”（或“大巴路”）；一条稍东，从洋县南下越米仓山到四川通江，由洋县北上取骆谷道至长安；还有一条是由西乡县南下，过米仓山，经四川万源到达县市，由西乡北上入子午道抵长安，是为杨贵妃送荔枝的“贡道”。米仓道三路作为官路开通较晚。但在秦汉时期民间早有往来，因危峰峻壑、猿径鸟道、鸷兽成群而商旅稀少，往往要结伴而行。

（7）白水道：陈仓故道在今凤县出甘肃两当、徽县、成县、武都，同自天水南下的陇道合，南接白水道，沿白龙江（古羌水）、白水河谷，经四川广元白水关（即“关头”）东南抵葭萌（旧昭化），入剑门关，到达成都。

3. 咸阳—栎阳—蒲津大道

咸阳—蒲津是周秦时期开辟的通往河东地区的一条交通干道。其经地就以咸阳为起点，东过泾河。东北走向，经高陵，抵栎阳故都。再向东过沮水，经下邽。越洛水，经临晋，东抵黄河，渡蒲津，达蒲坂，到达秦的河东郡、上党郡。其经地同现在的地名对照，在关内路过今咸阳市东北部，高陵、临潼、渭南、大荔等五个市县，至今一些村镇还叫“官道”“官路”等，显然这些名称都同当年那条古道经过有关。春秋时期，秦晋的争战与交往，都离不开这条主干线。战国时期，秦、魏两国更是利用这条大道多次展开殊死的斗争。

4. 咸阳—函谷关驰道

古代陕西，东出关中的道路主要是渭水南岸的一条，西去则是沿渭水北岸行进的。其分界正好在今西安和咸阳两市之间。这条同渭水平行的道路，横穿富庶的关中平原中心地区，是连接中原和西陲两大文化区的纽带。

秦建都咸阳之后，随首都范围的扩大，东方大道的通行频率激增，路况也得以极大的改善。秦始皇统一六国之后的第二年，就在丞相李斯的主持下，把这条线修成高标准、高速度的“驰道”，使“道广五十步，三丈而树，厚筑其外，隐以金椎，树以青松”（《汉书·贾山传》），达到了空前的规模，大大地加强了首都咸阳同东方各大经济都会及江湖滨海地区的联系，对促进中国文化的统一起到了积极的作用。

“驰道”是多车道的高速路，质量要求是标准化的。服虔注：“隐，筑也，以铁椎筑之。”既是“厚筑其外，隐以金椎”，在当时的历史条件下，必定是黄土、砂石与石灰搅拌，除过路基要夯实外，还要在路肩培土施以铁椎，使路面抬升，既坚固平整又便于排除积水。在路的两侧栽植青松，并非是贾山批评奢侈的那种“驰道之丽至于此”，它实际属于保障专用路线畅通的“隔离带”，具有实际意义，而美化作用则是在使用的前提下出现的视觉效果。“道广五十步”，即路面宽300秦尺（秦“六尺为步”），合今69.3米。“三丈而树”，据清末王先谦《汉书补注》说：“三丈中央之地，惟皇帝得行，树之以为界也。”即路中心宽三丈（合今6.93米）的一道名曰“中道”，是专供皇帝车马驰驱的“驰道”（蔡邕《独断》）。《三辅黄图》：“汉令：诸侯有制得行驰道中者，行旁道，无得行中央三丈也。不如令，没入其车马，盖沿秦制。”可见诸侯、令使即使有皇帝的命制特许进入驰道，也只能沿“中道”两侧行驶，而不能行于“三丈”的御道。“中道”与“旁道”固然体现着封建等级制的区别，但在交通上因“高速”和“中速”的分别，形成了多车道的高速路，其重要意义还在于它是世界交通史上最早出现的“高速公路”。

由咸阳渭南区东行的驰道，过灞水，经芷阳（今陕西西安临潼区斜口西）、丽邑（今陕西西安临潼区新丰镇西）、郑县（今陕西华州区）、宁秦（今陕西华阴市东），到了渭水注入北来东折的黄河之处，走出咽喉地带，经黄巷坂、桃林塞（今陕西潼关县东北黄河南岸的吴村），至函谷关（今河南灵宝市东北）。再东经崤坂（今河南洛宁县西北崤山之阴），至洛阳。

5. 咸阳—武关道

战国时，秦在同楚接壤处设立“武关”。从此出发，西北通首都咸阳，东南则下韩之重镇宛城（今河南南阳市）和楚之荆襄地区。这条连接关中和东南地域的大道因为经过蓝田谷和武关，所以也称“蓝武道”或“武关道”。

其实，武关道作为关中通向东南的主干道早在西周前已经开通。秦人立国后，在雍都就把这条道路作为军事大道充分地为统一战争服务。同样，定都咸阳以来，蓝武道的起点就自然从这里算起。秦修筑始皇陵墓，其巨量木材有相当一部分是通过武关道，从湖北大山中采伐的。公元前 219 年，秦始皇“东行郡县”，又南向“衡山、南郡”，由武关道返回咸阳。公元前 210 年，秦始皇最后一次出巡，由武关道出行东南，走云梦、上会稽，北至琅邪（琊）、之罘。回銮途中，竟“崩于沙丘平台（今河北广宗县西北）”。耐人寻味的是这条道路竟成了灭秦的进军线，先是农民起义军陈胜令铚人宋留率兵定南阳、入武关。随之是刘邦领兵至丹水、破武关、战蓝田，兵至霸上，秦王子婴降于轵道旁，结束了秦王朝的统治。

6. 直道

秦直道是秦始皇三十五年（前 212）修建的一条通向北边的国防大道。工程尽管浩大，路线新辟，却完全是适应了防务的形势和帝国长久永固的考虑。

战国时期，活动于阴山南北、过着游牧生活的匈奴族，经常骚扰燕、赵、秦等国的北部，掠夺人民、牛马和财富。秦始皇统一六国之后，为了安定北部的广大地区，便采取了两项密切配合的措施：一是军事进攻，二是修筑长城。公元前 214 年，秦始皇派大将蒙恬“将 30 万众，北逐戎狄（匈奴）收河南。筑长城，因地形，用制险塞，起临洮（今甘肃岷县），至辽东，延袤万余里。”（《史记·蒙恬列传》）修筑宽阔捷便的直道，并与之配备有一套报警设施的亭障烽燧。一旦边防遇警，就可立即派兵增援，辎重相随。《史记·秦始皇本纪》：“三十五年，除道，道九原，抵云阳，堑山堙谷，直通之。”《史记·蒙恬列传》：“始皇欲游天下，道九原，直抵甘泉。乃使蒙恬通道，自九原抵甘泉，堑山堙谷，千八百里，道未就……太史公曰：‘吾适北边，自直道归，行观蒙恬所为秦筑长城亭障，堑山堙谷，通直道，固轻百姓力矣。’”

据勘察材料知，秦直道的起点是今陕西淳化县北之秦林光宫遗址，其南有长三百里的驰道直通首都咸阳，向北经旬邑、黄陵、富县、甘泉、志丹、安塞、靖边、横山、榆林、内蒙古伊金霍洛旗、东胜、达拉特旗到达包头市的九原郡治，计 13 个县、市，全程直线距离约 700 公里，已发现遗迹的道路全长约 750 公里。

直道选线主要是沿子午岭主脊东侧北上（今陕西淳化县甘泉山至志丹与安塞县交界处），再沿横山西侧芦河左岸北上，经毛乌素沙漠，过鄂尔多斯东部的平地，抵九原。

秦直道作为一项大型的筑路工程，司马迁有“堑山堙谷”一语，今在直道沿线所见的“垭口”即属于“堑山”的遗留。

陕西境内已发现遗迹的秦直道全长 498 公里，其中富县段长 125 公里，其路面一般宽 30 米 ~ 40 米，最宽处达 58 米，是直道全程中路段最长、遗存最典型的地区。

远在修筑直道之前，咸阳就有一条北去上郡、云中（今内蒙古呼和浩特市南）、九原的通路。苏秦曾说燕文侯：“且夫秦之攻燕也，逾云中、九原，过代（治设今河北蔚县）、上谷（治设今河北怀来东南），弥地数千里。”（《史记·苏秦列传》）赵武灵王也曾着胡服，“将士大夫西北略胡地，从云中、九原直南袭秦。乃诈自为使者入至秦，自略地形”。当秦昭王得知后，“主父驰，已脱关矣”。（《史记·赵世家》）秦始皇第四次出巡，归来也是经由云中、上郡而回到咸阳的。当修通直道之后，秦始皇第五次出巡病倒平原津（今山东平原县附近），死于沙丘平台，秦二世、赵高、李斯北上绕道九原，拖延时间，除掉在

图 44–1　秦直道鬼谷口

直道途中驻守上郡的公子扶苏和大将蒙恬，再由直道回到咸阳发丧。

蒙恬之所以能在两年多时间内修通这条堑山堙谷长达900公里的直道，就是在原来多条通路中优选，利用有效路段，部分取直，并增大规模而加以规范化的。

直道通于秦而用于汉。西汉多出兵直道抗击匈奴，像汉文帝“遣丞相灌婴发车骑诣高奴（今陕西安塞县西北）击之”、“发边吏骑八万五千诣高奴”、文帝“自甘泉之高奴”（《史记·孝文本纪》）。汉武帝于元封元年（前110）“行自云阳，北历上郡、西河（山、陕交界北部的黄河两岸）、五原（即秦之九原郡），出长城，北登单于台，至朔方，临北河（黄河河套）。勒兵十八万骑，旌旗径千余里，威震匈奴……还，祠黄帝于桥山乃归甘泉（宫）”。（《汉书·武帝纪》）秦直道是世界历史上第一条高速公路，其高效、快捷的性能在战争中得到充分的发挥，体现了秦始皇那宏伟的顶层设计能力和超凡的前瞻性。（王学理）

四五、秦之列士——秦国历史上躲不开的几位人物及其事迹

孔子说：“士不可以不弘毅。”自古弘毅之士皆有所作为，流传千古者代不乏人。但是，在秦国，由于价值评判的误差，几位极具影响的人物在秦国当代也有不同的结果。我们为古人忧惕，特作此文，名之曰秦之列士。

1. 白起与长平之战

秦昭王（昭襄王）在位56年（前306～前251），是秦历史上统治时间最长的国君。此间，人才大量汇集于秦国，对于秦的持续强大起到了至关重要的作用。许多商鞅变法时未能建立和未能充分发展的制度，在这一时期建立和完善起来。这一时期秦的战力更加强盛，他以司马错、白起等人为将，伐三晋，攻齐、楚，取魏之河东、南阳，楚之巫郡、黔中，北定太原，尽有上党，南定蜀。取得了更加令人瞩目的军事胜利和领土拓展。

公元前260年，武安君白起大败赵军于长平（今山西高平市西北），

坑杀赵降卒40万。然而，此后不久，白起却因为不堪忍受秦国强行进攻邯郸而拒绝领兵，居然被秦昭王赐死。白起临死感叹说：“我有何得罪上天的地方以致落得如此的下场呢？”想了好久，才说：“我是该死啊！长平之战，赵国的士卒投降的数十万人，我却诱骗活埋了他们，我的死难道不是应该的吗？”这一年是秦昭王（昭襄王）五十年十一月。

2. 张仪与合纵连横

张仪是战国时期魏国贵族的后代，相传与苏秦为师兄弟，当他下山之时，苏秦正在成功地实施六国合纵抗秦策略。于是，张仪便采取连横策略以应对。所谓连横，就是促成秦国与六国之中的一个或几个国家联合以抵御其他国家的侵害，尤其是联合齐楚这样相对较远的大国以对抗其他国家。因此，连横之策的实质是远交近攻。张仪带着他的连横的外交策略，来到秦国，得到秦惠文君（后来称王）的赏识器重，任用为相国，封他为武信君。于是，张仪将他的才能发挥得淋漓尽致，几乎成为传奇。他在位期间，迫使魏国献上郡之地，辅助秦惠文君称王，游说各国服从秦国，瓦解齐楚联盟，夺取了楚国的汉中之地。但是，在秦惠文王死后，他受到继任的秦武王的排挤，不得不出走魏国，虽然被魏国任命为相国，但是，因为在秦国之时得罪六国之处太多，遭受非议，不久死去，时在公元前310年。张仪的一生，为了秦国的利益可以说是竭忠尽智，无所不用其极，但是最后居然被秦国抛弃，可悲可叹。

3. 尉缭与《尉缭子》

尉缭是战国末期魏国大梁（今河南开封市西北）人，秦王政十年即公元前237年入秦游说秦王政，建议以万金重赂诸侯，以破其合纵之谋。秦王从其计，任为国尉，因称尉缭。他曾评论秦政道：“秦王为人，蜂准，长目，挚鸟膺，豺声，少恩而虎狼心，居约易出人下，得志亦轻食人。我布衣，然见我常身自下我。诚使秦王得志于天下，天下皆为虏矣。不可与久游。乃亡去。”但是被秦王发觉，委以国尉的重任。尉缭的结局如何，史书没有记载，但是，他的用间之术和贿赂之策确实在秦国兼并六国的战争中发挥了重要作用，每次大战，总是间谍先行，威胁利诱，收买不成，必然除去，真是霸道。《汉书·艺文志》杂家类著录《尉缭子》二十九篇，或即其所作，已佚。另有一部兵书《尉缭子》，是讲战国时期治军用兵之道的，或许是他所作，学术界没有定论。

4. 吕不韦和《吕氏春秋》

吕不韦，卫国濮阳人。本是阳翟（今河南禹州市）的大贾，在赵国的邯郸见到秦国的质子异人（后改名子楚），认为奇货可居，乃西入秦，劝秦昭王太子安国君的爱姬华阳夫人收异人为子嗣；又取邯郸善歌舞者赵姬献异人以为夫人，生子政（即秦始皇）。昭王死后，安国君即位，是为秦孝文王，立异人为太子，即秦庄襄王。吕不韦被任为相，封文信侯。庄襄王死后，其子政年幼继位，吕不韦被尊为相国，号称仲父。吕不韦执政时攻取周、韩、赵、魏之地，置太原、三川、东郡。门下有食客三千，家僮万人。又招致宾客著其所闻，融先秦各派学说，成《吕氏春秋》一书。吕不韦和《吕氏春秋》是秦国文化走向全国的重要的标志性产品。

战国后期，六国盛行养士之风，齐有孟尝君，赵有平原君，魏有信陵君，楚有春申君，都是名震天下的王公贵族，秦国却没有。但随着国势的增强和经济的发展，咸阳的学术文化活动也逐渐活跃起来。战国时期百家争鸣的各个学派的代表人物，都曾纷纷到咸阳活动，著名的有荀子、韩非子等人。当此之时，秦国广招天下英才，一些在其他诸侯国穷愁潦倒、怀才不遇的能人，如张仪、范睢、李斯等，先后来到咸阳并都得到重用。吕不韦为相国时，仿效四公子的作为，接纳各地的食客多至三千人。吕不韦为了提升秦国和自己的文化影响力，使其门客，“人人著所闻，集论以为八览、六论、十二纪，二十余万言，以为备天地万物古今之事，号曰《吕氏春秋》”。（《史记·吕不韦传》）

《吕氏春秋》是一部“人人著所闻”的集体著作，是在咸阳浓厚的学术空气下，百家争鸣的撷英，反映出当时政治上虽还没有统一，但咸阳已经成了全国的文化中心。吕不韦为了宣传并印证这部书的质量，曾悬赏改一字而奖赏千金，这便是“一字千金”的典故。

《吕氏春秋》是我国最早的、按预定计划写成的完整的书，不像《论语》《孟子》、也不像《墨子》《庄子》等反映一家之言的单纯的文集。它博采九流，网罗百氏，不但集中了当时各家学说，在文化上表现了包容和统一，并且为后世保存了很多先秦的亡书遗说，如《本味》篇所载伊尹以至味说汤的故事，鲁迅即指出这是《汉书·艺文志》小说家中的伊尹所写小说，是中国最早的一篇小说；而《上农》《任地》《辩土》《审时》等篇，又有人指出是《汉书·艺文志》中的农家野老之言，是中国最早的农书。

《吕氏春秋》又称《吕览》。内容兼存儒、道、墨、名、法、兵、农诸家之言，被称作杂家。其价值与意义在于：（1）显示了百家合流的思想学术走势，这种企图综合百家学说以求思想的统一，与政治上由分裂走向统一的大方向一致。（2）开始建构天人合一的理论体系，开启了秦汉以来思想家努力组建一个囊括自然、人事、政治乃至一切的宇宙图式的先河。（3）汇合各派学说为统一天下、治理国家提供思想武器。（4）保存了许多古史旧闻，以及有关天文、历数、音律、农学方面的资料。（5）每篇作品本身就是出色的散文，特别是所运用的一些生动寓言，极具文学价值。

5. 郑国与郑国渠

郑国原本是韩国的著名水工，即水利专家。昏庸无能的韩桓惠王愚蠢地使出所谓的“疲秦”之计，让水工郑国入秦，劝说秦兴建引泾入洛的大型水利工程，以消耗其国力，使之无力东伐。不料郑国在秦主持工程进行之际，阴谋被秦发觉。秦宗室大臣乘机向秦王政建议“逐客”，被采纳，遂下逐客之令。幸好有李斯的《谏逐客书》，秦王政立即撤销了逐客令，继续推行客卿制度。郑国如实地说，他的初衷是做间谍，但是渠成之后，得利的也是秦国，以几年的缓攻韩国换取万年的利益，有什么不可以呢？秦王听后，觉得有道理，赦免其死罪，让他继续完成预定的工程，这就是从今陕西泾阳县界内起，经三原、富平、蒲城等县进入洛水全长三百余里的灌溉渠，溉田四万余顷，命名为郑国渠。史载，郑国渠建成后，“关中为沃野，无凶年，秦以富强，卒并诸侯”。

秦国对于郑国和郑国渠的处理态度显示了秦国统治者的高度智慧

图 45-1　汉画像石荆轲刺秦王图

和价值评估能力，秦国的政治家们以其务实的作风深受历史学家的高度赞扬。

6. 荆轲与燕太子丹

战国末卫人荆轲，好读书击剑，游说至燕，与处士田光等友善。田光荐之于燕太子丹。丹尊之为上卿，住在上等的房舍里，与丹共谋劫刺秦王政。公元前 227 年，他携带秦逃亡将军樊於期首级，以献燕国督亢（今河北易县、汤县、固安一带）地图为名，往刺秦王。既见秦王政，献图，“图穷而匕首见”。他以焠毒匕首击秦王不中，反为所杀。其事被司马迁写入《史记·刺客列传》。荆轲之行，不过侠者所为；燕丹之举，仅是报怨而已，他们不可能阻挡秦之灭燕。

7. 韩非与《韩非子》

韩非（前 280 ~ 前 233）出身韩国贵族，师事荀子。曾数次上书韩王安修明法度，不见用。著作传入秦国，得秦王政赏识。后出使秦国，得见秦王。不久遭李斯、姚贾谗害，自杀于狱中，成为令人惋惜的悲剧人物。著有《韩非子》一书。韩非子虽死，但是他的法家学说却被秦王政采纳，秦统一六国后，秦王政自称秦始皇，实行法家治理，成为封建社会法制统治的一次伟大实践。

四六、六王毕，四海一——秦王政的统一之战

秦王政亲理政务之后，从十一年（前 236）至二十六年（前

221），前后经过 15 年，接连对外用兵。

秦王政十一年（前 236），派两路大军东进，王翦一路攻取了赵的阏与（今山西和顺县）、橑阳（今山西左权县），桓龁、杨端和一路攻取了赵的河间六城及邺（今河北磁县东）。然后，两路军合并，挑选十分之二的精锐，由王翦、桓龁率领攻下赵的安阳（今河南安阳市）。此后连续三年与赵军大战，多有胜绩，最后遭遇赵国名将李牧抵抗未能消灭赵国，却给赵军以重创。

秦王政十六年（前 231），接纳了韩国献出的南阳地，于次年就派内史腾率大军攻韩，俘获韩王安。秦消灭韩国，建立颍川郡。（事见《史记·秦始皇本纪》）

秦王政十八年（前 229），秦军兵分两路攻赵，大将王翦率上党郡兵，直捣井陉（今河北井陉县西）；杨端和将河内兵与羌瘣围邯郸。由于赵将李牧和司马尚抗秦，所以邯郸久攻不下。次年（前 228），当赵王迁听信了庞臣郭开（接受秦人贿赂）的谗言，处死李牧、司马尚之后，经三月，邯郸就失守，赵王迁自己也当了俘虏，落得流放房陵的可悲下场。秦建邯郸郡。只有赵公子嘉率族人数百人逃到代郡，自立为代王，负隅顽抗（事见《史记》之《秦始皇本纪》《赵世家》《李牧列传》）。

公元前 228 年秦灭赵之后，兵屯中山，计划攻燕。次年，燕太子丹派刺客荆轲作为使者，带着勇士秦舞阳做助手，携带秦国逃将樊於期的头颅，连同燕国督亢的地图，来到咸阳，在咸阳宫借献图欲行刺秦王。秦王政大怒，于二十一年（前 226）派王翦率大军攻燕，攻下燕都蓟城。燕王喜逃到了辽东。二十五年（前 222），秦将王贲率军追击辽东，俘虏燕王喜，终于灭了燕国，建立辽东郡（事见《史记》之《秦始皇本纪》《燕世家》《刺客列传》）。秦军在回师的路上攻代，俘虏代王嘉，建了代郡，彻底灭赵。

秦王政二十二年（前 225），秦派王贲攻魏国大梁城。王贲引黄河水淹大梁，经三月，城坏，魏王假出降，魏亡。秦在魏的东部建立砀郡，并杀魏王假及诸公子（事见《史记》之《秦始皇本纪》《魏世家》、《水经·睢水注》）。

秦王政二十三年（前 224），年轻的秦将李信率军 20 万攻楚，七都尉被杀，败归。秦始皇又改派大将王翦带 60 万大军伐楚，楚国也倾全国兵力以应。双方激战于蕲（今安徽宿州市东南）南，楚军大败，楚将项燕被杀。接着，秦军又攻取了楚旧都陈（今河南淮阳县）以南到平舆（今河南平舆县）。王翦、蒙武乘胜追杀，至二十四年（前 223）攻克楚都寿春（今湖北寿县），俘虏了楚王负刍。次年又平定楚的江南地，设立九江郡和长沙郡。攻入越地，原降服于楚的越君也向秦投降，秦设立会稽郡。至此，楚亡。（《史记》之《秦始皇本纪》《楚世家》《王翦列传》、秦简《编年记》）

秦王政二十六年（前 221）秦将王贲率领攻燕的部队攻入齐都临淄，齐亡。在齐地建立齐郡和琅邪郡。（《史记》之《秦始皇本纪》《田齐世家》）

图 46–1　秦始皇陵园秦石质甲胄

图 46–2　秦始皇陵园秦石质铠甲

司马迁说，秦尽灭六国，王氏“功为多，名施于后世”。王氏指王翦、王贲父子。王翦“少好军事，事秦王政。秦政十一年（前 236），翦率兵攻赵，取九城。十八年，复攻赵。次年，亡赵。二十年，攻燕，燕王喜逃至辽东，拔蓟城（今北京西南）。二十三年，率倾国之兵 60 万攻楚，大破之，杀楚将项燕，乘胜略定楚地城邑。岁余，虏楚王负刍，楚亡。又南征百越之君。其子王贲，破定燕、齐地，亦名将。”（《史记·始皇本纪》）

秦大将王翦，是频阳东乡（今陕西富平美原）人，讲求实效而不务表像，他们父子率兵先后灭了赵国、魏国、燕国。之后，秦始皇决定消灭楚国。《史记·王翦列传》详细记载了王翦灭楚的故事。秦始皇决定

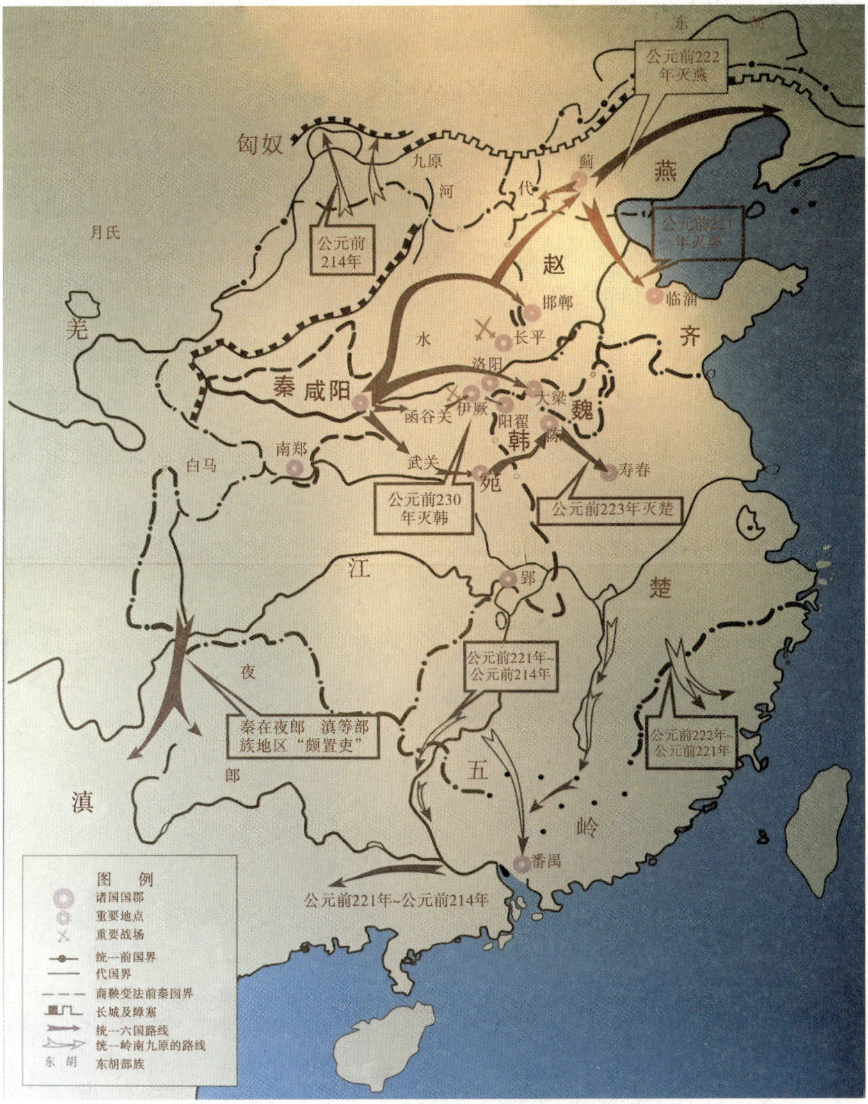

图 46-3 秦统一六国图

要伐楚，问将军李信得用多少人，李信说“不过二十万”，又问王翦，王翦说“非六十万人不可”。始皇对王翦说：“王将军老了，为何如此胆怯呀！”于是用李信为将。王翦因而称病回到老家频阳。不料李信与楚兵接战，先胜后大败，始皇大怒，亲自去频阳向王翦道歉。王翦说：“大王必不得已用臣，非六十万人不可。”秦始皇不但答应，还送王翦到霸上。临别时，王翦又请求赐他好田宅池园多处，始皇也都答应。可笑的是王翦还未出武关，竟五次差人向始皇催请给他拨地。王翦部属中有人认为他过分贪利。王翦解释说，他率领的是秦国全国的军队，容易引起秦王的疑心，这样做可以坚定秦王对他的信任，表示自己只是为了图谋安排好子孙的生活，没有更大的野心。秦始皇、王翦都是雄才大略的英雄人物，为了实现宏大的战略目的，秦始皇不惜屈尊求教，亲自去频阳向王翦赔礼道歉；王翦既要保持禄位，曲意顺从，又能坚持自己正确的意见，终于实现了灭楚的目的。

至此，秦王政通过十年战争（前 230 ~ 前 221），即在秦王政十七年（前 230）灭韩国之后，秦国又以雷霆万钧之力，摧枯拉朽，势如破竹，逐次消灭了赵、魏、燕、楚、齐五国，结束了长期的封建割据、战乱连年、百姓死难的局面，建立起中国历史上第一个中央集权的封建帝国——秦

图 46–4 安康市出土战国虎钮铜錞于。錞于，亦作錞釪、錞。我国古代铜制打击军中乐器。錞于常与鼓配合，用于战争中指挥进退

朝，秦王政也成了秦始皇帝。秦都咸阳作为统一之战的司令台，随着秦国有利的政治、军事形势的发展而步入辉煌。

四七、直属中央——秦朝“内史”及其管辖地

《汉书·五行志》载秦惠文王时的咸阳是“南临渭，北临泾”。公元前221年，秦始皇统一六国，咸阳作为首都，并没有另选新址，而只是按原来规划所形成的定制加以充实和扩大。这个时期的咸阳范围非常之大，远远超越此前的任何一个王朝的都城。

咸阳的城市管理不是单纯的咸阳城和城郊区，而是咸阳和它的一大片辐射区。秦都咸阳周边同七个县相接，其北与池阳（今陕西泾阳县南部、泾水之北，治今县城西北二里）为邻；东北同弋阳（今陕西西安高陵区西南部和咸阳东北，南临渭水。汉景帝筑陵后改名阳陵县）最近；自北而南依次是高陵（今高陵西南为秦县治所在，秦孝公十二年置县）、芷阳（今陕西西安市灞河到临潼区骊山间地，秦昭襄王因芷阳宫置县，治在临潼韩峪乡油王村附近）绕其东；南有杜县（今陕西西安市南郊，长安区北部。秦武公置县，治西安市西南12.5公里处的杜城村）；西南有鄠县（今陕西西安市西南丰镐以西的渭河南岸到秦岭北，秦孝公置县，治今户县北一里）；西有废丘（今陕西兴平地，治在市东南佐村附近）。

《三辅黄图》记载：“秦并天下，置内史以领关中。”“内史”作为行政区划的单位，是秦始皇统一全国之后才于京师之地设立的。固然和郡同级，但不平行，直属中央，因此不当在郡数之内计算。所以，颜师古说：“京师，天子所都畿内也。秦并天下，改立郡县，而京畿所统，特号内史，言其在内，以别于诸郡守也。”（《汉书·地理志》）秦始皇“分天下为三十六郡”（《史记·秦始皇本纪》），以后随边境开发和郡治调整，全国郡数多达46个。而秦内史管辖的地域范围还比西汉“三辅”（京兆尹、左冯翊、右扶风）之地要大，即多出今商县、洛南一带的商鞅15邑，潼关至灵宝县之间地，东起秦函谷关，西达陇县、大散关一线，北界关中盆地的北缘（北山），南抵秦岭，东南伸及武关。辖42县，治所设在咸阳。

因为畿内不设郡守，“内史”就成了一种官职。它虽未列入中央的三公、九卿之内，但因执掌京畿重地，同中央有着直接和方便的联系。在内史之地，还有一些相对独立的封君宗邑，如孝公封“商君”（商鞅）15邑、惠文王右庶长寿烛的“宗邑”。另外，还有昭襄王封的泾阳君（公子市）、高陵君（公子悝）；庄襄王的“文信侯”吕不韦；以及始皇弟成蟜“长安君”。内史除过主管内史事务外，也多与闻军国大计，权柄很重，非一般郡守所能比。这一时期，长安君的封地还很小，但是借“长安”之长治久安的吉语，秦朝内史的管辖区域和行政建置基本上造就了汉唐长安成为独立行政区域的基础。（王学理）

四八、秦都咸阳的渭南区——兼论长安作为地名的来历

秦都咸阳的渭南区最早是作为秦朝的新区开发的，而后却成为汉唐长安城的主体工程建造区域。它是以长安命名的西安城市史的源起。据文献记载可考者，渭南区由东而西分为三乡：长安乡、阴乡、建章乡。阴乡位于首都渭南区的中心地带，东邻长安乡，西界建章乡，北至渭河（今陕西西安市草滩南），有横桥直达咸阳宫。

据《史记·秦始皇本纪》记载，秦始皇有弟名成蟜，曾封号“长安君”。有一种方孔圜钱，无内外郭，背平素，面文作“长安”二字，径2.1厘米~2.3厘米，重1.8克~2.1克，人称“长安圜钱”，是长安君所铸铜币。不论是因地名号，或是因封名地，都说明“长安”从秦时就有此名。《三辅黄图序》：“汉高祖有天下，始都长安，实曰西京。欲其子孙长安，都于此。长安本秦之乡名，高祖作都。”可见汉都长安就建在秦长安乡。国都取名“长安”，音响亮，义吉祥，人熟知，可谓方便。

不过，长安乡秦时虽有，而长安县却是汉高祖五年（前202）设置的，七年才自栎阳徙都于此。汉长安城是经过惠帝时三次扩修而成。《雍录》说：“长安也者，因其县有长安乡而取之以名也，地有秦兴乐宫，高祖改修而居之，即长乐宫也。”

可见这是“一地两代三易名”，其次序是秦长安乡→汉长安县→汉都长安（县治仍在都城内）；地望的标志是：秦兴乐宫、汉长乐宫。

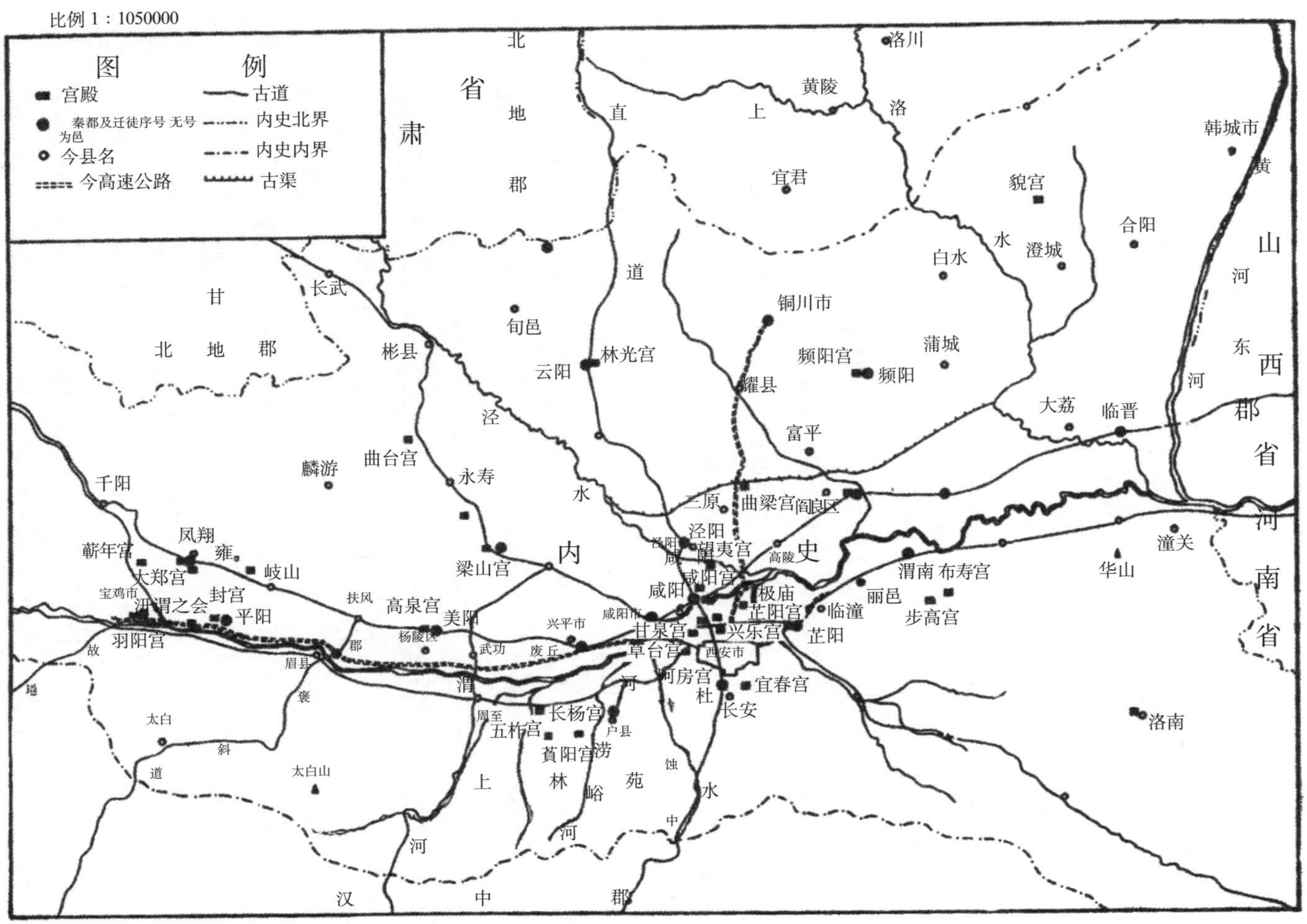

图 47–1　关中秦宫分布示意图

图 48　长安圜钱

汉长安城遗址位于今西安市北郊，据有未央区未央、汉城和六村堡三个街道办之地。城周长 25700 米，总面积 35 平方公里。秦长安乡应包括汉长安城内东南即今未央区一部分及其以东直到灞水一带广阔的地域。它是古代尤其是汉唐长安城名称和城市的起源。（王学理）

四九、秦始皇陵兵马俑——再现的帝国威容

秦始皇号称“千古一帝”，既有震烁古今的赫赫功业，也有肆无忌惮的穷奢极欲。他极尽豪华，大修宫殿，“关中计宫三百，关外四百余”。同时为了他死后仍然能够享受荣华富贵，威风阔气，花费了几十年时间在临潼的骊山脚下大修陵墓。北魏郦道元《水经注・渭水》说，秦始皇因为“丽戎之山，一名蓝田，其阴多金，其阳多玉。始皇贪其美名，因而葬焉”。

关于秦始皇陵的修建情况，《史记・秦始皇本纪》说：“始皇初即位，穿治骊山，及并天下，天下徒送诣七十余万人，穿三泉，下铜而致椁，宫观百官奇器珍怪徙臧满之。令匠作机弩矢，有所穿近者辄射之。以水银为百川江河大海，机相灌输。上具天文，下具地理，以人鱼膏为烛，度不灭者久之。”《三辅故事》也说，“始皇以明珠为日月，鱼膏为烛脂，金银为凫雁，金蚕三十箔，四门施徼”。其奢靡之状跃然纸上。当时修陵，用的是四川的木材，北山的石头，70 余万人从秦始皇即位的那年起直到他死的秦始皇三十七年，还未修成。根据这些记载看，秦始皇陵的修建，历时甚久，用工甚巨，规模宏大，建筑华丽，雄伟壮观。

秦始皇陵修建了将近 40 年，因秦末农民起义而收场。以后的两千年中，累遭人为破坏。“项籍燔其宫室营宇，往者咸见发掘。其后牧儿亡羊，羊入其凿，牧者持火照求羊，失火烧其臧椁。”（《汉书・楚元王传》）唐末黄巢起义时，也曾遭掘发。所以清朝诗人袁枚在《始皇陵咏》一诗中说秦始皇“生则张良椎之荆轲刀，死则黄巢掘之项羽烧，居然一

图 49-1　秦始皇帝陵

抔尚在临潼郊，隆然黄土浮而高”。

1974 年临潼县晏寨公社西杨大队的农民在村北打井时偶尔发现了兵马俑坑，考古工作者将其定名为秦始皇陵兵马俑一号坑。此处距秦始皇陵 1.5 公里，距临潼 7.5 公里。以后经过探测，又发现了二号、三号兵马俑坑，及一个废弃坑，一个秦代大墓。

经过考古工作者几十年的多次调查探测，测得秦陵范围为 56.25 平方公里。陵冢周围有内、外两城，均呈长方形。内城周长 3.87 公里，外城周长 6.21 公里。墓冢位于内城南半部，呈覆斗形，高 76 米。墓基近似正方形，周长 1.39 公里。内外城四面有门，各门上及内外城四角，有阙楼及角楼。秦陵的原来地面建筑虽早经破坏，但在秦陵附近经常发现石柱础、陶水道、石水道、瓦当、脊瓦、空心砖、高大的陶俑及建筑遗迹等。1980 年 12 月又在秦陵西侧发现了铜人、铜车、铜马，大小约为真人、真车、真马的一半。驾具齐全，装饰华丽，是继兵马俑坑后的又一重大发现。

铜车马制作工艺也十分精湛。车马俑均为铸造成形，再经锉磨、錾刻、冲凿等细部加工。金银细作的工艺更为精致。络头和缰索是由许多金银管用子母扣扣接，至今活动自如。这些都反映了两千年前我国金属制造工艺的高超水平，反映了我国古代劳动人民的聪明才智。这些考古发现，证明古代文献关于秦陵情况的记载大体是不错的。可以看出在两

图 49-2　秦俑军阵

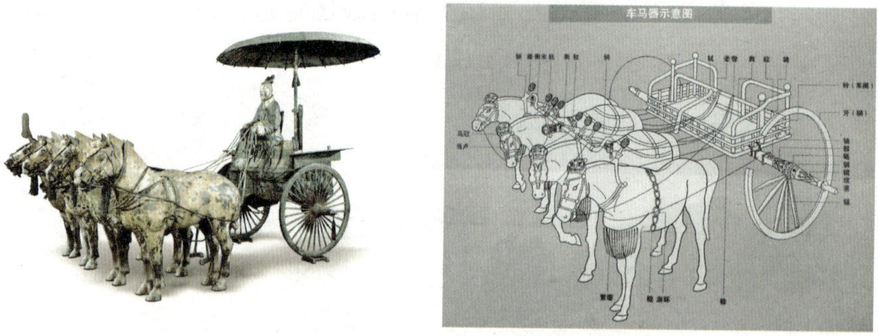

图 49-3　秦始皇陵出土一号铜车马及示意图

千多年前，我国科学文化达到的高度，它对填补秦史研究的空白，提供了极其珍贵的实物资料。

秦始皇陵兵马俑是备受世人赞誉的秦考古重大发现。八千多个体形高大、形象逼真的军俑，给人的震撼异常强大。它向我们展示的，正是秦帝国的威容。同时也从侧面透露了这个庞大帝国的诸多信息。

秦兵马俑坑自从发现以来，就是引起轰动效应的新闻点。经过考古工作者的进一步发掘与媒体的广泛报道，由中国而世界，引起了越来越强的反响，在世界范围内掀起了参观秦俑的热潮，并且历久不衰。现在，在中国所有的博物馆中，参观秦始皇兵马俑博物馆的人数高居次席，现在达到了每年五百万人次以上，而且每逢节假日，已经是客满为患，不得不限制人数。四十年多来，全世界有200多位国家元首和政府首脑莅临参观，美国前后四位总统、英国女王与首相等政要接踵而至，法国自戴高乐之后的四位总统都来过秦兵马俑博物馆；其中希拉克就来过三次。希拉克酷爱中国文化，早在1978年访华时，就参观了尚未正式对外开放的秦兵马俑，成为见证这一考古发现的第一位外国首脑。当时面对栩栩如生的兵马俑，希拉克感叹："世界上有七大奇迹，秦俑的发现堪称第八大奇迹"。希拉克的这一评价被国外媒体广为引用，成了秦始皇兵马俑走向世界的广告。秦始皇兵马俑也成了西安、陕西和中国的一张国际名片——"没到过西安就等于没到过中国；没看过秦俑就等于没到过西安！"

秦兵马俑坑共有3个坑，分布在近4万平方米的大地上，3个坑的实际面积也有2万平方米。这样巨大而又围绕一个主题展现的艺术群雕，在世界范围内是绝无仅有的。另外，俑坑中置放的陶俑、陶马都是模拟真人、真马的高度而塑造的，体高分别达1.8米和1.5米左右。从现有考古资料看，无论是秦以前或是秦以后的陶俑都没有这样大的，因此，秦俑可以说是中国古代陶塑史上的空前绝后之作。就数量而言，秦俑共有8000件之多，世界雕塑史上还从没有发现数量如此巨大的群体组雕。难怪无论是世界一百大考古大发现，还是世界范围内的人类十大考古发现的评选，秦始皇兵马俑坑都榜上有名，尤其是世界范围内的人类十大考古发现的评选中，中国唯一入选的就是秦始皇兵马俑坑。（王学理）

五十、短命帝国的遗产——影响中国历史的秦始皇大事件

秦始皇在位虽然只有短短的10年时间，但是，他从政治、经济、军事、文化、信仰等方面留下了丰厚的遗产，在秦始皇时代所发生的一些重大事件影响了中国数千年。

秦王朝的建立，开创了大一统国家的新局面。至此而后的两千多年里，尽管曾多次出现过分裂割据的局面，但大一统始终是历史发展的主流。由于大一统国家的实现，也就造就了大一统的意识观念。从秦汉以来，大一统一直被视为"天地之常经，古今之通谊"。有多少仁人志士，

图 49-4　秦跪射俑

图 49-5　鞍马骑兵俑

图 49-6　高级军吏俑

图 49-7　立射俑

为大一统而奋斗而献身。追溯起来，这种大一统的心理定势的形成，就来源于秦。而秦统一后所建立的一套高度完善的政治制度，也奠定了中央集权政治制度的基础，影响极为深远，是秦代对中国历史文化贡献的最大成就。

中国政治制度的发展，秦是一个分水岭。其前，夏、商处在神权政治时期，西周则为贵族政治。无论夏商的神权政治，还是西周的贵族政治，均比较简略，也比较松散，且事神重于治人。秦完全改变了这样的政治格局，代之以一整套新的中央集权的政治制度。这套政治制度具体由三部分构成，即皇帝制度，三公九卿制和郡县制。

1. 皇帝制度

商周时期和春秋战国时期，最高统治者一般都称“王”。秦统一后，令臣下议帝号。群臣建言称“泰皇”，嬴政裁定：“去‘泰’，著‘皇’，采上古‘帝位’号，号曰‘皇帝’。”于是他把“皇”和“帝”这两个在古代被认为是最神圣的字眼连在一起作为自己的称号，表示自己的尊贵和至高无上要高于“三皇五帝”。从此产生了皇帝制度，秦王嬴政自称为“始皇帝”，企图以后子、孙继位，称为“二世、三世，至于万世，传至无穷”。为了表示皇帝与众不同，从秦代开始规定了一套皇帝专用制度：皇帝的命令称为“制”或“诏”，文字中不准提及皇帝的名字，如逢“政”“正”要改为“端”，开始了对最高统治者的避讳制度。写文件时碰上“皇帝”“始皇帝”等字均要另行抬头，顶格书写。皇帝自称为“朕”，皇帝之印称“玺”。而在此以前，“朕”字表示“我”的意思，人人都可以用，一般人的印也可称为“玺”。此外，秦王朝还制定了一套服饰制度、陵墓制度和后宫制度。在此制度下，“天下之事无大小皆决于上”，皇帝拥有至高无上的权力，从中央到地方的主要官员，都由皇帝任免，按照皇帝的意志办事。军权也集中到皇帝手中，凡要调动士兵 50 人以上，必须执有皇帝的虎符为凭，否则就是违法。

2. 三公九卿制度

秦朝的丞相、太尉、御史大夫，习称为三公，是皇帝手下分管政务、军事、监察的最高长官。其中丞相地位最高，为百官之长。奉常、郎中令、卫尉、太仆、廷尉、典客、宗正、治粟内史、少府，习称为九卿，是秦中央政府的主要军政官员，他们各有自己的一套机构，但均听命于皇帝。

三公九卿制是与皇帝制度相配套的一种官僚体制，是秦国原来中央政权的延续与扩大。这一制度被此后历代所继承，成为封建官僚制度的基本框架。

3. “封建”与“郡县”之议

秦统一后，丞相王绾等建议实行封藩建卫的封建制。群臣皆以为便，惟廷尉李斯反对，认为郡县制才是“安宁之术”。始皇肯定李斯的意见，便推行郡县制。

郡县制是一种地方政区制度和官吏制度。秦统一全国后，在地方上彻底废除了分封制，把在原秦国实行的郡县制推广到全国。初为 36 郡，后来随着边境的开发而设置新郡，郡的总数最多时曾达到 46 个。郡以下为县。郡的主要长官为郡守，掌管政事；另有郡尉，辅佐郡守，掌管军事；还有监御史，为中央派遣的监察官吏。县的主要长官，万户以上的设县令，不满万户的设县长。县令（长）掌政事，县丞掌管文书、刑法等，县尉掌管军事。郡县的长官均直接由中央任命。这一制度开启了中国郡县制的先河，而且流布世界各地，直至今天。

秦王朝建立的“皇帝—公卿—郡县”的官僚科层结构及其制度，自秦至清，除了职官名称因时有所变化外，基本模式并无更改。故谭嗣同叹谓：“二千年来之政，秦政也”；毛泽东也曾挥笔写下了“千载犹行秦制度”的著名诗句。

除中央集权的政治制度外，秦王朝在文字、度量衡、货币及法律方面所实行的一系列统一措施，也对后世产生了深远的影响。

4. 统一文字

中国文字，起源很早，至战国时期已经发展得相当成熟，但由于长期处于分裂状态，文字异形的现象相当严重，同一个字不但在不同的国家有不同的写法，即使在同一个国家之内，也没有统一。这势必给政令的推行和文化的交流造成严重障碍。如统一之初，始皇诏书至桂林，一般人多不能认识，可见统一文字，已成当务之急。秦统一的当年，秦始皇即下令，规定以秦的小篆为统一书体。

小篆又称秦篆，是秦统一后丞相李斯在秦国原来使用的大篆籀文的基础上，进行简化规范而创制的一种字体。作为官方统一使用的字体，一直流行到西汉末年，才逐渐被隶书所取代。但由于其字体优美，始终被书法家所青睐。又因为其笔画复杂，形式奇古，而且可以随意添加曲折，印章刻制上，尤其是需要防伪的官方印章，一直采用篆书，直到封建王朝覆灭，近代新防伪技术出现。罢六国文字“不与秦文合者”，这便是历史上著名的“书同文”，从此，秦小篆成为秦王朝官方文书的标准字体。为了有效推行统一的字体，秦始皇令李斯、赵高、胡毋敬分别用小篆编写了《仓颉篇》《爰历篇》《博学篇》，作为标准的文字范本。值得一提的是，在篆书通行的同时，民众又创造出一种比小篆更加简便的“隶书”字体。当时官府文件，除朝廷诏书外，一般也使用隶书。秦代的文字统一措施，适应了社会要求文字规范化、笔画简省化的要求，是中国历史上第一次由政府组织的大规模文字改革，从此以后，中国有了统一、标准化的文字字体，这对政治、经济、文化的发展，提供了极有利的条件。同时，它对汉民族加强民族向心力、加强各地域文化对统一的汉文化的认同，促进民族的统一和发展也起到了极大的作用。

5. 统一度量衡

度量衡又称权量，具体指测量长度、体积、轻重的器物。秦统一前，各地区的度量衡标准大小各异、轻重不一、长短不等，既不利于经济、文化的交流，也不利于统一事业的发展。统一全国后不久，秦始皇就颁布诏书统一度量衡，命令将秦国地区的度量衡标准颁行全国。如规定长度单位为步和尺，一步合六尺；重量单位为铢、斤、钧、石；容积单位为升、斗等。实际上，秦早在商鞅变法时就曾做过统一度量衡的工作，传世的商鞅方升，就是当时的标准器。值得注意的是，秦始皇统一度量衡的诏书多加刻于秦统一前所使用的标准器上，商鞅方升底部即加刻有诏令。1972 年在陕西礼泉县出土的两诏铜椭量的外壁则刻有秦始皇和秦二世发布统一度量衡的两次诏书。在一件器物上，同时刻有两个皇帝的诏书，既显示了秦王朝对统一度量衡的重视，同时也极大增加的这件

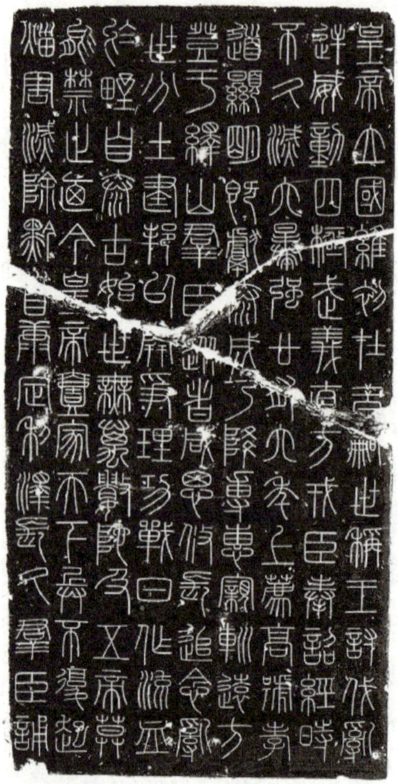

图 50-1　李斯《峄山碑》碑文，标准的秦小篆

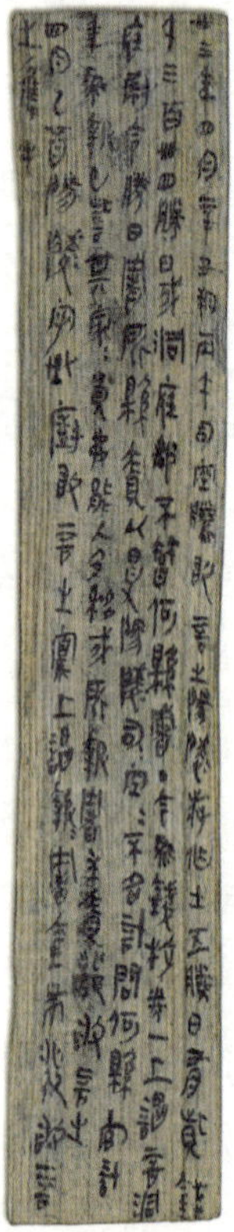

图 50-2　里耶秦简隶书文字

器物的价值。在西安高窑村出土的高奴禾铜石权，也是一件非常重要的重量器。“高奴”是秦代上郡的治所，在今陕西延安市附近；石是秦汉时期的重量单位，一石合一百二十斤；权相当于砝码。铜权上的诏文表明，秦代政府将标准器发给地方，以统一度量单位，同时还要定期收回，加以校准，刻上政府标记后再发回去。这件铜权已两度收回，最后一次尚未来得及发还，秦王朝就灭亡了。

6. 统一货币

战国时期各国货币形状、大小、轻重皆不相同，计算单位也不一致，特别是价值不等，换算困难。秦灭六国后，废除了其他各国的货币，将货币分为两等，黄金为上币，以镒为单位，一镒为二十两；铜钱为下币，重半两，形制为圆形方孔，暗含中国传统的“天圆地方”观念，而且自秦以后，圆形方孔一直是中国古代流通最广的铜钱的基本形制，2000多年不曾改变。货币的统一，克服了过去货币使用及换算的困难，便利了各地商品交换和经济交往，有力地促进了社会的进步和发展。

秦王朝开创的大一统新局面以及为加强统一而采取的各项措施，不但在中国历史上产生了极其深远的影响，而且也使中国的声威远播世界。在外国人的心目中，“秦”就是中国的代名词。英语的“China”（中国），经学者考证，即“秦”的音译。国外古文献中对中国的一些称呼，如“赛尼”“希尼”，也均为“秦”的音译。可以说，中国以一个文明国家著称于世是从秦王朝开始的。

传统的观点认为秦巩固统一的措施，主要是统一文字、统一货币、统一度量衡，即所谓的三大统一。著名秦汉史专家陈直补以郡县统一、律令统一、官制统一，共为六大统一。今之论者又补以祭祀制度统一、礼制统一，成为八大统一。

除了以上的制度建设外，秦始皇还有一些影响巨大的举动。

（1）秦始皇为宣扬皇威，加强对各地的控制，同时也是仿效古帝王巡狩，当然亦含有游乐之目的，秦始皇先后五次到全国各地巡游。第一次，公元前220年出发，巡行至陇西北地；第二次，公元前219年出发，先至今山东境，后转至今湖南北部；第三次，公元前218年出发，巡行至琅琊、上党；第四次，公元前215年出发，巡行目的地是碣石（今

图50-3　秦始皇陵园出土两诏文铜权

图50-4　秦标准量器大良造商鞅量

图 50-5　秦半两钱铜合范

河北乐亭县附近）及北方边塞；第五次，公元前 210 年出发，先至今浙江北部，后北上今山东境而返，死于途中。

就在第二次巡游中，始皇登上泰山，举行了封禅——古代一种特殊的天地祭祀礼典。原来古人心目中，泰山是天下最高的山。帝王到那里去举行封禅大典，向上天报告成功，表示受命于天，实为头等大事。文献记载，不少古帝王都曾封禅，但难以据为信史。而秦始皇才是中国历史上第一个把这种礼典付诸实践的皇帝。

秦始皇十分不想死，千方百计要寻求长生不老之术。齐人徐福（市）等曾经上书，说东海中有仙山，山上有仙人。始皇按其要求，派数千童男、童女随他入海求仙找不死药。不料徐等一去杳无音讯。这就是徐福东渡一事的原生态记录。西汉时，已经有了徐福在海外“止王不来”的说法；至东汉，则开始把徐“止王”处与日本相联系；大约宋以后，徐福东渡日本的传说在中日两国流布开来，日本甚至有关于徐福登陆地在纪伊熊野浦的具体考订，以及所谓徐福墓与徐福祠的发现。近年来，江苏、山东等地关于徐福东渡事吵得沸沸扬扬，其开发本地旅游资源的愿望是可以理解的，但所炒作的内容，实难视为信史。

公元前 215 年，秦始皇派出求不死药的燕人卢生从海上归来，因奏录图书曰“亡秦者胡也”。始皇乃使将军蒙恬发兵 30 万北击胡（匈奴），掠取河南地。此即北击匈奴。而南开五岭则指秦王朝对岭南越人的战争。其于统一后不久即开始，是场名副其实的持久战，全过程分四个阶段：

①始皇派尉屠睢以五军戍五方，做了长达三年的准备，其中包括修建灵渠以解决后勤供应。

②秦军进攻越人，获斩杀西瓯首领译吁宋的重大胜利；然而越人利用夜战，大破秦军，杀尉屠睢，反败为胜。

③秦被迫“发适戍以备之”，即“使尉佗（即赵佗）将卒以戍越”。

④公元前 214 年，秦以任嚣为主将，以赵佗为副，再次进击越人，战争以秦设置桂林、象、南海三郡的胜利而告结束。

（2）驰道和直道：世界上最早的高速公路——显示了秦始皇超凡的大视野。

直到今天欧洲依然流行着一条谚语：“条条大道通罗马”，那条 5 米左右宽的罗马大道曾经让欧洲人自豪了 1000 多年。可实际上，早在罗马帝国兴盛之前的 200 年，中国的秦始皇就修建成了贯通全国、宽 60 米左右的“驰道”和“直道”，尤其是直道，它的平、直、宽，都符合现代高速公路的特征，其主干道可并排行驶十二辆大卡车。

在秦始皇的历史功业中，修筑驰道、直道与五尺道是他最具创造性的事业。为了加强秦中央政府对全国各地的控制，有效地推行各项政策，秦始皇统一中国后的第二年，利用原六国的道路，修建了以国都咸阳为中心的驰道网络。这是秦王朝交通建设事业上最具时代特色的成就，也是秦王朝对中国交通文化做出的一大突出贡献。

所谓“驰道”，本指专供皇帝驰行的道路。“驰道，天子道也”。不过，只有驰道中心“三丈”宽的路面才是真正的天子行道，经过特许的贵族官僚也可以经行两旁的所谓“旁道”。所以，修建驰道对于发展交通事业也具有积极的意义。秦末被赵高逮捕的丞相李斯，在狱中上述自陈，历数功绩七项，其中便包括“治驰道”，可见修建驰道是在李斯的主持之下秦王朝行政活动的主要内容之一。

据汉代人的记载，驰道的规格为：“道广五十步，三丈而树，厚筑其外，隐以金椎，树以青松。”五十步为道路的宽度，合今 69 米；“三丈而树”指道旁每隔三丈（合今 10 米）栽种一棵青松；“厚筑其外”是指用夯筑手段使路面坚实，并使路面高于地表；“隐以金椎”是指用金属工具夯击使路基稳固。这样的修建标准及要求实际上已经类似于现在的高速公路了。

考古工作者曾在今陕西咸阳市窑店镇南的东农村以东 150 米处发现一条南北向古道路遗址。路宽 50 米，筑于生土之上，两侧为汉代文化层。这条道路，北为秦都咸阳的宫殿区，向南正与汉长安城的横门相对。以秦宫殿“象天极”的规划意图分析，这条道路当是南北沟通咸阳与阿房宫的交通干线，当是应归入驰道交通系统中。据调查，陕西潼关以东的秦汉驰道遗迹，路面宽度也在 45 米以上。这些遗存表明，汉代关于驰道规模的记述完全是可信的。

以国都咸阳为中心的驰道主要有两大干线：一是出函谷关通往今山东、河北的东方道，或称轵道；二是出今陕南通往长江中下游地区的武关道。其他如出今高陵通往陕北的上郡道，渡黄河通往今山西的临晋道，出秦岭通往四川的栈道，出陇县通往今宁夏、甘肃的西方道也很重要。

秦直道是与长城、驰道齐名的三大工程之一。它是秦始皇为了抗击匈奴而下令修建的一条国防公路。动工于公元前 212 年。秦始皇为了显示他“至高无上”的皇威，下令要加快修筑这一浩大的军事工程。除了令大将蒙恬监修外，并命长子扶苏为监军，协助蒙恬处理军务。经过两年半的突击修筑，“直道”终于在秦始皇三十七年（前 210）基本完工。活着没有看到修竣好直道的秦始皇，到始皇三十七年第五次出巡途中病死于沙丘，装载他遗体的“辒辌车”却是由九原郡沿“直道”运回咸阳的。这也算圆了这位中国首位皇帝要建世界最快大通道的梦。

直道从首都咸阳以北不远的云阳开始，向北沿子午岭北上，渡过黄河，一直通到九原郡，也就是今天内蒙古包头市西南。2000 多年前，古代秦人在生产力还十分落后的情况下，在一多半山顶脊梁，一少半沙丘草原上，只用了近两年半时间，就修筑了宽约 50 米、长达 700 多公里的车马大道。其工程之艰巨，速度之快，规模之宏伟，选线之奇特，实乃中国和世界筑路史上的奇迹。由于是从咸阳直通九原，且南北大体相直，故名直道。

考古调查表明，秦直道的遗迹、遗址至今还有很多保存下来，有些路段看得非常清楚。路面残宽达 22 米，路基高 1 米 ~ 1.5 米。尤其是甘泉县境内的方家河秦直道遗迹，跨河引桥桥墩依然存在，夯土层十分清晰。凭借如此宽阔平直的道路，秦王朝的军队只需三天三夜时间，就能从咸阳疾驰到河套地区的前线。所以很长一段时间，匈奴“人不敢南下牧马，士不敢张弓抱怨”。建直道是秦为加强防御能力的又一大措施，它与万里长城相互配合，使以步兵为主的秦军得以抵抗强悍的匈奴铁骑，所以，秦直道的重要性不下于同样为军事工程的长城。

然而秦的历史很短，秦直道真正发挥它的战略作用还是在汉代。汉武帝遣大将卫青、霍去病三次大规模反击匈奴均经由秦直道。元封元年，汉武帝亲率18万骑兵由甘泉宫出发经秦直道北巡，出长城至朔方，又由直道回师长安，一路上欢庆的腰鼓震天，有名的安塞腰鼓就是从那时流传至今的。汉元帝以宫女王昭君嫁匈奴呼韩邪单于，单于来朝携昭君出塞也是经由重兵保护的秦直道。在唐朝，秦直道仍旧是一条重要的军事要道。

从秦至今两千年来，中国的交通道路不断拓展密织，虽然期间也有一些道路时有毁弃和断废，但若从道路的布局、走向及其基本形制看，秦代道路的形式已经大致为以后两千多年交通道路的发展奠定了基本格局。以土质道路结成的交通网作为主要交通道的情形，直道近代方有转变。

除此而外，秦始皇帝还修建了一条著名的五尺道，那是秦统一后用兵西南时，由常頞主持修筑的。因地势险恶，路面狭窄，故名“五尺”。汉时因秦旧迹增修，为四川盆地通往云贵高原的主要交通线。

（3）修长城，筑阿房，造陵墓

说到秦始皇与直道，当然就得提到长城。秦长城也是当时为抵御匈奴而修建的一项“起临洮至辽东万余里”的重要军事防御工程。它以其浩大的工程量、雄伟的气势以及精湛的建筑技术而被誉为人类建筑史和军事史上的奇迹。《史记·蒙恬列传》载，就在蒙恬将30万众北逐匈奴、收河南后，“筑长城，因地形，用制险塞，起临洮，至辽东，延袤万余里”。现在，在陕北地区还有不少秦长城遗址，它们历经了2000多年的风雨剥蚀，早已失却了往日的雄伟，却添了一种特别能震撼人心的历史沧桑感和阳刚、悲壮的审美感。“天高云淡，望断南飞雁，不到长城非好汉”，没见过长城雄伟的面貌，怎能有豁达豪迈的胸襟，不登临长城关口绝不是英雄。毛泽东式“不到长城非好汉”的豪气反映了中华民族的一种精神气魄，一种积极向上的奋斗精神。如今，它已成为中国人表达各自内心英雄豪气的心理定式。

秦始皇修建驰道，南戍五岭，北修长城，固然有便利交通，巩固国防的积极性一面。而由于残酷的压榨剥削和严重妨碍生产，农民是极端反对的，秦王朝不得不强迫执行，西汉贾谊在《过秦论》中说其结果是“赭衣塞途，囹圄城市”，“男子力耕不足粮饷，女子纺织不足衣裳”的严重局面（《汉书·贾谊传》）。与此同时，秦始皇征发数十万人长期修的阿房宫和始皇陵，则是专供个人生前和死后享用的。修阿房宫用的名贵木材取之江南，从唐杜牧在《阿房宫赋》中说的“六王毕，四海一，蜀山兀，阿房出”，可以想见枉费了多少劳动人民的血汗。陵园范围数十里，墓堆像山一样高大的始皇陵，石材取之北山。当时即有民谣说：“运石甘泉口，渭水为不流。千人歌，万人吼，运石堆积如山阜。”可以想见工程的浩大和被强迫搬运那些笨重石材的劳动人民所受的痛苦。于是，秦朝在突飞猛进的发展中和咸阳的急剧扩展膨胀中已经埋下了覆灭的祸根。

秦统一后，修建了驰道、直道、万里长城等伟大工程。但这些工程的意义，却绝不是将各国原有长城或道路的简单连接、延长。实际上，它们正是与大一统的国家观相表里、在大国意识的指导下建设起来的。只有到了统一之后，秦王朝才会萌生以前从未有过的大国意识、萌生统一的国家观。在这种新的国家观指引下，原来各国的长城，如秦与魏国之间的长城没有必要继续使用，就必须废弃；而原来分段建设、没有连在一起的则需要重新规划和建造；驰道也是这样，必须适应统一大国巨大疆域的交通要求；结果，最终完成的长城、驰道都是与秦王朝大国地位相适应的伟大工程，它们与原来各国的长城、道路是不可同日而语的。而以驰道、直道为主构成的当时世界上少有的巨大交通干线网络，也对于消除割据、加强中央集权、发展经济、促进文化交流以及增强宏观的大国家观念都有不可估量的积极意义。同时，它也为日后中国以长安（今陕西西安市）为中心的米字型道路网奠定了基础。

（4）焚书坑儒

始皇三十四年（前 213），博士淳于越再次奏请推行分封制，丞相李斯驳其议，提出禁私学与焚书建议，为始皇认可。所焚之书包括各国史记和民间所藏的《诗》《书》、百家语；秦史记、博士官收藏的图书和民间医、卜、种树之书则不烧。令下三十日不烧者黥为城旦，有敢偶语《诗》《书》者弃市，以古非今者族，吏见知不举者与同罪。次年又发生坑儒事件。为始皇求仙药的方士侯生、卢生，以始皇贪于权势，专用刑罚为由，相约逃亡。始皇闻讯下令穷究，受到株连的儒士400多人皆被活埋于咸阳。长子扶苏谏劝，亦被遣至上郡监军。坑儒还有另一种说法：始皇下令焚书之后，恐天下人不服，遂招诸生700人拜为郎。他暗地里派人在骊山陵谷温暖处用温泉水浇灌种瓜，待瓜结出后令诸生讨论瓜生长的原因。众人议论纷纷，始皇便令诸生到种瓜现场察看，暗中却伏下弓箭手。诸生到达后正在争论不休之际，全遭乱箭射杀，并被埋在谷中。此谷相传即临潼温汤西南三里的马谷。

（5）五德终始说下的水德制度

五德终始说是战国末出现的一种学说。它认为：人间天子一定要得到五行（德）中的一德，并由上天显示符应；当他的德衰了，有在五行（德）中得到足以胜过前一德的另一德者，就起而代之；如此按照土、木、金、火、水的五行相胜次序运转下去，便形成了历史上的改朝换代。按五德推演，周为火德，火后是水，故秦便认定自己是以水德而得天下，并称说500年前秦文公出猎时所获之黑龙，即水德的符应。依五德说理论，秦制定了一整套的水德制度：年始、朝贺，十月朔（以十月为正月，建寅）；衣服旄旌节旗，尚黑；数，以六为纪；符、法冠、六寸；舆，六尺；步，六尺。五德终始说被后世所继承发展，从而成为五行学说的重要方面。

公元前210年，始皇最后一次出巡，少子胡亥与丞相李斯、中车府令兼行符玺事赵高随行。返抵沙丘时，始皇病危，令赵高作书，命在上郡监军的长子扶苏至咸阳会丧。始皇死后，赵高扣压玺书，唆使胡亥篡夺帝位。遂胁迫李斯矫始皇遗诏，立胡亥为太子，迫令扶苏自杀。胡亥至咸阳发丧，即位称二世皇帝。是为沙丘之谋。二世元年（前209）七月，戍卒陈胜、吴广揭竿而起反秦，天下响应。后形成以项羽、刘邦为首的两支反秦主力军。项羽在河北巨鹿消灭了秦军主力，刘邦则先入关中接受了秦王子婴的投降。威显一时的秦帝国就这样退出了历史舞台。

老子说：“知人者智，自知者明。胜人者有力，自胜者强。知足者富，强行者有志。不失其所者久，死而不亡者寿。”（《道德经》）秦始皇的一生，充满了极其明显的人格对立和自相矛盾的心理。他知人而不自知，胜人而不能自胜，贪得无厌却恣意强行，最终迷失了自我，他将长生的期望寄托在术士的灵丹妙药上，虽然身死国灭，其建立万世基业的制度规划却被汉朝及其以后的历代所继承发扬，历史的悖论在秦始皇身上再一次得到验证，我们将“死而不亡者寿”赠送给秦始皇和他短命的帝国，应该是恰当的。

五一、秦朝灭亡，秦咸阳的毁灭

公元前 209 年，“年少”的胡亥登台，也即秦二世。他先“尊始皇庙为帝者祖庙。皇帝复自称朕”，借以抬高身价，接着兴师动众巡行郡县，以之“示强，威服海内”，“奉先帝成功盛德”，（《史记·秦始皇本纪》）实则是内心空虚、穷极无聊的瞎折腾，纯粹的劳民伤财之举，欺世盗名。

与此同时，他大兴土木，加重徭役。“又作阿房宫，治直道、驰道，赋敛愈重，戍徭无已。”（《史记·李斯列传》）还“尽征其材士五万人为屯卫咸阳，令教射狗马禽兽。”（《 史记·秦始皇本纪》）秦始皇极端的专制统治，加上秦二世的穷奢极欲，终于把秦王朝推上火山之巅。被压榨的秦朝人再也生活不下去了，火山终于爆发了。

公元前 209 年 7 月，一支被征发去戍守渔阳（今北京密云县西南）的队伍，约 900 人，屯驻在蕲县大泽乡。适逢阴雨连绵，泥泞载道，无法行进。按照秦法：失期当斩。在这生死的关头站出来两个人，举起义旗，这就是陈胜和吴广。

受陈胜起义的影响，各地反秦力量迅速做出反应。一些旧贵族、官僚、野心家也乘机起兵，项梁、项羽“遂举吴中兵，使人收下县，得精兵八千人……梁为会稽守，籍为裨将。”（《史记·项羽本纪》）刘邦也在沛县起兵。反秦的起义队伍迅速发展壮大，秦之大地，遍举反字旗。

陈胜吴广建立的政权叫“张楚”。

陈胜、吴广领导的起义，从秦二世元年七月（前209）至十二月（秦以十月为岁首，当二世二年），南攻九江郡、北略河北、西进关中。但遭到了章邯指挥的秦军猛烈反扑。前后只有半年时间。起义大军被击败，陈胜死，但他的部下依然奋起反秦。那些乘机起兵的旧贵族、地主武装力量，在争权扩地中成为反秦的骨干。经过军事力量的重新组合，最后形成以项羽和刘邦为代表的两大军事集团。项羽率大军进攻河北，破釜沉舟，楚军勇敢，以一当十，大败秦军主力，取得了“巨鹿大战”的彻底胜利。然而此时刘邦却带领军队进攻关中。由于刘邦“所过无得掳掠，秦民喜”，就能很顺利地沿武关道北上在蓝田一战，打败堵截的秦军。公元前206年10月，刘邦首先到达霸上。秦王子婴只有“素马白车，系颈以组，封皇帝玺、符节，降轵道旁”。（《史记·高祖本纪》）秦始皇建立的秦帝国只存在了15个年头，就此被推翻了。

图 51–1　项羽像

图 51–2　刘邦像

刘邦受降后，进入首都咸阳，“欲止宫作舍”。他听从了樊哙、张良的进谏，“乃封秦重宝、财物、府库”，“萧何尽收秦丞相府图籍文书”，即还军霸上。此时，刘邦召集诸县的“父老豪杰”约法三章：“杀人者死，伤人及盗抵罪。”同时，尽除秦的严刑峻法，令各级官吏不予更动，百姓也可守其业。他们派人与秦吏在关中各地的县、乡、里广为宣传这些安定社会秩序的措施，赢得了秦人的热烈欢迎和拥护。“秦民大喜，争执牛羊酒食献享军士。沛公曰：‘食粟多，不欲费民。’民又益喜，唯恐沛公不为秦王。”（《汉书·高帝纪》）也就在这年十一月，项羽听到刘邦已入定关中，大为恼怒，派出黥布攻破函谷关（今河南灵宝市北）。在此以前他们曾经约定“先入关中者为王”。然而，项羽却是消灭了秦军大部主力，居功最高，心有不服。十二月项羽进军戏下，当时，项羽有兵40万而号称百万，正准备进攻驻军霸上的刘邦。刘邦虽说有20万，充其量也不过10万。力量对比悬殊。刘邦自知莫如。于是，刘邦听从张良的建议，亲自带了百余骑到鸿门（今陕西临潼区新丰镇东南鸿门坂）同项羽会见。在宴席上，项羽的谋士范增设计要杀害刘邦。刘邦借故退席，从郦山脚下，取道芷阳，逃回自己营中。留下张良献出玉璧、酒杯辞谢，项羽也无可奈何，只得作罢。这就是历史上有名的“鸿门宴”。

在鸿门宴后不多日，志得意满、骄横逞力的项羽带兵进入秦都咸阳。烧、杀、掳、掠，无所不用其极。据《史记·项羽本纪》载：“项羽引兵西屠咸阳，杀秦降王子婴，烧秦宫室，火三月不灭。收其宝货妇女而东。”

宏伟的咸阳都城及其宫阙建筑，在项羽的一把火下，统统化为灰烬。有名的冀阙宫廷、咸阳宫、阿房宫等建筑从地平线上消失了，甚至连秦始皇的陵墓也被盗掘焚烧。于是那“富十倍于天下”的秦中，经过项羽的破坏，已是满目疮痍。留下来的是累累夯土，火红色的瓦砾！

五二、唯“大”尚“多”——秦人的风格和价值观

提到秦朝，人们常常喜欢用“大秦王朝”或“大秦帝国”来形容，但对于秦朝究竟“大”在何处，为什么“大”，人们却未必清楚。

学者们普遍认为，古今中外的各种文化可以分为两大类：内倾型和外倾型。内倾型文化具有重伦理、重仁义、轻功利的特点，外倾型文化则具有轻伦理、重功利的特点。孔子所谓“君子喻于义，小人喻于利”的说法就概括反映了内倾型文化的价值观。在这种文化倾向下，讲究仁、义等道德伦理被视为最重要的人生价值，而追逐功利的耕、战则为“君子”所不齿。也就是说，重视个人道德的自我完善，致力内心修养，而轻视对外界的探求、进取，因而对生产、技艺等表现出漠不关心，甚至鄙视。而后者则相反。总的说来，东方六国属于内倾性文化，秦国属于

外倾性文化。这一点无论是文献记载或考古出土资料均可印证。如荀子就指出秦国没有儒生，所以在秦国的历史上，自春秋战国到统一后，没有一个可称为思想家的人，也没有一部秦人的理论著作出现。虽然有一部《吕氏春秋》，但那是古代类似百科全书的传世巨著，汇合了先秦各派学说，“兼儒墨，合名法”，故被看作是“杂家”的代表作。《淮南子》称“秦国之俗，贪狼强力，寡义而趋利”。战国时代的秦，甚至被称为“虎狼之国”。这些都说明秦人的价值观与东方各国完全不同。总之，在秦人的价值评价中，没有给道德伦理留下位置，秦人关心的是生产、作战等与日常生活密切相关的利害以及与此相关的规则范式，而不注意仁义之兴废、礼乐之盛衰以及道德的完善。正是由于这种价值观，所以“重耕战”成为秦的传统。此外，战国时期，各国按照法家学说进行改革，但只有秦国取得了成功，也与这种价值观的差异有关。

秦人功利主义的价值观也影响到了他们的审美观。追求大和多成了秦人的时尚和审美的重要标准，也成了秦文化的重要特征。就目前已发现的秦人遗迹、遗物来看，若抛开其内容不论，从形式上看很容易看出其具有大和多的普遍特征。

如在凤翔雍城发现的秦国陵园共 32 个大墓，仅其中南指挥村的一号陵园占地就达 2 万多平方米。1986 年发掘清理出的秦公一号大墓，全长 300 米，墓室东西长 59.4 米，南北宽 38.45 米，东墓道长 156.1 米，西墓道长 84.5 米，总面积达 5334 平方米，这样的墓不仅比同时期的诸侯国的大得多，而且比商代帝王陵的规模还要大几倍，是目前所知的我国先秦时代最大的墓葬。

1973 年至 1974 年在凤翔姚家岗先后发现的秦国春秋时期的建筑构建金缸共 60 余件，其中大型者高达 1 米，实为世界罕见。

秦始皇陵园内出土的夔纹大瓦当，高 48 厘米，直径 61 厘米，图案左右对称，回旋得体，线条遒劲，大有风卷流云之感，既表现了秦帝国不可一世的国威，又体现了秦代艺术的绝妙构思与雄伟气魄，为迄今仅见的特大瓦当，号称“瓦当王”。

1974 年至 1975 年发掘的咸阳秦都一号宫殿，东西长 60 米，南北

图 52-1　瓦当王：秦始皇陵园出土夔纹大瓦当

宽 45 米，殿基高出地面 6 米，下深 5 米。主体殿堂面积 160.8 平方米。1979 年发掘的第三号宫殿遗址，殿基东西约 117 米，南北宽 60 余米，总面积达 7020 平方米。而一号宫与三号宫仅属咸阳宫殿建筑的一部分。

最能反映秦人尚大尚多价值观的，莫过于 1974 年至 1975 年发现的秦始皇陵兵马俑坑了。这一震惊世界的发现，就目前所知，仅一、二、三号坑的陶俑总数就超过 8000 件，已出土的陶俑身高皆在 1.78 米以上。陶俑的数量之多、形体之大，不但在中国历史上是空前绝后的，而且在世界雕塑史上也从没发现数量如此巨大的群体组雕。至于秦始皇的陵墓以及统一中国后修建的长城、弛道等，其规模之大也是尽人皆知的，不须多说。

以上所举遗址和遗物的类型，皆非秦所独有，否则将无法比较。如陵墓、俑、建筑构件、瓦当等，在各地均有发现，但像秦墓、秦俑、秦瓦当、秦建筑构件那样大，则是绝无仅有的。这不是偶然的，而是秦人审美观及价值观的反映。

当然，秦人、秦王朝的尚大尚多绝不仅仅是宫殿大、陵墓大、器物大、疆域大等物质层面上的追求和表现，而更多的是统治者在政治上对权力和国土的不断增长的追求欲。尤其是不断扩张领土以及称霸的野心是秦国历代国君最执著的追求。西周末年即公元前 770 年，周天子授予秦襄公收复疆土的特权，于是秦人毫无顾忌地在关陇一带发动战争，这应该是秦人文化性格形成的根本原因。秦人的目标：开疆拓土；秦人的风格：勇猛顽强；秦人的规则：论功行赏。这已经成为深入秦人骨髓的文化基因。公元前 659 年，秦穆公即位后，雄心勃勃地公开“称霸”了，他将兴建的新宫殿取名“霸城宫”，又将关中的滋水改名为霸水，“以

图 52–2　秦咸阳一号宫殿遗址出土的几何纹空心砖。空心砖多铺于秦咸阳宫殿台阶表面做踏步之用，具有体轻、省料、防潮、隔音等特点。因其硕大而耐用，与汉瓦合称为“秦砖汉瓦”，为秦汉文化的一大特征。秦砖砖面之龙凤纹多为刻画而成，几何纹多为模印而成

章霸名”，这就是现在霸河的来历。这正是秦人尚“大”尚“多”价值观在政治上的表现。到秦孝公时，随着商鞅变法的成功，秦国势力逐步增强，他们已正式把统一天下作为秦国统治的目标了，正如商鞅所说：秦人“据河山之固，东向以制诸侯，此帝王之业也”。而当时比秦国强大得多的齐、楚等国的国君，则毫无这方面的意向。对此，贾谊在《过秦论》中也指出了秦国君臣这种不同一般的野心：“秦孝公据崤函之固，拥雍州之地，君臣固守而窥周室，有席卷天下、包举宇内、囊括四海之意，并吞八荒之心。”可以说，秦国的历史就是一部领土扩张史，一直到公元前 221 年统一全国。即使在统一全国后，秦朝统治者也没有停止对外开拓，如北伐匈奴，南征南越，又派人到海外寻“仙山”。这些举动虽然各有其原因，但也反映了秦人尚大尚多的价值观。

尽管春秋战国时期，“争霸”“称雄”的战争史不绝书，争夺城池、扩张领土的诸侯国此起彼伏，然而，他们追求的目标始终无法与秦人同日而语，没有一个诸侯国的统治者对“一统天下”有所追求。惟独秦国具有了“四海归一”的强烈追求和持久奋战。

秦始皇统一六国，表面看来是秦始皇统治的秦国发展壮大的结果，但实际上也是当时秦国文化以及国民精神风貌的一种表现。由于商鞅变

图 52-3　秦始皇陵兵马俑一号坑战马

法以及在其前后秦国所采取的一系列强国政策，造就了秦国人锐意进取的风气，秦人创造了一种服从法制、积极进取、不怕牺牲的精神，而与此同时的其他诸侯国中却养成了一种不思进取、贪图享乐的风气。在这些国家里，上层士大夫阶层普遍认为：下等人靠人情练达，上等人靠道德自律。这种生存智慧只适用于和平安逸的西周时代，却不适合弱肉强食的战国时代，所以，六国的战败是注定的，秦国的胜利是必然的。强烈的进取精神和宏大气魄以及雄霸气势是秦人留给我们的一笔重要的精神财富。

伍　汉并天下　立都长安

五三、秦失其鹿，天下共逐之——秦末的混乱和汉王朝建立

公元前 221 年，秦始皇建立了中国历史上第一个中央集权制的封建帝国，确立了此后中国古代历史的政治制度、经济形态、社会管理和皇权思想的基本构架。其首都咸阳从渭河北岸一个狭小的区域迅速扩展到渭河两岸，竟然把汹涌波涛的渭河变成了“城中河”，从而使咸阳成为“渭水贯都，以象天汉。横桥南渡，以法牵牛”的大都会。

可惜秦祚短暂，公元前 209 年，一批前往渔阳（今北京市密云区）的戍卒因为遇到大雨“误期当死”而在大泽乡揭竿而起，于是引发了轰轰烈烈的反秦大起义。然而，他们在起义的初期，所用以号召百姓的仍然是被赐死的秦公子扶苏和已故楚国的名将项燕的名义。四方的百姓纷纷响应，很快形成了烈火燎原之势。许多郡县的农民自发地杀掉当地的守令。一些六国的旧贵族、官僚和游士、儒生，也乘机参加进来，企图达到复辟六国的目的。尤其是在楚国，早就有了“楚虽三户，亡秦必楚”的预言，因此，大小豪杰，闻风而动，“数千人而聚者不可胜数”（《史记·陈涉世家》）。于是出现了“秦失其鹿，天下共逐之”（《史记·淮阴侯列传》）的混战局面。

当此之时，著名的游士张耳、陈余前来投奔陈胜，劝他派人以“立六国后”，遭到陈胜的拒绝。于是，陈胜自立为“张楚王”，以吴广为“假王”，分兵出击，分别以武臣、周市为将军。天下大乱，群雄四起。周文率军进攻关中，在戏地（今陕西西安临潼区）被秦少府章邯率领的骊山刑徒改编的部队打败，周文自杀。然而此时北上占领邯郸的武臣却在张耳陈余的怂恿之下，自立为赵王，并且派遣韩广攻取旧燕之地，韩广

却在燕地旧贵族的怂恿下，自立为燕王。周市进军旧魏国之地和旧齐国之地，齐国贵族田儋趁机自立为齐王，周市又以魏国旧贵族魏咎为魏王。陈胜阵营出现明显的分化分裂。

与此同时，秦将章邯率军进攻荥阳，吴广被部将田臧所杀，田臧与章邯战败而死；章邯继续进攻张楚的中心陈县，陈胜败退，被叛徒庄贾所杀。于是陈胜吴广起义失败。然而，就在这一时期，却出现了两支新的起义部队——分别以项羽和刘邦为首的楚人组成。项羽是楚国名将项燕的孙子，力能扛鼎，刘邦却是沛县的一个小亭长。据史书记载，秦始皇东巡之时，刘邦见到那么豪华的阵势，由衷地感叹说：大丈夫当如是耳！而项羽见到秦始皇之时，却说：彼可取而代之。由此可见他们都是志向远大之人。陈胜举义之时，项燕之子项梁和项羽在吴地（今江苏苏州市）杀掉会稽太守，起义响应。闽越贵族无诸和摇率领着族人也跟着秦的番阳令吴芮反秦，刘邦却在沛县率领一帮亡命之徒袭击沛令，自称沛公，后来也投奔项梁。项梁为了号召天下，也拥立楚王之孙芈心为楚怀王。以楚怀王的名义号令出击，并约定“先入关中者为王”。项梁战死以后，其中的一支主力由武安侯项羽统率。这时，章邯已经灭了齐王田儋、魏王魏咎，将赵王围困在钜鹿。各地救援的部队作壁上观，迟迟不敢出兵。楚怀王派出卿子冠军宋义前往救赵，宋义到了安阳却逡巡不前，被愤怒的项羽所杀，破釜沉舟，大举进攻，迫使章邯投降，解了邯郸之围，诸侯为之慑服，不敢仰视。被公推为诸侯上将军。

几乎与此同时，刘邦率领的一支部队却从武关深入关中，秦王子婴投降。这一年是公元前 207 年。与秦人约法三章：“杀人者死，伤人及盗抵罪。”一改秦的苛酷的刑罚，深得秦人之心。

项羽扫荡了秦军的主力，平定了河北一带，降服了秦军的大将章邯、司马欣和董翳等。然后进军关中，在鸿门设宴，刘邦表面上归顺，借机逃过一劫。于是，项羽进入咸阳，大肆烧杀抢掠，一座辉煌的帝都就此毁于一旦。

这时候，项羽的实力和威望已经达到了顶峰，有人建议他以关中为根本之地，定都咸阳，成就霸业，项羽却说“富贵不归故乡，如衣绣夜行，谁知之者？”（《史记·项羽本纪》）于是，项羽自立为西楚霸王，以故乡彭城为都城，以楚怀王为义帝，后来又借机杀掉了他。成为日后刘邦反击他的一大口舌。同时，调整了战乱之时自立的诸侯王的土地，将他的亲信封在原有诸侯王的好地段，将原有诸侯王封在边缘地段，从而埋下了诸侯王叛乱的种子。项羽一共封了十八个诸侯王。刘邦被封为汉王，据有巴、蜀、汉中之地；章邯、司马欣、董翳三个投降的秦将分别封为雍王、塞王和翟王，据有关中以及关中以北的原秦国的土地。其他诸侯王分别是：徙魏王豹为西魏王豹，都平阳；河南王申阳，都洛阳；韩王成，都阳翟；殷王司马卬，都朝歌；代王歇，都邯郸；常山王张耳，都襄国；九江王黥布，都六；衡山王芮，都邾；临江王共敖，都江陵；徙燕王韩广为辽东王；燕王臧荼，都蓟；徙齐王田市为胶东王；齐王田都，都临淄；济北王田安，都博阳。这一年是在公元前 206 年。

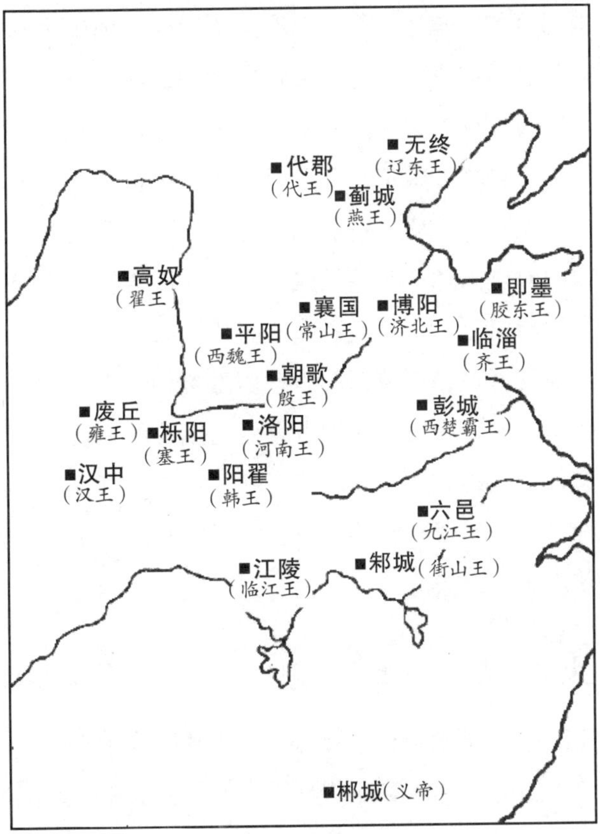

图 53–1　项羽分封十八诸侯示意图

刘邦及其汉王的部属不得不撤出关中，穿过秦岭，南下汉中，沿途烧毁了栈道，以示不再返回关中的决心，从而迷惑项羽。然后以南郑县为王府所在地。又经过一段时间的苦心经营，明修栈道，暗度陈仓，从散关进入关中。打败雍王章邯，夺得雍地，东进咸阳。随着东进北击的军事形势，塞王司马欣、翟王董翳相继望风而降。刘邦“还定三秦”，把初都定在栎阳。随之，也拉开了同项羽争夺天下的“楚汉战争”的序幕。由于刘邦在关中采取了一系列安民爱民的措施，深得关中秦人的拥戴。以栎阳和咸阳为中心的“关中”，实际成了支持刘邦的军需基地。经过四年的苦战，公元前 202 年，刘邦终于夺得天下，开启了西汉王朝 200 多年的统治。

几千年来，对于刘项成败的原因之争，众说纷纭，但是，有一点却是一致的。《史记·高祖本纪》记载说：汉高祖五年五月，高祖置酒洛阳南宫，要求诸将如实陈述“吾所以有天下者何，项氏之所以失天下者何？”最后刘邦总结说：“夫运筹策帷帐之中，决胜于千里之外，吾不如子房；镇国家，抚百姓，给馈饷，不绝粮道，吾不如萧何；连百万之军，战必胜，攻必取，吾不如韩信。此三者，皆人杰也，吾能用之，此吾所以取天下也。项羽有一范增而不能用，此其所以为我擒也。”已经成为千古名论，说明对于人才的态度是成败的关键因素。

汉代是我国历史上一个鼎盛兴隆的时代，汉长安城是当时的世界名城，和西方的罗马城遥相辉映，成为东西方两种伟大文明的灯塔。

汉朝在中华文明的历史长河中占有极为重要的地位，汉族是在这一时期正式形成，中国的方块字也从这时起，被称为汉字。“长安”二字作为国都名称，是从汉代开始的，随着大汉雄壮的声威，长安便也带着闪闪的光辉载入了中国史册。

五四、大成若却——西汉初期的儒生政治及其实践

西汉的开国皇帝刘邦，本是沛县一个最基层的小吏——亭长，为人狡黠却不失仗义，甚至有些混混的习气。可是，适逢秦末乱世，在反秦武装斗争中，由匹夫一跃而为天子。他的那些开国功臣，除了张良等少

数几位有点出身、有点修养而外，其余多是和他一样的小吏员，樊哙、周勃、灌婴等大将军无非贩夫走卒、屠狗吹箫之人，却屡立战功，成王成侯。肯定不是天意。

原刘邦之所以得天下，项羽之所以失天下。虽然他的大将如高起、王陵等人直言不讳，揭露他的“慢而侮人”，不如“项羽仁而爱人”，但是，他们之所以死心塌地追随刘邦，其主要的原因是“陛下使人攻城掠地，所降下者因以予之。与天下同利也。项羽妒贤嫉能，有功者害之，贤者疑之，战胜而不予人功，得地而不予人利，此所以失天下也。”高祖却是明言：“公知其一，不知其二。……（子房、萧何、韩信）此三者，皆人杰也，吾能用之。”（《史记·高祖本纪》）这是他成功的关键。且不说他们讲的是否有理，单是刘邦君臣“自由民主”甚至率性的风范，不就能够说明一切吗？这种风范，早在韩信想要称假王的时候，就有了淋漓尽致的表现。当时刘邦很生气，但是，张良却在桌子底下踩了他的脚，认为不妥，他便随机应变，骂骂咧咧地说：“大丈夫定诸侯，当为真王也，何以假为！”立即派遣张良封韩信为齐王，笼络了韩信。君臣之间犹如儿戏。刘邦的平民习气，或许正是他取胜的魅力所在呢！

汉初三杰像

图 54-1　萧何像

图 54-2　张良像

图 54-3　韩信像

无独有偶，建国之初，即公元前202年，有个齐人名叫娄敬，被征调去戍守陇西，途经洛阳，听说刘邦打算在此建都，便通过他的老乡虞将军求见，说他有些事情要和陛下说说。就这么一个人，即使不是一个小卒子，也比小卒大不到哪里去的人。没想到的是，虞将军还真的帮他传话，刘邦还真的接见了他，而且诚恳地接待了他，与他谈得很投机。于是，决定迁都关中，奠定了长安的都城基业。遂赐娄敬刘姓，拜为郎中，号奉春君。后来刘邦欲击匈奴，令刘敬出使探听虚实。刘敬还报说他所见到的尽是些老弱的匈奴兵，认定那是匈奴人在演戏，引诱汉军出击，坚定地认为匈奴不可击。刘邦却不听，将他拿下监禁起来，结果遭到“白登之围”。解围以后，立即释放并重用他，以此刘敬被封建信侯。当时天下初定，士卒疲于兵革，刘敬建议与匈奴和亲，缓和了汉匈关系。后来又奏请迁徙关东六国的后裔以及强宗大族10余万口充实关中，以防备匈奴南下，兼收强干弱枝之效。如此看来，刘敬本不是什么戍卒之类的人物，应该是混迹于戍卒中的儒生一类人才，但如果没有刘邦的开门纳谏，知人善任，刘敬就可能老死于陇西了，那汉初的形势可能就不是那样的了。

史书说秦始皇焚书坑儒，于是一批远离秦皇的儒生们可能不得不转入地下，正如刘敬一样，叔孙通应该也是这样一位儒生。据说他曾经是秦的儒生博士，但是他善于变通。他在归降刘邦时，知道刘邦不喜欢儒生儒服，便穿着楚式短衣前往，得到了刘邦的接纳。刘邦称帝后，他见朝会时群臣喧哗失礼，乃奏请征鲁诸生与弟子共起朝仪。公元前200年，长乐宫建成后，诸侯群臣按照所拟定的礼仪举行朝贺，没有人不振恐肃敬。刘邦见状，感叹地曰：“吾乃今日知为皇帝之贵也。”于是叔孙通官拜奉常，他的那些弟子都封为郎。史书上说，叔孙通所定朝仪，乃“颇采古礼与秦仪杂就之”。显然，秦的礼仪制度是基础。其实，不仅朝仪如此，而且汉的各项制度，也基本都是从秦制发展而来，所以便有了“汉承秦制”的说法。

刘邦不喜欢儒生，是不是与秦始皇讨厌儒生有关，不得而知，但是，自从接触了刘敬和叔孙通以后，刘邦对儒生的态度大变。他听说东园公、绮里季、夏黄公、角里先生四人避乱于商洛山中，称为商山四皓。多次征召入朝，那几位先生“因刘邦慢侮士人，数召不就”。后来刘邦想要以戚姬所生子如意取代刘盈为太子，吕后拜托张良想办法保住太子，张良便使皇太子卑辞厚礼，将四皓用安车迎致长安太子宫中。有一天四皓跟着太子去见高祖，盛称太子仁孝，恭敬爱士，愿为辅翼。高祖见状，便召戚夫人说：太子“羽翼已成，难动矣。”

西汉初，府库空虚，财政极其困难，人民苦不堪言。史载“自天子不能具钧驷，而将相或乘牛马，齐民无藏盖。”皇帝的马车连清一色的四匹马也配不齐，可见国力之衰到何等程度。因而从萧何执政开始，就奉行黄老之学，主张清静无为，实行休养生息政策，萧规曹随，是为黄老政治。

五五、定都长安——关于洛阳还是关中的选址辩论之后

经过四年艰苦的楚汉相争，公元前 202 年项羽败亡，刘邦在“汜水之阳”的定陶正式即位，由“汉王”改称“皇帝”。同时，也把首都确定在“天下中心”的洛阳。

根据《史记·高祖本纪》的记载，此时“高祖欲长都洛阳”。途径洛阳的齐人娄敬（后赐姓刘，任命为郎中）却提出不同的主张。史载，刘敬“汉五年，戍陇西，过洛阳”，（《史记·刘敬叔孙通列传》）请求皇上的接见，指出：“都洛阳不便，不如入关据秦之固。”（《史记·高帝纪》）他认为“秦地被山带河，四塞以为固”，有险要的地理形势；“美膏腴之地，此所谓‘天府’也”，具有丰盈充足的物产；如果“关外”有乱，凭借关中繁盛稠密的人口，“百万之众可具”，“秦之故地可全而有也”。关中“搤天下之亢（喉咙）而拊其背”，具有无可匹敌的战略地位优势。（《史记·刘敬叔孙通列传》）他的建议遭到出身于关东的大臣们的反对，他们是想“荣耀乡里”，主张留在洛阳。于是形成了不同的观点，一派主张建都关中，另一派则坚持留在洛阳。

但是刘敬的建议却得到张良的坚决支持。张良向刘邦指出：洛阳附近“不过数百里，田地薄，四面受敌，此非用武之国也”。而关中“左

殽函，右陇蜀，沃野千里，南有巴蜀之饶，北有胡苑之利”，又能“阻三面而守，独一面东制诸侯。诸侯安定，河渭漕天下，西给京师，诸侯有便，顺流而下，足以委输。此所谓金城千里，天府之国也。”（《史记·留侯世家》）娄敬和张良的分析都是有道理的。刘邦经过权衡之后，下令迁都关中，车驾直奔长安。

图 55-1　西汉“长乐未央”瓦当

刘邦入关之初，先是把秦的故都栎阳作为建设的重点，并使萧何治栎阳，立宗庙社稷。同时他命令改建秦的“兴乐宫”为“长乐宫”。经过一年多的施工，于高祖七年（前 200）二月“长乐宫成，丞相以下徙治长安”。（《史记·高祖本纪》）此时此地，“长安”才真正成了汉家天下的首都。长安地即秦的渭南三乡之长安乡。

秦都咸阳渭南新区的三个乡，由东向西排列的次序是长安乡、阴乡和建章乡。汉初皇帝在长乐宫上朝，其地正处在长安乡的范围之内，再加之“长安”原义是“长治久安”的吉祥语，于是顺便把这个名字移植过来作了都城的名字。

西汉建都在秦都的渭南区，再不能采用原来“咸阳”的称谓是显而易见的。高祖六年（前 201），不但“更名咸阳曰长安”（《史记·汉兴以来将相名臣年表》），而且还把秦咸阳北区改成了“新城”，隶属于长安管辖。后来，到汉武帝时，武帝索性把这个县名改成了“渭城”，从京畿地区划出，归给了“三辅”之一的右扶风管辖。而由渭南长安乡发展起来的长安城却日益隆盛。汉都选址在秦的渭南新区，其主要的考虑应该是两大因素：供水与安全。“灞、浐以西，都泾、渭之南，此所谓天下陆海之地。”（《汉书·东方朔传》）这里不仅土壤肥沃，物产丰富，而且河流纵横，水量丰沛，所以周都丰镐选定在前，秦都咸阳发展在后。汉都长安后来充分利用河南岸来自终南诸水，保障了长安城宫廷、居民、苑囿及漕运的用水，足以说明当时定都长安的决策具有前瞻性。

汉长安北有泾渭，东界浐灞，西邻沣滈，从而形成攻守上的第一道防线。特别是城址处于渭南的龙首原上，西南低、东北高，把皇宫置于地势最高处，不仅突显着“帝王之气”，而更是有利于安全防卫。（王学理 秦中朝）

五六、汉长安城简史

汉长安城是在秦都原有的长安乡就地建立起来的，依然名曰“长安”。汉长安城，位于西安城西北 2.7 公里处，在今西安市未央区辖境内，处于龙首原北侧。虽然向来有“八水绕长安”之说，但距离较近的只有四条。城北有渭水如带，自西而东，滔滔远去；城东有浐、灞二水分别夹白鹿原北流，汇合成巨川后入渭；城西濒临泬河（潏水），蜿蜒北流汇入渭水。汉长安城一如秦咸阳城的位置一样，居于关中平原的中部，濒临南山屏障以北。正是所谓“天府”“陆海”之地。

汉长安城周长 25 公里，占地 34.4 平方公里。若包括建章宫在内，汉都长安占地总面积达到 37 平方公里。它是中国历史上第一个国际化大都会和当时世界上规模最大的都城。西汉以来 801 年间的 11 个朝代，从西汉算起，还有新莽、东汉（献帝）、西晋（愍帝）、前赵、前秦、后秦、西魏、北周、隋、唐等政权，时间或长或短地曾以长安为都，长安是中国历史上“建都朝代最多、历时最长的都城”。中华民族的主体汉族、中华文化的符号汉字的形成，都是在汉代。长安作为首都，可谓是“汉文化形成过程中的中心”。汉长安城遗址是 1961 年被国务院列为第一批重点文物保护单位的国家级大遗址，是我国迄今规模最大、保存最完整、遗迹最丰富、文化含量最高的“完整的都城遗址”。汉都长安的规模、存世时间、对世界文化的影响，都远远地超过了秦都咸阳。

西汉都城长安从“兴”到“废”。在长达 214 年的时间之内，作为城建工程，经历了五个时期的建设、一个时段的摧毁和一个时期的残存。

第一个时期为初创期，即汉高祖五年至十二年（前 202 ~ 前 195）。设置长安县，对秦朝旧都咸阳渭南区宫殿加以利用和改造，修缮长乐宫

图 56-1　汉未央宫前殿遗址

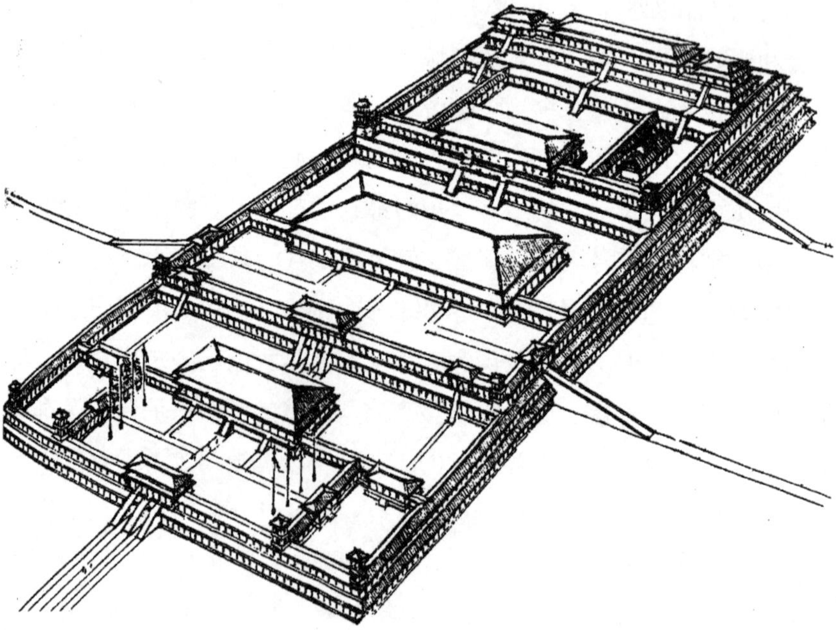

图 56-2　未央宫前殿复原设想鸟瞰图

和未央宫。

第二个时期为围城期，即汉惠帝元年至七年（前194～前188）。修筑长安城墙，建西市。

第三个时期为鼎盛期，即汉武帝建元三年至天汉元年（前138～前100）。建元三年扩建上林苑，元光六年（前129）穿漕渠，元狩三年（前120）开凿昆明池，元鼎二年（前115）在未央宫里修建柏梁台，太初元年（前104）在城西修造建章宫，太初四年（前101）造明光宫、桂宫。还扩建北宫，兴建了太学。武帝时期，汉长安的城建工程达到了顶峰，奠定了都城的基本框架。

图56-3 “维天降灵”12字瓦当（建章宫神明台出土）

第四个时期为维护期，即自昭帝至汉末（前86～约前1），长安城建没有新的内容，仅系维持原状而已。

第五个时期为添置期，即平帝元始四年至新莽地皇三年（4～22）。王莽控制朝政，奏请在汉长安城南郊重起明堂、辟雍。王莽篡权后，虽对汉家宫殿建筑改名，但功能未变。于地皇元年（20）兴建“九庙”，花费巨大，经过三年完工。至此，长安城制已经完备。

第六个时期为“残毁期”，即新莽地皇四年至刘玄更始二年（23～24）。在西汉摧毁新莽政权的战火中，叛军把长安南郊的九庙、明堂、辟雍等礼制建筑连同未央宫一起付之一炬。赤眉军又火烧长安宫室市里，宗庙陵园皆被发掘。从而使这座经营了200多年的城市建筑毁于一旦。这一时期很短，但受损惨烈。

第七个时期，可称之为“残存期”。自东汉之后，到唐之前，有多个政权以长安为都。这一时期虽长，但对残存的建筑只是利用或部分修补，而在城建工程上毫无建树。

西汉高祖刘邦为什么会选定长安作为都城，还得依赖于秦宫咸阳。其实，秦朝末年项羽虽然西屠咸阳，火烧秦宫室，但在渭河南岸的许多

秦宫侥幸逃过了一劫，这就为汉王朝建都提供了方便和发展空间。（见王学理著有《汉都长安城建史》）

汉长安城除东墙南北垂直以外，其余三面都有曲折。这是因为汉长安城不是一次设计施工完成的，而是在原有秦朝渭河南岸长安乡宫殿遗迹的基础之上建立起来的，受原有建筑布局和渭水河道走向的影响，使它成为了不规则的形状。但也有人附会说，汉人崇尚按星象布局建筑，南墙、北墙的曲折分别象征天上南斗和北斗，因此汉长安城也被人们称为“斗城”。

如今的汉长安城已被两千年来的风雨侵蚀得失去了往日的辉煌，变成了一处大遗址。但它的历史光辉却是淹没不了的，因为它是中国封建前期的一个重要历史舞台。张骞从这里远去西域，开辟了丝绸之路；苏武留胡十八年不改爱国之志，终究回到这里来；班超投笔从戎，出师平定西域，功成班师回朝；王昭君为了和睦匈奴，辞别了汉宫而去；霍去病击退了侵略者带着祁连风云胜利归来，等等，不计其数的名人趣事，都进出在这看来已似废墟的城垣里。时间匆匆不停步，汉代帝王们和任何人一样，在生命的尽头也都归入了他们的墓室。2014 年，“丝绸之路：长安—天山廊道的路网”联合申遗取得成功，包括汉长安城未央宫遗址、张骞墓在内的陕西七处文化遗址入选世界文化遗产名录，开启了汉长安城遗址保护的新纪元。（王学理 秦中朝）

五七、汉初朝政的中心——改建秦宫形成的长乐宫、未央宫

经过秦末的混乱，汉初的经济凋敝，民不聊生。统治者便奉行黄老之学，主张清静无为，实行休养生息政策。但是，朝廷总得有朝廷的样子，于是只好在原来秦朝残损的宫殿基础上改建。其中著名的就是长乐宫和未央宫。

长乐宫是对幸存的秦宫兴乐宫利用、改造而成的。《史记·叔孙通列传集解》引《关中记》：“长乐宫，本秦之兴乐宫也。”《三辅旧事》和《三辅黄图》说到汉的长乐宫时，有“秦始皇造，汉修饰之，周回二十余里”的记述。汉高祖七年（前 200）“二月，高祖自平城过

赵、洛阳，至长安。长乐宫成，丞相已下徙治长安。”（《史记·高祖本纪》）

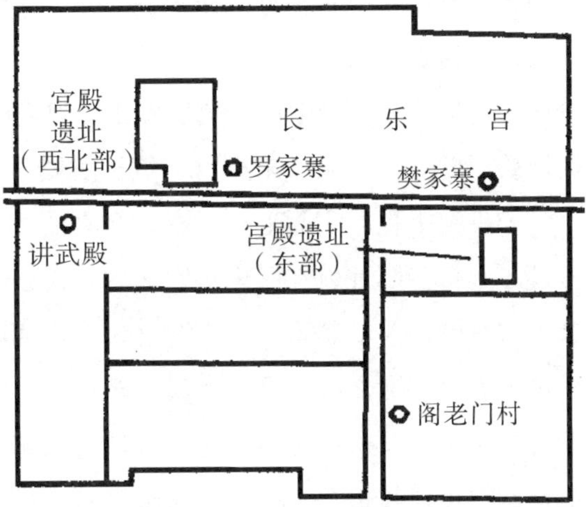

图 57–1　长乐宫遗址平面图

据多次测绘校正，长乐宫的城址位于汉长安故城遗址的东南隅，东宫垣和南宫垣与城垣对应又相隔不远。宫址位于今西安市未央区辖境。如果按文献记载长乐宫“周回二十余里”看，就足以说明汉长乐宫规模远远比以前的兴乐宫大了近三分之一。

据文献记载，长乐宫四面都辟有宫门，称作“司马门”。东司马门和西司马门是主要的通行大门，门外有阙，称作“东阙”和“西阙”。

长乐宫内的宫殿建筑群，分布在两处，一处在宫城的东部，一处在宫城的西北部。池苑则处于城内的北部。

“前殿”，是长乐宫的主体建筑，属于当时的政治活动中心。汉初诸侯朝拜高帝，或皇帝召见大臣，总是在长乐宫前殿进行的。《三辅黄图》载：前殿“东西四十九丈七尺，两序中三十五丈，深十二丈。”按秦汉时期的一尺合今 0.23 米折算，前殿面阔 114.31 米，进深 27.6 米。

在长乐宫城内的西北部，以罗家寨为中心分布有多处建筑群。《水经注》载，明渠东径长乐宫北，“殿前列置铜人，殿西有长信、长秋、永寿、永昌诸殿，殿之东北有池”。

汉初改造秦的兴乐宫，汉高祖刘邦以此为政治中枢，是他发号施令的朝宫。当后来萧何营建的未央宫完工时，他已经到了晚年垂暮之时。他死后，太子刘盈即位，这就是汉惠帝。从惠帝起，移居未央宫听政，遂取长乐宫的正宫地位而代之，一直延续到西汉末。于是，长乐宫就成了仅供太后常居之宫殿，中心宫殿也有所转移。

长乐宫位于皇帝宿办的未央宫之东，就称其为“东宫”或“东朝”。

在修建长乐宫时，也启动了另一项更大的未央宫修建工程。由丞相萧何主持监造，少府阳成延负责施工。阳成延是秦的旧匠——“军匠”，据记载，曾“作长乐、未央宫，筑长安城”。

未央宫工程，实际上是对秦章台宫的改造、扩建与增建。根据史书考订，秦章台旧址就在汉未央宫之内。汉长安城中有条东西向的大道取名为“章台街”，属于“八街”之一，其西端对长安城的章城门，向东经过未央宫前殿之南。那么，汉“章台街”的取名，肯定是由秦“章台下街”而来。汉未央宫前殿是在秦章台的基础上建造的，汉未央宫是秦章台宫的重建与扩大。同样，汉未央宫也是一处群体性建筑群，其外有宫城环绕。史载未央宫比较宏伟，“萧丞相营作未央宫，立东阙、北阙、前殿、武库、太仓”。高祖亲征反叛的韩王信归来，“见宫阙壮甚，怒，谓萧何曰：‘天下匈匈苦战数岁，成败未可知，是何治宫室过度也？’萧何曰：‘天下方未定……非壮丽无以重威，切勿令后世有以加也。’高祖乃说”。萧何的智谋远虑应该是值得肯定的。（《史记·高祖本纪》）

未央宫的具体位置，在长乐宫遗址的西侧，当今西安市未央区所属的汉长安故城内的西南部，处在龙首原上，是汉长安城内最高的地方，海拔高度为 385 米～ 396 米。

经考古探测，未央宫宫城平面呈正方形，东垣和西垣墙各长 2150 米，南垣和北垣各长 2250 米，周长 8800 米，合汉代二十一里。宫城之内面积 5 平方公里，约占汉长安城总面积的七分之一强。未央宫的宫城是如此的方正规矩，这在汉长安所有的宫殿中是独一无二的，足见它是萧何精心规划的结果。

宫城的四面辟门即“司马门”或称“公车司马门”，每门只有一个门道，宽约 8 米。这同汉长安城每门有三个门道相区别。《汉书·高帝纪》：“萧何治未央宫，立东阙、北阙。”颜师古注：“至于西南两面，无门阙矣。”

尽管未央宫有四面的正门，面朝南才是它的正方向，但由于人事往来频繁，使用率最高的还是东宫门和北宫门，也只有在这两处独建阙楼，才真正能显示出两门政治地位之隆。“待诏司马门”，指的就是未央宫的北门。文武百官上书、觐见，都要在此等待皇帝的召见。一些贵戚显宦多居住在北宫门之外，称之为“北阙甲第”。

57-2 汉长安城遗址出土四神瓦当

长乐宫在未央宫之东，太后常住，称之为“东宫”，隔安门大街，同未央宫相望。而皇帝住在未央宫，称之为“西宫”。皇帝还得不时地去东宫请安，以出东宫门最为方便。皇亲国戚觐见皇帝走东宫门，东阙门的使用率和作用就相对地高于其他几面的门。因此，称东宫门为“朝诸侯之门”（《汉书·五行志》刘向语）。那么，萧何在建设首都时，把东阙和北阙列入汉长安城的首期工程，显然是有远见的高明之举，确实也体现了他“重威”的指导思想。

在宫城四角，原来建有曲尺形角楼。应是防卫性的建筑，是保卫宫城安全的“卫尉”士兵驻守之“区庐”。

未央宫既是皇帝大朝的地方，其布局则按“前朝后寝”的意识设计。这一群体性建筑，大体包含着三方面的内容，即：一是正殿，即未央前殿。它包括宣室殿（也称“宣室阁”）、后阁和非常室等。这是天子朝会的正殿，周代称之为“路寝”，王莽复古改制时称之为“王路堂”。它正处在宫城中部稍微偏南的位置上，位于诸宫之前。二是后妃宫殿。位于前殿之后，居住后妃的宫殿群中，椒房殿为其正殿。三是后宫掖庭。位于后妃的宫殿两侧，呈分散状态。未央宫因汉武帝的增修，宫殿、山门、池塘遍布其中。《关中记》说有台三十二、池十二、土山四、宫殿门八十一、掖门十四，《水经注·渭水》条记：“未央殿东，有宣室、玉堂、麒麟、含章、白虎、凤凰、朱雀、鹓鸾、昭阳诸殿。”未央宫中诸多宫殿，皆以前殿为中心而展开。其相对位置，按《三辅黄图》记载：“宣室、温室、清凉，皆在未央宫殿北。宣德、广明，皆在未央殿东。

昆德、玉堂皆在未央殿西。”（王学理 秦中朝）

五八、“先宫后城”的城建模式以及“斗城”的形成

汉都长安的城建史，在“城”与“宫”的建筑顺序上不是先围城后建宫，而是“先宫后城”。因为汉初把都城定在了秦都咸阳的渭河南岸，面对残存的秦宫，萧何做了大胆的维修、改造、扩建。长乐宫、未央宫初具规模。在两宫之北，除过秦的极庙、南宫、甘泉宫之外，就是通往横桥的南北大道了。秦旧宫与汉新宫混杂的形势，再加之宫殿、市场、

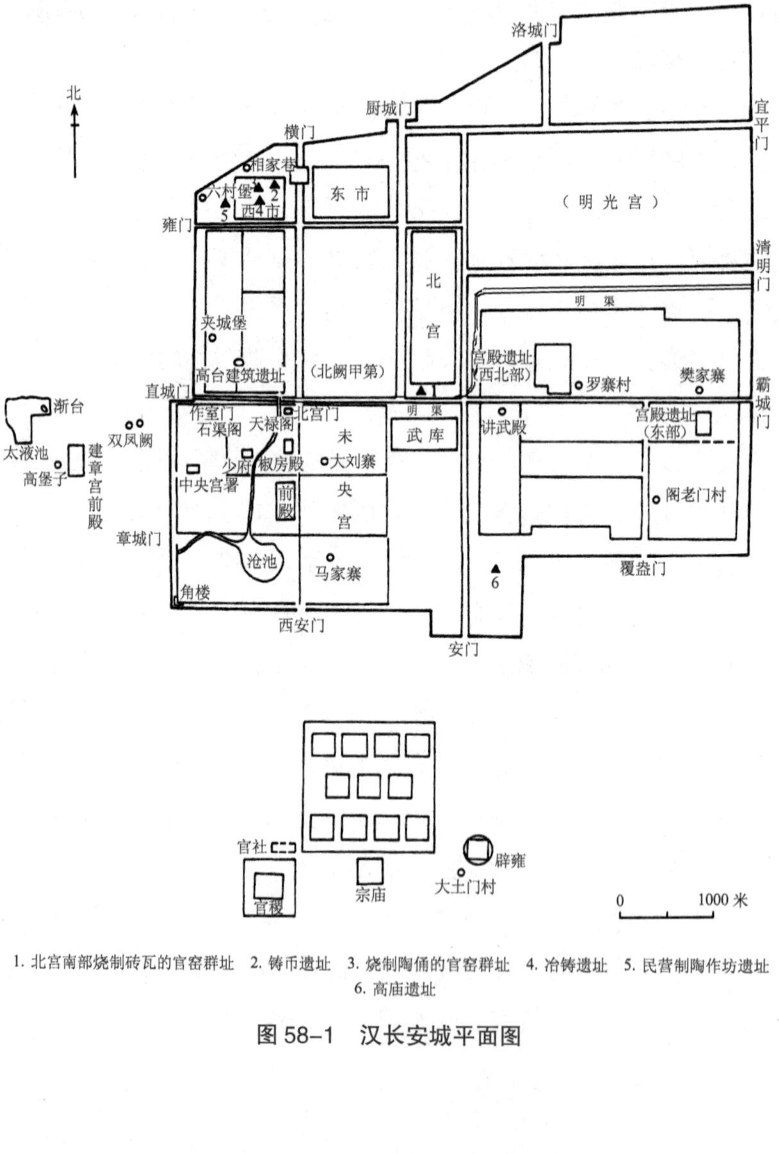

1. 北宫南部烧制砖瓦的官窑群址 2. 铸币遗址 3. 烧制陶俑的官窑群址 4. 冶铸遗址 5. 民营制陶作坊遗址 6. 高庙遗址

图 58–1 汉长安城平面图

作坊、库藏的基本构架已经形成，铺就了建设汉都的底盘。汉惠帝继位以后，就开始做围城工程。据《汉书·惠帝纪》载，汉惠帝元年（前194）“春正月，城长安”，五年（前190）九月“长安城成”。

汉惠帝修筑汉长安城总共花费5年时间，在不违农时的情况下，尽量利用农闲大规模地进行筑城工程。

汉长安城东西和南的三面城墙，除过略有内收或突出的段落不计外，大致是端直的，唯独北墙呈由西南向东北的斜行。乍看平面，近似于缺少西北角的方形。其周长在古书的记载中稍有不同，小到30公里，大及32.5公里。考古工作者曾几次测量过。最新的测绘成果是：汉长安城周长为25014.83米，占地34.4平方公里。四面城墙中，东墙实长5916.95米、西墙实长4766.46米、南墙实长7453.03米、北墙实长6878.39米。这与东汉初卫宏《汉旧仪》作周长“六十里”的记载接近。

长安城并不是方方正正的形状，仅以城东北角和西北角而言，并不在东西一条直线上，竟偏北近2000米。同样，南墙的中段向外突出，比西段偏南200米，比东段偏南900米。在这里，我们暂时排除它缺角和多处转折的因素，勉强地说，其纵横方向最大的直线距离确实有接近之处。

在汉长安城的四面各开三门，全城共计有12门，东墙从北往南依次是宣平门、清明门、霸城门，西墙从北往南依次是雍门、直城门、章城门，南墙从西往东依次西安门、安门、覆盎门，北墙从西往东依次是横门、厨城门、洛城门。

城门是城市进出的通道。汉长安作为当时世界东方的大都会，12座城门就成为连接国内外和世界各地、进行经济文化交流的枢纽。因为长乐宫和未央宫在汉长安城的南部，占了全城总面积的33.7%，如果再加上后建的桂宫、北宫和明光宫，宫殿就占了全城总面积的50.8%。由于宫殿占据着长安城的东、西、南三面的大部分地域，除少数达官显贵住在未央宫北阙附近的“北阙甲第”之外，市民同一般官吏只能住在城北，特别是集中在宣平门一带。而城内西北部是手工业作坊和长安市，北中部又是秦极庙的旧址。既然汉长安12门中的霸城门、覆盎门、安门、西安门、章城门和直城门几乎成了皇室宫廷的专用门户，那么，北城的横门和宣平门也就成了长安城中吏民出入最为频繁的通道，清明门和雍门成了汉长安通往东西的重要门户。今重点选择几座门做一简单介绍：

横门——汉长安城北墙三门中最西端的一座。出横门，北行“三里”即是“横桥”（渭水桥），这也就是门名“横门”“横城门”的由来。横门是连接北方和通往西域各国的出入口，门内有贸易活跃的长安市，门外至横桥间市是国际性商业地带，所以横门是交通繁忙、工商吏民活跃的通道。

宣平门——汉长安城东墙三门中最北端的一座。门外 13 里（汉）设有著名的枳道亭（即“外郭亭”），有郭门，称之为“东都门”（或省称“东郭”）。因为出宣平门是汉长安城通往东方的大道，作为重要的出入口，这里人流频繁，有关的历史记载也较多。王莽把宣平门更名为“春王门正月亭”。即使到了东汉、魏晋、五胡十六国和北朝时期，宣平门都是一个完整的城门供人出入，其存在时间之长是其他门所没有的。

清明门——汉长安城东墙三门中中间的一座。因为门内有皇帝在每年春天举行亲耕之礼的“籍田”，所以又称清明门为“籍田门”。因门内有明光宫，蓄养着从各地征召来的美女 2000 多人，这大概是清明门又称“玉女门”，流传至今“玉女村”的来源。王莽更名此门为“宣德门布恩亭”。

霸城门——汉长安城东墙三门中最南端的一座，西对长乐宫东门。门呈青色，民间称之为“青城门”或“青门”。王莽更名霸城门为“仁寿门无疆亭”。

章城门——汉长安城西墙三门中最南端的一座。武帝建元三年（前 138）为方便长安和茂陵之间的往来，在渭河上架设了一座“西渭桥”，正好同章城门东西对直，中间又有便捷的大道相通，所以时人称桥为“便桥”，称门曰“便门”。同西方的往来，出入此门，经过此桥，也是交通频繁的咽喉地带。王莽更其名为“万秋门亿年亭”。

安门——汉长安城南墙三门中中间的一座。门内是城内南北干道——安门大街，西临武库，东侧由南而北有长乐宫和明光宫。门外，有以后修建的礼制建筑。向南上“蚀中道”即后来的“子午道”，通往秦岭。因而此门是汉长安城通往汉中的重要门户。王莽更其名为“光礼门显乐亭”。

覆盎门——汉长安城南墙三门中最东端的一座。门内，北对长乐宫的南宫门。在门外的“王渠”（护城河）上架有石桥“工巧绝世”，人们传说是工匠之祖的鲁班所修。出覆盎门，南下直去下杜城。王莽更其名为“永清门”。

作为城市的安全防护设施，除过城墙与城门之外，汉长安城也有护城河。《三辅黄图》载：“城下有池周绕，广三丈，深二丈。石桥各六丈，与街相直。”经考古查勘，护城河宽 8 米、深 3 米。

城墙、护城河、大桥、城楼、门阙、大街等建筑一体的长安城环形护卫工程的文献记载和考古发掘印证了长安城真实地成为既有宫殿又有护卫围墙的汉都长安城。

长安城筑成以后，并不是规矩的长方形建筑，东西两面的墙基本呈南北向的直线，而南北两面的墙则出现了多处曲折，而且北墙还是斜向的。《三辅旧事》说：“长安城南为南斗城，北为北斗城。”《三辅黄图》承认“南斗”“北斗”之形，并肯定“至今人呼汉京城为斗城”。

汉长安城的南北墙，果真是天象中“南斗”“北斗”的形状吗？

汉长安城墙曲折的形成，首先取决于历史地理条件。因为这里是秦都咸阳的渭河南新区，秦宫汉用的关系，限制了选址与形状的选择性。

其次，秦朝咸阳城建的“法天”意识和遗留的宫殿事实上对汉宫建筑在格局上有一定的引导作用，但并不是围城工程的指导思想。

秦始皇统一六国之后，对首都建设重新规划时，才以咸阳宫为中心，从总体上使整个都城形成“渭水贯都，以象天汉。横桥南渡，以法牵牛”（《三辅黄图》）的总格局。咸阳渭南新区的大量的宫殿园林都是秦始皇“法天”意识的物证。

汉长安建都初期利用秦时宫殿重建长安，面对历史遗留的现实，是无法彻底改变的。因此，汉惠帝进行围城工程时，就带有很大的被动性。

他和他的高参们不可能摆脱地形、河流、旧宫的限制，也只好一仍其旧，并没有刻意地去仿照天象做成“北斗”“南斗”之形。

汉代的司马迁的《史记》和班固的《汉书》都没有提到“斗城”一说。“斗形”是南北朝时期的说法。其影响深远，连唐宋元时期的大学者如李吉甫在其《元和郡县图志》、宋敏求在其《长安志》、骆天骧在其《类编长安志》中都沿袭了这一观点。（王学理）

五九、汉武帝大兴土木——建章宫、上林苑和昆明池

汉武帝时期，是长安城扩张与充实的时期。除过在城内扩建了北宫，修建桂宫和明光宫，在城西建造了“度比未央”的建章宫之外，还扩大了上林苑，开凿了昆明池。

1. 建章宫

太初元年（前 104），未央宫的柏梁台遭了火灾，汉武帝本想重新修建宫殿，但想到汉长安城内地方太小，没有理想中的空地，他就决定在城西原秦之建章乡选地建宫，称之为“建章宫”。

图 59–1 “益延寿”瓦当（建章宫神明台出土）

据《史记·孝武本纪》载，建章宫“度为千门万户，前殿度高未央。其东则凤阙，高二十余丈。其西则唐中，数十里虎圈。其北治大池，渐台高二十余丈，名曰泰液池，中有蓬莱、方丈、瀛洲、壶梁，象海中神山龟鱼之属。其南有玉堂、璧门、大鸟之属。乃立神明台、井干楼，

图 59–2 “延年益寿”条砖

度五十余丈，辇道相属焉。”文中所列宫殿建筑，尽管还不是建章宫内的全部，但已经点出了它们的相对位置。建章宫殿屋重重，为通行未央宫方便起见，还跨城建造了一座飞阁。两宫相连，辇道相通，有似虹霓。建章宫无论从建筑规模或者装修华丽的程度，都远远地超过了未央宫。这里也成了汉武帝终生活动的主要宫殿。

汉建章宫，作为诸多宫殿组成的群体性建筑，同样用宫城围绕着。据地面踏查，建章宫坐北朝南，东西长约 2130 米、南北宽约 1240 米，占地 2.646 平方公里。四面辟门，其中除西宫门之外，其他三面的宫门都以其雄伟高大而著称于世。另外，在宫门的内外还筑有阙门，从而形成三重门。人们把宫门之内的次门，称作“女阙”。那么，建章宫的门由外往内的次序是：“阙门—宫门—女阙”。

南宫门是正门，象征“天门”（天上紫微宫之门），故称作“阊阖门”。又因其以玉璧作为建筑椽首的装饰，也别称“璧门”。整个门楼通高三十丈（合今 69.3 米），外形华丽。

建章宫的正殿玉堂殿，巍峨雄壮，建筑高大，登临可“下视未央”。司马相如在其《长门赋》中有句：“正殿嵬以造天兮，郁并起而穹崇。”班固《西都赋》中也有“正殿崔嵬，层构厥高，临乎未央”的佳句。玉堂殿是个有三层的高台建筑，高三十丈（合今 69.3 米）。在前殿之后，有诸多宫殿分布在建章宫的北部，建造得高大宏伟，飞檐翘角，形制有别。

建章宫里的名殿奇华殿，在前殿的近侧，专门收藏或陈列着外国的奇货宝贝和使节献给汉天子的礼品。《三辅黄图》举例说“四海夷狄器服珍宝”有火浣布（石绵布）、切玉刀、巨象、大雀（鸵鸟）、师子（狮子）、宛马（大宛国“汗血马”）等。正因为这些东西是来之于“异域”，所以也把奇华殿称作“奇宝殿”。

在建章宫的高层建筑中，最神奇的莫过于位于建章宫内西北的“神明台”（又称“九天台”），东方朔曾对汉武帝说：“今陛下以城中为小，图起建章，左凤阙、右神明，号称‘千门万户’。”（《汉书·东方朔》）据载，神明台有“复道”通太液池中的蓬莱山，再跨城后把桂宫的明光殿连接起来。“神明台高五十丈（合今 115.5 米），上有九室（象征天上中央与八方的‘九天’），置九天道士百人”。（《汉书·郊祀志》颜注引《汉宫阁疏》）神明台同井干楼一样高，是“筑累万木，转相交架”（《史记·孝武本纪》司马贞语）、“叠而百层”（《西京赋》）的古代超高建筑，而且还在两座建筑之间上架“阁道”，下通“辇道”。在高大的神明台基上，立铜柱，柱顶是一位巨大的铜仙人雕像。仙人“掌大七围”，擎着一个直径二十七丈（合今 62.37 米）的大铜盘，名曰“承露盘”。盘内又放一巨型的玉杯，用以承接露水。汉武帝坚信用天露和上玉屑，饮用之后就可以羽化成仙。三国魏文帝曹丕想把铜盘搬到洛阳去，拆除时铜折盘落，“声闻数十里”。临载，铜仙人竟“潸然泣下”！

太液池是建章宫中一处著名的人工湖，距离前殿西北 450 米。太液池也作“泰液池”“清渊海”。太液池水引自汉长安城西南的昆明池。太液池的建造，成了古代神仙传说故事的集合体。池中除了建造高二十余丈（合今 46 米多）的“渐台”“避风台”之外，还人工堆筑了传说的海中的蓬莱、方丈、瀛洲三座仙山。水中除人工放养的水游生物，还雕刻“金石为鱼龙、奇禽、异兽之属”。1973 年，陕西省历史博物馆在太液池遗址出土一个石刻的巨型梭状物，长达 4.9 米、身径 1 米，同汉武帝“刻石为鲸鱼，长三丈（合今 6.96 米）”的记载相符。在西岸水中，还有各长 6 尺（合今 1.386 米）的石鳖三个。池边长满茭白、葭苇和荷花，池中“凫雏、雁子布满充斥，又多紫龟、绿鳖。池边多平沙，沙上鹈鹕、鹧鸪、鸿鶂，动辄成群”。（《西京杂记》）

建章宫中小环境气候湿润，植物茂密，太液池里水游动物成群。造景幽深，湖光水色，同周围的宫殿楼台融为一体，堪称我国古代园林建筑的杰作。正因为这里山水相映，景色宜人，就成了西汉帝王经常嬉戏游乐的场所。

此外，在太液池之南，有另一个人工湖——唐中池。池边有唐中宫，是个可容纳万人的大型宫殿。太液池之西有“琳池”和“孤树池”，其开凿时间可能要晚一些。《西京杂记》载，孤树池中有洲，上有䩞树（即杉树）一株，干径粗大有六十余围，望之重重如盖。

图 59-3　太液池渐台遗址

西汉末，新莽政权诞生后，王莽面对遍地蜂起的农民起义大潮，把希望寄托在修建九庙上，“欲视为自安能建万世之基”，于地皇元年(20)，“坏彻城西苑中建章、承光、包阳、大台、储元宫及平乐、当路、阳禄馆，凡十余所，取其材瓦，以起九庙”。（《汉书·王莽传》）这是建章宫第一次遭到的毁灭性的破坏，及赤眉军进入长安之后纵火烧掠，使它成了一片废墟。

2. 桂宫、北宫与明光宫

太初四年（前 101），汉武帝在原秦渭南新区的甘泉宫旧地建造了桂宫。因为秦昭王最早为太后在这里设宫，相对渭河北的“冀阙宫廷”而称之为“南宫”，后来这里竟成了国事频繁的政治中枢。

宫中的主要宫殿建筑主要集中在南部，有鸿宁殿和明光殿。桂宫作为后妃之宫，其建造宏伟、装饰富丽堂皇的程度，可同未央宫的椒房殿相媲美。

北宫是汉初遗留的旧宫，因为高祖刘邦时制度草创，居处多沿用秦宫，所以所建的北宫也相当简陋。汉武帝对北宫做了一次大的增修，使

图 59–4 “上林”铜鉴

图 59–5 “上林荣宫”铜方炉

图 59–6 “上林”铜鼎

之规模巨型化、布局制度化，而且更加华丽。入住北宫的后妃，多半是政治上的失意者、贬废者。如孝惠张皇后在平定诸吕之乱后，被废黜即安置于北宫。哀帝崩，王莽专权，把贵为皇太后的赵飞燕贬为“孝成皇后”，连同哀帝傅皇后一起退居北宫。

汉武帝为求仙，于太初四年（前 101）秋天，在长乐宫之后起造了明光宫，明光宫同长乐宫之间，隔着东西向的清明门大街，并用复道连接，从而方便了两宫之间的往来。这就表明了用飞阁式的复道把桂宫、明光宫、长乐宫和未央宫串联起来，形成一个环形的空中闭合圈。

尽管在明光宫建立之初，是汉武帝为安置宫女而设置的，其舒适优越的环境同其他宫殿比较自然是略胜一筹。但到西汉后期，其地位则有所式微。平帝元始元年（1），明光宫被废。王莽篡位，废孺子婴，封其为“定安公”，封平帝皇后为“定安太后”。始建国元年（9），也把废宫光明宫改名“定安馆”，用以安置定安太后。（《汉书·王莽传》）

3. 拓展上林苑

《史记·秦始皇本纪》说“诸庙及章台、上林皆在渭南”，上林苑是秦诸苑中最大而最有名的。秦上林苑的范围大概北自汉长安城之南，南至秦阿房宫遗址之南，东西则在灞浐之间到沣河西岸，东南同曲江的宜春苑为邻。当时，还计划在苑中建造“离宫别馆一百四十六所”。（《三辅故事》）

汉武帝建元三年（前138），在秦上林苑的基础上大兴土木，不但范围扩大，而且工程内容也增加。汉上林苑“东南至蓝田宜春、鼎湖、御宿、昆吾，旁南山而西，至长杨、五柞，北绕黄山，濒渭水而东，周袤三百里”。（《汉书·东方朔传》）显而易见，汉武帝扩建的上林苑东南自今西安市蓝田县西南焦岱镇的汉鼎湖延寿宫遗址，沿秦岭北麓西行，到今周至县东部的汉长杨宫和五柞宫遗址。再向东北行，至今兴平县东南的田阜乡侯村汉黄山宫遗址。继而沿渭河南岸东行，直到泾、渭之交，后沿灞河东岸直驱蓝田西界，从而形成把“长安八水”都包罗其中的闭合圈，周长达四百余里。周围筑有苑墙，辟12座苑门。苑内划分成36个小区，把数量众多的宫观、池沼和园林融合在不同的自然景色之中，使“天人合一”，从而构成别具特色的汉家皇室公园。

苑中的离宫别馆，有说是“三十六所”（《后汉书·班固传》引《西都赋》），有说“七十余所”（《三辅黄图》《汉旧仪》）。见载的著名离宫，有“建章宫、承光宫、储元宫、包阳宫、望远宫、犬台宫、宣曲宫、昭台宫、蒲陶宫”（《长安志》引《关中记》）以及宜春宫、鼎湖延寿宫、萯阳宫、长杨宫、五柞宫、蹏氏馆等。

上林苑中宫观的功能，可说是多种多样的，既有游乐、休闲、观赏性的，也有豢养各类动物的。广阔的上林苑中，放养百兽，供皇帝观赏与狩猎。甚至帝、后死葬时，也以上林苑中的珍禽异兽从葬。武帝茂陵用大量的“鸟兽鱼鳖牛马虎豹生禽”从葬。（《汉书·贡禹传》）在薄太后南陵从葬坑里，出土有大熊猫和犀牛的骨架，显然是取自上林苑的兽圈。

上林苑内有川原隰坂，既有天然的林木花草，又有人工广泛种植着的奇花名果3000余种。这些由群臣从远方各地献来的不同品种的花木与果树，使上林苑成了大汉帝国与外域异邦的博览园。春华秋实，落英缤纷，其经济价值与观赏价值，大大超出了一般人的想象。

上林苑中有很多天然池沼，初池、麋池、牛首池、蒯池、积草池、东陂池、西陂池、当路池、犬台池、郎池等共称为“上林十池”。（《三辅黄图》）

虽说上林苑是汉家的园林，但汉武帝并没有把它当作纯粹的游乐享受之地，而是使之同国家的经济生活发生了联系。其中大量的良田沃土被用作皇室耕地，还有多处手工作坊，专门供应宫廷之用。

汉武帝扩建上林苑，固然选择了山环水绕的地理环境，其中有宫观掩映，花木扶疏，容得千乘万骑，使喧嚣繁盛的都城长安难得有一处浩瀚的净土，供皇室贵族悠然闲适地尽情享受奢华的生活。但作为都城的苑囿，实际上在政治、经济、安全，以至文化上都起着补充的作用。上林苑在另一个侧面显现着汉帝国那峥嵘博大又雍容华贵的气势。

4. 开凿昆明池

据载，昆明池“在长安西南，周迴四十里”（《汉书·武帝纪》）。元狩三年（前 120），汉武帝在周灵沼的基础上大力修建昆明池。昆明池遗址正在今西安市长安区斗门镇东一片低洼地带，地当细柳原和高阳原之间，其地势比周围地面深 2 米 ~ 4 米。经考古调查，确定池址东西约 4250 米，南北 5690 米，周长约 17.6 公里，面积约 16.6 平方公里。因为昆明池在西汉之后经过北魏，特别是唐代的多次疏浚，并且面积有所扩大。所以，今考古探测之数据当是唐昆明池的范围。而且文献中所谓“周迴四十里”之说，又大于现存的池址，很可能包括了昆明池引水、泄水、排洪渠道和揭水陂在内。

汉武帝修凿昆明池的缘起，据说是为了操练水军，以便征伐西南夷的昆明诸国。因为昆明国内有滇池，方三百里，为使士兵熟悉水战，所以池名也取了“昆明池”这一称呼。《三辅旧事》上说昆明池水面 332 顷，《西京杂记》的作者亲眼看到同样的情景是“昆明池中有戈船、楼船各数百艘。楼船上建楼橹，戈船上建戈矛，四角悉垂幡旄，旍葆麾盖，照烛涯涘。”但昆明池建成后，它的作用及其对汉都长安的影响远远不止于此：

第一，首先是皇家的又一水上游乐场所。在池中建豫章台，台上有灵波殿，水中刻有长达三丈（约7米）的石鲸鱼。据说，“治楼船，高十余丈，旗帜加其上，甚壮”。（《汉书·食货志》）水中的豫章大船，“可载万人，上起宫室，因欲游戏”。也“常令宫女泛舟池中，张凤盖，建华旗，作櫂歌，杂以鼓吹”，而汉武帝则坐在豫章观上悠然自得地欣赏。（《三辅黄图》）

在昆明池周边还建有很多宫观建筑，“列馆环之”，都是皇帝行幸的地方。文献记载：池西有“宣曲宫”，曾是宣帝的“度曲”之处。池东有“白杨观”，池南有“细柳观”。汉昆明池北有周的镐池和滮池，昆明池与两者之间有河道相通。为象征天河（银河）有牛郎和织女的鹊桥相会，《关辅古语》和《西京赋》中都说在河两岸分别刻有“牵牛”和“织女”两尊火成岩石雕像。很庆幸的是，这批模拟神话故事的艺术品经过两千多年的风雨沧桑，竟完整地保存了下来。河东的今北常家庄原有座“石婆庙”，庙里的挺立石像高1.92米。河西的斗门镇棉绒加工厂里有一座“石爷庙”，庙里的跽坐石像高2.3米。两石像相距3公里，而石像的性别因为当地人未区别清楚竟将男女倒置了。实际上，“石婆庙”里供奉的是“石爷”（即牛郎像），“石爷庙”里供奉的是“石婆”（即织女像）。秦始皇在统一中国后，按照天象重新规划秦都咸阳，形成了“渭水贯都，以像天汉。横桥南渡，以法牵牛”（《三辅黄图》）的规模。而汉武帝开凿昆明池时，进一步将这美丽的神话具体化，一河之隔，牛东女西，变成可视、可触摸的景物，不仅为悠游增添乐趣，而且更增汉都的神秘色彩。

图 59–7　石婆庙汉代石刻

第二，利用昆明池广阔的水面，发展养殖业。据载：“养鱼以给诸陵祭祀，余付长安厨”（《三辅黄图》引《庙记》），“上林苑中昆明池、镐池、牟首诸池，取鱼鳖给祠祀，用鱼鳖千枚以上，余给太官”（《汉旧仪》），“昆明池……于上游戏养鱼，鱼给诸陵庙祭祀，余付长安市卖之”（《西京杂记》）。汉皇室的宗庙、陵庙祭祀与皇帝的饮食宴会，用鱼量相当大，一次竟有“千枚以上”！如果还有剩余，就送到集市上出售，竟然使得“长安市鱼乃贱”！

第三，昆明池最重要的作用还在于，它是汉都长安西南的一处总蓄水库，具有极强的供给与调节功能。据《水经注・渭水》载，昆明池周围有五条人工渠道（池南的洨水渠、池西的沣水渠、池北的滈水渠、池东北的揭水陂和池东的昆明故渠），把长安城南来自秦岭北麓的多条天然河流联结为一个整体。充分利用昆明池的地势，通过揭水陂，供应长安城内和城西建章宫的生活用水与园林用水；通过昆明渠供应城南和城东的用水，还接济了漕渠，保障其有足够的水量。既要保障城市正常用水，还要避免洪水期水量大增造成水患，于是通过沣水渠和滈水渠的二次调水，控制了水量，避免了水患的发生。

沧海变桑田，唐代修整昆明池，填塞了北流的注水口，使镐池、滮池干涸。唐文宗太和年间（827 ~ 835）石堰堵塞，输水来源断绝，昆明池逐渐干涸。随岁月的流逝，整个昆明池地区变成了沼泽密布的农田和村镇。（王学理）

六十、城与郊，街与陌——汉长安城完整的建制与规模

1. 城与郊的概念

因为汉代秦而立，汉长安继承了秦咸阳的诸多旧宫和基址，长安的建制同秦都咸阳必然有着不少的相似之处。但又不会也不可能完全复制，因而汉长安又呈现出一些新的特点。

长安诸宫各自都有宫城环围，这同秦都咸阳的“宫自为城”是相同的。但汉长安城这座大城，把皇室的宫殿建筑群围了起来。尽管其中的建章宫处于这座大城之外，是个特殊的情况，如果把它看作城内皇宫的

延伸也未尝不可。但是，对此大城包围诸宫的形态，有的学者把它称之为“宫城”，有的称之为“外郭城”。这是根据先秦城郭理论的思路研究长安城的必然考虑。

其实，秦的咸阳、汉的长安城是一种特殊构造，是在那个特殊时期的创造性工程。汉长安城就是“城”，无所谓什么“宫”或者什么“郭”的。早在《史记》和《汉书》中就一致称其为“长安城”。在这里，它同春秋战国时期“城郭相并”的双城制相去甚远，又超越了秦都咸阳“城郊模糊”的状态而变为更清晰的具体化。即使同后来的唐长安城比较起来，还可以归结为八个字，即：“乍看相似，实则有别”。简言之，唐长安城方方正正，有城围拢，同汉长安相同；把大明宫、兴庆宫和禁苑置之

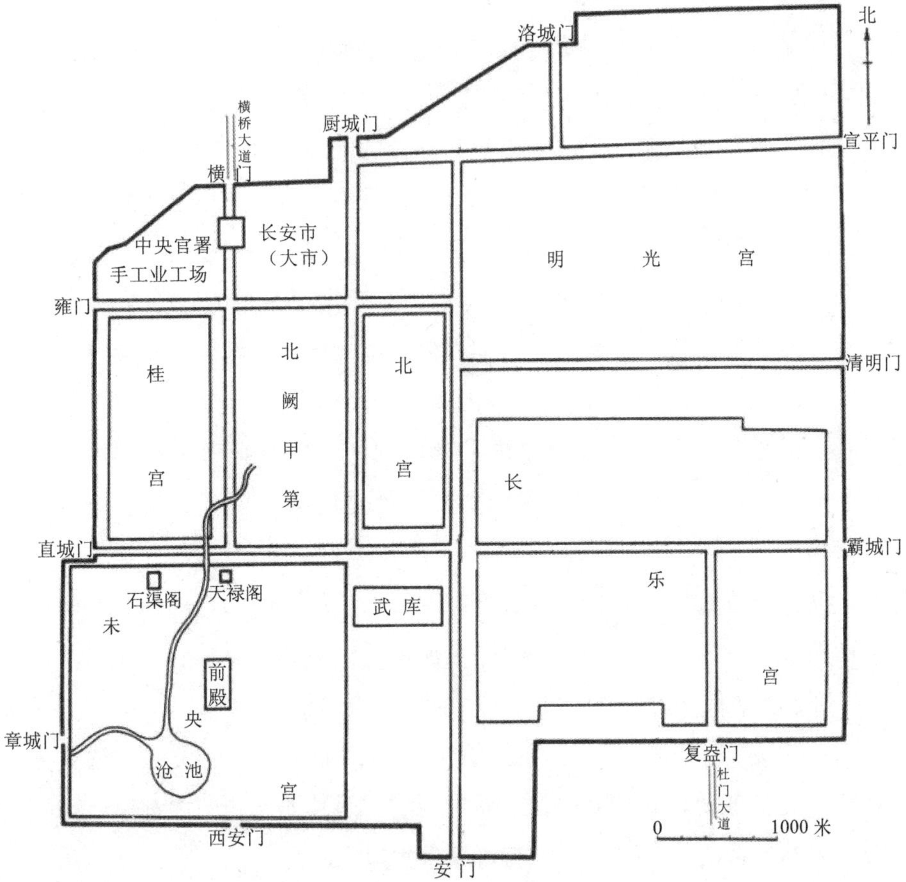

图 60-1　长安城内布局图

城，同汉建章宫与上林苑的情况相似；城内有东西二市，也有坊的结构，同汉长安如出一辙，等等。但是，前后两都城所包含的内容与位置全变了。其中最大的区别，就在于最早的唐太极宫和皇宫被包罗在城内，形成有“城”（指“皇城”—“宫城”）、有“郭”（指大城），“郭”大于“城”的平面布局。而皇城“高高在上”（居后中部），并以此为中心使“坊”与“市”处在两翼和正前方，形成“君临天下”的态势。皇权极致化、布局规范化，颠覆了“前朝后寝”“面朝后市”的观念，是唐长安城高于前代都城的最大特点。

唐长安城是汉长安城的继承与发展，也是以后直至明清北京城完善的基础与先导。

2. 汉都长安城与郊的范围

“城”，指一周围墙之内。“郊”，指城墙之外。郊，还有近郊与远郊的区别。一般意义上说到的“长安”，当然是包括了城与郊在内的。

长安四郊有多大？其四至当然在邻县的接壤之处，地涉三辅。北至渭河的东南一线。其北岸由西向东，依次是渭城县、长陵县和阳陵县。东至灞水、浐水的南北一线。城东有奉明县，河东岸由北往南有霸陵县、南陵县。南至杜陵县、鄠县的北界。即由今西安市东南的乐游原西麓起，过曲江池遗址，延伸到秦阿房宫前殿遗址南，向西至沣河。西至南北流向的沣河。

京师长安处于长安县境之内，都城内的一般行政事务还得由长安县令来处理。那么，汉都长安四郊的边界之内实际也就是长安县的管辖范围。

汉长安城从平面上看，尽管不是方形的，但城墙的走向除过当时受地形的影响不得不改变方向外，一般说还是正方向的。

3. 八街九陌

长安城 12 门中，除过南城的西安门向内通未央宫、覆盎门通长乐宫外，另有西城的章城门对着未央宫西墙，而其他九个门内都有一条宽阔的大道笔直地通向城内。因为每一条大道实际是一条街，那么九条大道“十”字相交或“丁”字相接的结果，就形成了八条大街。这就是人们常说的“八街九陌”。而“八街九陌”间的空当即是11个区域，那么，城内的宫殿、武库、太仓、居民、九市、手工业作坊等，就被安排在这些区内。尽管这11个区大小不等、形状各异，从平面上还没有形成像后来唐长安城内的“坊”那么整齐划一，但毕竟是“坊”的雏形。不过，当汉惠帝围建起墙垣之后，长安城内除过长乐、未央与武库、长安市所占几区外，多是些空旷的地带。自汉武帝时代起，城内又增加了桂宫、北宫和明光宫，在不可能再有大面积的空地可以利用之时，武帝便在西城外兴建了“千门万户”的建章宫。

八街：汉长安城的八条大街，以与之相连的城门命名。分别排列如下：

（1）安门大街——由安门内向北，与宣平门大街成“丁”字相接。是八街中最长的，约5400米。

（2）直霸大街——由直城门内向东，经未央宫、武库北，与安门大街十字相交，穿过长乐宫的东西宫门，直通霸城门。

（3）清明门大街——由清明门向西，经长乐宫北，与安门大街“丁”字相接。

（4）宣平门大街——由宣平门向西，过洛城门大街南口、安门大街北口，同厨城门大街“丁”字相接。

（5）雍门大街——由雍门向东，经官署手工业作坊区、东市南，同横门大街、厨门大街“十”字相交，再与安门大街“丁”字相接。

（6）横门大街——由横门向南，穿过东市、官署手工业作坊区之间，同雍门大街“十”字相交，再经桂宫东侧，与直霸大街“丁”字相接。

（7）厨城门大街——由厨城门向南，同雍门大街“十”字相交，经北宫西侧，再向南与直霸大街“丁”字相接。

（8）洛城门大街——由洛城门向南，与宣平门大街“丁”字相接。长470米，是八街中最短的一条街。

九陌：汉长安城有12门，城内有8条大街，而为史家所称道的“九陌”又是指的什么？

汉长安城的“九陌”可能是指北面的横门、厨城门、洛城门，东面的宣平门、清明门，南面的覆盎门（杜门大道）、安门，西面的雍门、直城门等通往城外的九条大道。因为霸城门外对着低洼地带，正有王渠挡路。西安门内对未央宫，城外是礼制建筑。章城门内对未央宫，外对建章宫。虽然这三门外都有路，但非车马大道，应属于“官道”，故而未计入门外之“陌”中。所以“九陌”只是指汉长安城外 9 条交通频繁的著名大道，并非长安城 12 门无道。

4. 京畿的范围“三辅”

长安有城有郊，但作为都城，首先是国家的政治中心，不允许封国的存在，但在行政制度设置上，带有其特殊性，即：城内是皇室的宫殿、居民的闾里、商品交易的市场；而近郊不按郡、县、乡的三级的编制系统，却有“乡”一级的设置。汉初，一度设郡，随后依秦之制又把畿辅之地统统恢复为“内史”。武帝建元六年（前 135），把内史一分为二，成了左内史和右内史。过了 30 年，于太初元年（前 104）设立“三辅”，便把右内史更名为“京兆尹”，使之领长安、新丰、船司空、蓝田、华阴、郑、湖、下邽、南陵、奉明（宣帝后置）、霸陵、杜陵等 12 县；左内

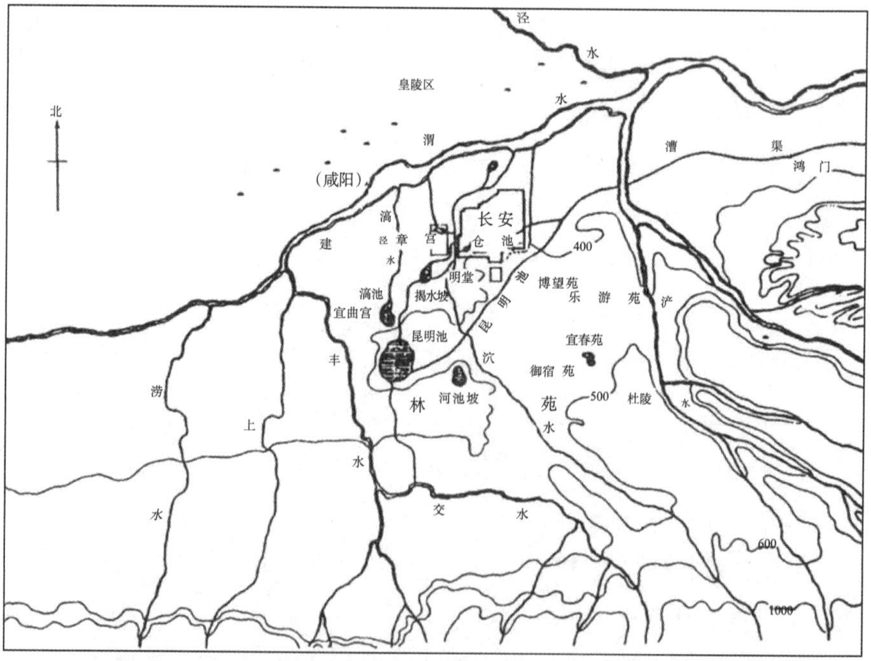

图 60-2　西汉长安及其附近主要宫观分苑示意图

史更名为“左冯翊”，使之领高陵、栎阳、翟道、池阳、夏阳、粟邑、谷口、莲勺、鄜、频阳、临晋、重泉、郃阳、祋祤、武城、沈阳、褱德、徵、云陵（昭帝后增）、万年、长陵、阳陵、云阳等23县；把原来主管列侯的都尉改为“右扶风”，使之领渭城、槐里、鄠、盩厔、斄、郁夷、美阳、郿、雍、漆、栒邑、隃、陈仓、杜阳、汧、好畤、虢、安陵、茂陵、平陵、武功等21县。

《三辅黄图》说：“武帝太初元年改内史为京兆尹，以渭城以西属右扶风，长安以东属京兆尹，长陵以北属左冯翊，以辅京师，谓之三辅。”三辅之地辅佐京师，显然属于大长安的范围。

三辅职掌京畿诸县，其职位等同郡守，官秩为二千石，但因地近京师，政治地位则高于郡守，所以按官名称之为“京兆尹”“左冯翊”“右扶风”。三辅的治所都设在长安，《三辅黄图》载：“京兆，在故城南尚冠里”，“冯翊，在故城内太上皇庙西南”，“扶风，在夕阴街北”。（王学理）

六一、长安市民生活的缩影——汉长安城的闾里、大市和九市

长安是一座四方云集的国际大都会，除了巍峨宏丽的宫殿、官署和达官贵显的豪宅，还有普通市民百姓生活的街市以及商业保障，它是一座规划完善、功能齐全的古代大都市。但是，历史的尘埃已经蒙蔽了两千多年，我们难以见到它的全貌，只能从少得可怜的史书和考古发掘的成果中，梳理出一鳞半爪的历史现象，企图一斑而窥豹。

《三辅黄图》说“长安城有闾里一百六十，室居栉比，门巷修直”。“里”是秦汉时期最基本的行政单位，在城里则外围筑有墙，辟门。里之大门称之为“闾”，设有门管人员，称之为“里监门”。“里”作为最小的基层单位，头目称“里正”，任务是监管里民、维持治安。那么，这160个均有围墙的闾里，方方正正，里中又有巷。闾里的住户相邻，如同木梳齿一般的排列着。在里内，除个别显贵可以当街辟门之外，绝不允许一般居民当街开设门户，必须向着里巷，以便做到门巷端正修直。张衡在其《西京赋》中有“参涂夷庭，街衢相经，廛里端平，甍宇齐平”

的句子，所谓“廛里”只是古代城市中住宅区的通称。按孙星衍对《周礼·地官·司徒》的解释是：庶人、农、工、商等所居谓之廛，士大夫所居谓之里。但汉长安城内是否分得这么清楚？也不见得像等级森严的周制。不过，诗言大街并行三车道、街道交汇有序、住宅端直、屋脊房檐齐平，恐怕是符合长安城实际的。

《汉书·食货志》：“在野曰庐，在邑曰里。五家为邻，五邻为里，四里为族，五族为党，五党为州，五州为乡。乡，万二千五百户也。”颜师古注：“里，聚居也。”这固然是周的编制户口的制度，但战国时期仍然沿用。五家出五人当兵，编为一“伍”。《商君书·境内》规定“五人束（来）簿为伍”。农村最基层的行政单位是以“五家为伍”，在军队中按此编制而五伍相保，到了汉代也没有大的改变，所以晁错就说“卒伍成于内，则军正定于外”（《汉书·晁错传》）。那么，“五家为邻，五邻为里”的编制，当做“兵民合一”的军事组织，是固定了下来。所以，里内的住户数，一般应是 25 家。不过，这个数也不尽然如此。如汉平帝元始二年（2）夏，“起五里于长安城中，宅二百区，以居贫民”（《汉书·平帝纪》）。一“区”即是一个居住单元（户），王莽曾奏“为学者筑舍万区”（《汉书·王莽传上》）。那么，在五里中住 200 户，平均一里有 40 家。这种情况说明，一是汉长安城内有相当的空旷地带；二是闾里建制固然相同，但面积有大小；三是闾里未必集中在一个区域，也有分散在别处的；四是“长安城有闾里一百六十”，应是个约数，不该拘泥。

城市是人口集聚之地，商业是城市繁荣的主要因素和居民生活的保障。汉长安建都初期，因为受长期战乱的影响，社会经济严重破坏，城市商业萧条，市场不振，商贾较少，造成商品极度匮乏，因而设市成为城市正常运行的必要。

由国家主持，在汉都长安设市的时间最早是高祖六年（前 201），即丞相萧何“立大市”（《史记·汉兴以来将相名臣年表》）。所谓“大市”，从规模上讲，当然不是一般露天的集市贸易场所。长安的商品交易分为朝市、大市、夕市三市，中午到下午这段时间内参与交易活动的不再是商贾间、小贩间的交易，普通百姓也进入市场，这就是所谓的开“大市”。汉初的所谓“大市”，一定是史籍中一再称说的“长安市”了。

图 61-1　马蹄金

图 61-2　麟趾金

图 61-3　西汉金饼

汉长安城出土黄金货币

从文献到考古，汉都长安有多处市场，而形成规模并符合市制的发现仅见一处，这就是大家常说的“东市”。实际上，这才是真正的“长安市”。市内有纵横各两条的道路交叉成“井”字形，由这四条大街把市内划分成了九个独立的区域。大道通墙，使得每面墙有门两座，计八门，从而形成“一市八门九区”的市制。

汉长安市内“井”字形四街构成九区的格局，也被唐长安两市所继承，说明汉代“都市”远比已发现的秦雍都、咸阳的市要成熟得多。

古文献就京都一带的市场数量，往往说“长安市有九市”。《三辅黄图》引《庙记》说：“长安市有九，各方二百六十六步。六市在道西，三市在道东，凡四里为一市。致九州之人在突门。夹横桥大道，市楼皆重屋。”长安有“九市”，仅指大市而言。较为重要的是“四市”。左冯翊属官有“长安四市四长丞”（《汉书·百官公卿表》）。汉高祖六年立的“大市”（长安市）应是“东市”，汉惠帝六年起的“长安西市”就是横门大道之市。只是因为先有“西市”之名，才把“大市”称之为“东市”。

长安市是商业活动最为活跃的国家级市场。商品种类繁多，交易量大，也造就了不少有名的商业巨头，如“东市贾万”称霸一方，同城西的万张、翦张禁、酒赵放、杜陵杨章等人结成团伙，竟能“上干王法，下乱吏治，并兼役使”，被称之为“长安宿豪大猾”（《汉书·王尊传》）。西汉末期，从事卖丹生意的王君房、卖豉的樊少翁、王孙卿，竟能“以财养士，与雄桀交”，都成了天下拥有大量资产的富人。特别是王孙卿以钱铺路，混迹官场，王莽还委以京都“市师”的重任，并当上了“东市令”。由此可见，商业利益的驱动和官场腐败必然造就官商勾结，财富的性质决定财富的功能，如果不能在精神上合理地进行教化和引导，急剧膨胀的个人财富便会成为摧毁现有体制以致个人前程命运的引爆器。（《汉书·货殖传》）（王学理 秦中朝）

六二、文韬武略——影响西汉历史的几个大事件

1. 晁错削藩与七国之乱

颍川（治今河南禹县）人晁错，初习申商刑名之学，文帝时任太常掌故，从伏生受今文《尚书》。后迁博士、太子家令，为太子（即景帝）所信用，号“智囊”。以对策高第迁中大夫。上书言事凡30篇，建议劝农立本、徙民备边、抵御匈奴侵扰，并力主削夺诸侯王权力，颇能切中时弊，得文帝赏识。景帝立，任内史，迁御史大夫，幸倾九卿。景帝采纳其议，更定法令，着手削藩。公元前154年，久已蓄谋作乱的吴王刘濞联络楚王戊、胶西王昂、胶东王雄渠、甾川王贤、济南王辟光、赵王遂，以诛晁错、清君侧为名，公开发动武装叛乱。景帝命周亚夫为太尉平叛，以大将军窦婴驻屯荥阳，监齐、赵兵，又听信袁盎等谗言处死晁错，企图平息事端。吴楚等拒绝罢兵。周亚夫乃引兵固守昌邑，以轻兵绝吴楚军粮道，待其粮尽溃散，遣精兵追击，大破之。前后凡三月，乱平。

图62-1　汉武帝刘彻像

2. 罢黜百家，独尊儒术

罢黜百家，独尊儒术是汉武帝在思想文化领域采取的统治政策。武帝初年，社会经济得到恢复发展，汉初统治者所倡导和奉行的黄老之学已不适应专制主义中央

集权国家的需要，因而被儒家的春秋大一统思想、神化皇权的政治理论和以仁义为核心的伦理学说所取代。公元前 140 年，董仲舒在贤良对策中提出："诸不在六艺之科孔子之术者，皆绝其道，勿使并进。"同年，丞相卫绾奏：诸"所举贤良，或治申、韩、苏、张之言乱国政者，请皆罢。"武帝采纳这些建议，以好儒术的田蚡为相。田蚡"黜黄老刑名百家之言，延文学儒者以百数；而公孙弘以治《春秋》为丞相封侯"。其后，通晓儒家经典更成为入仕的主要途径。不过武帝所尊的儒家已吸取了法、道、阴阳等家有利于加强君权的思想因素，与先秦以孔孟为代表的儒家有所不同。

3. 张骞凿空西域

西汉初，匈奴经常侵扰汉边境，成为严重的边患。为了有效抵御匈奴入侵，汉武帝从一个匈奴降人口中得知西迁的大月氏有报复匈奴之意后，立即决定募使前往寻求与大月氏结盟，以实现其"断匈奴右臂"的战略构想。这一募召得到了陕西汉中城固人张骞的积极响应。当时，从汉到西域需要经过匈奴人控制的河西地区，前进的道路异常艰难。公元前 138 年，张骞率众百余人持节从长安向西域出发，途中被匈奴人俘获，拘留十余年逃脱后继续持故节西行抵大月氏。不料大月氏在中亚阿姆河流域定居已久，"殊无报胡之心"。张骞尽管未能完成结交与国的使命，但他终于在公元前 126 年生还长安，给西汉王朝带回了关于西域的最新消息。这更激发了武帝西进的热情，此后遂开始了一系列广求西域通路的活动。自公元前 121 年，汉将霍去病大败匈奴收复河西之后，通往西域的道路终告畅通。司马迁把张骞的西域之行称为凿空，凿空即探险的意思，其意义重大。由此发展而来的丝绸之路，对中西文化经济

图 62-2　张骞墓碑

图 62-3 茂陵霍去病墓马踏匈奴石雕

交流起了重要作用，谱写了世界古代史上绚丽的一页。

4. 反击匈奴之战

汉武帝在反击匈奴的战争中，大胆起用了两个新人——卫青与霍去病。卫是武帝卫皇后的弟弟，霍是卫后姐姐的儿子，皆属外戚，但也都是军事奇才。对匈奴的反击战主要在公元前 133 年至公元前 119 年间进行，先后打了十几仗，其中关键性的大战有三次：第一次战争发生在公元前 127 年，汉军收复河南地区，解除了匈奴对长安的威胁。此战卫青贡献最大，受封长平侯。第二次战争发生在公元前 121 年，霍去病两次率军征战，收复河西地区，并接受匈奴浑邪王投降。第三次大战发生在公元前 119 年，卫青与霍去病分兵远征漠北，兵临瀚海（今蒙古高原东北境，或说即贝加尔湖）而还。“是后匈奴远遁，而漠南无王廷。”此战霍去病战绩尤著，加封大司马，秩禄比于大将军卫青。

5. 土德制度

按五德终始论，继秦的水德之后，汉应为土德。然而入汉以后的很长时间内，仍奉行水德制度，于是在文帝时有人便提出了改水德为土德的问题。那时由于客观条件还不成熟，故改制未能实现。至武帝时，改制之风重新刮起。史称当时“搢绅之属”普遍要求将水德改为土德，而武帝本人既雄才大略，又好大喜功，所以定德改制之事，势在必行。太初元年（前 104），当各方面的准备工作就绪后，武帝便正式宣布改制，即建立新的土德制度。具体内容是：正朔，正月朔（建寅）；服色，上黄；度数，以五为纪；音律，上黄钟。其中正朔一项，是采用了从五德说衍生出来的三统说黑统的规定。三统说的要素是黑、白、赤统，另还有四法，即夏、商、质、文（此处夏、商非朝代名）。它认为历代帝王被分配在三统里，夏为黑统，商为白统，周为赤统，其后依次循环，三统各有自己的制度。四法也是循环的，而且与三统相配，构成“黑统—法夏”“白统—法商”这样的组合。由于三统以三数循环，四法以四数循环，故需经历 12 代才能完成一次大循环。

武帝朝以这样神秘的理论构筑起的神秘制度，今天看来自然很可笑，但当时它却是人们笃信不疑的圣典。

6. 求仙与祭祀

战国时期曾出现所谓的神仙家，秦汉时将这些人称作方士。向往神仙，迷信方士，成为当时的社会时尚。为求长生不老，汉武帝对于方士始终兴趣不衰；不少方士居然取得其信任，成为显贵。如少翁被拜文成将军，栾大连挂五将军印，封乐通侯，妻卫长公主。当方士的骗术被戳穿后，武帝虽然毫不客气地把他们杀掉，但对神仙及不死药，仍然一心向往。为此，特在长安建飞廉、桂馆，在甘泉建益寿、延寿馆，命方士“持节设具而候神人”；又在长安建 30 丈高的通天台，“将召神仙之属”，甚至还在建章宫太液池中建四仙岛，表示精神寄托。汉武帝对祭祀活动特别重视。元光二年（前 133），他亲自郊雍之五畤，后形成三年一郊的定制，又接受谬忌等人建议，祭祀“泰一”“三一”。元狩三年（前 120），听信方士少翁言，“作甘泉宫，中为台室，画天地泰一诸鬼神，而置祭具以致天神”。元鼎五年（前 112），又在甘泉宫起三层泰一祠坛，五帝坛环居其下，黄帝西南，“除八通鬼道”。另在汾阴睢上（今陕西韩城市西南）建后土祠，祭地神（社神）。如此一来，天地祭祀终于被武帝搞齐备了。

7. 司马迁与《史记》

司马迁，字子长，左冯翊夏阳（今陕西韩城）人。早年壮游，深入民间，考察风俗，采集传闻。初任为郎，曾奉使巴蜀及西南夷。元封三年（前 108），继父职，任太史令。博览国家藏书，承父遗业，续写史籍。又参与改革旧历，制定《太初历》

图 62–4　司马迁像

的工作。后因为他激情地为投降匈奴的李陵辩护，触犯武帝，被处腐刑。出狱后任中书令，尊宠任职，发奋完成所著史籍，时称《太史公书》，后称《史记》。司马迁撰《史记》，其明确的指导思想，就是要“网罗天下放失旧闻，考之行事，稽其成败兴坏之理，凡百三十篇，亦欲以究天人之际，通古今之变，成一家之言”。这“究天人之际，通古今之变”是司马迁历史哲学的精髓。此书开创纪传体史书形式，分作十二本纪，十表，八书，三十世家，七十列传，共130卷，52.65万字，记录上自黄帝，下至汉武帝太初年间前后3000年的史实，是我国最早的通史，也是古代优秀传记文学巨著，对后世史学与文学都有深远影响。

8. 昭帝时代与议嗣之争

汉昭帝即位时才八岁，由霍光、金日磾、上官桀、桑弘羊四位重臣辅政。霍光是骠骑将军霍去病的同父异母兄弟，服侍武帝20余年，始终小心谨慎，从未犯过过失，深受信任，为辅臣之首。武帝曾以周公背成王朝诸侯图示之，意谓让他做辅佐幼主的周公。金日磾原是匈奴休屠王的太子，14岁被俘后即在汉宫中养马，受到武帝的特别宠爱，而他本人也忠心为武帝做事。上官桀初为羽林期门郎，因力气过人，得到武帝赏识，视为心腹。桑弘羊商人出身，为理财专家，一直受到武帝的信任。

始元六年（前81），汉昭帝令丞相车千秋、御史大夫桑弘羊，召集各地所举贤良文学60余人至长安，以“民所疾苦，教化之要”为议题，对政府现行政策举行一次大规模讨论会。是为盐铁会议，或称盐铁之议。会上，以贤良文学为一方，以政府代表（主要是桑弘羊）为另一方，展开激烈辩论。所论问题主要是：（1）盐铁官营问题；（2）与匈奴和战问题；（3）法治与德治问题；（4）重本与重末问题。

公元前74年，22岁的汉昭帝病逝，无嗣，群臣咸举武帝子广陵王刘胥继立。然而刘胥“本以行失道，先帝所不用”。正当辅政大臣霍光因此事而为难时，有一郎官上书言“广陵王不可以承宗庙”。霍光遂以其书遍视大臣，改迎昌邑王刘贺即位，那位郎官也被超迁为九江太守。刘贺系武帝之孙，昌邑哀王刘髆之子，六月丙寅受皇帝玺绶，26天后又被霍光等废黜。据霍光等人的“连名奏”称，刘贺被废原因是其“荒淫迷惑，失帝王礼仪，乱汉制度”。不过有论者则指出，此中真正的原因当为擅权的霍光与“昌邑群臣”间誓不两立的权力斗争；昭帝死后上演的一幕，实是霍光执导的一出“立帝—废帝—再立帝”的政治戏。

汉宣帝刘询，戾太子孙，武帝曾孙，幼遭巫蛊之祸，生长民间。霍光等废昌邑王贺后，被迎立为帝。即位之初，霍光曾打出一张“稽首归政”的试探牌。“上谦让委任焉，论定策功，益封大将军光万七千户”，“诸事皆先关白光，然后奏御天子”。于是，霍光的权力似乎更大了。实际上，宣帝对霍光“内严惮之，若有芒刺在背”，这就决定了皇权与霍氏之间矛盾的不可调和性。不过宣帝与霍光在为政方针上并无太大分歧，因此君臣之间尚能维持较为正常的关系。公元前 68 年，霍光病危，宣帝亲往问病，“为之涕泣”。及死，更以帝王之制予以厚葬，下诏称其“功如萧丞相”。

霍光秉政长达 20 年，特别是当粉碎燕王、上官桀等谋反事件后，更是独揽大权，遂使霍氏家族“党亲连体，根据于朝廷”。霍光死后，子霍禹以右将军嗣父爵，其家仍旧煊赫一时。宣帝在民间时便听说霍氏尊盛日久，“内不能善”，及亲政后便开始大刀阔斧地削弱霍氏势力。当霍光夫人毒杀许皇后的恶性事件泄露后，诸霍“始有邪谋矣”。公元前 66 年，霍氏欲废宣帝而自立之谋被发觉，霍禹遭腰斩，“与霍氏相连坐诛灭者数千家”，霍皇后被废，显赫多时的霍家一败涂地。

9. 设置西域都护与汉匈关系

一般来说，西域都护为汉帝国派驻西域最高长官的正式官名。不过按汉宫体系，它属加官，或称都护西域、使西域都护等。宣帝神爵三年（前 59，一说二年）汉廷以郑吉并护鄯善以西南道、车师以西北道，称都护西域骑都尉，于乌垒城（今新疆轮台县东）设都护府，监护西域三十六国（后分为五十余国），诸屯田校尉、戊己校尉皆属之。此即置西域都护之事。总的来看，昭宣时虽然也曾发生过如五将军击匈奴一类的战争，但汉匈关系以匈奴附汉为主流是勿庸置疑的。昭帝时，匈奴五单于争立，分为南北两部。甘露三年（前 51），南匈奴呼韩邪单于降汉，北匈奴郅支单于西迁，后被汉西域都护甘延寿和副校尉陈汤所杀。呼韩邪在汉的帮助下，重新统一匈奴。从此，双方结束了百余年的武装冲突，恢复了和亲关系。

10. 陈汤矫诏

陈汤字子公，山阳瑕丘（今山东兖州东北）人。元帝时以荐为郎，数求使外国。时匈奴郅支单于役属康居，攻略乌孙、大宛，威胁西域。建昭三年（前 36），已官至西域副校尉的陈汤，伙同西域都护骑都尉甘延寿，矫制发城郭诸国兵及车师戊己校尉屯田吏士，共 4 万余人进击康居，诛郅支单于，建立了奇功。

11. 昭君出塞

王昭君，名嫱，昭君是其字，南郡秭归（今属湖北）人。汉元帝时，以良家子选入宫中，竟宁元年（前 33）匈奴呼韩邪单于入朝求和亲，自请嫁匈奴呼韩邪为妻，称宁胡阏氏。呼韩邪死，上书求归。成帝命其遵从胡俗，复为后单于阏氏。昭君和亲对汉匈通好起了积极作用，并成为后世诗词、戏曲、小说、说唱的流行题材。

12. 刘向与《七略》

刘向本名更生，字子政，楚元王刘交四世孙。少治《春秋谷梁传》，以父任为辇郎，后在宦海沉浮，成帝时拜中郎，迁为光禄大夫。奉诏领校秘书，撰为《别录》。后任中垒校尉。其子刘歆继承父业，整理国家图书，在《别录》基础上撰成《七略》（即辑略、六艺略、诸子略、诗赋略、兵书略、数术略、方技略），是我国最早的综合性图书分类目录。班固撰《汉书·艺文志》，即以该书为依据，“删其要，以备典籍。”（黄留珠）

六三、汉家陵阙及其艺术——汉朝帝陵考古所揭示的文化辉煌

“渭水桥边不见人，摩挲高冢卧麒麟。千秋万古功名骨，化作咸阳原上尘。”金代诗人赵秉文的诗句，就形象揭示了陕西境内陵墓众多的文化现象。这些陵墓，每座都能开启一个神异的世界，每座都能唤起无尽的沉思与遐想。“箫声咽，秦娥梦断秦楼月。秦楼月，年年柳色，

霸陵伤别。乐游原上清秋节，咸阳古道音尘绝。音尘绝，西风残照，汉家陵厥。”这首脍炙人口的《忆秦娥》相传就是唐代大诗人李白游览秦汉旧迹，面对西汉帝王陵，触景生情所发出的一段感慨。

图 63-1　皇后玉玺

汉朝规定，从新皇帝即位的第二年起，国家每年要拿出全国财政收入的三分之一用于建设帝陵。国家对帝陵建设非常重视，投入如此之高，所以一个时代的帝陵就凝聚着举国上下的财力、物力、科技和情感理念，也最能体现当时的整体经济水平、文化风貌和时代精神。

陕西关中的西汉帝王陵墓共有 11 座，除汉文帝霸陵、汉宣帝的杜陵建于长安城东南郊外，高祖长陵、惠帝安陵、景帝阳陵、武帝茂陵、昭帝平陵、元帝渭陵、成帝延陵、哀帝义陵、平帝康陵共 9 座帝陵均建于长安城西北郊、渭河北岸的咸阳原上。它们在黄土原上自东向西横亘百里，基本形成一条直线，陵丘垒垒，历历在目，与此后的唐陵等古陵墓遥相呼应，因而关中又被称为“中国的帝王谷”。当年，一座座巨大的陵墓及其陵园建筑，与隔河相望的长安城中的宏伟宫殿相互辉映，构成了一幅壮观的景象。然而，岁月流逝，沧桑巨变，昔日的帝王豪华，已化为烟云，只剩下那陵丘仍高高耸立，默默诉说着当年帝王的风采。

在这九座陵墓中，高祖长陵、惠帝安陵、景帝阳陵、武帝茂陵、昭帝平陵五个陵还设有中央直辖的县邑，合称五陵邑，咸阳原也被称为五陵原。五座陵邑的住户主要是从全国各地迁来的天下富豪或有地位的人。因为五陵邑多官宦富户，且商业发达，经济繁荣，所以其子弟往往游手好闲、滋事生非，以后成语“五陵少年”就由此而生，作为纨绔子

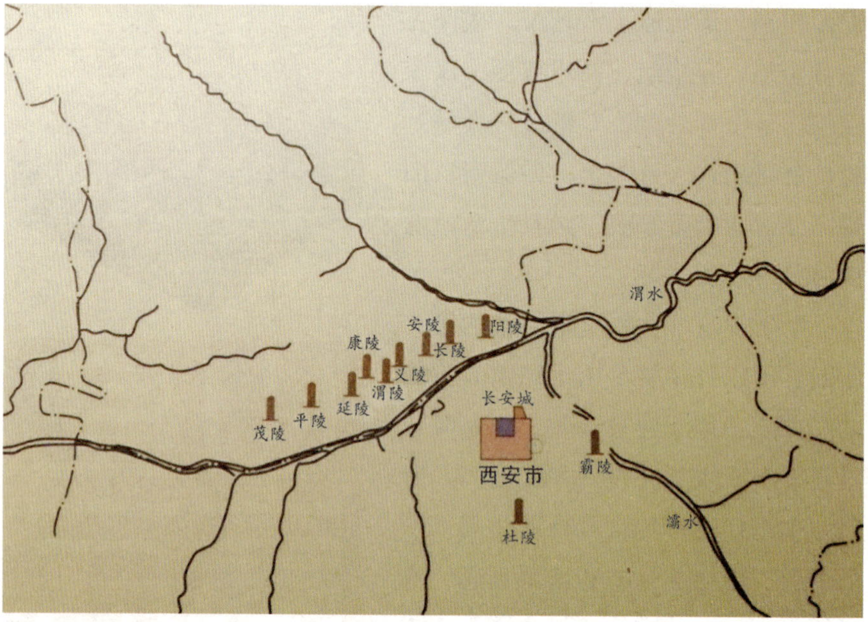

图 63–2　西汉帝陵位置图

弟的代称。这也是汉长安作为全国最富足的城市所带来的一个副产品。当然，这里也集中了不少著名的学者，故又使这里形成了一个独特的人文地理区域，无论是对我国古代哲学、史学，还是文学艺术的发展都起到了积极的推动作用，如史学家、文学家班固一家居住安陵邑；大史学家司马迁、风流才子司马相如以及大儒董仲舒曾迁居茂陵；夫妻相敬如宾，举案齐眉的梁鸿、孟光就是平陵邑人氏。目前已经进行发掘的有三座陵墓。

1. 阳陵

阳陵是咸阳原上九座汉陵中最东端的一座，阳陵是汉景帝刘启及其皇后王氏同茔异穴的合葬陵园，位于今陕西省咸阳市渭城区正阳镇张家湾、后沟村北的咸阳原上，地跨咸阳市渭城区、泾阳县、高陵县三县区。高居原巅，靠泾面渭，俯视长安故都，气势非凡。帝、后二陵呈考古者常说的“覆斗状”。各有周垣，阙门四面，基址犹存。两座陵冢作西南—东北向排列，间隔 450 米。在陵园外围，原来有一道外围墙，四面开门。所以，汉阳陵陵园实际是大城套着两座小型陵城的特殊“重城”。

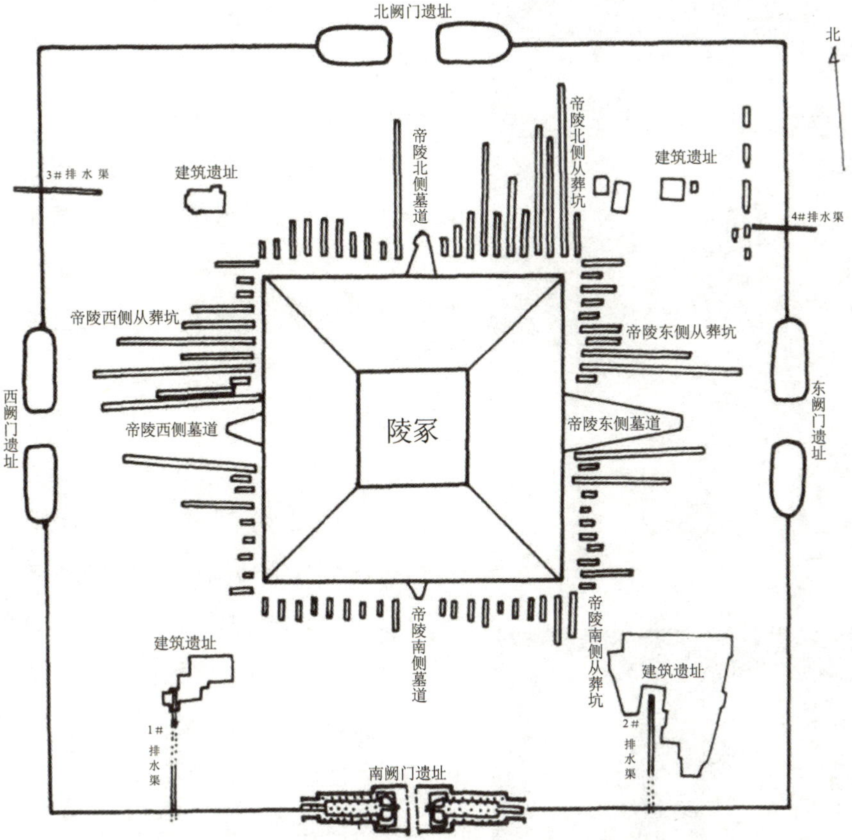

图 63–3　汉景帝陵御府坑与陵城平面图

景帝阳陵从葬坑出土的陶俑，通体全裸，肤色橙红，装上带有转轴的木质双臂，再外穿葛麻绵帛类的彩衣是最具特色的艺术品。因深埋地下的关系，木臂与衣服腐朽无存，出土时成了缺双臂的裸体陶俑。这是与过去常见的汉俑不同的一种新俑式，故而当时负责阳陵考古工作的王学理先生取名称为“著衣木臂陶俑”，而把过去的俑式称之为“塑绘衣饰陶俑”。“著衣木臂陶俑”，虽然只有 62 厘米高，但基本合乎人体结构比例。男阳、女阴、肚脐、窍孔无一不备。从艺术角度讲，不但是一批写实主义的佳作，而且蕴含喜色、表情丰富、各具个性的面容能给人以强烈的感染力。同样，动物俑中像牛的憨厚、马的俊逸、狗的机灵、羊的温顺、公鸡的得意、母鸡的闲散，都刻画得活灵活现。应该说，阳陵汉俑是继承了秦俑的雕塑技法，又在人体比例掌握上前进了一大步。

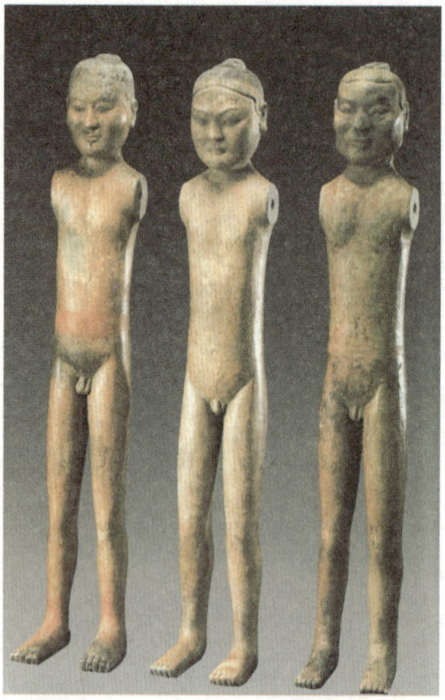

图 63–4　南区从葬坑裸俑

图 63–5　一号建筑出土的女侍立俑

是佛教艺术传入中国之前土生土长的雕塑艺术，在中国乃至世界雕塑史上都占有重要地位，具有历史意义。出土于建筑遗址和陪葬墓里的“塑绘衣饰陶俑”，无论是男是女，或立或坐，无论是伎乐姿或舞蹈姿，个个面相姣好、色彩艳丽，都是对当时社会生活稳定、闲适的一种艺术反映。

公元前 153 年，汉景帝在陵园里起造“德阳宫”。在景帝入葬阳陵之后就应该称之为“阳陵庙”了。阳陵庙位于帝陵园外东南 420 米的地方。这一建筑基址平面近于正方形。平面构筑有似一个“回”字形，外圈是回廊式的建筑，在东、南、西、北的四边中心部分是通道，有门庭建筑。

除过接近帝、后陵北侧有几座高大的封土堆属于嫔妃墓之外，陪葬阳陵的家族墓园都分布在东司马道的南北两侧。已经探测出由兆沟划分出的家族墓园 107 座，里面有自景帝建陵到东汉中期的 200 多年的 5000 余座墓葬。已经发掘的汉墓 280 多座，文物内容丰富。

2. 茂陵

茂陵是西汉诸帝陵中规模最大的一座，其封土呈“覆斗状”，是汉武帝刘彻的陵墓。位于陕西省西安市北约 40 公里处，今兴平市南位乡茂陵村。西汉时，茂陵地属槐里县之茂乡，武帝在此建陵，故称茂陵。公元前 140 年，16 岁的汉武帝即位。

图 63-6 汉阳陵墓园发现骑兵俑

图 63-7 汉阳陵墓园发现指挥俑

次年就开始修“寿陵”，至驾崩，历时 53 年。墓形用最高等级的“亚”字形，四面各有墓道。茂陵呈方形，分为内外两城，四周环以围墙。

李夫人的“英陵”位于帝陵西北。原来墓园也有围墙，呈长方形，封土位于墓园南部，呈带有二层台的覆斗形。墓园内，在封土北侧有礼制建筑遗址一处，另有从葬坑 6 座。

茂陵陵园有内、外两重垣墙。外城平面呈东西向的长方形，内包括了武帝、李夫人两座方形的分陵园，城外有壕沟环绕。帝陵陵城每边长 425.5 米 ~ 435.5 米，垣墙四面正中辟门，建有三出的双阙；城四角原建有角楼。为修陵、护陵以及繁荣陵区生活而设置茂陵县，迁徙来的人口多达 27 万，为西汉“五陵邑”之冠，其繁华甲于天下，甚至长安城中的达官显贵也以能迁居茂陵为荣。

武帝的陵庙在茂陵园东北，称作“龙渊宫”，或“龙渊庙”。龙渊

图 63-8 茂陵

宫与寝殿之间的“衣冠道”，是专供祭祀时的“衣冠所出之道”。

在茂陵墓内随葬品极多，“金钱财物，鸟兽鱼鳖牛马虎生禽，凡百九十物”（《汉书·贡禹传》）。据说，墓内盛不下，都移到了墓外。经探测，茂陵从葬坑有400多座。其中帝陵周围探出“御府坑”150座，李夫人墓周围有6座，在帝陵陵园与外城之间有东西向或南北向的从葬坑244座。这么多从葬坑，应该说既有原规划中的，也有墓内放不下而外移的。

图63-9 汉茂陵出土鎏金竹节熏炉

陪葬茂陵的宗亲大臣，据载，有卫青、霍去病、金曰磾、霍光、董仲舒、公孙弘、李延年、上官安、上官桀、平阳公主等。陪葬墓分布在陵园东司道两侧，已探明的大中型葬墓多达120余座。地面上，残存的封土还有14座。而修陵人的墓地位于茂陵陵园之西3.8公里的陈王村南台塬上，面积约4万平方米，估计埋葬尸骨在两万具以上。

茂陵陪葬墓中的霍去病墓，位于帝陵东，封土像祁连山。墓园原有围墙，今辟为“茂陵博物馆”，园内有大批动物石刻很具特色，是一批大型的圆雕艺术品。雕有“马踏匈奴”、卧马、跃马、卧牛、伏虎、石猪、石鱼、人熊搏斗、猛兽食羊等形象，手法简洁，线条粗犷，构图明快，从表现形体到性格刻画上都具有强烈的感染力，是中国石雕艺术史上光辉的篇章。

1981年，茂陵东侧出土鎏金铜马、鎏金竹节熏炉等珍贵文物200余件，其富丽奢华堪与秦始皇陵出土文物相匹。

3. 杜陵

宣帝杜陵和王皇后陵的位置，呈西北—东南向，间隔575米。各为“覆斗形”陵冢，又居方形陵城中心。帝、后陵园，各自设立寝园与陵庙。

陪葬墓在杜陵之东，星罗棋布，残存62座。杜陵邑位于杜陵西北。

帝陵陵园的平面呈方形，门开正中。陵墓居中，墓有四出墓道。对门址已经发掘，知其由门道、左右塾和左右配廊组成。王皇后陵园规模小于帝陵。

通过陵园考古知，杜陵寝园位于陵园外东南角，贴南墙东段而建。单独筑有围墙，东西两面各辟一门，南面三门。寝园内的格局，分成两部分，西为寝殿，其中心建筑是长方形台基，台基外设回廊一周，南北各有三阶；寝园内的东部为便殿建筑群，由堂、室和六个院子组成。王皇后寝园的位置和帝陵的寝园正相反，位于陵园的西南角。其内部组成和帝陵寝园相同，只是位置相反，即寝殿在西、便殿在东。

杜陵南北分布五个从葬坑，出土的著衣木臂陶俑，高度基本和阳陵俑相同，但形体瘦削、表情木然，艺术性远不如前。

由考古发掘所提供的众多精美文物以及由此所还原的汉代社会，使我们感受到汉代社会的繁荣强大和汉代艺术的雄浑博大。

汉代的艺术作品最著名的当属霍去病墓前石刻。这些作品是汉武帝为了表彰、纪念英年早逝的霍去病而下令雕造的，是中国古代第一批大型石刻作品。其构思独特、简单朴拙、因材随形、气势雄浑，为中国古代雕塑史上的空前之作。目前尚存的有16件，包括马、牛、羊、象、虎、猪、鱼、怪兽食羊、人与熊斗等题材，其中以主像马踏匈奴石雕像最重要。该雕像采用象征手法，以一人一马来表现霍去病击败匈奴这一主题，是一曲英雄主义的光辉颂歌。

汉代是我国陶俑制作的又一个兴盛时期。陕西出土的汉俑无论数量、种类及其精美程度在全国均位列前茅。从考古实物看，汉代陶俑比之秦代陶俑不但种类更加多样化，而且形象也更加生活化。

秦俑的形象是仿真的、等比例的，汉俑的比例是失调的，也是由于观念不同而选择不同的艺术表现手法造成的。秦人强调的是现实主义的写实手法，而汉人追求的是注重气韵的写意手法。

虽然汉俑的形体不如秦俑高大，所蕴含的历史内涵也不尽相同，但是在用个体美组合出整体美、注重整体气势及宏观的艺术效果方面，它

图 63-10　汉阳陵出土彩绘跽坐女俑

跽坐是指把自己的臀部坐放到自己的后脚跟上，为古代一种比较正规的坐姿，后来被广泛运用于军队，因为它能使人保持警醒。此俑面容秀美，神态生动自然。其塑绘结合的方式是我国古代彩塑艺术的一种传统表现手法

图 63-11　咸阳博物馆藏西汉兵马俑陈列

图 63-12　千秋万岁瓦当

又与秦俑一脉相承，表现出宏大的气魄，具有异曲同工之妙。而在个体的塑造方面，汉俑的艺术性明显比秦俑有了较大的提高。其造型优美，姿态生动传神，极富动感，与汉代画像石、壁画一样，颇得艺术的真谛，是历代墓俑艺术中价值最高的作品。

汉代文物中的瓦当，是中国古代瓦当艺术发展的最高峰，而陕西出土的汉代瓦当无论是数量还是质量，都在国内无可匹敌。因此，一提到瓦当或“秦砖汉瓦”，人们首先想到的就是陕西。瓦当本来的用途是套在建筑物椽子头上以遮风避雨，但因为上面有文字或图案，使其属性起了变化。文字瓦当多用于宫殿、帝王陵墓、官署等，而且本身多为吉祥语，如“长生无极”“千秋万岁”“长乐未央”“大宜子孙”等。瓦当的图案有云纹、雷纹、花瓣纹和几何图案等，而四神纹是其中最负盛名者。由于瓦当上面有了文字或图案，中国人对文字具有神圣感的传统，使瓦当由一种实用的建筑材料转化为精神文化、艺术的载体和产品而直登艺术殿堂。

图 63-13　汉代四神铜镜

汉代最有名的镜类。它那整齐谨严的布局，神秘莫测的 TLV 形符号以及吉祥庆祷的铭文，曾使许多学者绞尽脑汁，又曾使许多鉴赏家为之倾倒。“一方规矩镜，不惜掷千金”，就说明了人们对它的珍爱

陕西汉代的铜镜，它的数量与质量在全国都是名列前茅的。铜镜与商周青铜器一样，也是由铜与锡的合金青铜制成，只是在铸造时，配方中锡的比例最高，以使铸出的铜镜特别明亮。随着中国青铜时代的结束，汉代的青铜铸造总体上讲已大不如前，但铜镜的制作却愈来愈精美，日渐成为独特而高雅的艺术品。人们用华丽的辞藻写成铭文，环绕镜背一圈，多半是祝愿长生不老、富贵安康、子孙繁衍、得道成仙的意思。铭文采用篆书，书法十分精美隽秀。铜镜图案有写实的动物纹、有抽象的几何纹、有人物故事、有神仙鬼怪、种类繁多。铜镜成为中华文明中一个有很高价值的艺术门类。

此外，陕西出现了大量的汉代碑石文献，保存至今著名的有《仓颉庙碑》，以及《武都太守碑》《唐公房碑》和在陕南汉中的一批摩崖石刻，而其中声名最盛的当是在陕西合阳发现的《曹全碑》。它不仅具有史料

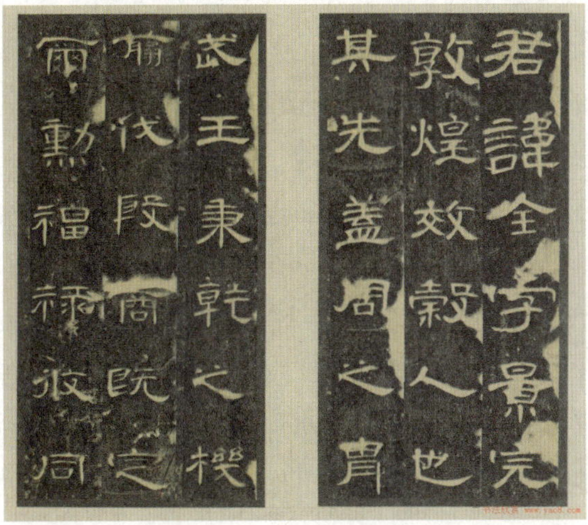

图 63-14　汉隶极品——合阳《曹全碑》拓片局部

价值，更是汉代隶书的典范性作品。其字体呈扁平状，秀美规整，属汉隶中“婉约”一派，将汉隶“蚕头雁尾”的书写特征和内在的含蓄温柔体现得淋漓尽致，被视为现存汉隶中的极品，它成了人们学习汉隶的经典教材。如今，这些汉代碑石大都保存在西安的碑林博物馆和陕南的汉中博物馆中，是各馆引以为豪的珍贵藏品。（参见赵荣主编《人文陕西》）

六四、新莽改制——历史的悖论造成的悲剧

西汉建国之初，实行轻徭薄赋的政策，社会逐渐稳定，经济有所恢复；到汉文帝、汉景帝时期，继续汉初的无为而治的治国方针，经济继续得到稳定的发展，从而使天下大富，国库积累了大量的财富。然而，军力却有所不济，无力对付来自北方的匈奴的侵扰。

公元前 140 年，汉武帝即位以后，在富国的基础上，开始强兵，终于用了大约 30 年的时间，彻底击溃了匈奴，维护了北部的稳定。然而，就在抗击匈奴、对外用兵的同时，汉朝百姓的经济负担和劳役、兵役负担日渐沉重。汉武帝后期，汉和匈奴的民族矛盾有所缓解，但统治阶级和劳动人民的阶级矛盾越来越突出。

到了昭宣元成时期，吏治腐败、贪贿横行，土地兼并越演越烈，“富人益众，多规良田，役使贫民”《汉书・陈汤传》，“诸侯王、列侯、公主、吏二千石及豪富民多畜奴婢，田宅亡（无）限，与民争利，百姓失职，重困不足。”《汉书・哀帝记》当时侵占数百顷以致上千顷的大有人在。剧烈的土地兼并，繁重的徭役负担，加上时不时的自然灾害，迫使大量的农民流离失所，丧失土地。或依附于豪强地主，成为新的官私奴婢；或四处流亡，成为无所依靠也难以管理的流民。流民实际上是社会最不稳定的因素。史书记载，早在汉武帝中后期，关东的流民就多达 200 余万；汉元帝时，大量的农民沦为贫民，加上连年发生水灾，甚至出现“人至相食”的现象（事见《汉书・元帝本纪・贡禹传》）。阶级矛盾已经非常尖锐，汉成帝时，小规模的农民起义此起彼伏，西汉王朝的统治处于风雨飘摇之中。于是，作为外戚当政的王莽便期望通过政治和经济改革能够使西汉王朝转危为安。

王莽是汉元帝的皇后王政君的侄子，聪明绝顶又为人谦和，博学多才又倾心儒学，权倾朝野却能够结交权贵。因此，在他从政的经历中，可以说是誉满朝野。汉成帝即位后，王莽五兄弟受到重用，封为五侯，王莽便被任命为主管军事的大司马。公元 1 年，汉平帝继位，王莽就以大将军大司马的身份辅佐朝政；公元 5 年，汉平帝死，王太后任命王莽为摄皇帝，祭祀时称假皇帝；公元 6 年，王莽以宣帝玄孙刘婴为皇太子，年方 2 岁，仅仅是个象征而已。王莽成为实际的摄政，这就是历史上所说的“王莽辅摄”。王莽执政掌权以后，根据周礼的规制，完善了汉代长安城的建置。他建立了明堂辟雍，扩大了太学，增加了博士，培养了大批的儒生，首先从思想和舆论上掌握了人心，取得了官民阶层和舆论的广泛支持。于是在公元 8 年，他以“禅让制”为理论依据，在大批官僚、地主和儒生们的拥戴鼓吹之下，和平地夺取了汉朝的政权，王莽正式称“皇帝”，并且改朝换代，建立新朝，国号“新”。

新朝建立以后，实行了一系列的改革。王莽的改革史称“托古改制”。他期望借助于周代的所谓礼制规范改革新朝的政权机构和行政模式，通过恢复周代的经济政策尤其是土地政策来化解当时的经济危机。以此，他仿照周朝的井田制，把全国的私有土地收归国有，成为“王田”，计口限田，一家的男子不满八口而占田超过一井即 900 亩的，必须把多余的田亩分给亲族邻里；他承认占有奴婢的现状，改称奴婢为“私属”。但是规定土地和奴婢一律不许买卖；同时，他进行了多次的币制改革，废除了推行已久的汉五铢钱，而仿照古代的币制，更铸造大钱，作金、银、龟、贝、钱、布之品，名曰“宝货”，推行黄金、银货、龟宝、贝货、钱货等 6 类 28 种，种类繁多，并屡次改变币制，造成换算复杂，以致商家经营困难，国家金融混乱，导致“农商失业，食货俱废”。（《汉书·食货志》）

王莽的改革出发点是为了化解矛盾，实现国家稳定、民生安定，但是实行的结果却正好相反：既妨害了统治集团的核心利益，又无意中伤害了广大贫民的生计。况且，那些推行改革的官僚阶层想方设法要把经济损失转嫁到平民和中小地主身上，同时要把政治危机转嫁到统治集团

图 64-1 王莽新“一刀平五千”金错刀

图 64-2 新莽大布黄千币

的高层上去，把不可调和的矛盾转嫁到最高统治者的声望里去。终于在各种矛盾的交织爆发中，酿成了全国性的大起义，就这样，王莽的改革导致了新王朝的土崩瓦解。

23 年即王莽新朝地皇四年、玄汉更始一年，起义军攻入长安，王莽被杀，持续了 15 年的新朝灭亡。更始二年，刘玄移都长安，长安城除了部分因为战火遭到破坏烧毁而外，基本保持原貌没变。可是就在同一年，赤眉军又攻入长安，杀了更始皇帝刘玄，大肆焚烧，长安城一如秦朝的咸阳一样遭到了又一次毁灭性的破坏。（秦中朝）

六五、完善的长安城——长安的祭天坛庙与新莽时期增修礼制建筑之后

西汉的长安城经过汉初的修复秦宫到定都长安、修建新城、扩建宫殿、苑囿，形成了规模宏大的长安城，在汉武帝时期达到了鼎盛时期，但是由于在长安城的修建过程中，不断增建一些建筑，但是一些礼制性的建筑还没有完成，直到王莽当政以后，由于政治改革的需要，很快便建设成型。至此，汉长安城才真正地得到完善。所以本篇对于汉长安城中未能涉及的“长安的祭天坛庙与礼制建筑”作为特别论述，便形成王莽时期的长安城的基本全貌。

汉平帝元始四年至新莽地皇三年（4 ~ 22）：王莽控制朝政，奏请

在汉长安城南郊重起明堂、辟雍。王莽受禅后，为了表达改朝换代的新气象，对汉家宫殿建筑进行改名，但功能却未改变。地皇元年（20）他下决心投巨资兴建“九庙”，经过三年方才完工。至此，长安城制才真正算是完备了。

1. 长门五帝坛

长安立有五帝坛，《史记·封禅书》载：“文帝出长门，若见五人于道北，遂因其直北立五帝坛。”其所在位置在《史记》中有两说，徐广以为“在霸陵”，《括地志》说：“在雍州万年县东北苑中。后馆陶公主长门园，武帝以长门名宫，即此。”“长门五帝坛”在渭河之南。西安北郊阎新村旁仍有地名叫“北辰堡”，这一带在20世纪50年代还有几处高台基的存在，很可能就是秦汉时期祭天的地方。

2. 渭阳五帝庙

汉文帝于前元十五年（前165），相信赵人新垣平“祥瑞”的胡诌，修建了“渭阳五帝庙”。第二年“夏四月，文帝亲拜霸、渭之会，以郊见渭阳五帝。五帝庙南临渭，北穿蒲池沟水，权火举而祠，若光烨然属天焉。”（《史记·封禅书》）《括地志》说“渭阳五帝庙在雍州咸阳县东三十里”。如以现在地理位置而论，在北辰堡一带，早已沦陷于北移的渭河之中了。

3. 明堂辟雍

（1）对名实的考订

古文献中常常把“明堂”与“辟雍”分称，但又往往相提并论。首先从功能的解析上看，明堂是“正四时，出教化，天子布政之宫”。（《三辅黄图》）也就是说，它是帝王宣布政令、举行朝会之处。而辟雍是周王为贵族子弟设立的大学，《礼记·王制》说“大学在郊，天子曰辟雍”。显然二者有别。其次以形状而言，《大戴礼》说“明堂九室，一室有四户八牖。凡三十六户，七十二牖。以茅盖屋，上圆下方”。《三辅黄图》说辟雍是“如璧之圆，雍之以水，象教化流行也”。明堂之设很早，有提到三代的，只是称呼不同。据考，周明堂“在国之阳”，位于丰镐遗址之南。周辟雍，有称在沣河西岸的秦渡镇至灵台之间，现在成了一片洼地。前面所说的明堂与辟雍，应当是西周之制。

《三辅黄图》说“元始四年，起明堂、辟雍长安城南”（《太平御览》卷八百六十二）但是，《水经注》说昆明故渠“东迳明堂南，旧引水为辟雍处。在鼎路门（即‘安门’）东南七里，其制上圆下方，九宫十二室，四向五色堂。”《关中记》说“明堂在长安城门外，杜门（即‘覆盎门’）之西。”（《史记·孝武本纪索隐》引）两者所记，实际是同一位置，即安门“东南七里”。同时也说明，汉明堂、辟雍本在一地。考古工作者在今莲湖区大土门村北即“汉辟雍在长安西北七里”的落点，发现了一座外圆内方的西汉礼制建筑遗址——被认为是汉明堂遗址。汉

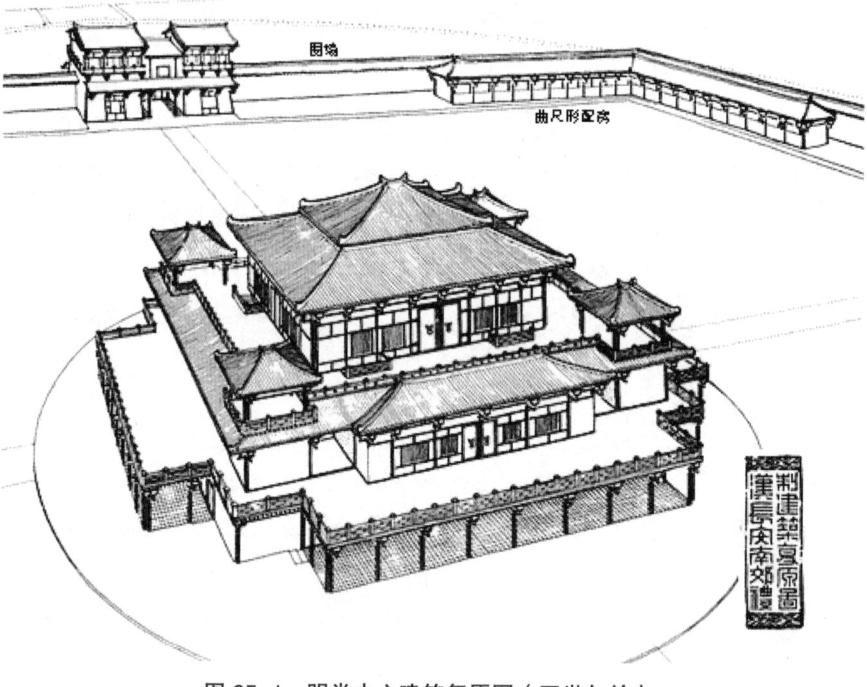

图 65-1　明堂中心建筑复原图（王世仁绘）

明堂与辟雍合二为一，成了一座组合建筑中的两处名称。明堂是指其中心建筑而言，辟雍则专指外围的圜水沟。通称时，或仅以“明堂”代之。

虽然同样名为“明堂辟雍”，但是由周到汉在功用上则发生了变化。汉明堂不全是西周时期“出教化，天子布政之宫”，更多的是在于“顺

四时，行月令，祀先王，祭五帝”，成了“天道之堂”。辟雍也不再是“教化”子弟的大学，而成了明堂的组成部分，周环以水，带有“如璧之圆”的象征性。

（2）汉初议立明堂遇阻与“三雍宫”的建立

汉武帝即位，就想立明堂，但遭到窦太后的反对而不得行。《史记·孝武本纪》载：建元元年（前 140）“上乡儒术，招贤良，赵绾、王臧等以文学为公卿，欲议古立明堂城南，以朝诸侯。草巡狩、封禅、改历、服色，事未就。会窦太后治黄老言，不好儒术，使人征得赵绾等奸利事，召案绾、臧，绾、臧自杀，诸所兴为者皆废。”连丞相窦婴、太尉田蚡，也被免职。“事未就”，说明汉武帝所建的明堂工程已经开始，只是没完工。当然，明堂工程在一年之内也不会有太大的成就。那么，因为时隔势禁就只有把中辍的明堂改成了“三雍宫”。《汉书·景十三王传》：“武帝时，献王来朝，献雅乐，对三雍宫及诏策所问三十余事。”

汉武帝在汉长安城没有建成明堂，30 年后，终于在泰山实施了自己的计划。《史记·封禅书》记载：“初，天子封泰山，泰山东北阯古时有明堂处，处险不敞。上欲治明堂奉高旁，未晓其制度。济南人公孙带上黄帝时明堂图。明堂图中有一殿，四面无壁，以茅盖，通水，圜宫垣为复道，上有楼，从西南入，命曰昆仑。天子从之入，以拜祠上帝焉。于是，上令奉高作明堂汶上，如带图。”元封二年（前 109），汉武帝命令奉高县（今山东省泰安市东）在汶水边上建造了一座明堂，并暂定皇帝五年来此祭祀一次。皇帝须从昆仑道进入正殿，在明堂拜太一、五帝，有如在雍祭天一样的“郊礼”祭祀明堂。礼毕，烧祭品于殿下，随后又登山巅祕祭。后到泰山下祭五方天帝。不过，祭祀时，山下举火并要同泰山之巅的“祕礼”相呼应。

（3）王莽的实施与明堂形制

元始元年（1），年仅 9 岁的汉平帝即位，王莽实行专权。元始四年（4），“安汉公奏立明堂、辟雍”（《汉书·平帝纪》），选址在“长安城南门”。1956 年 7 月至 1957 年 10 月，考古工作者在西安市西郊大土门村北的建设工地发掘，终于使汉明堂辟雍重见天日。明堂建筑群从里到外，由中央太室建筑、方形围墙和外部圜水沟三大部分构成。

中央建筑属于明堂的主体，其构筑是一个大的方形夯土台，中央的主体建筑就安置在圆台之上，筑屋平面呈正方向的“亚”字形。在方形台上的建筑高耸，是个四角攒尖的重檐大屋，即文献上所言的“太室”（或“通天屋”）。在方台的四面，各有建筑物，由外到内分成三层，即：外层是面阔 8 间的敞廊，中层改为 5 间，内层是通往太室的狭长楼梯间。这前两层实际上是前堂与后室的配置，堂两侧各设一“个”，堂前有二“阶”，个设一阶。

明堂建筑之外，筑有一道正方向的围墙，形成一个独立的院落。围墙正中辟门，四门相对，“太室”处于通门大道十字相交的中点上。在围墙的四角，有曲尺形配房，外侧为墙，内侧是每边由檐柱分成 10 间的廊道。在方形围墙之外，有一道平面呈圆形的圜水沟。圜水沟外侧，各有一耳状的长方形小水沟。原来在四门外的两沟上，都架有石桥。

王莽所建的明堂，其形制都带有象征性。据应劭解释：“明堂上圆下方，八窗四达。……上八窗法八风，四达法四时，九室法九州，十二重法十二月，三十六户法三十六旬，七十二牖法七十二侯。”（《汉书·平帝纪》）

4. 宗庙

（1）西汉皇帝的生祠——宫。宗庙本是古代帝王祭祖的圣地，虽说三代已经设立，但难于考究。形为制度的，还仅见于儒家对西周的理论阐述。《礼记·王制》：“天子七庙，三昭三穆，与太祖之庙而七；诸侯五庙，二昭二穆，与太祖之庙而五；大夫三庙，一昭一穆，与太祖之庙而三；士一庙，庶人祭于寝。”但西汉一朝 200 年，并未遵照这一礼仪。正如东汉大学问家蔡邕曾有经典性的总结那样：“汉承亡秦灭学之后，宗庙之制，不用周礼。每帝即世，辄立一庙，不止于七，不列昭穆，不定迭毁。”（《后汉书·祭祀》注引《袁山松书》）

西汉每位皇帝都为自己立庙，而且多是在生前建造，所以也很难用“祖庙”或“宗庙”称呼它。当然，如果是为逝去的先帝建庙，称之为“祖庙”也未尝不可。设庙之地，或在京师，或在陵墓之旁。据《汉书·韦贤传》记载，“京师自高祖至宣帝，与太上皇、悼皇考，各自居陵旁立庙，并为百七十六。”这个数字不少，但还只限于汉初到中期，如果加上后段的，其数字可说是洋洋大观了。生前建造的庙，或称“生祠”，为了避讳，不称“庙”而称之为“宫”。西汉皇帝在长安的个庙有如下表：

高祖庙的建筑遗物，文字瓦当见有“高祖万世”“高庙万世”“高安万世”和“西庙”几种，其中以“高安万世”出土数最多，余少见。

（2）王莽修建的汉室宗庙。王莽居摄时，曾经“建郊宫、定祧庙、立社稷”。（《汉书·王莽传》）据《左传·昭公》元年杜预注：“祧，远祖庙。”那么，王莽在平帝元始年间所建的祧庙就应当是汉室的祖庙。

在汉长安故城遗址南墙之南，当西安门和安门向南的平行线之间，有一汉代建筑群，地处西安市三桥镇枣园村和阎庄一带的西安冶金机械厂。1958 年，经考古发掘知，此建筑群的北沿，和汉长安南墙之间的直线距离有 1200 米，它就是王莽为西汉皇帝立的宗庙。

这群建筑由 12 座相同的单体建筑构成。其中的 11 座（编号：1 ~ 11）在北，共用一道每边长 1400 米的方形围墙。也就是说，它们都处在一个大院落之内。而在大围墙之内，由北向南分三排，北排自东向西编为 1 号 ~ 4 号，中排 5 号 ~ 7 号，南排 8 号 ~ 11 号；另外，有一座建筑（12 号）位于大院落之南居中的位置，二者间距仅有 10 米。值得注意的是：这 12 座建筑遗址，各自都筑有围墙，从而形成独立的方形小院落，平面有如“回”字形，内有宏伟的中心建筑，外设夯土围墙，围墙的四隅建有曲尺形配房。小院有方形围墙，中心辟门。四门正中道路的交叉点，正是中心建筑，二者中至中的距离是 135 米。门道宽 5.4 米，进深 13.6 米。由墉将门道两侧的左右塾又分隔成内外两部分，遂成“一门四塾”之制。发掘时，在四门分别出土过青龙、白虎、朱雀和玄武图案的“四神瓦当”，印证了它们分别代表着四个方向的记载。在小院围墙的四隅置有曲尺形配房，比较简陋，似为廊屋式建筑。

对这一处建筑群定性，学者们一致认为是汉代的宗庙建筑遗址。但对庙主则有着不同的认识，过去认为是“王莽九庙”，也就是王莽为自己立的祖庙。新近的学者提出的观点是：并非王莽的九庙，而是王莽在平帝时为西汉皇帝立的祖庙。这后一看法，颇受考古学术界的赞同。若说是“王莽九庙”，显然同此建筑群的12座基址不合。《水经注·渭水》：“霸水又北径王莽九庙东。……又北径轵道，在长安县东13里。王莽九庙在其南。”可推知王莽九庙在汉长安城东6.5公里的轵道以南某处。而王莽为汉室所立的祖庙，12帝的位序按王恩田的排列应是：大院最南的12号院是高祖庙，大院内的11座是南排由西向东为惠帝、高后、文帝和景帝四庙，中排为武帝、昭帝和宣帝三庙，北排为元帝、成帝、哀帝和平帝三庙。

5. 社稷

（1）除秦社稷，更立汉社稷。“社”本是土地神。“稷”是周人的祖先后稷，被尊为五谷神（农神）。周人祭社，以后稷配享，合称“社稷”。在以农立国的古代中国，国土稳固和农业丰收当然是关系国计民生的大事。“人非土不立，非谷不食……故封土立社，示有土也；稷，五谷之长，故立稷祭之也。”（《白虎通义·社稷》）所以“社稷”就成了“国家”的代称。统治者异常重视对“社”的祭祀，因而各地普遍“立社”。上自京师下至乡里，都有社。按等级制度，西汉中央政府在京师长安立有“官社”（国社），在地方的郡县有“公社”，乡、里分别也有“社”。

西汉初年的郊社之礼是不完备的，而且祭祀地点也不固定。高祖在长安立北畤，祠黑帝。文帝十五年（前165）到雍对五帝行亲郊之礼，次年又在长安对新立的“五帝庙”（地当今咸阳市东正阳镇东）亲拜郊见。汉景帝在中元六年（前144），至雍亲郊。像这种跳来跳去的祭祀到了汉武帝时代，随时间的进程才使不断增加的新内容最后定制化。元光二年（前133）武帝亲郊雍“五畤”，随后在长安东南郊令太祝祠祀“泰一”。元鼎五年（前112），在甘泉起泰一祠坛。按照亳人谬忌“天神贵者泰一，泰一佐曰五帝”（《汉书·郊祀志》）的说法，汉武帝正式确立了泰一的地位。但又发现了没有地神后土祀的缺憾。于是，经过有司与太史令司马谈、祠官宽舒等人一番商议之后，就在东幸汾阴时，正式择地而“立后土祠于汾阴脽上”。（《汉书·郊祀志》）至此，作为宗教活动三大地点的甘泉泰一、汾阴后土、雍之五畤，才算规模齐备。当然，在这期间武帝令太祝在长安东南郊还立过泰一祠。

社稷的存亡，就是国家的存亡。《史记·秦始皇本纪》说“诸庙、章台、上林皆在渭南”，那么，秦的社稷也应当距“帝者祖庙”不远。高祖二年（前205），刘邦进入关中，就“令民除秦社稷，立汉社稷”。（《汉书·高帝纪》）显而易见，汉代秦而立的初期，也只是把社稷的属主撤换罢了，社址也当不会有太大的变动。

蔡邕在其《独断》中说“天子社稷方广五丈”，那么，汉长安的官社是否也为方广五丈的土坛呢？西安市三桥镇曹家堡原来有一夯土基址，其平面呈东西向的长方形，残长240米，宽70米，高4.3米。主体建筑已毁没，仅存四周廊庑遗址。此“遗址始建于秦或汉初，西汉中期重修扩建，西汉末年废弃”，被认为就是汉初的“官社”遗址。

（2）王莽所建的官稷。据《汉书·郊祀志》载，汉初“已有官社，未有官稷。”于是，王莽在平帝元始五年（5），为汉室在官社之后立了官稷，以夏禹配食官社，后稷配食官稷。官社在前，官稷在后，二者相距不远，都在汉长安的南郊的西部。据考古发掘，“官稷遗址在官社的西边，现存两重围墙，平面呈回字形。外围墙每边长约600米，内围墙每边长273米。内外围墙正中各有一门。门道建筑与王莽九庙的门道相同。未发现中心建筑。”这应是王莽为汉室建造的“官稷”遗址。

6. 祭天地的南郊（圜丘）和北郊

建始元年（前32），汉成帝接受匡衡等人的建议，把甘泉泰畤和汾阴后土之祠迁到了长安南北，以为“祭天于南郊，就阳之义也。瘗地于北郊，即阴之象也”才合礼制。这就是说，“南北郊”实际是把甘泉泰一和河东后土之祠徙置长安的合称，位在长安而地分两处。同时，也因为五帝已列入祭天的对象，也就废止了雍四畤的祭祀。但从此以后，政局不稳，朝臣纷争，祭祀活动也就在长安南郊和甘泉、汾阴之间反复不定。汉平帝元始五年（5），在王莽的主持下，于长安南郊和北郊分别设立郊坛，祭祀天地。那么，从成帝建始元年到平帝元始元年的36年之间，天地之祠跳来跳去地搬迁过5次。虽然是有板有眼的“制礼”

活动，其实是穷途末路的政治游戏而已。不过，在祭礼上，王莽为拉拢人心而把汉高祖与吕后抬上了配享的祭坛。据《汉书·祭祀志》载，王莽的奏言是："'孟春正月……天子亲合祀天坠于南郊，以高帝、高后配。……以日冬至使有司奉祠南郊，高帝配而望群阳，日夏至使有司奉祀北郊，高后配而望群阴。'奏可。"《三辅黄图》也说"成帝徙泰畤后土于京师，始祀上帝于长安南郊，祀后土于长安北郊。"《汉书·成帝纪》应劭注作："天郊在长安城南，地郊在长安城北长陵界中。"长安南郊有汉"圜丘"。这圜丘就是成帝在长安南郊建造以祭天的"天郊"。《括地志》说"汉圜丘在长安治内四里居德坊东南隅"，该遗址地当西安市西郊周家围墙附近。

圜丘，也作"圆丘"，是古代取圆形的自然土丘作为祭天的坛。按照"天圆地方"的观念，圜丘既象征"天"，自然就是圆形的土台子。北京市明清的"天坛"就是中国古代圜丘形成的最后形式。而西汉"圜丘"究竟是什么样子呢？《三辅黄图》只是说它"高二丈，周回百二十步"，并没有给出具体的形状来。文献中说甘泉的"泰一坛"（紫坛），是"八觚宣通八方"的三重坛，下有"五帝坛""群神之坛"。有可能是今淳化县汉甘泉宫遗址上那个高 16 米的"通天台"基址。但真正经过考古发掘，而又时间、地点接近的要数唐长安圜丘遗址了。它位于陕西师范大学南操场的东侧，当唐长安城南正门——明德门东 950 米处。所有台面都设有 12 陛，均匀地分布在周围以表 12 辰。其中的"午陛"（正南之阶）最宽，是皇帝的登阶之道。圜丘从汉"八觚宣通八方"的八阶到唐"十二阶表十二辰"，还有其他方面的异同，毕竟使人们从联系中对理解这一祭天之坛有所帮助。

地郊（也称"北郊"）祭地，是方坛，在长安的位置有两说。一是《汉官仪》卷下："北郊坛在城西北角，去城一里所。谓方坛四陛，但存坛祠舍而已"；另一是《汉书·成帝纪》应劭注："地郊在长安城北长陵界中。"长陵仅是汉高祖的陵邑，范围甚小，不可能在陵邑中设祭地之坛。遗址就在西安市未央区六村堡西北一带。

"地郊"也是个祭坛，基座呈方形。既然汉武帝把地神当作祭祀的对象，也就具体到了“后土”。后土祠是什么样子，谁也说不上来。于是，太史令司马谈、祠官宽舒等人，经过一番商议，认为后土祠应该建在周围有水的圜丘之上，并作有五坛。后来，终于在汾河入黄河的汾阴选中了符合这一条件的地方，便在脽上建立了“后土祠”（今山西万荣县西南40公里的庙前村）。汉成帝在长安北郊立地郊，不可能是“后土祠”，必然还是采用周围有水的圜丘形式。

西汉地郊未被发现，可作借鉴的是南朝的“北郊坛”。20世纪末，在南京紫金山顶发现了刘宋孝武帝在钟山建造的“北郊坛”遗址，总面积达16000平方米。坛址位于山顶，是个坐北朝南、分为4层的方坛。东、西、南三面的每层台面外缘用石垒砌，四层台面从上到下的由小变大，最大高差在10米以上，最下一层的南台面宽88米，高约1米。主坛之上有4个黄土堆筑的小方坛。祭坛南面有一条顺山坡砌造的正南北向的石阶道路，应是古代文献中所说的“南陛”。

7. 太学与灵台

（1）太学。太学是汉中央政府培养教育高等人才的学府，即所谓“贤士之所关也，教化之本原也”。（《汉书·董仲舒传》）长安兴办太学始于汉武帝元朔五年（前124），据丞相公孙弘“请为博士置弟子员”的建议，以五经博士为教师，以郡国选送来的弟子为太学生。开始只有弟子员50人，以后逐渐增加，成帝时已达到3000人。王莽时，因为校舍不足，还添建了“弟子舍万区”。

《关中记》说“汉太学、明堂皆在长安城南，安门之东、杜门之西。”（《长安志》引）《两京新记》说唐长安普宁坊西街有汉太学旧址，当辟雍之西，地在今西安市西郊大土门村西北，但今无踪迹可存。不过，在这一地点的东边是唐长安普宁坊东街，有汉明堂辟雍遗址，在西边有汉室宗庙遗址，那么太学当在附近。

（2）灵台。灵台是土筑的高台，本是周天子用来“观祲象、察氛祥”的天文台。西汉在都城南也建有灵台，同农事关系发生紧密联系，以便“候者观阴阳天文之变”。初名“清台”，也称“清灵台”“清冷台”，后改名叫“灵台”。

汉灵台“高十五仞”，按汉制一仞为七尺，高可24.15米。在台上设置的观测仪器有：“相风铜乌”——即铜制的“风向仪”（或叫“候风仪”），作成乌鸦形状，固定在转轴上，遇风则动，使人知其风向与风力；“铜表”——即铜制的“圭表”仪，用日照“表”（竖直的立竿）在“圭”（平卧的条板，同表形成90度夹角）上投影的长短测定一年的24节气。其表高八尺（合1.84米），圭长一丈三尺（合2.99米），体宽一尺二寸（合27.6厘米）。

《三辅黄图》记汉灵台“在长安西北八里”，记汉辟雍和太学也作“在长安西北七里”。这里的“长安”应指唐长安县治所在的唐长安城长寿坊，相当今西安市雁塔区蒋家寨。由此向西北推七唐里，就是莲湖区大土门以北。可知汉辟雍和太学在东，灵台在西。不过，《三辅黄图》多用唐地名作参照物，显示了该书从“初本”到“今本”的成文历程，引用时不能不注意。在《水经注·渭水》中，也记作昆明故渠“东径明堂南，旧引水为辟雍处。在鼎路门东南七里，……北三百步有灵台”。可见这地点还是可靠的，只是灵台遗址还未发现而已。（王学理）

六六、“凿空”西域——张骞之于丝绸之路开辟的贡献

“西域”一词，最早见于汉代史籍。在汉代史籍中，“西域”是指玉门关以西的地区，但人们使用这一概念时却有广义和狭义之分：狭义上的西域是指玉门关、阳关以西，葱岭以东，即今巴尔喀什湖东、南及新疆广大地区；而广义的西域则泛指中原地区以西的地方，即从玉门关以西，越过葱岭一直向西，直至中亚、南亚、北非、欧洲等广大地区。丝绸之路全长7000余公里，联结东西方、横贯欧亚两大洲。张骞出使西域指的是狭义的西域。

丝绸之路的开通不是偶然的。史书记载，早在张骞出使西域以前，周穆王就已经率领官员和七萃之士，由秦人首领造父等御车，驾乘八骏西行，并在瑶池会见了西王母，行程大约可达35000里，前后经历约两年，这就是所谓的“穆天子西行”。周穆王西行究竟走到哪里、西王母又是何人，目前的学术界虽然没有定论，但是，这一美丽的传说无疑揭开了

西域神秘的面纱，激发了古人强烈的探求欲望。

“凿空”一词始于《史记》，《史记·大宛列传》载：“然张骞凿空，其后使往者皆称博望侯，以为质于外国，外国由此信之。”自此便几乎成为定论。然而根据相关史籍及出土的资料显示，早在张骞通西域以前，以丝绸、玉器、香料等为贸易对象的国际贸易交通线就已经开始出现了。中原人民与西域的贸易联系最早可追溯到商周时期。但当时中国与西域应该并无直接的联系，他们之间的这种贸易很有可能是通过西部或北部的游牧部落传递的。此时的道路应该称之为贸易通道似乎更为恰当，带有一定的临时性、自然性和非贯通性，各民族之间的交往基本上停留在民间小宗物品互换层面上，属于民间由于贸易的需求和交换的欲望利用各自的自然条件和地域优势而形成的交往交流形式。既有不确定性，又没有官方的沿途保障和目标取向，并未形成从长安到西域各地的直接贸易常态。官方的正式外交和贸易往来鲜见记载。而且那些贸易常因沿途各国和民族的战乱而中断，尤其是秦汉时期以游牧为生的匈奴人常常洗劫途经的使团、商队和贸旅，使得贸易往来常常中断。根据相关史料记载可知，当时的文献中对丝绸之路的记载都是语焉不详，基本上没有具体地名、方位和同行线路的记载和描述。但是，自张骞始，中原王朝及其周边政权之间的交往，无论是规模还是时间上，都远超之前，所以很多专家学者仍然认为，丝绸之路是由张骞开辟的。

张骞曾两次出使西域，武帝建元三年（前 138），汉武帝知悉迫于匈奴打击下被迫西迁的大月氏国仍然想要恢复丢失的国土，为了与大月氏联合共同打击匈奴，于是派遣张骞出使西域寻找大月氏国。但是这次出使并不顺利，张骞刚离开大汉国土就被匈奴抓获，被迫在匈奴生活了十年多，逃出匈奴之后，继续向西艰难地跋涉，最终到达大月氏国。然而，这个时候大月氏国已经在一个新的物产丰富的地域定居下来，已无意报仇，张骞只能回国。回国途中又被匈奴抓获，一年之后，张骞再次逃脱成功返回汉朝。虽然张骞此次没有完成所负使命，但是对沿途西域诸国的生活习性有了一定了解，这是汉朝第一次比较完整的了解西方地域的情况。

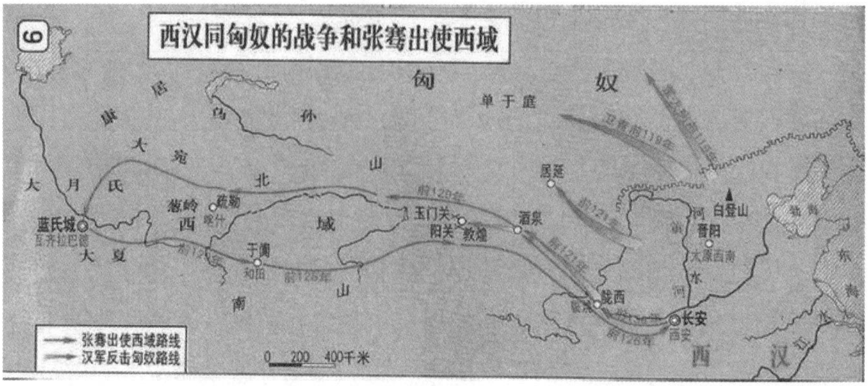

图 66-1 汉武帝反击匈奴及张骞出使西域路线示意图（采自三秦版《丝绸之路历史沿革》）

公元前 119 年，在河西走廊打通以后，张骞再次出使西域。这次张骞携带了大量的物质资源，从河西走廊出发，达到乌孙国后，恰逢乌孙国内乱，没有能够达成和乌孙国结盟的愿望。但是随后乌孙国派遣了使者向汉朝示好，并和西汉王朝建立了外交关系。随后张骞又向其他西域国家，如大宛、安息等国家派遣了副使。 在张骞去世后，这些副使大多也完成了使命，回归汉朝。自此，西汉和西域诸国之间的交通线正式被打通。从现在遗留的历史痕迹和史书记载看，张骞出使西域以后，西汉甚至和一些欧洲国家也开始了外交、贸易往来。

张骞出使西域，古人本没有“丝绸之路”的称呼。直到 1877 年，德国著名地理学家李希霍芬在其名著《中国——亲身旅行的成果和以之为根据的研究》一书中，把从河套地区出发，通过今新疆地区联结中国和印度、中亚以丝绸为主要贸易对象的交通道路，称为“丝绸之路”。一百多年来这一名称家喻户晓，并衍生出“草原丝绸之路”“海上丝绸之路”“西南丝绸之路”等子名称。

张骞两次西使后，汉王朝为保护北击匈奴的战略成果，并与西域诸国互通有无，苦心经营，采取了一系列保障措施，如置郡设县、筑塞立燧，经略楼兰道、设都护，打通“伊吾路”，保护了丝绸之路的长安到帕米尔高原一带的畅通。

张骞凿空西域，同时也打开了中印之间官方正式交流与交往的大门。张骞对于中印之间交通路线开通的贡献，除了凿空西域的西北丝绸之路以外，还包括他开发西南夷的同时，探索从蜀地经过西南夷到达印度的主要交通线路。

根据《史记·大宛列传》记载，张骞初次出使西域时，在大夏看到有蜀地物品出售，显然很惊讶。他曾对汉武帝说：“臣在大夏时，见邛竹杖、蜀布。问曰：‘安得此？’大夏国人曰：‘吾贾人往市之身毒。身毒在大夏东南可数千里。其俗土著，大与大夏同，而卑湿暑热云。其人民乘象以战。其国临大水焉。’以骞度之，大夏去汉万二千里，居汉西南。今身毒国又居大夏东南数千里，有蜀物，此其去蜀不远矣。今使大夏，从羌中，险，羌人恶之；少北，则为匈奴所得；从蜀宜径，又无寇。”张骞由此联想到通过蜀地经西南夷进入身毒应当有一条捷径。这一推断得到汉武帝的肯定。于是在公元前 122 年，张骞奉命出使西南夷，目的是打通从蜀地经西南夷通往身毒的通道，取道身毒再转向西域诸国。当时张骞派出四路使者四道并出，各自前行一两千里，到达滇国，却在昆明国受阻，没能通往身毒国，最后直接返回长安。

张骞探寻西南道的任务虽然没能完成，但是却激发了汉朝开发西南的欲望。果然到了西汉中晚期彻底征服了西南夷，并在西南夷地区设置郡县，这条“蜀身毒道”便被发现。这条通道是唐宋之后茶马古道的前身。史学界称之为西南丝绸之路。这条道路纵贯川滇两省，连接缅甸、印度，并通往东南亚、西亚以及欧洲各国，是一条古老的国际通道。

丝绸之路开辟后，随着中西交往的增多，这一原本为制约匈奴的军事要道的政治、经济、文化功能却越发显著，西汉之后历代中原王朝对于经略西域都非常重视。即使受到战争影响或者被西域强国占据了前往西域的要道，中西经济、文化、贸易的交流与交往却一直没有中断，于是形成了震烁古今的丝绸之路经济和文化现象，影响直到今天。（王妍慧　闫向莉）

六七、大英雄——东汉班氏家族在西域的传奇事迹

班超是在西汉张骞之后，东汉时期经略西域，继续拓展、护卫丝绸

之路的又一位风云人物。历史上有名的“投笔从戎”“不入虎穴，焉得虎子”“但愿生入玉门关”等典故，均出自于他的经历。

班超经略西域长达 31 年，在协助西域诸国，孤立匈奴势力，巩固和发展东汉对西域的政治统治，维护国家的统一，护卫丝路的畅通等方面建立了不朽的功勋。其子班勇，承继父志，力排众议，再统西域。父子两代胸怀大志，出生入死，有勇有谋，立功异域，成为历史上有名的军事家、政治家、外交家。

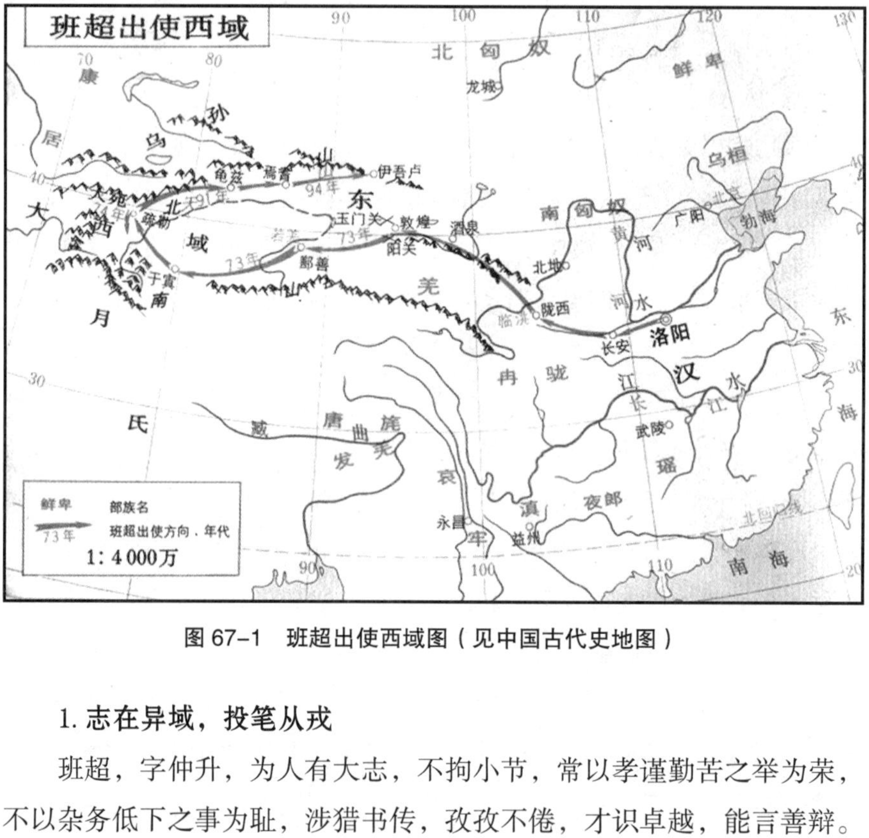

图 67-1　班超出使西域图（见中国古代史地图）

1. 志在异域，投笔从戎

班超，字仲升，为人有大志，不拘小节，常以孝谨勤苦之举为荣，不以杂务低下之事为耻，涉猎书传，孜孜不倦，才识卓越，能言善辩。当兄班固应诏时，他与母亲一起进入洛阳，得以到官署中作书佣，但终日劳苦，所得甚少，他常常投笔愤慨说：“大丈夫无他志略，犹当效傅介子、张骞，立功异域，以取封侯，安能久事笔砚间乎？”

东汉光武帝建武二十至二十四年（44 ~ 48）北匈奴攻上党、扶风、天水，控制西域。到了东汉明帝晚年，北匈奴掳掠河西之势愈演愈烈，以致河西郡县城门紧闭，交通断绝。汉朝欲保河西，必须讨伐北匈奴，方能平定西域。

东汉明帝永平十六年（73）春二月，明帝派出四路大军各拥骑兵万余，分头出击，合力共讨北匈奴。班超趁机前去投军，担任假司马（代理司马）之职。当时奉车都尉窦固（扶风安陵人）率酒泉、敦煌、张掖的军队及卢水的羌人、胡人部队共一万二千骑兵，出酒泉塞，到达天山，攻打北匈奴呼衍王，将其追至蒲类海，夺取伊吾地区。在攻打伊吾（今哈密）、蒲类海（今巴里坤湖）的战斗中，假司马班超英勇善战，足智多谋，斩获甚多，而为窦固所赏识。于是在征战结束时，班超被委以重任，与从事郭恂一同出使西域，以打通丝路南道。

2. 不入虎穴，焉得虎子

领受军令后，班超与从事郭恂率吏士 36 人，疾驰西行，到达鄯善王国。由于班超是东汉出使该国的第一位使节，开始时鄯善王广对初次到达的汉使态度十分礼貌，招待十分周到。但过时不久，鄯善王对汉使的态度便冷谈了。班超及时觉察到这种变化，于是召见驿馆的侍从，骗取实情，原来是匈奴的使者到了。于是他召集自己的36位吏士开坛豪饮，对他们说到：“你们与我都想立大功以求富贵。但鄯善王前恭后倨，打算把你们和我送给匈奴。……‘不入虎穴，焉得虎子’，当今之计，只有乘夜以火攻匈奴使团驻地。因其不知我们有多少人马，必定惊恐万状，惊惶失措。我们趁机将其一举歼灭，使鄯善胆战心惊，他们一旦失去依靠，局势就会发生逆转，我们就能成功。”

当天刚刚入夜，班超便率领几十位吏士直奔匈奴使团营地进行部署，约定以火为号，击鼓呐喊冲杀。班超布置妥当，等待时机。正巧一阵风起，他看了看风向，便在上风方向放了一把火，火借风势，霎时间，火光冲天，匈奴营地顿时陷入火海，战鼓如雷，杀声四起，似有千军万马自天而降，匈奴人惊慌失措，一时大乱，无一脱逃。班超大获全胜。

随后，班超召见鄯善王广，向他出示了斩获的匈奴人首级，鄯善举国震恐。班超面对摇摆不定的鄯善王广，反复劝慰，明以得失，晓以利害，终于使他解除顾虑，决心疏远匈奴，永远归属汉朝。随后鄯善王广再派他的儿子奔赴汉朝都城作为质子，以示修好。由于鄯善归顺，班超再次为汉朝开通了控制西域的丝路南线通道。

奉车都尉窦固得悉鄯善捷报后，十分高兴，即刻将班超的功绩报告朝廷，并请求重新选派使节出使西域。汉明帝称赞班超的机智、果断、勇猛，当即指示窦固说：有班超这样出类拔萃的使臣何不重用？无须更迭。于是晋升他为军司马，令其再使西域于阗等国。

3. 威镇于阗，安护疏勒

奉命再使西域的班超，带着最初的 36 人，沿丝路南道先到于阗。当时，于阗王广德刚刚攻破莎车，称雄一方，并已将其势力范围扩展到丝路南道，但其国仍受北匈奴派遣的使团监护。笃信巫师的于阗王广德对班超十分冷淡、疏远，由于班超暗中已知其底细，便以计谋扑杀巫师，随即，班超将巫师首级送给广德王，广德王早已得知班超曾在鄯善诛灭北匈奴使团的往事，十分惶恐，立即攻杀临护其国的北匈奴使者，向班超投降。班超重赏广德及其臣属，以安抚臣民。于阗王广德归顺汉朝后，即送其子质于洛阳。

此前，由北匈奴扶持起来的龟兹王建，为阻断丝路，曾发兵攻破疏勒并杀其国王，为控制其国，立龟兹人兜题为疏勒国王。班超一行于东汉明帝永平十七年（74）春天到达疏勒后，得知疏勒人对兜题极为不满，便派下属田虑前去劝降。兜题不肯从命，田虑见他身边侍从寥寥，便把毫无防备的兜题捆绑起来。班超得报，随即召集当地官吏，在细数龟兹的侵略行径之后，又顺应民意，改立原疏勒王兄之子忠（又名榆勒）为新王，国人大喜。在对此事的处置中，班超英明果断地赶走强加在他们头上的统治者之举，深受疏勒人民的欢迎，感恩戴德的疏勒国也顺理成章地归附于东汉。

同年，汉朝又派窦固率兵出敦煌，平定车师前、后部（今新疆吐鲁番、吉木萨尔、奇台一带），使西域多数国家脱离了北匈奴的统治。于是，东汉为保西域安宁，丝路畅通，又重新向西域派遣官吏，设置都护、校尉，实行屯田。之后，戊校尉耿恭派使者去联络乌孙，乌孙向东汉朝贡名马，西域诸国又送质子于洛阳。至此，断绝了 65 年的汉朝与西域的交往得以恢复，中断了的丝绸之路又成通途。

4. 君命难违，民心更重

东汉明帝永平十八年（75），明帝逝世。北匈奴趁机派骑兵数万，先后两度围攻东汉戊己校尉耿恭屯田的金满城。又指使受其控制的龟兹、焉耆发兵攻杀西域都护陈睦，而且龟兹、姑墨也数次出兵攻击疏勒。当时，班超驻守在疏勒附近的盘橐城（距疏勒城45公里），虽与疏勒王忠相互呼应，但因士卒太少，力量单薄，坚持了一年多，形势十分危急。

东汉章帝即位后，中原亦遭大旱，朝庭无力西顾，又见陈睦遇难，担心班超安危，决定撤回都护和戊己校尉，撤销伊吾屯田，并诏班超返回关内。东汉章帝建初元年（76），班超因君命难违，只得奉命撤离。但在离开疏勒时，疏勒举国忧恐，其都尉黎弇说："汉使弃我，我必复为龟兹所灭耳。诚不忍见汉使去。"说罢便举刀自刎。班超继续东行到达于阗，于阗王侯及下属亦痛哭流涕地竭力挽留。

深受感动的班超心系疏勒、于阗诸国的安危，既担心于阗人民不会放他东去，又希望实现自己原来的志愿，于是决定留驻西域，旋即调转马头折回疏勒。

疏勒在班超去后，投降了龟兹，并与尉头（今新疆温宿、乌什一带）连兵反汉。班超率部返回后，捕杀了投降龟兹的反叛者，接着又挥师西北，击破尉头，疏勒国又暂时恢复了安定。

东汉章帝建初三年（78），班超率疏勒、康居、于阗、扜弥（今新疆克里雅河、于阗一带）等国士兵一万余人，攻占由北匈奴控制的姑墨石城（今新疆阿克苏市北），并上书汉章帝详陈西域诸国形势，请求增兵平定西域。并表示：为平定西域愿追随谷吉，为执行使命舍身绝域，效法张骞，为开通西域弃身大漠。

他在上书中建议："今宜拜龟兹侍子白霸为其国王，以步骑数百送之，与诸国连兵，岁月之间，龟兹可擒。"又说："莎车、疏勒田地肥广，草牧饶衍，不比敦煌、鄯善间也，兵不费中国而粮食自足。且姑墨、温宿二王，特为龟兹所置，既非其种，更相厌苦，其势必有降反，若二国来降，则龟兹自破。"

东汉章帝建初五年（80），即位五年后的汉章帝增强了抗击匈奴、统治西域的决心和信心，他相信依照班超之策能取得成功，便采纳了他的建议，派遣曾上书愿奋身辅佐班超的平陵人徐干为假司马，领兵1000人去支援班超。

此前，莎车以为汉兵不出，身后失去依靠，已降龟兹，疏勒都尉番辰也已反叛。徐干率兵到达，班超领军大破番辰，此后，疏勒局势得以再次稳定。

5. 文武兼施，经营西域

东汉章帝建初八年（83），章帝接受班超提出派使臣招慰曾与汉联姻的西域大国乌孙的建议，拜班超为将兵长史，授其代行统帅的指挥权，以徐干为军司马，另派卫侯李邑护送乌孙使者，并赏赐锦帛予乌孙大小昆莫。

据范晔《后汉书》载：李邑到达于阗，时逢龟兹攻疏勒，吓得他不敢前进，便上书章帝诉说“西域之功不可成”，恶意诋毁班超“拥爱妻、抱爱子，安乐外国，无内顾心”。班超得知李邑的诋毁后叹息道：“身非曾参而有三至之谗，恐见疑于当世矣。”遂去其妻。

值得庆幸的是章帝是个明白的君主，他信任班超的忠心，不但没有听信谗言，反而谴责李邑。章帝还下令让李邑听从班超指挥调遣，其去留悉由班超决定。班超随即遣李邑护送乌孙子回京师。心向班超的军司马徐干对此十分不解，班超对他说到：“正因为李邑诋毁过我，我才让他走。我反省自己没有什么不对的地方，又何必怕人说坏话呢？我如果图一时之快将他留下，那还算得上是忠臣吗？”透过此事的处置，班超襟怀坦荡、豁达大度的品德可见一斑。

次年，章帝又派和恭带兵800人到疏勒支援班超。于是班超发疏勒、于阗兵击莎车。莎车暗地派人以重利引诱疏勒王忠，忠贪利，遂反从莎车，西据于乌即城。班超便更立其原来的府丞成大为疏勒王，并调动没有反叛的军队来攻打疏勒王忠达半年之久。但因康居遣精兵相救，久攻不下。当时，月氏新与康居通婚，关系亲密，班超便以釜底抽薪之计，派史官携带许多绸缎赠送月氏王，请他说服康居王罢兵，乌即城遂降于班超，原疏勒王忠也被抓了回来。

东汉章帝章和二年（88），班超发于阗等西域诸国军2.5万人，进攻依附龟兹的莎车。龟兹国王纠合温宿、姑墨、尉头等国5万军驰援莎车。班超采用“明撤实围，先纵后攻”的战术，佯作东西撤退，并释放俘获的莎车俘虏。俘虏返城报告后，亲率援军的龟兹王信以为真，即令温宿王领八千骑，向东绕道阻击于阗部队；而他自率万余骑绕道堵击向西回撤的班超所部；其余人员分守要道。其实，班超已暗自布置各部队明撤暗留，只待龟兹王、温宿王分道向东西远去后，立即指挥潜留部队袭莎车。

黎明时分，自以为围困已解，在宫中安睡的莎车王听见宫墙外密集的马蹄声，以为是龟兹王获胜回归，连忙出宫迎接，惊见班超率大军入城，吓得连忙伏地请罪，乞降。龟兹王追堵一程后，不见班超人马踪影，估计已中计谋，并意识到莎车处境危险，急忙返回，见莎车城已被汉军占领，只得收兵回国。“自是威震西域。”（《后汉书·班超传》）西域南道从此又得畅通。

但“树欲静而风不止”，班超坐镇的疏勒以东平静不久，东汉和帝永元二年(90)，地处疏勒以西的大月氏贵霜王朝便遣其副王谢将兵7万，越葱岭攻击班超所部，妄图建立对西域的统治。当时，班超部属较少，军士多有惊恐，而他却沉着地分析局势说：“月氏兵虽多，然数千里越葱岭来，非有运输，何足忧邪？但当收谷坚守，彼饥穷自降，不过数十日决矣。”于是率众坚壁清野，据城坚守，以逸待劳。又派兵截断其向龟兹索粮的通道，斩杀其使者，月氏副王谢大惊，果然时过不久，贵霜军粮草耗尽，被迫请罪，乞降而还。由是月氏大震，岁岁遣使进贡。

东汉和帝永元三年（91），龟兹（今新疆库车县）、姑墨（今新疆阿克苏）、温宿（今新疆乌什县）等自动归降汉。和帝任命班超为西域都护，驻龟兹它乾城（今新疆库车县西南）。任命徐干为长史，屯守疏勒，并置戊己校尉以安抚西域诸国。其后又废龟兹王尤利多，而改立白霸为龟兹王。至此西域诸国除焉耆、危须（今新疆和硕县）、尉犁外，均已平定。

东汉和帝永元六年（94），班超统率龟兹、鄯善等八国联军7万人及吏士商人1400人，讨伐焉耆。班超挥兵至尉犁界，并不急于强攻，而是“先礼而后兵”，派员去开导焉耆、尉犁、危须。焉耆王广奸猾诡诈，开始不肯露面，仅派其左将前来应付，后不得已，虽出面迎班超到尉犁，但却派人将通向焉耆必经的开都河上的苇桥拆去，欲阻汉军进入其国。班超只得率兵改道涉险渡过水深齐腰的开都河，到达焉耆，扎营于距城10公里的博斯腾湖畔。

焉耆王闻讯后十分惊恐，打算带领他的随从逃入山中以保平安。而班超却公开扬言要会见诸国王并大加赏赐。焉耆王广、尉犁王汎等三十人这才来到班超帐下，但焉耆国相腹久等十七人因惧诛而逃亡博斯腾湖，危须王亦不到会。待来人坐定，班超怒责焉耆王广：“危须王何故不到？腹久为何逃亡？”遂令吏士将焉耆王广和尉犁王汎押至19年前被害的西域都护陈睦旧城处斩，另立曾质于汉的元孟为焉耆王。为加安抚，班超在那里停留了半年。于是焉耆、危须、尉犁皆归汉，至此，西域50余国全部内属。功勋卓著的班超也被封为“定远侯”，食邑千户。

班超终以他毕生的追求，半世的奋斗，实现了“犹当效傅介子、张骞，立功异域”的宏图大志。

1999年，在“中国古代二十六名关”之一的焉耆铁门关，新建了班超将军楼，以示对他的敬仰之意，怀念之情。

6. 丝路畅通，奏请还朝

由于丝绸之路重新畅通，西域形势大好，班超派甘英于东汉和帝永元九年（97）出使大秦（古罗马帝国），沿丝绸之路西行，欲渡西海（今波斯湾）去条支（今伊拉克、叙利亚一带），为安息（汉时西亚大国，今伊朗一带）人所阻而还。这是中国使节远至波斯湾的最早记载。甘英虽未能到达大秦，但一路上了解了不少情况，为以后中西交通的发展和经济文化交流做了有益的尝试。

东汉和帝永元十三年（101），年近古稀的班超上书和帝，请求还朝，其《求代还疏》中说：“臣不敢望到酒泉郡，但愿生入玉门关”。

其妹，世称“曹大家”的班昭，也上书和帝，说：“兄且得庭命沙漠，至今积三十余年。骨肉生离，不复相识。所与相随时人士众，皆已物故。超年最长，今且七十。衰老被病，头发无黑……”

情深义重的上书打动了和帝，随即诏谕班超回国。和帝永元十四年（102）八月，年老体衰的班超风尘仆仆地回到洛阳。为表彰他的功绩，和帝拜他为射声校尉。但只过了20多天，班超就因病去世，终年71岁，安葬于洛阳以北的邙山（今河南孟津县朝阳镇张阳村）。真可谓“鞠躬尽瘁，死而后已”。

班超在西域奋斗的31年间：控鄯善，服于阗，通疏勒，守盘橐，慰乌孙，降莎车，平龟兹，镇焉耆，使得西域50余国纳贡内属，丝绸之路重新畅通。

班超的成功，在于他能顺乎人心，凭借汉朝的声威和西域各国人民的拥护和支持，以其高瞻远瞩的谋略，沉着果敢的决策，宽宏大度的胸襟，坚韧不拔的精神和情系西域人民的爱心，为汉统一西域，建立了不朽的历史功绩，从而成为名扬千古、流芳万世，为世人所崇拜、仿效、称颂的历史人物。

7. 子承父业，再展宏图

班超之子班勇，出生在西域的战火里，成长在大漠的风沙中，一直随父征战西域，护卫丝路。对父亲勇敢、机智、沉稳、果断的品格耳濡目染，对父亲一统西域的谋略，镇边、治边、固边的才能，忠君、爱国、爱民的精神，耳提面命，深得教诲。故其青年时代便“习边事，有筹略”，“忠勇有父风”。他随父回洛阳时，年仅20余岁。

当年班超告别西域时，其继任的西域都护任尚向他请教如何才能当好都护。班超总结他30年安定西域的经验是：政令宜简单易行，对人对事要宽小过、总大纲。

东汉安帝永初元年（107），因甘肃羌人起义，丝绸之路必经的陇道断绝，朝庭部分老朽懦弱的大臣认为“西域阻远，数有背叛，吏士屯田，其费无已”（《资治通鉴》）。初登皇位的安帝竟然听信这些言论，下令撤回西域都护，并派班超之子班雄率兵出敦煌迎都护及屯田士卒返回内地。此时，天山以北的北匈奴乘机控制西域，侵扰河西，随之丝路终断。

东汉安帝元初六年（119），羌族地区日趋平静，为抵御匈奴侵袭，敦煌太守曹宗奏请东汉朝庭批准，派长史索班率千余人屯田于伊吾，招抚西域诸国。东汉部队再度出现，受到西域许多地方的欢迎，车师前王、鄯善王等相继听命于索班，丝路有望再通。但北匈奴为隔绝中原与西域的联系，竟发兵功击车师前王，袭击伊吾，尽杀索班及屯田将士，鄯善王处境危急，求救于敦煌太守曹宗。

曹宗奏请朝庭发兵相救，但遭部分大臣反对，竟然有人主张“闭玉门关，绝西域”（《资治通鉴》）当时执政的邓太后召集群臣商议对策。班勇上《辩闭玉门弃西域议》书，力排众议，陈述汉武帝以来通塞西域之利害，主张仍复玉门关，“复置护西域副校尉，居于敦煌，”“又官遣西域长史将500人屯楼兰”，以西据通焉耆、龟兹捷径，南壮鄯善、于阗胆量，北御匈奴，东进敦煌，以统西域。但邓太后仅同意在敦煌设置西域副校尉，以经营丝绸之路。其后，驻蒲类海（今巴里坤湖）的北匈奴联合车师不断入侵敦煌、酒泉等地，丝绸之路处于半封闭状态。

东汉安帝延光二年（123），蒲类海的北匈奴呼衍王联合车师进攻酒泉等地。在部分大臣支持下，朝廷起用班勇为西域长史，将兵500人屯柳中城（今新疆吐鲁番地区）。

次年正月，班勇率军到达罗布泊畔的楼兰古城。此时鄯善国的国王是尤还，他的母亲是汉人，所以当班勇进驻楼兰后，鄯善和龟兹、姑墨、温宿等国都归向汉朝。班勇即召集龟兹等国步骑万余人帮助车师前部（今新疆吐鲁番西）王庭赶走匈奴伊蠡王，打通了丝路北道。

东汉安帝延光四年（125），班勇发敦煌、酒泉、张掖三郡600骑兵和鄯善、疏勒、车帅前部国兵，大破车师后部（今新疆吉木萨尔县南），盘踞在那里的匈奴呼衍王逃遁。

东汉顺帝永建元年（126），班勇派军诛杀东且弥（今新疆乌鲁木齐）王。

东汉顺帝永建二年（127），班勇上书朝庭，请功焉耆王元孟。顺帝准奏，令班勇统西域诸国兵四万余众由南道进军；张朗率河西四郡三千人自北道出击，迫使焉耆降服，“于是，龟兹、疏勒、于阗、莎车等十七国皆来服从”（《后汉书·西域传》）。东汉再次一统西域，西域地区也出现了北、中、南道三条丝路并行的格局。但就在这次重大的征战中，因张朗邀功，轻兵先至，班勇重兵后期到达，竟然遭到非议，而被东汉王朝撤职查办。

正值盛年，可以在经营西域的事业中大显身手、大有作为的班勇，虽然免于牢狱之灾，但失去权位却让他失去了再为西域、为丝绸之路奉献才智、再创伟业的机会。

生于西域，长于西域，征战于西域，立功于西域，又获“罪”于西域的班勇，在被撤职查办之后仍竭尽其心力，以亲身的经历和丰富的见闻著成《西域传》一书，被收入了《后汉书·西域》，至今仍是后世研究古西域的珍贵史料，也算是他倾其余热，为后人所做的贡献吧！

8. 名传千秋，垂范后世

从扶风到龟兹，从龟兹到扶风，自班超父子第二次开通丝绸之路之后，这条连通欧亚的政治、经济、文化、宗教的历史通道上，千百年来，沧海桑田，尘封了难以计数的历史篇章，但班氏家族的光辉形象都永远放射着无尽的光芒。

在南疆边陲丝路重镇喀什，有一座遗址上建立起来的盘橐城。盘橐是疏勒古国的宫廷，其实叫班超城更为响亮，因为名垂青史、声震西域的名将班超曾在这儿戍边守疆达 18 个春秋，为祖国版图完整，民族融合做出不可磨灭的贡献。这片遗址临近吐曼河谷，平地突兀，易守难攻，在一马平川的原野上称得上战略要地，与班超的赫赫声威颇为相符。目下，这座班超纪念公园的主要景物是以班超为主的一组大理石雕像。高达 3.6 米的班超塑像是以他晚年神采为基调创作的，身姿伟岸的班超身着汉代朝袍，束发冠带，一手握竹简书卷，一手朝后抚背，神情安详，长须飘拂，目光如炬，活脱脱显出一代安邦定边的名将风采。两边排列着当年追随班超出使西域的 36 位壮士的雕像。文僚面色沉着、深思远虑；武士横眉握剑、跃跃欲试。36 尊雕像尽管职务不同，服饰各异，但安定边关、誓扫匈奴的雄心却惊人的一致，众志成城，所向无敌。这是一支战则必胜、攻则必克的精锐铁军。曾在万里西陲，火烧匈奴，安抚鄯善，征姑墨，收乌孙，逼降龟兹，大败莎车，一战而永定疏勒，扬大汉威仪，播中原文明，为祖国版图完整谱写了一曲雄浑的乐章，书写了光辉灿烂的一页，因而理所应当受到后世尊崇。班超在西域度过了整整 30 个春秋，其中有 18 年是在疏勒（今新疆喀什）度过的，其营地便是这片盘橐城。如今，漫步在这片空旷寂寥的古遗址上，已很难想象当年的城垣房舍格局。天边翻卷的云团，则把人带入一种肃穆久远的年代。近两千年前，一介书生，投笔从戎，远离中原，跃马挥刀，所向披靡的英姿已定格为那尊大理石雕像。如今，在库车、在新河、在祖国南疆的许多地方和城镇，都建有班超纪念馆、班超广场，等等。千百年来，我国各族人民的心里深深地铭记着班超投笔从戎、深入虎穴、智取盘橐的名将风采，铭记着他出任西域都护之后励精图治，注重发展当地经济，在积蓄充足后，又最后征服北匈奴统治下的焉耆、危须和尉犁，使西域全境再次统一于汉朝的诸多事迹。而且，当时疆域远比现在辽阔，到达葱岭（今帕米尔高原）以西咸海和今哈萨克斯坦的巴尔哈什湖一带。班超因战功卓著被封为“定远侯”，与开通西域被封为“博望侯”的张骞齐名。以至后世每当战乱，中原王朝都倡导要向“张博望”“班定远”学习，投笔从戎，勇赴疆场，直至抗日战争时期还曾倡导。这已成为永放光芒的民族精神。

汉代以后，扶风郡撤销而扶风县立，班氏家族的文功武治的传承和弘扬归属于扶风县。不论对班氏家族的扶风安陵地望如何理解，但扶风县自古就有安陵、茂陵等地域，班固因扶风的美水之阳而封美阳侯，他的墓地就在扶风县城之东；县城南的南台有人说是兰台而来，曾称班家台；县城南就有班马祠。清乾隆四十六年熊家振重纂《扶风县志·壇庙记》载：“乡贤祠在学庙戟门，右祀西汉侍中光禄大夫班伯，望都侯班彪，伏波将军忠成侯爵马援，大司空安丰侯窦融，尚书令申屠刚，光禄勋张湛，并州刺史郭伋，好畤侯耿弇，兰台令史班固，定远侯班超……西域长史班勇将军……”。又载：“三班祠在飞凤山，一统志载在扶风县（城）南有飞凤山，祀汉班彪、班固、班超。旧志万历中知县杨策建，顺治三年寇毁，十七年知县刘瀚芳重建。康熙五十七年知县丁腹松增祀（曹）大家，曰四班祠……”扶风人特别重视曹大家班昭的懿德，本志载：“曹大家祠在县东街，雍正九年知县张娄度建”。志中对班昭的博学高才、懿德典范做了两千二百字的专章记述。（韩金科）

六八、长安城的毁灭——赤眉军的报复性破坏

西汉末年，吏治腐败，贪污贿赂横行。尤其是在京都之地，官商勾结，富商豪强不断向政府的高层领域渗透。当时流行过这样的谚语，说“以贫求富，农不如工，工不如商，刺绣文不如倚市门。”《汉书·货殖传》载：“关中富商大贾……王孙卿以财养士，与雄桀交，王莽以为京师司市师，汉司东市令也。”富商用钱搭桥，竟能同贵族王莽结交，成了东市令，创造了官商勾结的典型事例。

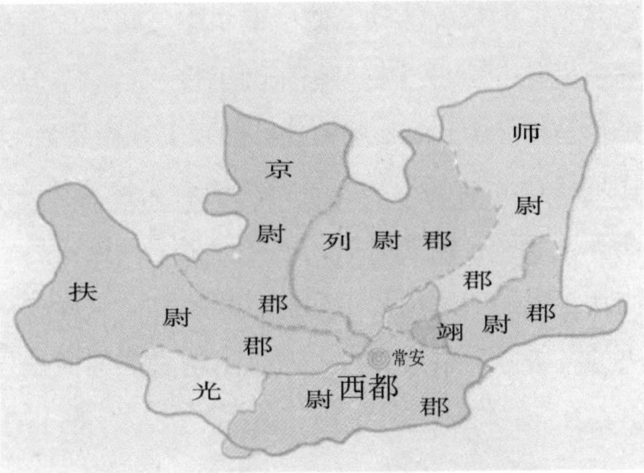

图 68-1　新莽时期长安（常安）位置示意图

官商勾结的直接影响是，商人囤积居奇，赚取更大的利益，官员贪贿盛行，吏治更加腐败，社会日益混乱，动荡不安。一些所谓豪猾之人，趁机与官府对抗。其中一种人可以称之为侠客、义士，在他们身上散发着一种廉洁、豪爽、有胆识的人格魅力，受到下层群体的欢迎，成为反对统治者的团体或代表。但也有一些人向畸形发展，干出一些杀人越货、打家劫舍的勾当。但是他们构成了反抗执政的主要力量。西汉晚期长安的豪猾和流氓，实际就是后一类人。《汉书·王尊传》中说“长安宿豪大猾，东市贾万、城西万章、翦张禁、酒赵放、杜陵杨章等，皆通邪结党，挟养奸轨，上干王法，下乱吏治，并兼役使，侵渔小民，为百姓豺狼，

更数二千石，二十年莫能禽。”而城中的轻薄少年更是成群结伙，向“上息于政，贵戚骄恣”的社会现实发起攻击。

长安城中的豪猾霸道、流氓滋事、盗贼疯狂，是封建统治衰败的产物，也是阶级斗争的曲折反映。作为城市的社会问题，也正在钳制着这座都城主人的生存力。

自汉元帝以后，西汉王朝已日薄西山，处于末季。汉平帝时，情况更趋严重，而劳动人民遭受压榨、剥削日重，失去土地，走上流亡之路，社会处于动荡之中。平帝元始二年（2），“三辅盗贼，群辈并起，至焚烧茂陵都邑，烟火见未央宫。”（《东观汉纪》）长安城里也出现了“群盗并兴”的反抗活动，使皇室和中央朝廷受到直接威胁。“闾里少年群辈杀吏”（《汉书·赵尹韩张两王传》）、“攻官寺，杀长吏”（《汉书·匡张孔马传》）。而一些大侠，如长安东市贾万、城西万章、张禁、赵放，杜陵杨章等结党干法，弄得统治者头疼至极。平帝元始三年（3），任横等人起义，建立组织，“自称将军，盗库兵，攻官寺，出囚徒。”他们从官家的武库中取出兵器，武装自己，释放“囚犯”，主动地攻打中央的各级政府机关，可见西汉王朝衰落到何种程度！而这次任横起义，

图 68-2　石渠阁建筑遗址

声势浩大，使得长安城内陷入一片混乱之中。公元 8 年，王莽篡汉，企图实行所谓的新政，挽救行将就木的封建统治政权。然而，新莽政权只是政治野心家弄出来的怪胎，同样不能逆转摇摇欲坠的西汉统治。公元 22 年，以绿林为主的义军，联合新市、下江、平林、春陵等部，以复“汉”为旗号，推举刘玄为更始皇帝，举行声势浩大的推翻王莽的起义。随后，更始军一路攻洛阳，一路向关中进发。义军所到之处，关中各地积极响应，很快逼近长安城。这时，王莽紧急组织城中囚徒出城抵抗。但刚过渭桥，就一起哗变，还挖开了王莽妻子坟和祖坟，烧毁了棺椁，进而在长安南郊把九庙、明堂、辟雍等礼制建筑也付之一炬，“火照城中”。王莽地皇四年（23）十月一日，义军攻入长安宣平门，同负隅顽抗的新莽死党展开巷战。十月二日，长安市民朱弟、张鱼也起兵，进攻皇宫，烧宫门，“火及掖廷承明（殿）”。十月三日，愤怒的人群攻入王莽躲避的渐台，商人杜吴把他杀死并取其绶带，校尉公宾就割下他脑袋，军人们分裂了他的肢体。至此，就结束了西汉王朝 214 年（前 206 ~ 8）的统治和短命的新朝（8 ~ 25）。

在亡汉的烈火之中，汉长安城内的主要建筑遭到破坏。更始三年夏（25），赤眉军樊崇等数十万人入关，立刘盆子，“遂烧长安宫室市里，害更始。民饥饿相食，死者数十万，长安为虚，城中无行人。宗庙陵园皆发掘，唯霸陵、杜陵完”。（《汉书·王莽传》）如果说王莽时的叛军烧毁南郊礼制建筑放的是第一把火，公宾进攻王莽，烧攻未央宫三日，使这座巍峨的朝宫永远消失了。而赤眉军烧长安宫室市里，使长安城遭到毁灭性的破坏。

历史就是这么令人无可奈何，总是在重复地演绎着几乎同样的故事。秦朝的覆亡，因为统治者穷奢极欲、耗竭民力，西汉的灭亡也是如此；新莽虽有改过之心，但积弊已深，仇怨已成，民心汹汹，天下动荡。王莽惨死，偌大的一座长安城就在赤眉军愤怒的烈火中化为灰烬。当年的刘邦羡慕繁华生活、具有追求帝王般奢华享受的雄心，因而封府库，禁止军士抢掠放火，咸阳城得以保全；但项羽入关，为了报仇雪恨，荣归故里，逞一时之勇，因而一把火烧了咸阳城。岂不知那也是无数老百姓的心血和钱财积聚而成。新莽惨败，绿林军攻入长安，犹如刘邦一样，长安城得到保全；而赤眉军入城，却如项羽一般。或者说，追求富贵的理想信念是可能保有最大的财富不受破坏的一个重要因素。

陆　五胡交融　隋定大兴

六九、东汉的建立和贵族政治

西汉末年，阶级矛盾和社会矛盾日益激化，大有山雨欲来风满楼之势。王莽改朝换代以后，期望缓和各种矛盾，虽然采取了一系列的改革措施，但是不仅没有缓和，反而加剧了矛盾，于是各地纷纷爆发了大规模的起义。起义军在不断地兼并融合汇聚之下，最终形成了三支大的起义军势力。绿林军、赤眉军和铜马军。

公元 17 年即王莽天凤四年，新市人（今湖北京山县东北）王匡、王凤领导饥民起义，他们以绿林山（今湖北钟祥、随县交界处的大洪山一带）一带为活动基地，四处出击，打击豪强，抢夺财物，抵抗官军。史称“绿林军”。先后有马武、王常、成丹、陈牧起兵响应。随着地方豪强势力的加入，尤其是有汉朝皇族血脉的刘玄和南阳豪强刘縯、刘秀兄弟的加入，而且成为主要的领导者，绿林军便成为一支反抗王莽政府军的主力部队，原来的纯粹的农民起义变成了政治色彩浓厚的反政府军。公元 23 年，绿林军建立了“更始”政权，以刘玄为皇帝，建都宛（今河南南阳），史称“玄汉”。更始政权的建立引起了王莽的高度警惕，立即派遣 40 万大军前往征剿，由大司徒王寻和大司空王邑率领，包围了绿林军控制的昆阳城（今河南叶县），但是，守卫昆阳的义军仅仅有八九千人。他们以一当十，奋勇争先，最终打败了王莽政府军，成为历史上著名的以少胜多的战例。

就在绿林军发展壮大的同时，另外一支农民起义军也日益壮大。公元 18 年即王莽天凤五年，琅邪人（今山东诸城）樊崇起兵莒县，举行起义，吸引了山东青、徐一带大量的饥民，队伍迅速发展壮大。这支纯粹的农民武装纪律严明，朴实无华，相约“杀人者死，伤人者偿创”，没有文书、部曲、旌旗和号令，他们为了和别人区别，就将眉毛涂成红色的，因此称之为“赤眉军”。公元22年即地皇二年，王莽派太师王匡、更始将军廉丹率兵10余万企图一举消灭赤眉军。官军所到之处，烧杀抢掠，无恶不作。所以有民谣说：“宁逢赤眉，不逢太师；太师尚可，更始杀我。”23年，赤眉军在山东成昌（今山东东平县）打败了前来镇压的更始将军廉丹。廉丹自杀，赤眉军声势更加强大。

昆阳之战以后，绿林军兵分两路进攻政府军。一路由王匡率领进攻洛阳；一路由申屠建、李松率领直取长安。王匡迅速攻下洛阳，西征大军进入关中，就受到各路大小义军的配合欢迎，势如破竹，很快就接近长安城下。这时王莽匆忙拼凑起十几万的“罪徒”前去迎战，这与秦末的情势是多么相似。难道历史真的是在不断地重复过去的模式而不能够有所改观吗？何以最高的统治者们总是自信到死到临头还要让他们的掘墓人担当重任呢！可惜这些所谓的军队一出长安城，过了灞水桥就调转矛头，向王莽宣战：恨恨地挖了王莽的祖坟，焚烧了他的祖庙，迎接绿林军入城。城内的反抗分子趁机聚集起来，冲进皇宫，可惜一代枭雄惨死在乱兵之下。王莽的新朝宣告灭亡。

王莽死后，刘玄便建都洛阳。同时，任命大司马刘秀去河北招抚各地的起义军，刘秀趁机消灭了河北一带的主要义军主力铜马军，并收编到自己的军队中，从而发展壮大自己的实力。公元24年，即玄汉二年，刘玄迁都长安。公元25年，赤眉军30万大军攻入关中，另立刘盆子为帝，攻陷长安城，杀了刘玄；焚毁了长安城。同一年，刘秀在河北称帝，延续西汉的国号，依然叫“汉”，定都洛阳，重建刘汉政权，史称“东汉”。

图69-1 汉光武帝刘秀像

东汉时期最明显的特征就是豪强地

主的统治。政治上依赖豪强地主的家族势力，东汉的豪族基本上是名门望族，他们的实力强大、势力所及无所不在。经济上的最大表现就是豪强地主的庄园经济。由于东汉政权建立的基本力量实际上是西汉的豪强家族。与其说西汉末年新莽是在倒行逆施，还不如说王莽只是凭借了书生意气，期望通过自上而下的改革还底层农民和平民一个公道。岂不知豪强经济的发展已经将庄园主和部曲（依附于庄园主的农工商户）紧密地结合在一起，他们实际上是一个经济和政治共同体。因而，任何对于豪强势力的侵犯必然引起强烈的反抗。结果已经清楚，王莽败得很惨。所以，刘秀能够依赖豪强夺取天下，是那些仇恨豪强经济的儒生书生们所想不到的。新兴的东汉政权赋予豪强势力一种公开合法的权限，赋予他们自觉自律和接受约束监督的行政环境，赋予他们家族的地位和继承权，等等。豪强是东汉政权建立和维护的基层力量。而这种力量一直持续到魏晋南北朝时期的士族统治时期。所谓贵族政治，是这一时期政治统治的体现。

东汉时期，豪强家族拥有政治上的特权。在选官制度上出身和门第（史书上称之为“族姓阀阅”）成为选拔官吏的重要标准。名门望族就可以世代做到大官。例如弘农杨氏，一连四代位至三公；汝南袁氏，一连四代有五人做到了三公。《三国志·魏志·袁绍传》记载：汉代袁安在汉章帝刘炟时为司徒，儿子袁敞为司空，孙子袁汤为太尉，曾孙袁逢为司空，袁隗为太傅，四世居三公位，人称“四世三公”。另外《后汉书·杨彪传》也记载：“自震至彪，四世太尉，德业相继，与袁氏俱为东京名族云。”三公指司徒、司空、太尉，是东汉时期地位最为隆盛的职位。而且，一些地方豪强还长期左右把持着地方政权。东汉实行的官员察举制度和征辟制度，使得地方上的中小地主阶层不得不依赖在朝中具有极大影响力的大官僚、大贵族的举荐。于是他们纷纷投靠在他们门下，做他们的“门生”。政府允许大官僚还可以自己挑选自己的亲信作为“属吏”，也就是“故吏”。就这样，东汉的豪强家族依赖自己家族的势力和门生故吏的庞大官僚体系，形成了许多有实力的强大集团势力。

东汉自从光武中兴，经过明帝、章帝、和帝、殇帝、安帝、顺帝、

图 69-2　东汉时期长安位置示意图

冲帝、质帝、桓帝，再到灵帝、献帝。一共经历了 12 帝 196 年的时间。在此期间东汉定都洛阳，除了在汉献帝时期有所变化而外，其他皇帝都在洛阳办公。

汉献帝是我国历史上非常有名的皇帝。由于东汉末年大军阀董卓的操纵和“奸相”曹操的“挟天子以令诸侯”，使得他和《三国演义》紧密地结合在一起，成了一个家喻户晓的可怜皇帝。

七十、流离失所的君王——东汉献帝西迁长安以及长安城的劫难

公元 184 年，即汉灵帝中平元年，爆发了波澜壮阔的黄巾军大起义。起义的组织者名叫张角，是巨鹿（今河北平乡县）人。这是一次有组织有预谋的大起义。他与以前的秦汉大起义有所不同的是，它借助了此时兴起的道教的思想传播起义宗旨：苍天已死，黄天当立。他利用传播太平道的机会，宣扬推翻东汉王朝的终极目的。

东汉末期，也同秦汉末一样，各种矛盾同时激化。张角便利用了人民的普遍不满，宣传太平道所要来建立的理想之国。仅仅十几年时间就收拢好了数十万信徒。史载在青、徐、幽、冀、荆、扬、兖州、豫州等八州，信徒极多，“莫不毕应”，似乎人人都参加了。张角把这些信徒分成 36 方，大方一万多人，小方六七千人，每方设立一位渠帅。他们长期进行秘密活动，约定在公元 184 年二月同时起事。张角自任天公将军，任命他的弟弟张宝地公将军、张梁人公将军。那一天，他们头戴黄巾作为标志，发动了向“苍天”政权的进攻。这就是历史上所谓的“黄巾起义”。

黄巾起义虽然声势浩大，但是很快就在政府军和地方豪强势力的围

追堵截之下，死的死，降的降，没有从根本上动摇豪强家族的世袭地位和权力，反而在平定黄巾的过程中，豪强集团的势力更加强大，形成了袁绍、曹操、孙坚（孙策）、刘表、公孙瓒、马援、张鲁、刘璋等更大的豪强和军事集团。袁绍占据了幽州、冀州、青州、并州四州之地，相当于河北、山西、山东的东部和北部；曹操占据兖州、豫州，相当于山东西南部和河南；孙策占据江东，即长江下游的江南地区；刘表占据荆州，即湖南、湖北……这些军事集团互相争斗，混战不休。

董卓和他的军事集团是在东汉末年的动乱中被“引狼入室”的。史载董卓性粗猛而有谋断，最初是驻守边塞的将领。中平元年（184），曾代卢植统兵与黄巾军作战。中平五年（188），汉灵帝病危之时，董卓驻屯河东，拥兵自重，坐待事变。东汉末年，贵戚、宦官、军阀和豪强几股政治势力，争斗不息，互相倾轧。中平六年（189）汉灵帝死，少帝刘辩继位，另封刘协为渤海王，不久又转封为陈留王。但朝政大权落在何太后之手，以外戚何进辅政。大将军何进为了扩大并巩固自己的势力，与司隶校尉袁绍合谋诛杀宦官，居然不顾朝臣的反对私自召董卓入京。后来因为阴谋泄露，何进首先被宦官张让等所杀，袁绍等人入宫诛杀宦官，陈留王刘协与少帝刘辩被宦官张让和段圭劫持出宫。后被尚书卢植等人救出。回宫途中遇到董卓大军从河东前来护驾，董卓曾和少帝谈话，少帝却胆小怕事，表现得语无伦次；再问刘协，刘协则面无惧色，谈吐清晰，将事情的经过说得清清楚楚。董卓很吃惊，认为少帝的能力不足以担当大任，他认为刘协贤能，遂有废立之意。随后董卓率军进入洛阳，废少帝刘辩为弘农王，立他的弟弟刘协为皇帝，就是汉献帝。董卓被任命为太尉，权倾朝野，势力大盛。但是他独断专行，肆意妄为，引起了关东豪杰的愤慨。

汉献帝在位时间为189年至220年，计有32年，其中迁都长安时间为190年至196年，计有不到7年时间。

因为董卓擅自废立皇帝、独揽中央大权，遭到关东军阀强烈的反对。他孤立无援又恐惧压力，于初平元年（190）挟持汉献帝西迁长安。临走时，董卓把洛阳的宫殿、民房付之一炬，迫使数百万人一同西行。三

年（192）四月，司徒王允唆使吕布诛杀了董卓。六月，董卓的部将李傕、郭汜、樊稠等人，轻信王允要杀尽凉州人的谣言，联合攻入长安，杀了王允等人，“放兵虏掠，死者万余人”，致使“长安城中，盗贼不禁，白日虏掠。傕、汜、稠乃三分城内，各备其界，犹不能制。而其子弟纵横，暴虐百姓。是时，谷一斛五十万，豆麦二十万，人相食，白骨委积，具秽满路。”（《后汉书·董卓传》）车骑将军李傕、后将军郭汜、右将军樊稠共揽朝政。不久，傕、汜、稠三人内讧。兴平二年（195）二月，李傕嫉妒樊稠“勇而得众”，杀了樊稠。引起郭汜的猜疑，于是率军攻击，形成混战。三月李傕劫皇帝入己营，郭汜则劫持公卿大臣不放还，纵兵入宫掳掠金帛器物，火烧宫殿建筑。双方连战五个月，死伤数万。这时，张济将军从中调解，派人将汉献帝送归东边弘农郡（今河南灵宝）。然而此时，关东地区群雄并起，袁绍、曹操、公孙瓒、吕布、袁术、刘表、孙策等割据一方，汉献帝一行出发不久，张济、李傕、郭汜就开始后悔，担心汉献帝被关东军阀控制对自己不利，于是急忙调兵一起前去阻拦，想要劫持汉献帝重新回到长安。汉献帝一行离开长安以后，急忙飞奔过了黄河，驻扎在安邑（今山西安邑县）的军营。建安元年（196）在兴义将军杨奉的护送之下，汉献帝终于回到了洛阳。在此期间长安粮食短缺，百姓之间出现了人吃人的悲惨景象，凡是稍有气力的人，都纷纷逃往外地，以致“二三年间，关中无复人迹”。（《通鉴纪事本末》八卷）

图 70–1　曹操像

汉献帝回到洛阳以后，洛阳的境况也非常凄惨，“宫室烧尽，百官饥乏，自出采樵，或饿死墙壁间，或为士兵所杀。”这时，曹操率兵入朝，将汉献帝和百官迎接到许昌，从此曹操得以“挟天子以令诸侯”，天下进入军阀割据的混战时期。

长安城在东汉维持了近200年时间，但最后遭到军阀混战的破坏，就彻底地被毁弃了。经过军阀的肆意破坏，长安城已是千疮百孔，一片凋零。诗人王粲在其《七哀诗》中，有“出门无所见，白骨蔽平原。路有饥妇人，抱子弃草间。顾闻号泣声，挥泣独不还。未知身死处，何能两相完”的句子，令人哀伤。

七一、承载晋祚，勉为其难——西晋愍帝在长安的苦难岁月

公元220年，曹操死后，他的继承人曹丕就废除了汉献帝，自称皇帝，建都洛阳，国号为魏，史称曹魏；公元221年，刘备在成都称帝，国号为汉，史称蜀汉；公元229年，孙权在建业（今江苏南京）称帝，国号吴，史称孙吴。三国时代来临。从220年算起到265年司马氏篡位建立晋国，仅仅只有45年。时间很短，但是它在历史上的作用却不容忽视。三国时期的各国为了自强自立，纷纷发展各自的经济，其军事实力更是不可小觑。三国时期的政治经济制度为之后取而代之的西晋王朝所继承。西晋的疆域和行政区划也基本上是三国的总和而小有调整。其实，历史总是有很多相似之处。说是报应是唯心论者的观点，说是学习仿效可能更好一些。西晋是由晋武帝司马炎于265年取代曹魏政权而建立，国号晋，定都洛阳，史称“西晋”。司马炎取代曹魏的模式完全是模仿曹魏取代汉献帝的模式，他们假借禅让的方式和平取得政权。其实，这也是新莽的创意。不过，这种古为今用在一定的程度上是比那种因深深的仇恨生生地以大量血的代价取得政权要文明得多，这样的和平的政权交替似乎对整个社会和老百姓没有太大的影响，人们只是另外面对了一个家族的领袖喊喊“万岁”罢了。

西晋为时仅51年。公元265年，晋王司马炎称帝，建立西晋；280年，灭东吴，完成统一；公元316年，为汉国（前赵）所灭。西晋统一仅37年，是魏晋南北朝长期分裂时期中的短暂统一王朝。

晋武帝司马炎是一个仁慈、中庸、节俭、宽容的好皇帝，然而也是一个优柔寡断、缺乏战略眼光的皇帝。如以晋武帝的这种资质，绝对谈不上能够做一个开国的皇帝，然而他却做了。那实际上是借助了乃祖司马懿、乃父司马昭的威望和荫庇而不得不做皇帝了。历史就是这么有趣，

如果你代表的集团需要你挺身而出，由不得你，不出就不行！

晋武帝的太子为司马衷，昏庸无能，其实就是个白痴。武帝之弟齐王司马攸较仁孝慧敏。许多大臣倾向于让晋武帝舍子立弟。可是他犹豫再三，仍然不能决定，最后迫使齐王攸回到齐国，最后愤怨而死。西晋立国后，晋武帝分封诸王，于公元277年遣诸王就国，其中一些王都督诸州军事。如汝南王亮督豫州、楚王玮督扬州。

晋武帝把白痴儿子司马衷立为太子，这确实是西晋历史上最大的败笔。为日后的贾后专权、八王之乱埋下了祸根。试想，即便是董卓、曹操也不敢明目张胆完全甩开皇帝的权威我行我素，他们还需要有个“讽事”的过程，把他们的意见和需要通过一定的渠道告知皇帝，然后由皇帝宣布。这样掩人耳目，方才能名正言顺。人们明知那不是皇帝的本意，但通过皇帝的谕旨颁布下来，凡是有封建礼数常识的人、懂得朝堂规矩的人，都不敢提出异议。否则，那是要杀头，甚至是灭门的。因为那时的皇帝是有是非判别能力的正常的人。对于一个智力正常的政治人物的言论是不能够怀疑的。他口中的话就是他说的，没错！然而，别人要转达一个白痴的话，要取得别人的确信，是十分的困难。如果这个话又是要损伤他人的权益，那必然演绎起一场无休止的争论和对抗。八王之乱就是这样产生的。

八王之乱是中国西晋时统治集团内部历时16年（291～306）之久的战乱。战乱参与者主要有汝南王司马亮、楚王司马玮、赵王司马伦、齐王司马冏、长沙王司马乂、成都王司马颖、河间王司马颙、东海王司马越等八王。

公元290年晋武帝去世，晋惠帝继位，外戚杨骏辅政。皇后贾南风趁机干政。当时杨骏擅权，与贾后对立。291年贾后借由楚王司马玮除去杨骏及其势力，任命汝南王亮与卫瓘掌政。不久贾后利用楚王玮与汝南王亮不合除去汝南王亮及卫瓘，再以伪诏杀楚王玮，任命张华及贾模等人掌政。贾后夺权成功。太子司马遹不是贾后亲生，300年被贾后诬蔑谋反，太子被废。赵王司马伦挑拨贾后杀掉太子。而后赵王伦联合齐王司马冏替太子报仇，发兵除去贾后及其党羽，赵王伦专政。此后，赵王伦、齐王冏、长沙王乂、成都王颖、河间王颙相继夺权，发号施令，最后又相继被杀。直到 306 年惠帝被毒死，豫章王司马炽继位，是为晋怀帝，改元永嘉。八王之乱至此结束。

八王之乱先后持续了 16 年，参战诸王多相继败亡，社会经济严重破坏，西晋统治集团的力量消耗殆尽，隐伏着的阶级矛盾、民族矛盾便迅速爆发。

东汉以来，分布在西、北边疆的少数民族陆续向内地迁徙。魏晋时，迁徙活动更加频繁，而且种族很多，主要有匈奴、鲜卑、羯、氐、羌五族，史称为“五胡”。内迁各族与汉人杂处，过着定居的农业生活。他们同样纳租调，服力役，事供职，同于编户。汉族的官僚、地主多以他们为奴婢、佃客。由于生活习惯、穿着打扮不同，他们经常与汉人发生误会，时间长了，积怨越来越深，甚至已经恨到深入骨髓。残酷的民族压迫和长期的民族歧视，使各少数民族的反抗不断地发生，甚至不断爆发诸如李雄等流民的起义。内迁的胡人贵族往往被任命为大大小小的官职，有一定的权力和影响力。在各地流民不断起义时，内迁的少数民族上层分子也相继起兵反晋，其中刘渊、石勒起兵最早。

刘渊字元海，匈奴左部帅刘豹之子，汉化程度很深。刘豹死后，他代为左部帅，惠帝时为五部大都督。304 年即永兴元年，刘渊开始起兵，很快发展到 5 万人，定都于离石（今山西吕梁离石区），自称汉王，胡、汉各族很多人归附他。渊谓群臣曰：“昔汉有天下久长，恩结于民。吾汉氏之甥，约为兄弟；兄亡弟绍，不亦可乎？”乃建国号曰汉。……追尊安乐公禅为孝怀皇帝，作汉三祖、五宗神主而祭之。（《资治通鉴》卷八十五）

石勒出身羯族，居上党武乡，曾被卖为家奴。刘渊称汉王时，他参加了起义。永嘉五年（311）四月，石勒在苦县（河南鹿邑县）宁平城消灭 10 余万晋军。六月，王弥、刘曜等攻下洛阳，杀王公以下 3 万余人，俘获晋怀帝。八月，又攻下长安。313 年，晋将贾匹等在关中汉人的支持下夺回长安，迎司马邺为帝，是为愍帝，改元建兴。建兴四年（316），刘曜围长安，愍帝出降，西晋灭亡。

图 71-1 西晋时期长安位置示意图

西晋孝愍皇帝司马邺，又名司马业，西晋王朝第四位皇帝。武帝司马炎之孙，吴孝王司马晏之子。初为秦王，驻守长安。公元 311 年，怀帝被刘汉军掳走后，群臣拥立他为太子。313 年，怀帝被毒死的消息传来，尚书左仆射鞠允，卫将军索琳、梁芬等人，于四月在长安扶立他为帝，改年号为“建兴”。暂以即位地长安为都。“是时长安城中，户不盈百，蒿棘成林；公私有车四乘，百官无章服、印绶，唯桑版署号而已。”这时的皇室、世族已纷纷迁至江南，西晋王朝已经名存实亡。316 年八月，刘曜率军围攻长安。十一月，城内粮尽，无法拒守。愍帝只得乘坐羊车，出城求降，群臣围住羊车号哭，有的爬上车拉住他手臂，不让他出城。愍帝悲不自胜，又无可奈何，只好推开臣下，驱车出城投降，刘汉军将他押到平阳，废封为光禄大夫。西晋至此宣告灭亡。司马邺投降后，受尽百般羞辱。316 年，刘聪担心如留着愍帝，晋人复国之心不灭，就派人杀死了愍帝。从建兴元年（313）四月即帝位到建兴四年（316）十一月，匈奴人刘曜接受愍帝投降，西晋亡。愍帝居长安三年零七个月。

七二、短暂的辉煌——五胡十六国时期定都长安的王朝历史概述

自西晋末年到北魏统一北方期间，内迁的匈奴、鲜卑、羯、氐、羌五个北方民族于 304 至 439 年间曾在中国北部境内分别建立了 16 个政权，史称十六国：指前凉、后凉、南凉、西凉、北凉、前赵、后赵、前秦、后秦、西秦、前燕、后燕、南燕、北燕、夏、成汉。这个时期也被称为“五胡乱华”时期。

五胡十六国从 308 年汉赵刘渊正式称帝，直到 439 年九月，北魏帝拓跋焘统一北方，五胡十六国结束，南北朝时期正式开始。北魏太武帝

拓跋焘，南朝宋文帝刘义隆，南北对峙。

西晋末到隋朝建立期间，在长安建都的王朝主要有前赵、前秦、后秦、大夏、西魏、北周。

1. 汉（前赵）（304/318 ~ 329）

十六国之一，刘渊是东晋时期内迁的匈奴贵族，其汉化程度很高。304 年，刘渊在左国城（今山西离石区）称汉王，起兵叛晋。308 年称帝，建都平阳（今山西临汾西南），史称汉赵。310 年，刘渊死，刘聪即位。汉赵兼采魏晋和匈奴旧制，实行胡汉分治，311 年攻入洛阳，灭西晋。318 年，刘渊侄刘曜夺取汉政权，自立为帝。319 年改国号为赵，史称前赵，建都长安。建国后继续实行胡汉分治，徙氐、羌等族数十万人于长安，保持其部落编制，并在汉人统治区内恢复儒学。统治区域有今河北、山西、河南、陕西的一部分。329 年被后赵石勒所灭。

图 72–1　前赵时期长安位置示意图

2. 前秦（351 ~ 394）

十六国之一，为氐族苻健所建。定都长安（今陕西西安），历六主，共 44 年。前秦的管辖范围在东晋十六国时期，处在第一位。是中国历史上第一个统一北方的非汉民族政权。

早在 333 年，后赵主石虎徙秦、雍及氐、羌 10 万余户于关东，以氐族酋长苻洪为流民都督。石虎死，苻洪降晋。350 年关陇流民西归。此时的苻洪拥众 10 余万，苻洪死，苻健继领其众，称晋征西大将军，西入潼关，氐人纷起响应。苻健遂攻占长安，据有关陇。351 年称大秦天王、大单于，国号大秦，史称前秦，352 年称帝，都长安。354 年，东晋桓温率军攻秦，苻健坚壁清野，355 年，子苻生立。357 年苻生堂兄苻坚杀苻生自立。苻坚即位后，重用汉人王猛为宰相，内修政治，恢复发展经济，强兵富国。因而前秦国内相对安定，势力逐渐强大，开始

了统一黄河流域的征战，370 年灭前燕，371 年灭仇池（今甘肃成县西北）氐族杨氏，378 年取东晋的梁、益二州，376 年灭前凉，同年灭代，382 年苻坚命吕光率军进军西域，前往迎接著名高僧鸠摩罗什前来长安主持佛事，未果而前秦灭亡，直到公元 401 年鸠摩罗什才来到后秦，定居长安附近的草堂寺。苻坚统一整个北方后，与东晋形成南北对峙局面。苻坚自恃强盛，不断对东晋发动进攻， 379 年攻占东晋战略重镇襄阳，383 年，对东晋发动全面进攻。淝水之战，前秦大败，《晋书·谢玄传》：前秦军“闻风声鹤唳，皆以为王师已至。”《晋书·苻坚载记》：“坚与苻融登城而望王师，见部阵齐整，将士精锐；又北望八公山上草木皆类人形。”正是所谓“八公山上，草木皆兵”，风声鹤唳，狼狈逃窜。前秦大败而归，原来并不稳固的前秦统治集团很快便分崩离析。不久苻坚被姚苌所杀，前秦帝国逐渐解体。394 年 10 月，前秦帝苻崇攻西秦王国，兵败被杀，前秦帝国灭亡。

图 72-2　前秦时期长安位置示意图

3. **后秦**（384 ~ 417）

十六国之一。前秦苻坚在淝水之战溃败后，羌族贵族姚苌于 384 年在北地（今陕西富平县）自称秦王。385 年杀苻坚，夺取长安。386 年称帝，国号大秦，史称后秦，建都长安（今陕西西安）。统治区有今陕西、甘肃、河南等地。417 年为东晋刘裕所灭。

图 72-3　后秦时期长安位置示意图

4. **大夏**（407 ~ 431）

赫连勃勃，最初叫刘勃勃。本匈奴南单于后裔，曾任后秦姚兴的骁骑将军，407 年脱离后秦，自称大夏天王，大单于，改年号龙升。417 年刘裕灭掉后秦后，自回江南，仅留少量兵力镇守长安，赫连勃勃乘机袭取了长安。418 年即夏昌武元年，赫连勃勃在灞上即皇帝位，留儿子赫连璝镇守长安，然后自还统万城（今陕西榆林白城子），仍以长安为南台（南京）。赫连勃勃是十六国后期最残暴的统治者，他不仅仍实行胡汉分治，而且施政暴虐。他发汉人及匈奴人 10 万筑都城，“蒸土筑城，锥入一寸，即杀作者而并筑之。”“又造五兵之器……射甲不入，即斩弓人；如其入也，便斩铠匠。”（《晋书·赫连勃勃载记》）他每征一地，往往大肆屠城和坑杀战俘。大夏的统治是通过军事征服取得的并维护的，因此政局很不稳定，至其子赫连昌时，因被北魏所逼，南走上邽（今甘肃天水）。夏胜光元年（428），魏攻陷上邽，俘赫连昌。赫连定逃奔平凉（今甘肃平凉西北），自称夏皇帝。夏胜光四年（431），赫连定在西击北凉时，被吐谷浑所俘，夏亡。

赫连勃勃虽然在长安称帝，但是很快就移师北上。建都统万城，以长安为南台。由于其主要的活动不在长安，因此在统计长安建都的王朝时通常并不计入大夏国。但讲陕西建都王朝史的时候，称之为 14 朝，

图 72–4 统万城遗址

就计算了大夏王朝。

5. 西魏（532 ~ 556）

西魏，北朝之一，由北魏分裂出来的割据政权。历三帝，共 22 年（535 ~ 557）。都长安。公元 532 年即北魏永熙元年北魏宗室元修被高欢立为帝，即孝武帝。534 年孝武帝与高欢决裂，被迫进入关中投靠北魏大将鲜卑人宇文泰。十二月却被宇文泰毒杀。535 年正月宇文泰拥立北魏孝文帝的孙子南阳王元宝炬为帝，改元大统，建都长安，与高欢所拥立的东魏对立，政权实际上由宇文泰操控。西魏恭帝三年（556），宇文泰病死，由其侄宇文护承继他的基业。557年宇文护得到将领们的支持，迫西魏恭帝禅让，西魏灭亡。由宇文泰之子宇文觉即大周天王建立北周。仍然建都长安。至此西魏被宇文氏的北周取代，总经历两代三帝，享国 25 年。

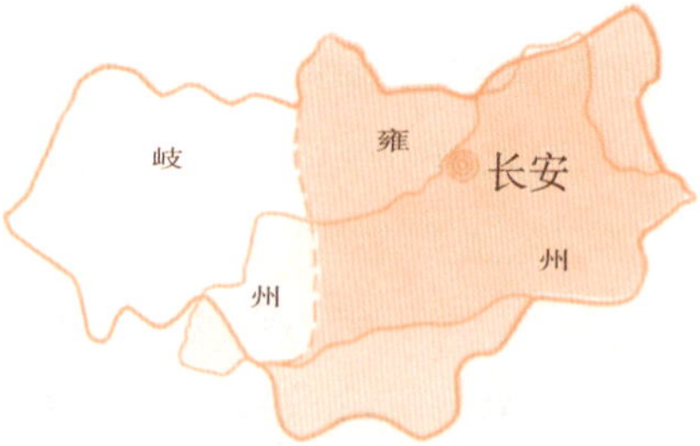

图 72–5　西魏时期长安位置示意图

图 72–6　长安出土北魏甲马骑马俑

西魏统治时期，政权一直都由宇文泰控制着。但宇文泰能够任用苏绰等人进行改革，采用和北攻南策略，从而使西魏进一步强盛。向南攻入南梁的成都，夺取了南朝西川荆雍等地。在北方与东魏的长期对峙中不断强大，连续三次大败东魏大军，奠定了北周统一北方和隋朝统一中国的基础。

6. 北周（557 ~ 581）

北周政权的基础是由西魏权臣宇文泰奠定，而由其子宇文觉正式建立。历五帝，共 24 年。西魏恭帝三年（556），实际掌握西魏政权的宇

图 72-6　独孤信多面煤精印信。独孤信是北朝时期著名的鲜卑贵族，曾担任西魏和北周的要职。他的长女为北周明帝宇文毓皇后，四女是唐高祖李渊之母，七女是隋文帝杨坚的皇后。独孤家族三代为外戚，可谓贵极人臣。该印信为西魏时期的文物，1981 年于陕西省旬阳县出土，现收藏于陕西历史博物馆。呈球体 8 棱 26 面，其中正方形印面 18 个，三角形印面 8 个。有 14 个正方形印面镌刻印文，分别为“臣信上疏”“臣信上章”“臣信上表”等。

图 72-7　独孤信印信印文拓片

文泰死后，大权传到其侄子宇文护手中。宇文泰长子宇文觉年幼继任大冢宰，自称周公。次年初，宇文护废除西魏恭帝而立宇文觉为帝，即孝闵帝，国号周，都长安（今陕西西安），史称北周。孝闵帝年幼，九月，宇文护又杀孝闵帝，立宇文毓为帝，即明帝。武成二年（560），宇文护又毒死明帝，立宇文邕为帝，是为北周武帝。建德元年（572），周武帝宇文邕杀了宇文护，亲自掌管朝政，进行了多方面的改革，北周日益强大。577 年，北周灭北齐，统一北方。581 年，杨坚受禅代周称帝，改国号隋，北周亡。

图 72-8　北周时期长安位置示意图

图 72–9　北周安伽墓石门、围屏石榻，西安市北郊安伽墓出土。现藏于陕西历史博物馆。安伽是出身粟特贵族的北周同州萨保，负责管理入华贸易的中亚胡商及祆教事务，居住并葬于长安。其石门石榻雕刻精细，彩绘贴金，甚是豪华

七三、萧索兮长安——东汉至北周时期的长安城

公元 25 年，汉光武帝刘秀建立东汉政权，把都城定在了洛阳。但他对失去京师地位的长安，出自刘姓一家的情感，还是采取了关怀与爱护的一系列措施。长安仍保留京兆府的名义，他也多次巡视关中，祭祀祖陵，敕令维修西京的宫殿，还令第五伦管理长安市场。“伦平铨衡，正斗斛，市无阿枉，百姓悦服。”（《后汉书·第五伦传》）从而使得商业贸易逐渐恢复并平稳地维持下去。

图 73–1　发掘出的汉长安城宣平门遗址

东汉末年，汉献帝迁都长安，引起的军阀混战。早已经毁败不堪的长安城在维持了东汉近 200 年时间修复之后，又一次在劫难逃，彻底地被毁弃了。经过军阀的肆意破坏，长安城已是千疮百孔，一片凋零。从 196 年汉献帝东归算起，即使过了 90 多年时间，长安依然是一派萧条、荒凉、衰败的景象。

西晋惠帝元康二年（292），长安县令潘岳在《西征赋》中，描写关中的胜景形势还是那么的壮美：

黄壤千里，沃野弥望。华实纷敷，桑麻条畅。邪界褒斜，右滨汧陇。宝鸡前鸣，甘泉后涌。面终南而背云阳，跨平原而连嶓冢。……南有玄灞素浐，汤井温谷；北有清渭浊泾，兰池周曲。浸决郑、白之渠，漕引淮海之粟。林茂有鄠之竹，山挺蓝田之玉。……此西宾所以言于东主，

安处所以听于凭虚也，可不谓然乎？

山河依旧，但他看到的昔日的汉长安城却是另一种景象：

街里萧条，邑居散逸。营宇寺署，斯廛管库，蕞芮于城隅者，百不处一。所谓尚冠修成，黄棘宣明，建阳昌阴，北焕南平，皆夷漫涤荡，无其处而有其名。尔乃阶长乐，登未央，泛太液，凌建章；…徘徊桂宫，惆怅柏梁。鹫雉雊于台陂，狐兔窟于殿旁；何黍苗之离离，而余思之芒芒！洪钟顿于毁庙，乘风废而弗县；禁省鞠为茂草，金狄迁于灞川。

其大意是说：长安的商场、官署集于城内一角，不及当日百分之一；一些有名的街道，已是名存实亡；旧日宫殿毁坏，成了禾黍成长的农田；野鸡在殿台鸣叫，狐狸野兔在宫旁掘穴；当日的黄钟大吕毁坏庙前，弃置无用；秦代的金人迁到了灞川，皇宫内也长满了茅草。往日的辉煌，成了过眼云烟，遗存也百不及一，令人感伤。

晋永嘉五年（311），匈奴族刘曜攻破洛阳，晋怀帝被掳。司马邺奔长安，被推为皇帝，改元建兴，是为晋愍帝。建兴四年（316）八月刘曜包围长安，“十月，京师甚饥，斗米金二两，人相食，死者大半”，司马邺投降刘曜。这时的长安已经“户不盈百，墙宇颓毁，蒿棘成林”（《晋书·愍帝纪》），衰败到了极点。

永嘉之乱后，中国进入十六国和南北朝时期。长安在长期分裂混乱中，接送着一个个小王朝。在这里建都的有前赵、前秦、后秦、西魏、北周。在此期间，一些小朝廷为了自身的存在，对长安城也曾作过部分修整，但终不成气候，其政治中枢只能局促在汉长安城东北一隅。经考古探测知：在洛城门大街与宣平门大街同长安城北墙与东墙围成的区域内建有东西两个小城，西小城东西长 1214（北墙）米 ~ 1236（南）米、南北宽 972（东）米 ~ 974（西）米，西距洛城门大街 14（北）米 ~ 56（南）米，南距宣平门大街 100 米。东小城东西长 988（北墙）米 ~ 944（南）米、南北宽 990 米（东）~ 972（西）米。城内有东西向的道路，横经西小城，延伸到东小城中部南拐一段后消失。东西长 512 米、宽 40 米 ~ 42 米；西小城中部偏东，有一条南北的道路同东西路十字相交。在南墙中部偏西处，当今未央区楼阁台村，有一大型建筑遗址，南有两阙，北为殿台，此城为十六国时期前赵、前秦和后秦以及北朝时期西魏、北周的宫城。发掘者认为西小城是宫城，东小城是太子宫。在西小城西南约 2 公里处，还出土了北周的青石佛像 31 件，其中立像高达 1.6 米。长乐宫毁弃了，西北部成了西魏、北周窑场。从清理的 15 座陶窑看，主要烧造建筑材料，其中以板瓦的数量最多，个别陶窑烧筒瓦。

经过无数次战争动乱，长安城日益凋敝残破。由于历时过久，城中宫宇朽蠹，供水、排水严重不畅，不易修复。再加之龙首原北侧，逼近渭河，范围狭促，难以扩大城区的规模，而龙首原南侧，地势开阔高爽，从南山引水也比较方便，于是隋文帝在统一全国后，便决定在龙首原南侧，另建新都。汉长安城从此彻底废弃了。

通过对汉长安城的考古发掘，还能看到它存毁、后代修补与利用的情况。霸城门、西安门和直城门在王莽末年或稍后的战火中被毁后，一任乱土、碎瓦和灰烬堵塞门道而未清除，说明在东汉、魏晋、十六国和北朝时期没有重修与改建。相反，宣平门虽被焚毁，但门道有东汉五铢铜钱的发现，两壁有显著的修补遗迹，其时间在东汉末，同董卓据长安的事实相合；在中门道和南门道的两壁上，砌砖有“石安宋利”“石安曹平”“石安王苻”等印文，说明宣平门第二次改建时间在后赵时。《晋书·石季龙载记》中还有“以石苞代镇长安，发雍、洛、秦、并州十六万人城长安未央宫”的记述，说明后赵石龙修整过未央宫，也修过宣平门。有史料说明，清明门经前秦、后秦，西魏、北周，以迄隋初，一直在沿用着，而且也是长安城一个重要通道，甚至于把它称之为“青门”。但是，到了唐代，宣平门的门道全部被堵塞，汉长安城从此结束了历史的存在。（王学理 秦中朝）

七四、隋大兴城——中国城市建设史上的奇迹

隋朝上承纷乱的南北朝时期，下启文明兴盛的大唐王朝，是中国古代历史上最伟大的朝代之一。

隋朝是五胡乱华后汉族在北方重新建立的大一统王朝，结束了自西晋末年以来长达近 300 年的分裂局面。隋文帝杨坚之父杨忠，曾被北

周封为“随国公”。杨坚袭此封爵。北周大定元年（581），时任大丞相的外戚杨坚利用皇帝年幼，大权旁落之机，受北周静帝之禅称帝即位，立国号为“随”，但他认为“随”有走的意思，并不是吉祥语，遂改国号为隋，改元开皇，定都长安，583 年迁到大兴城，至 604 年被儿子杨广所弑。在位 24 年，史称隋文帝。

图 74–1　隋文帝杨坚

隋文帝是中国历朝历代中被公认的才智最高的皇帝，也是最为仁慈的圣皇天子。在他的勤勉和精心治理之下，隋朝迅速强大繁荣起来。在政治上确立了重要的制度——三省六部制，创建了影响深远的科举制度，改革律令；在军事上继续推行和改革府兵制度；在经济上，实行均田制和租庸调制等措施，增加政府收入。从而使隋朝成为政权稳固、社会安定、经济增长、文化发展、军力强盛、威动殊俗的强盛国家。历史学家因而将隋文帝统治时期称为“开皇之治”。终于在 589 年灭了南陈，一举统一中国，中国历史从此进入了又一辉煌时期。

隋朝建立之时，都城依然是在长安（581 ~ 582）。但是，西汉以后直到隋朝建立，据《隋书·文帝纪》及《册府元龟》卷十三所载，长安城“凋残日久，屡为战场，旧经丧乱。今之宫室，事近权宜，又非谋筮从龟，瞻星揆日，不足建皇王之邑。”“而汉营此城，经今八百岁，水皆咸卤，不甚宜人。”是说长安城已经历经 800 余年，旧城历经劫难，破败不堪，留下来的一些宫苑建筑，虽然经过各个朝代的维修，但难以达到秦汉的规模。况且汉长安城在龙首原北，距离渭水太近，城内潮湿，时常有被水淹的危险，水质已经变得咸苦，所以，隋文帝决定另建新都，取名大兴城。

大兴城位居龙首原上，北临渭水，东濒浐灞，南望终南，西接汉长安旧城。史载“龙首山川原秀丽，卉物滋阜，卜食相土，宜建都邑，定鼎之基永固，无穷之业在斯。”这是说龙首山南自然环境优美，可以界隔渭河，且地势开阔，平原面积较大，便于扩大新都范围，具有建立新都的条件。

隋初营建新都时，总领其事的是左仆射高颎，创制规模的是太子左庶子宇文恺，还有将作大匠刘龙等。宇文恺是隋代著名的建筑家，《隋书·宇文恺传》称其“好学，博览书记”，“有巧思”，营建新都虽然他是副监，但所有规划都是由他提出。隋大兴城规模既然由宇文恺创制，当然有其独到之处。

隋朝大兴城的建设是一个奇迹，从开皇二年六月开始，隋朝上下动员，官民共建。“先筑宫城，次筑皇城，次筑外郭城。”（《长安志图》卷上）值得一提的是，它是先有成熟的规划图，然后分别营造，对于外郭城里的坊里，都分别划分给当地的百姓，叫他们按照规划“分地版筑”。因此，这么一项浩大的工程，仅仅用了 9 个月时间，即到开皇三年（583）三月，除了外郭城墙没有建成而外，其他工程包括龙首渠、清明渠、永安渠等引水渠道基本上已经建成，不能不令人震撼。然而，直到隋炀帝大业六年（610）又动用了 10 多万人，修筑了外郭城，至此大兴城的工程才算彻底完成。

图 74–2　隋朝时期长安位置示意图

隋朝大兴城的设计布局，充分体现了封建帝王的统治思想，它坐北朝南，北边是宫城，宫城南边是皇城，宫城、皇城居中，东西两边和南边均为布局整齐的坊里。宫城之北面直到渭水南岸，西接汉长安城，东接浐水，均设置为大兴苑，即皇家宫苑，是皇帝妃嫔和大臣们休闲娱乐的地方。

隋朝大兴城是中国历史上第一次按照完整的平面设计图营建的都城，成为此后大城市建设的典范。

柒　东方之都　盛唐长安

七五、长安城的辉煌——唐都的气象和坊里布局

公元604年，即隋文帝仁寿四年，太子杨广与左仆射杨素密谋杀掉了病重的文帝继位，至617年即大业十三年死于江都，杨广在位14年。史称隋炀帝。

在中国历史上，没有哪一个王朝能够像隋朝那样和秦朝如此相像，除了在秩序上承前启后、国家由割据混乱形成统一外，还开创了划时代的制度革命，奠定了其后相当长时期内的封建官僚体系，而且一样的短命，一样的出现了智慧超人、专事暴力、残忍成性的君主，一样地为了防御北方的游牧民族，统一货币、修长城、开疆拓土、修驰道，巡游天下，引起天下大乱，最终身死国亡。历史真的就这么重演了。

隋朝炀帝在位期间，以洛阳为东都，其建设规划与大兴城如出一辙，也仅仅用了十个月时间。此后，炀帝四处巡游，不断发动战争，在长安的时间断断续续也不过区区数年。然而，长安的政治地位丝毫没有被动摇。大业十三年（617）五月，太原留守、唐国公李渊在晋阳起兵，十一月占领长安，先拥立了留守长安的代王杨侑为皇帝，就是隋恭帝，大业十四年五月，李渊废除杨侑，自己称帝，定国号为唐，改元武德，并将都城大兴城改名为长安城。隋朝灭亡。李渊就是唐高祖。唐长安城继承了隋大兴城的规模和建置，是当时世界上最宏伟的城垣建筑。

长安城的总体布局分为三大部分，即宫城、皇城和外郭城。宫城位于长安城的最北部，地势高，是皇帝居住和处理朝政的场所。宫城以太极宫为主体，内有16座大殿和很多楼阁亭榭，是唐初的政治中心。皇城位于宫城的南边，又叫子城，是中央政府各个机构所在地。皇城和宫

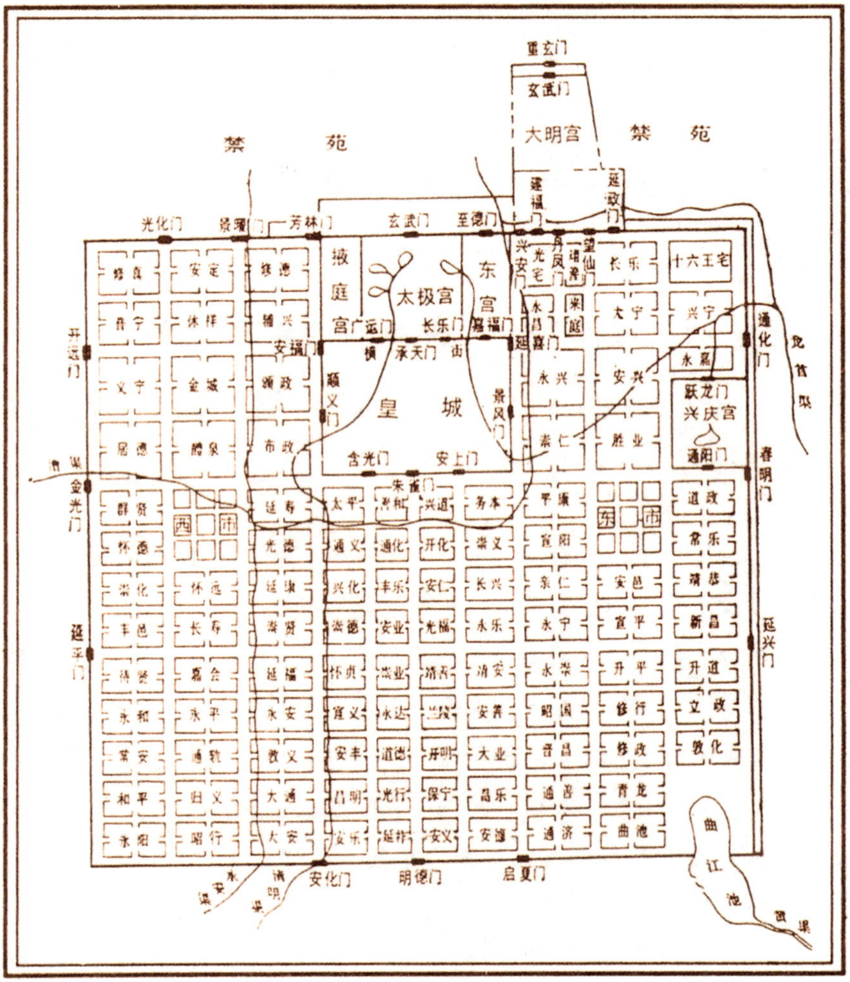

图 75–1　唐长安城示意图

城之间只隔一条东西向的街，称为横街。横街宽达 440 米。

外郭城是一般居民和官吏的居住区。外郭城周长 36.7 公里，面积为 84 平方公里，从北向南依次是宫城、皇城、坊市。外郭城是官僚及百姓的住宅区，也是长安的商业区。外郭城的形制，东西较长，南北略窄。城内南北有 11 条大街，东西有 14 条大街，其间列置诸坊，朱雀大街是长安城的中轴线，将整个城分为东西两部分，大街宽度为 155 米，非常大气，是今北京东西长安街宽的两倍。其他通城门的大街也多宽在百米以上。街东归万年县管辖，街西归长安县管辖，两县各领 55 坊之地，外郭城的东西两边各有1个市，即东、西市，各占两坊之地。万年县辖曲江池占有两坊之地。故有108坊，坊的四周有高大的坊墙，四面有门，官民住宅及寺观都修建在坊内。

东市和西市，是当时唐长安城的主要商业区，也是国内外贸易的重要场所。市亦有墙与门，每天定期启闭，商业交易都在市内进行。唐长安城的人口近百万，其中大概有百分之五的西域各国的人和新罗、朝鲜、日本人等，长安城是一座名副其实的国际性大都市。

唐代也曾经对长安城做过整修和扩建。《册府元龟》卷十二载："十月（唐高宗永徽三年，652），修筑京师罗城，和雇雍州四万一千人，三十日功毕。九门仍各施观，明德门至一门五观。""观"即城门楼。所谓"九门各施观"，是指在东、西、南三面，每面各有三门。北面是禁苑，故不在城门之列。明德门是长安城南面正中通往承天门大街的门，考古工作者已经正式发掘，证明是五个门洞（其余各门都是三个门洞）。那么所谓"五观"，可能是每个门洞上各有门楼。根据考古工作者的初步实测，长安外郭城是当时世界上最大的城垣之一。每个城门上都树立巍峨的城楼，显得格外壮观。

图 75–2　明德门遗址

主持扩修长安外郭城的工部尚书阎立德，唐书称其"机巧有思"。他父亲名阎毗，以工艺知名，早传家业，是富有建筑经验的大师。唐代初年的大建筑如终南山的翠微宫、宜君的玉华宫，以及礼泉的昭陵，都是阎立德设计营造的。

长安城面积84平方公里，相当于汉长安城的2.4倍、明西安城的9.7倍。它比公元446年修建的东罗马首都拜占庭大7倍，比公元800年所建的阿拉伯首都巴格达大6.2倍，充分体现了盛世王朝的宏大气魄。

隋唐帝国时期是中国封建社会的鼎盛时期，也是陕西历史上的黄金时代，是长安都城历史中的极盛时期。这一时期的政治、经济和文化都达到了空前繁荣。唐朝谱写了中国封建社会最辉煌的篇章，至今侨居海外的华人被称为“唐人”，他们所居住的地方也被称为“唐人街”。那都是因为受到了唐朝文化的影响所致。

七六、长安城的政治枢纽——太极宫、大明宫和兴庆宫三内

唐代的长安城最著名的有太极宫、大明宫和兴庆宫三大宫殿，是长安的政治枢纽，被称之为三内。内，即内宫，内政处分之地。

1. 太极宫

唐长安城以承天门大街为中轴分为东西两个部分，东部属万年县，西部属长安县。太极宫北靠龙首原，坐落在这条中轴线的最北部，显然带有皇帝“至高无上，南面称王”的意思，这可以说是当年宇文恺设计长安格局的中心思想。

图 76–1　唐朝时期长安位置示意图

宫城经实测东西有 2820 米，南北 1492 米。其中部是在太极宫所在地，由很多专供皇帝居住、办公、游乐的殿、台、楼、阁、长廊和池塘组成。宫城的东部为东宫，是皇太子居住办公的地方；西部为掖庭宫，是犯罪官僚家的妇女被没入宫廷劳动和学习技艺的地方。东宫、掖庭宫与太极宫之间都有高墙隔开。太极宫遗址今天已无迹可寻，只有东西长约 0.5 公里的宫城南墙基一段尚在，俗名西五台。

太极宫作为唐代的政治中心只有唐高祖李渊和唐太宗李世民时期的 30 多年，但在历史上却影响很大，如奠定唐王朝政治基础的“贞观之治”，就是在这里确定和推行的。

太极宫南面的正门叫承天门（位置当在今陕西西安莲湖公园内），门外与皇城之间的东西横街宽三百余步，实际是一个广场。承天门是举行“外朝”的地方，每逢国家大典，如改元、大赦、元旦、冬至大朝会，以及阅兵、受俘等，皇帝都登承天门举行。太极宫的前殿名太极殿，是举行“中朝”的地方，皇帝日常在这里接见群臣。

在太极殿围墙外的东西两侧分别设有门下省、弘文馆、史馆、中书省、舍人院等专供皇帝近臣以及备皇帝顾问、撰写文书和诏令的官吏办公的处所。太极殿北边的两仪殿，是举行“内朝”的地方，只有少数大臣可以在这里与皇帝商讨国家大事。内朝可以不拘朝仪，举止较为随便。两仪殿之北及两侧又有甘露殿、武德殿、承庆殿、紫云阁等大量的建筑群。太极宫北门名为玄武门，这里驻有保护皇宫的重兵。李世民和他哥哥李建成（皇太子）争夺皇位的战争就是在这里发生的。

唐代初期的知名宰相如房玄龄、杜如晦，知名将领李勣、尉迟敬德、程知节等都曾在太极宫活动。太极宫有凌烟阁，就是当时为表彰功臣而建的绘有功臣图像的高阁。这些图像据说是名画家阎立本所作，因而特别受人重视。现在陕西省麟游县文化馆，还存有宋代游师雄摹刻的唐凌烟阁功臣画像残石。

太极宫的位置在后来修建的大明宫西部，因而又称“西内”。

2. 大明宫

唐长安城大明宫是唐代长安三大内最宏伟的宫殿，也是中国古代最大的宫殿，面积约为今天北京故宫的 5 倍。

大明宫位于外郭城城郭东北处龙首原，在禁苑之南，南接都城之北，西接宫城的东北隅。大明宫的南面有五个门：中为丹凤门，东有望仙门和延政门，西有建福门和兴安门。丹凤门以北直进去便是含元殿、宣政殿、紫宸殿，是皇帝处理日常政务的地方。建福门和望仙门分别在丹凤门之西、东两边，是百官早朝入宫之门。大明宫的南垣与坊里相接。

唐长安城内的宫城原来只有上述太极宫一处。大明宫最初是为退位的唐高祖李渊所建。时在贞观八年（634），由于太上皇李渊身体欠佳，忍受不了太极宫的暑热，太宗李世民便决定修建一座宫殿，以备太上皇

"清暑"，但还没建成，高祖就于贞观九年五月病死，于是改名大明宫。工程建设虽没有停止，进展却很缓慢。直到唐高宗李治在位时，由于太极宫地势地下，阴沉潮湿，而高宗又得了风湿病，所以才大规模营建大明宫。《旧唐书·高宗本纪》记载，高宗龙朔二年（662）加以扩建，龙朔三年又征收陇、雍、同、华等十五州人民钱物，并减京官一月俸禄大加修建，同年，唐高宗由太极宫搬到大明宫来居住和处理朝政。从此以后，唐历代皇帝都住在大明宫，大明宫便成为一处新建的宫殿区，唐朝的政治中心开始由太极宫向大明宫转移。高宗以后直到武则天统治时期，皇帝在长安时都在这里理政。玄宗、肃宗、代宗、德宗、顺宗、宪宗、穆宗、敬宗、文宗、武宗、宣宗、懿宗、僖宗、昭宗都多在此处办公。

唐大明宫遗址位于今西安火车站北一公里多的龙首原上，实测宫城

图 76-2　唐大明宫三清殿遗址

西墙长 2256 米，东墙长 2614 米，略呈楔形。大明宫南墙就是京城北墙的一段，有五个门洞，中间的叫丹凤门。丹凤门街宽一百二十步，将原来的翔善、永昌二坊从中隔断，各成二坊。丹凤门与承天门相似，凡改元、大赦，皇帝都在丹凤门楼宣布。

大明宫的含元、宣政、紫宸三大殿同在一个中轴线上。含元殿是大明宫的前殿，修在四丈多高的龙首原上。殿前东西两侧有翔鸾、栖凤二阁和通往平地的龙尾道，南距丹凤门四百余步。唐李华《含元殿赋》描

写说：“左翔鸾而右栖凤，翘两阙而为两翼，环阿阁以周槺，像龙行之曲直。”含元殿的作用和太极殿相似，但又是与丹凤门配合举行“外朝”的地方，所谓“九天阊阖开宫殿，万国衣冠拜冕旒”（王维《和贾至舍人早朝大明宫之作》），说的就是在这里朝会的情况。

含元殿是当时唐长安城内最宏伟的建筑。上述《含元殿赋》还说建筑木材是由江南山林中精选运来的，“择一干于千木”的“荆杨之材”。为了砍伐这些木料，“操斧执斤者万人”，然后“朝泛江汉，夕出河渭”，运至长安，“拥栋为山”。建筑工人都是能工巧匠，所以殿屋修得非常壮丽，站在含元殿前，终南山清晰可见，长安街道尽在眼前。现在建筑物已荡然无存，但在宫殿遗址上仍可体会到当日登高望远、视野开阔的情景。实测，含元殿夯土台基高 3 米多，东西长 75.9 米，南北宽 42.3 米。在台基东西两旁各有一条廊道遗迹，分别伸向东边的翔鸾和西边的栖凤二阁。殿南有三条平行的斜坡，间有台阶的漫道遗迹，这就是当时所谓的龙尾道。含元殿之北的宣政殿是举行“中朝”的地方，宣政殿围墙外两侧设史馆、弘文馆、门下省、中书省、御史台、命妇院等近臣、机要官署建筑。再向北的紫宸殿，则是举行“内朝”的地方。

有名的麟德殿大约建于唐高宗麟德年间，故以“麟德”命名。其位置在大明宫北部太液池之西的高地上。这里东临太液池风景区，西近大明宫西墙的九仙门，便于大臣出入，因而是皇帝召见贵族亲信，接见外国使臣和举行盛大宴会的地方。实测殿址南北长 130 多米，东西宽 70

图 76–3　唐含元殿遗址修复照片

余米。

《旧唐书·东夷传》记载，长安三年（703），武则天即曾在麟德殿宴请日本遣唐使粟田朝臣真人。当时粟田“冠进德冠，其顶为花，分而四散，身服紫袍，以帛为腰带”。中国史书还说他好读经史、会作诗文、举止文雅等。陕西省乾县发掘的章怀太子墓墓道东壁的壁画《客使图》，画面上的外国使节队列中，由南向北第二人所戴帽子和服饰，与《旧唐书·日本传》所记朝臣真人的服饰相近，这是一位日本使臣的形象应该是没有问题的。

大明宫位于太极宫之东，因而又称“东内”。唐高宗李治之后，政治中心转移到大明宫，太极宫失去了主要地位。但有些朝廷大典，如皇帝即位、葬礼、婚礼等，仍在太极宫举行。

3. 兴庆宫

兴庆宫位于长安外郭城东春明门内偏北，原是隆庆坊。武则天大足元年（701），临淄王李隆基跟随武则天回到长安，因为表现优秀，武则天特别嘉奖他及其兄弟宁王宪、申王撝、歧王范、薛王业，并赐给他们宅院，正在隆庆坊里，号称“五王子宅”。李隆基当了皇上以后，诸王兄弟一合计，就将他们的宅子一并奉献出来，玄宗就在此大兴土木，修成了兴庆宫。

兴庆宫西、南、北三面，共开七门，东面无门。

西面二门：北部是兴庆门，南是金明门。南面二门：东是明义门，西是通阳门。北面三门：中为跃龙门，东为芳苑门，西为丽苑门。这七门皆面临长安城之坊里。

兴庆宫位居大明宫之南，因此称之为南内。南内兴庆宫主要是唐玄宗开元天宝时期政治活动的中心。

兴庆宫位置在长安城内兴庆坊。这个地方原来是唐玄宗李隆基未作皇帝时期的旧居，唐玄宗开元二年（714）改成兴庆宫。原来本为离宫，后经几度扩建，成了皇帝起居听政的正式宫殿。从此，长安城中有了三个宫殿群。大概因为原来是离宫性质，所以兴庆宫布局和太极宫、大明宫都不同：

第一，兴庆宫的正门兴庆门朝西开，而不像太极宫、大明宫的正门都朝南开。

第二，它里边的正殿只有一个兴庆殿，不像西内、东内有建筑在同一条中轴线上的外朝、中朝、内朝的区别。

第三，兴庆宫的建筑如兴庆殿、大同殿、南熏殿等都是楼房，而勤政务本楼、花萼相辉楼，则更标明是楼式建筑，可见兴庆宫的宫殿比西内、东内更加豪华。

第四，太极宫的承天门、大明宫的丹凤门都在宫殿南面的正中，为皇帝宣布大赦、改元、受降、接见群众（事实是皇帝坐在城楼上的帘子里，群众并看不见）之处。兴庆宫的勤政务本楼、花萼相辉楼也起同样的作用，但却建筑在宫城西南角上。二楼大约相连作拐尺形，南边紧靠春明门大街，题“勤政务本之楼”六字，向群众宣扬皇帝“勤于政治，关心民情”；西边隔街是胜业、安兴二坊，李隆基的几个兄弟住在此二坊内，因而题“花萼相辉之楼”六字，以彰显他们的兄弟“友爱”。

第五，兴庆宫内多种牡丹花，大概也是其他二宫所没有的。牡丹花原为野生植物，可能是唐代初年移植庭院，并由单层培养成为多层，被誉为“国色天香”的。唐玄宗后期穷奢极欲，荒废朝政，沉溺于声色犬马之中。相传743年春天，一次他带着杨贵妃在兴庆宫沉香亭观赏牡丹花，歌唱家李龟年刚要演唱，李隆基说：“赏名花对妃子，焉用旧乐词为！”便命李白写新歌词，李白立即写了《清平调词》三首，其中一首是这样说的：

一枝红艳露凝香，云雨巫山枉断肠。
借问汉宫谁得似？可怜飞燕倚新妆。

诗歌完全是描写杨妃的美丽，但由于李白曾让大宦官高力士为他脱靴。高深以此事为耻，所以他在李白写了这首诗后，便挑拨杨妃说：“以飞燕（汉成帝宠信的皇后，古人说她使成帝刘骜‘无子而暴死’）指妃子，是贱之甚矣！”因而后来杨妃多次阻挠唐玄宗授给李白官职，而让他流落江南，直至死去。

第六，唐玄宗还顺外郭城东墙修了由兴庆宫通往大明宫和曲江池，专供皇家在内往来行走的夹城。所谓"人主自由潜行往返"(《旧唐书·地理志》),以及"六飞南幸芙蓉苑,十里飘香入夹城"(杜牧《长安杂题长句》六首其五),都说明了兴庆宫与夹城的关系和皇帝在其中往来的情况。

兴庆宫的日趋豪华,正表现了唐玄宗后期愈来愈加昏聩的一个方面。由于封建统治阶级的腐败,终于给国家和人民带来巨大灾难。唐玄宗天宝十四载(755)冬,范阳(今河北涿县)节度使安禄山叛乱,第二年李隆基逃往四川。至德二载(757)九月郭子仪收复长安,次年春李隆基返回长安仍住兴庆宫,但不久就被他的儿子唐肃宗李亨强迫移往太极宫的甘露殿,直到死去。从此唐王朝开始走下坡路,兴庆宫也成为清闲处所,除几个太后外,皇帝很少去那里居住。勘察表明:兴庆宫南北长 1250 米,东西宽 1080 米,正门兴庆门在西墙北部。宫城内以隔墙分为南北二部,北部是宫殿区,南部是园林区。四墙设门,正门兴庆门在西壁北部。在发掘过程中曾出土很多莲花瓦当,带年号的有"春明开元二十九五月官(瓦)""天宝二年五月官瓦"等。不带年号的有"春明官瓦""十王宅官瓦""十王宅内作官瓦"等。带字砖有"春明五月官砖""城东官砖"等。(《唐长安兴庆宫发掘记》,载《考古》1959年第十期。)兴庆宫位置在大明宫之南,因而当时又称"南内"。

如前所述,唐长安宫殿群的很多建筑材料都从南方运来,耗费了无数人力和财力。

七七、东贵西富,南寒北禁——唐代长安城的居民结构分析

长安的坊里,贵族、平民杂居,没有专门的贵族区,有些坊里设有邸店,也就是旅舍。也有许多寺院、道观。然而,由于政治中心所在的原因,在自觉不自觉之中,形成了长安城居民居住的不同结构。正如现代社会的行政中心社区、教育中心社区、文化中心社区、商业中心社区、休闲公园社区,等等。

唐朝初期,王公大臣的住宅还分布在宫城和皇城的周围,其富贵状态和坊里布局尚不十分明朗,"缘近北诸坊,便于朝谒,百官第宅,

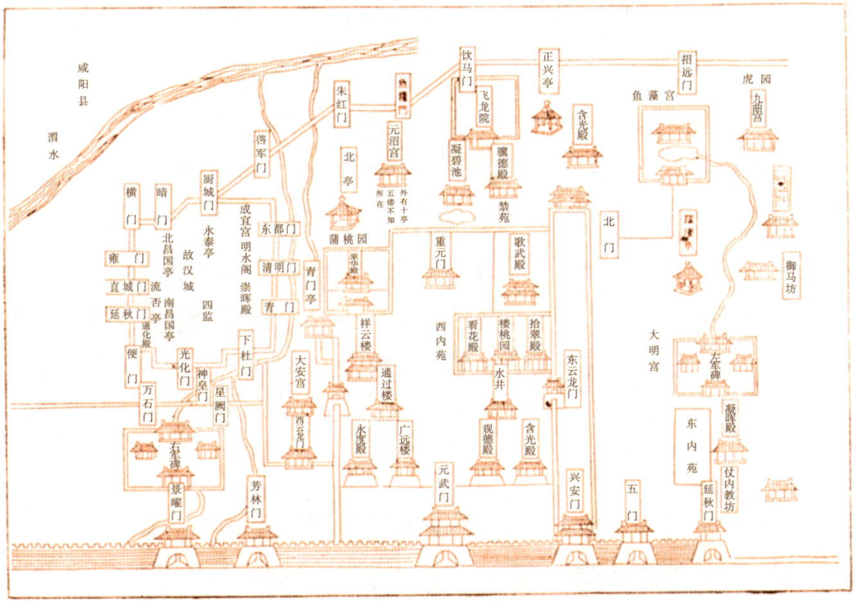

图 77-1　三苑图（《长安志图》）

布列其中，其间杂以居民，栋宇悉皆连接。”（《唐会要·百官家庙》）根据离上朝的方便与否选择自己的宅第。但是，随着大明宫、兴庆宫的建成，唐朝政治中枢神经系统在长安城中的居中平衡体系被打破，从而真正形成了偏重于东北区域的格局，因此，王公贵族、达官显宦才在选择宅第的时候，精心考虑选址，有些是私家购买，有些是皇帝赐赏，但重要人物多选在东部偏北诸坊。“城东北地区，因靠近三内，官僚第宅密集。”（张永禄《唐都长安》）王府集中在十六王宅和胜业坊，十六王宅有玄宗的十六王子分院居住，号称十六王宅；胜业坊有薛王业宅、宁王宪山池等；公主第宅集中在崇仁坊，坊内有太宗女东阳公主宅、中宗女长宁公主宅、玄宗女太华公主宅、德宗女义阳公主宅和宪宗女岐阳公主宅等；安仁坊多是亲王外家，如宁王宪外祖父刘延景宅、薛王业舅父王昕宅。翊善坊和来庭坊，因为离大明宫近，有很多宦官的宅第。兴宁坊是十六王宅紧南边的一个坊，有开府仪同三司姚元崇宅、太平公主宅等。

长安坊里之中，在朱雀大街以东的万年县，达官显宦的住宅远多于朱雀街以西的长安县。“由于最初只有一个太极宫城，位于长安、万年两县的北部正中，当时的朱雀门街起分界作用，对两县人的居住，无甚影响；后来唐高宗李治、唐玄宗李隆基先后修筑了大明宫和兴庆宫，都在万年县境内，影响了长安人的居住状况。一些人为了上朝便利，都争取在万年县立宅，长安县成了闲散清闲处所。”（《古城集》武伯纶语）以著名诗人白居易为例。白居易在元和十五年（820）回到长安以后，任主客郎中知制诰，相当于皇帝的秘书，这时才在万年县东南的新昌坊里找了一处住所，这样，仍然有同僚们笑话他，不愿到他家里作客，当时，他写了一首《新昌新居书事四十韵因寄元郎中张博士》的诗，其中说：“省吏嫌坊远，豪家笑地偏。敢劳宾客访，或望子孙传”，几乎是恳求别人到他家作客。

由此可见，当时的长安选择宅第的风气是以靠近皇宫的东北部为首选。否则，想交结朋友都很难，更不用说结交权贵豪客了。

唐长安城以朱雀大街为中轴线，东归万年县管辖，西归长安县管辖，本是平衡的一种格局，但是，由于地缘政治对住宅成分结构的影响，在唐朝相当长的时期里，逐渐形成了“公卿以下居止，多在朱雀街东，第宅所占勋贵。由是商贾所凑，多归西市。”（《长安志·东市》）东市和西市分别占两坊之地，位于长安城皇城以南东西隔两坊之地。均属长安的物贸中心。由于唐朝政府推行贱市的指导思想，禁止五品以上官员入市购买东西，“禁五品以上过市”（《新唐书·太宗纪》），“五品以上，不得入市”（《唐会要·市》）。所以，东市虽然也很繁荣，但多是供应达官贵显的奢侈品，“四方珍奇，皆所积集”。很多大商人都在西市设置店铺，在长安县置宅立第，西市较东市要繁荣得多，西市是长安城主要工商业区和经济活动中心，因此又被称之为“金市”。（张永禄《唐朝长安》）在西市周围的坊里，居住着长安著名的富商窦义（崇贤里）、邹凤炽又号邹骆驼（怀德坊）、刘子逸、李明、郭万金、王酒胡，等等。

此外，来自西域和波斯等国的商人，多从事珠玉、丝绸买卖，积累大量财富，他们多侨居于西市或西市附近的坊里。西域胡人自西方来，为了方便，多住长安县境，西市有波斯邸，应该是专门接待波斯人或由波斯人设立的旅店。西域人在唐代长安，能够保留他们的信仰，因此，在长安城里的布政坊、醴泉坊、义宁坊、普宁坊、靖恭坊、崇化坊等处都设有胡寺（祆寺、景教寺、摩尼寺等），这些多在长安县境内。

长安城的南部总体来说比较荒凉，从隋文帝建立都城开始，觉得此处空旷，曾“令其诸子蜀王秀宅归义坊、汉王谅宅昌明坊、秦王浩宅道德坊、蔡王智及宅敦化坊，用以控制和充实城南以带。”（《唐两京城坊考》）但是直到唐朝，“自兴善寺以南四坊，东西尽郭，率无第宅，虽时有居者，烟火不接，耕垦种植，阡陌相连。”（宋敏求《长安志》）唐朝政府曾规定，不许在长安城里兴建百官家庙，唐武宗时，行礼南郊祭天，看到天街（朱雀大街）左右诸坊，有家人私庙，当时就要下令禁止。这时，中书省给他上了一道奏章，其中说：“自威远军向南三坊，俗称‘围外’，地至闲僻，于此置庙，无所妨碍，从之。”（宋敏求《长安志》）所谓“围外”，是当地百姓形容此地偏僻，街鼓之声都难以达到的地方。

针对打猎时“围内”而言，相比争名逐利的官场，形容这里是远离官场的所在。所以皇帝批准在安善坊（威远军驻地）以南大业、昌乐、安德三坊设建家庙。“围外”的范围是由兴善寺所在的靖善坊以南的兰陵、开明、保宁、宁义四坊以南到南城墙，东到东城墙，西到西城墙，共 40 个坊，约占长安城三分之一的广大面积。“在此范围内，很少有将相等达官贵人的住宅，多是寺院、道观、家庙、园林和农民的种植地及少数爱好清闲的知识分子的住宅。”（武伯纶《古城集》）

长安城北部直到渭河南岸，西至汉旧宫遗址，东至浐灞河，属于禁苑的范围，百官和百姓未经许可禁止入内。

综上所述，我们可以得出这样的结论：唐代的长安城里，根据居住者身份地位的不同和居地的环境状况可以说：东贵西富，北禁南寒。

曲江池与芙蓉园是唐代长安城最著名的皇家游乐园。

曲江池位于长安城的东南角，是著名的风景名胜区。早在秦汉时期，这里就是风景区，在唐代经过重新整修，引渠入池，使其水面面积大大地扩展了。在其两岸，宫殿连绵，楼阁起伏，垂柳如云，花色人影，景色绮丽。每年春季，全城百姓前来踏春，热闹非凡。科举考试结束后，

图 77–2　唐禁苑平面图

也在这里举行有名的曲江宴。

芙蓉园是建在曲江地区的一座皇家御苑，园中以芙蓉池为核心，其面积约为 70 万平方米，占整个芙蓉园面积的三分之一还多。在其四周建有各种建筑物，重要的有紫云楼、彩霞亭、水殿、山楼、青阁、凉堂、临水亭、蓬莱山等，与池水、林木、花草等高低错落有致，搭配自然，使得芙蓉园美景如画。

七八、“百千家似围棋局，十二街如种菜畦。”——唐都长安城的设计布局及与汉长安城相比较的城市特征

唐都长安城是我国封建时代城市建设的典型代表，以唐长安城与汉长安城比较，主要有下列一些特点。

1. 宫城、皇城、市民居住区彼此区分得清清楚楚，不像汉长安城中那样互相混杂。宫城位置在全城正中的北部。南面正中的承天门，向南

穿过皇城的朱雀门，和外郭城南面正中的明德门相对。向北出玄武门入禁苑。

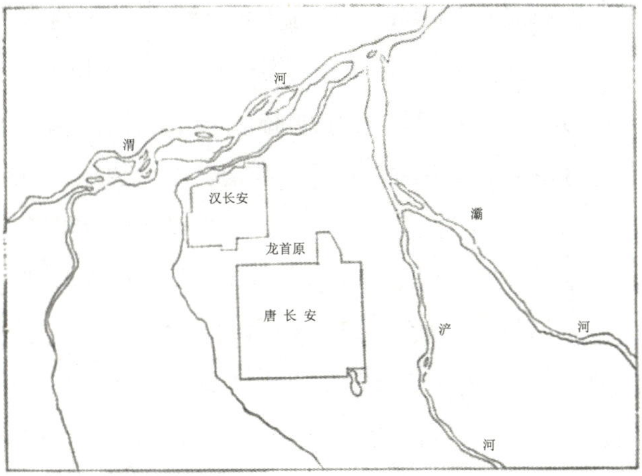

图 78–1　汉唐长安城位置示意图

皇城也称子城，位置在宫城的南面，东西与宫城相等，南面正中的朱雀门，北面宫城的承天门，南和外郭的明德门相对，城内南北七街、东西五街，其间并列尚书省、太仆寺、御史台、鸿胪寺、都水监、左右千牛卫等专供百官办公之用的衙署。

市民居住区以承天门大街为中轴，分为东西相等的两部，城内南北 11 条大街，东西 14 条大街，其间列置坊市，专供人民居住和商贾之用。其坊市分布也完全相等，即皇城以南，由承天门大街中分，东西各 45 坊，皇城东西各 12 坊，合 114 坊，东西两市占有 4 坊，东南角因曲江池的两坊之地没有设坊，共有 108 坊（因后来修筑道路和兴庆宫改变的坊不计）。各坊的大小和坊门的开设都按一定设计，皇城南面的 36 坊，各只设东西 2 门，其余各坊都设东西南北 4 门。

外郭城拱卫在宫城和皇城的东西南 3 面。南面 3 门：中明德门、东启夏门、西安化门。东面 3 门：北通化门、中春明门、南延兴门。西面 3 门：北开远门、中金光门、南延平门。北面城垣有宫城占据一部分，又是禁苑的南面，本来没有开辟城门的余地，但仍在宫城之西设有 3 门，以备 12 城门之数，其名称为：中景曜门、东芳林门、西光化门。

唐长安城的宫城约占全城总面积的 3.7%，皇城约占 6.3%，居民区 114 个坊约占 63.8%，其他面积为道路、河渠等设施所占。较之汉代宫殿等建筑面积占全城 2/3 以上的情况，有了很大的进步。

2. 布局异常整齐，街道宽阔平整，连路旁树木都是统一规划选定的。从居民坊里说，在朱雀门大街的东西各45坊，都是南北长325步，但东西宽度不同：皇城正南的36坊中，靠近朱雀门大街称内18坊，东西各宽350步；外18坊东西各宽450步，其余各坊东西宽度均为650步。在皇城及宫城东西各12坊，东西宽都是650步，但南北长度不同：南6坊各长550步，北6坊各长400步。商业区东西市各占两坊地面。城内街道由北向南数，东西横列的共14条大街；由东向西数，南北纵列的共11条大街。这些街道宽阔笔直，南北纵列的11条大街和东通通化门、西通开远门的大街均宽100步。白居易《登观音台望城》诗："百千家似围棋局，十二街如种菜畦。"正反映了这种整齐划一的棋盘式格局。城内的绿化工作也做得较好，大致在居民区的街道两旁多种槐树，白居易给张籍的诗中所谓"迢迢青槐街，相去八九坊"，就反映了这一情况。宫城、皇城内则多种梧桐，有故事说：司稼少卿梁孝仁建造蓬莱宫，事在高宗龙朔三年（663），在庭院以内尽植白杨。右骁卫大将军契苾何力入宫参观，孝仁指白杨说："此木易长，不过三年宫中可得荫映。"何力不答，但诵古诗："白杨多悲风，萧萧愁杀人。"意指这是坟墓上栽的东西，孝仁立令拔去，更栽梧桐。但唐宫内柳树似乎也不少，唐诗有"千条弱柳垂青锁"诗句，就是描写大明宫内的垂柳。

3. 汉长安城每面3个城门，每座城门都是3个门洞，各通一条大路，中间一条路称为驰道，专供皇帝在上行走，连皇太子也不敢横过，对市民自然造成极大不便。唐长安城内则没有所谓的驰道，市民可以随处横过马路，这不能不说也是一个进步。

4. 汉长安城的上林苑在前边已介绍过，其范围大致包括今户县、周至、长安三县，周长四五百里，四周设有围墙，专供皇帝游猎。唐长安城的禁苑在宫城之北，东西27里，南北33里，东至浐水，西包括汉长安城，北枕渭水，南接京城，范围也很可观，但较之汉禁苑却小了许多。

此外，唐长安城除前面说过隋时引入城内的龙首、永安、清明渠水外，唐玄宗天宝三载（742）又引潏水从城西壁金光门入城，在西市凿潭作贮运木材之用，谓之漕渠。大历元年（766）又将渠延长过光德坊、

图 78-2　位于高新区唐延路和唐沣路之间的唐长安城墙遗址公园

开化坊、务本坊，经皇城景风门、延喜门引入内苑。曲江池在长安城东南隅，原名隑洲，秦汉时代已很有名。据说隋文帝因为曲江名称不吉利，改名芙蓉园。唐玄宗时又加以扩大，并修凿黄渠引浐水流入，以增加水量，成为长安城内著名的风景区。兴庆宫通芙蓉苑的夹城南端所开之门名新开门，今西安南郊曲江池东南有一村名新开门，当即唐代该门地址。

经考古工作者勘查，夹城全长7975米，芙蓉园面积1441600平方米，曲江池面积70万平方米。

总之，唐长安城宏伟的规模，整齐的坊里，中心区的东、西两市，四通八达笔直的道路，以及遍布郭城、宫苑的水渠、池塘，都是中国城市建筑史上的一个伟大创举。宏伟壮丽的长安城本身，就是唐代封建经济、文化高度发展的重要标志之一。

链接：唐长安城与日本奈良市的平城京，以及京都市的平安京等古代京城遗址一样，是源远流长的中日友谊的象征。张鹏一《日人往来长安考》也说："中宗景龙三年（709），日本迁都奈良（即平城）仿唐长安京城，区分左右，定坊条，如长安之有宫城、京城、坊市之别。是为日本有正式京城之始。……此后七代七十余年，皆都此。至桓武延历十三年，当唐贞元十年（794）复迁都平安（今西京）。其京城宫城街衢宫殿，仍仿唐长安，街市自一条至九条，城内分四坊，坊分十六町。

十四年，于朱雀门南罗生门之东西，建东寺西寺，仿长安朱雀门街东荐福、兴善寺，朱雀门街西之西名、总持寺，较之平城京城规模宏大矣。”

七九、唐长安的繁荣——以高度发达的手工业和商业为基础

中国封建社会经济和文化的发展，在唐代达到了新的高峰，首都长安为其集中表现之处。这里有高度发展的手工业；有繁荣兴盛的商业贸易；有四通八达的交通线；有百花盛开的科技文艺；有从四面八方聚集长安的少数民族；有千里迢迢、长途跋涉、跨洋过海而来的各国使者和商人。长安城不仅是唐代政治、经济和文化的中心，也是一个国际化的大城市。

1. 高度发展的手工业

古代手工业是一个国家或地区在一个时期文化发展的结晶。唐代手工业工人继承并超过了前人的成就。这里仅就丝绸纺织、金银器、瓷器、三彩器、铜镜等方面作简单介绍。

（1）丝绸纺织和印染：唐代丝绸品种繁多，印染技术有新的创造和提高。《太平广记·杂录类》记载：“西京怀德坊南门之东，有富商邹凤炽，常谒见高宗，请市终南山中树，说一树估绢一匹，山中树虽尽，臣绢不竭。”可见其家丝绸之多。西北地区以及西方各国商人不断到长安交换丝绸。

长安成为丝绸之路的起点，唐代文化以丝绸为代表而远播异域。

唐长安城中不但由全国各地运来大量丝绸，皇宫内和一些官僚豪贵之家，为了自己的需要，还役使工匠进行制造。皇宫内的这些工匠都是经过训练选择的，故能做成各种高级丝织品。《资治通鉴》中宗景龙二年条：“安乐（公主）有织成裙，值钱一亿，花卉鸟兽，皆如粟粒，正视旁视，日中影中，各位一色。”《新唐书·李石传》记唐文宗对李石说：“吾闻禁中有金乌锦袍二，昔玄宗幸温泉，与杨贵妃衣之。今富人家时时有之。”唐文宗是唐中叶后期的人，说唐玄宗时的轶闻，可能实有其事。锦是一种杂色丝绸，以厚缯为地，别以五彩线织之。如素地曰素锦，朱地曰朱锦。织这种丝绸很费工，因此锦特别名贵。盛唐时皇宫内也是

很少有的东西，到唐中叶后，长安一般富人家也有了，这只能说是丝绸织造的进步。

丝绸花纹，隋唐以前主要有织花和绣花，到唐代增加了印染工艺。这种工艺名采缬。

（2）金银作工：金银作工是唐代重要的手工业部门，1949 年以后，在西安附近曾有多次重要发现。其中尤以 1970 年 10 月，在西安南郊何家村发现的两瓮唐代窖藏金银器最为重要。这两瓮窖藏文物共计 1000 多件。其中金银器 270 件，数量之大，制作之精大大超过了以前的发现，

图 79–1　鎏金双狮纹银碗

图 79–2　鎏金伎乐纹八棱银杯

代表了唐代金银器制作发展的高度水平。就出土地点看，可能是唐玄宗堂兄李守礼家的东西。器物的种类有环柄八曲杯、环柄八棱杯、羽觞、高足杯、提梁壶、提梁罐等。器物的成型以钣金和浇铸为主。制作工艺采用切削、抛光、焊接、铆、镀、刻凿等。这是反映唐代科技发展的实物材料。

（3）瓷器：唐代的瓷器手工业，已发展成为一个独立的生产部门。在瓷土的选择、釉色种类、使用匣钵等方面都有新的发展。其釉色的不同，大致可分为两种类型：①白瓷。烧制白瓷的地方据文献和现在的调查得知，有河北省的邢窑、曲阳窑，河南省的巩县窑等。②青瓷。有越州、鼎州、婺州、岳州、寿州、洪州等窑。其中以越窑的青瓷烧制水平

图 79–3　法门寺出土的秘色瓷

最高。唐代耀州黄堡窑亦出青瓷。西安市东郊韩森寨的唐天宝年间宋氏墓和高楼村的唐天宝年间墓出土的瓷碗，都与黄堡窑瓷类似，证明了唐长安城内的人们所用的瓷器，当有不少是本地产品。

（4）三彩器：1949 年以后，在西安地区的唐墓中出土了为数众多、琳琅满目的三彩器。唐三彩属于低温釉陶，是在高岭土胎（个别的在陶胎上）上施以黄、绿、赭三种颜色的釉彩，故称三彩。唐三彩是唐代盛期陶瓷手工业的新品种，特别以色彩绚丽引人注目，堪称唐代手工业工人智慧和才能的结晶。《唐会要 · 葬》："王公百官，竞为厚葬，偶人象马，雕饰如生。"三彩器可能是盛唐时期伴随厚葬之风而盛行起来的。但三彩器除用作随葬品外，亦有碗、碟等生活用具。

图 79–4　唐代胡人、骆驼、三彩马

三彩器形有不少是仿造金银器的，如胡瓶、凤首壶、牛首杯、象首杯和鸂鶒酒卮等。很多是中亚、西亚一带的器形，反映了中外文化的交流。

三彩器不仅在国内风行一时，而且在国外许多地方也有发现。9 世纪至 10 世纪日本就开始仿造唐三彩，日本还发现有三彩实物残片。

（5）铜镜：铜镜制作，在我国古代有悠久的历史。因为它是梳妆的用具，所以在制作上，从来就讲求精美。唐代铜镜制作更有了新的发展，形制丰富多彩，纹饰瑰丽绚烂。1949 年以后，在西安地区发掘的唐墓中不断出土精美的铜镜。

铜镜的发展演变，大致是在隋到初唐时期盛行四兽镜、十二辰镜、团花镜，其形制多为圆形或方形；唐高宗以后盛行葡萄镜、禽兽镜、宝相镜、盘龙镜，形制多为圆形或方形；开元天宝时期，铜镜的工艺技术可以说是百花齐放，除了以前流行的圆形、方形镜外，还有八曲镜、八棱镜、菱花形镜。

图 79–5　海兽葡萄镜

铜镜制作工艺也有新的发展，采用了平脱、螺钿、鎏金、鎏银、捶金、捶银、以及镶嵌绿松石等工艺；纹饰有葡萄、禽兽、宝相、盘龙、传说故事和缠枝花等。

2. 繁荣兴盛的商业贸易

唐代长安是当时全国人口最多的城市，各种货物也都要向这里集中。

（1）东西市：长安城内的东市和西市，一属万年县，一属长安县，各占两个坊的面积，是商品荟萃集中之处。政府设有东西市局、平准局进行管理。西市有衣肆、坟典肆、药材肆、波斯邸、鞦辔行、绢行、秤行、麸行、帛行、张家楼、窦家店、寄附铺等各种行业，商业活动比东市繁盛。外国商人亦多在西市活动。因为商业繁盛，有以专卖穿钱绳为生的人。《原化记》记载："贺知章西京宣平坊有宅，对门有小板门，是西市卖钱贯卫老。"西市还有柜坊，是专门为大商人存放钱币之处，有似今之银行，不同之处是存钱不但不能生息，还得付存放费。

以东西市为中心而进行活动的商人，不少都是巨富，如前边说过的邹凤炽，《太平广记》还说他："其家巨富，金宝不可胜计，常与朝贵游，邸店园宅，遍满海内，四方货物尽为所收。"王仁裕《开元天宝遗事》、尉迟偓《中朝故事》等书中说到长安巨富还有刘子逸、李明、卫旷、王元宝、杨崇义、郭万金、王酒胡、窦乂，等等。上边说的窦家店，就是窦乂开设的。西市的波斯邸，大概是专供波斯人居住或存放货物之处。寄附铺即寄卖所。

在唐朝，商人们的政治地位虽然不高，但是他们实际对唐朝的政治

图 79-6　大唐西市遗址出土开元通宝钱

图 79-7　大唐西市遗址出土算珠，为数学史界唐代已有“珠算”提供了实物证据

生活有相当大的影响，从邹凤炽“常与朝贵游”一句，即可想见一些情况。

（2）作坊、房舍：东西市之外，在一些坊里中，也有不少小商贩、手工作坊和出租供人居住的房舍和小吃小店。如崇仁坊的王家店和春明门的高家店，颁政坊有馄饨曲，长兴坊有毕罗店，胜业坊有推小车卖饼的。静恭坊有毡曲，当是造毡作坊集中之地。曲是坊里中的小巷。长乐坊出美酒，崇仁坊多乐器店，以南北二赵家的最好，延寿坊多琢玉家。白居易《寄胡饼与杨万州》诗：“胡麻饼样学京都，面脆油香新出炉，寄与饥馋杨大使，尝看得似辅兴无？”长安的有名小吃有“萧家馄饨，漉去烫可以煮茶；庾家粽子，白莹如玉；韩约能做樱桃毕罗，其色不变。”还有名酒，西市的叫西市腔，虾蟆陵的叫郎官清。通化门近关东大道，造车工匠多聚居此处。

（3）茶叶：茶叶是农业生产中新发展起来的一种经济作物。唐代中叶，饮茶风盛行起来。唐陆羽著有《茶经》，专讲饮茶，长安不少坊中都有茶肆。当时茶叶成为长安城中的重要商品，每当茶叶上市，江南各地官员争先恐后地把茶叶向长安输送，有的甚至封山断道，竞相发货。唐封演《封氏闻见记》说：茶叶从江淮运来，“舟车相继，所在山积，色额甚多”，相传其名称有“紫笋”“顾渚”等。唐姚合《姚少监诗集》有《乞新茶》一首，诗中有“嫩绿微黄碧涧春，采时闻道断荤辛”二句。“碧涧春”亦是一种名茶，采时要素食。当时西北各地少数民族，都驱马载货到长安来换茶叶。中国茶叶在国际市场出现，也是从唐中叶开始的。

（4）飞钱：唐代一般使用铜钱，携带很不方便，因此在唐宪宗时，长安出现一种“飞钱”（亦称“便换”）的汇钱法。《新唐书·食货志》：商人在长安把钱交给诸道进奏院（驻京办事处）或诸军、诸吏、富家，

图 79-8　唐代三彩建筑模型

自己轻装出京，到目的地凭卷取钱，购买货物。这种简易方便的汇钱法，有利于商业的发展，也是唐代中叶后，长安商业进一步发展后出现的新办法。

3. **四通八达的交通线**

长安城有四通八达的交通线。陆路交通可分为四路：东路自长安经洛阳至汴（今河南开封市）、宋（今河南商丘市）；西路自长安经岐州（今陕西凤翔县）至成都；南路自长安至荆（今湖北江陵县）、襄（今湖北襄樊市），再经长沙、广西到交州；北路自长安渡河至太原，出娘子关至范阳（今北京一带），或沿黄河向东转北，即沿今京广线达范阳。据《唐六典·驾部郎中员外郎》所载，全国有官驿 1639 所，其中水驿 260 所，陆驿 1299 所，水陆相兼驿 86 所。四通八达的交通线，完备的驿站，把长安城和全国各地紧紧地联系起来，这是造成长安经济和文化繁荣的重要条件之一。

八十、“长安百万家，出门无所之。”——长安的人口和城市管理

唐长安城是唐代政治、经济、文化和军事的中心，是唐王朝的心脏地区。据《大慈恩寺三藏法师传》卷九所载，显庆元年（656）四月，长安士女观看玄奘迎接唐高宗给慈恩寺制的慈恩寺碑典礼的有百余万人。另据《韩昌黎全集·论今年权停选举状》：“今京师之人，不啻百万。”所说长安城内人口数字，与上述材料相差无几。唐诗中吟咏长

安的篇章中也有涉及人口数字的。如《韩昌黎全集·出门》“长安百万家，出门无所之”，元稹《遣兴十首》有“城中百万家，冤哀杂丝管”等诗句，也说明长安城内有百万余人。

玄奘是唐代前期人，韩愈、元稹是中期人，所说数字相去不远，因此认为长安城内有一百多万人口，大概是不错的。这么大的城市，管理是非常重要的。为此，唐朝政府在这里设有种种行政性和军事性的机构，采取各种严密的管理措施，保证整个京城的正常运转。

1. 设置京兆府、京兆尹

京兆府是管理长安城的行政和军事机构，京兆府的主官叫京兆尹，为从三品官，下设少尹二人为属官，从四品。长安城以朱雀门大街为界，东归万年县管辖，西归长安县管辖，这两个京县的县令为正六品官。城内的基层单位叫“坊”（居民区），每坊置里司（又名里正、坊正）一人，管理各坊，对居民实行严密的控制。京兆尹的权力很大，在街上遇见京兆尹仪仗要回避，不下马回避的要被关押，甚至被当场打死。另有左右街使，分掌六街巡查；左右街功德使，管理僧尼；都市署管理东西市的财贸交易、度量器物；河渠署、都水监掌管水利，“凡京畿诸水，因灌溉盗费者有禁，水入内之余，则均王公百官。”

2. 保持常驻军队

在宫城里驻有左右龙武军、左右神武军、左右神策军，称为六军，加上左右羽林军、左右神威军，亦称左右十军。玄宗李隆基开元天宝年间，其人数约为10万，这些都是皇帝的禁军，待遇特别优厚。在皇城里驻有十六卫，即左右卫、左右骁卫、左右武卫、左右威卫、左右领军卫、左右金吾卫、左右监门卫、左右千牛卫等。各卫设有大将军、将军等官员，统领宫廷警卫、宫中及京城昼夜巡警、宫殿侍卫，皇城四面守卫、稽查宫门出入。特别是皇帝上朝时，这些人都穿着各色服饰，执行警卫戒备，所有上朝官僚都受他们的监督指挥。

3. 出入门禁制度

在城门、城角设武侯铺，由士兵把守，大城门100人，小城门20人，大铺30人，小铺5人。设城门郎，掌管京城、宫城、皇城各门启闭。

设有门仆800人分番上下掌送钥匙，城门如非时启闭，须向内阁复奏。各门的开关，有严格的规定，开的时候，先外而后内，闭的时候，先内而后外。除明德门为5个门洞外，其余各门为3个门洞，入由左，出由右。在直通12个城门的大街上设有街鼓，天将明时，擂鼓三千声，坊市门启；日暮时，鼓八百声而门闭。每到夜晚街鼓鸣后，所有的行人都必须回到坊内，关闭坊门，即所谓“六街鼓歇行人绝，九衢茫茫空有月”。夜里有街使骑卒巡行叫呼，有武侯铺武士巡警暗探。对于犯夜禁的人处分极严，宪宗李纯元和三年（808）四月癸丑，中使郭里旻酒醉犯夜禁，被杖杀，执金吾薛伾、巡检使韦纁都遭贬逐。每年只有正月十四、十五、十六三天夜晚可以开坊市门，在街上点灯游行，即所谓的“金吾不禁夜行人”。除了这三天外，夜夜禁街，人民的生活行动受到很大限制。

4. 严格规划，保持绿化

玄宗开元十九年（731）六月规定：“京洛两都，是惟帝宅，街衢坊市，固须修筑，城内不得穿掘为窟，烧造砖瓦，其有公私修造，不得于街巷穿坑取土。”尽管街道宽而无用，仍禁止侵街打造墙舍。代宗李豫大历二年（767）五月命令：“诸坊市街曲，有侵街打墙，接檐造舍等，先处分一切不许，并令拆毁。宜委李勉常加勾当，如有犯者，科委敕罪，兼须重罚。”

唐朝长安城非常注意保持环境整洁。为了保持一些负荷量较大的路面干净畅通，如由宰相等大官僚的私邸到皇宫门口的主要大街，就在其上铺垫沙土，做成沙提，以减少灰尘飞扬和天雨泥泞。白居易的《官牛诗》，说的就是运浐河沙子铺路的事情。同时唐政府也很注意街道两旁树木的栽植。德宗李适贞元十二年（796），“官街树缺，所司植榆以补之。京兆尹吴奏曰：榆非九衢之玩，亟命易之以槐。”文宗李昂大和九年（835）八月，敕：“诸街添补树，并委左右街使栽种。价折领于京兆府，仍限八月栽毕。”（《唐会要·街巷》）

5. 给水排水问题

清明渠、永安渠、黄渠从唐长安城南墙穿过，龙首渠从东墙穿过，漕渠从西墙穿过。这些渠水引入城内后，萦回曲折，汇为许多池沼，既

图 80-1　西安含光门唐城门遗址

能调节气候又便利引用，有很多好处；但由于防洪宣泄问题未能认真解决，往往泛滥成灾。长安周围地势东南高、西北低，呈簸箕形，入城之水向北宣泄，本该顺利，但北部既有皇城、宫城，又有禁苑包围，这些地区一般行政机构都不能过问，渠水流入这些地区汇为蓬莱、鱼藻等池后，是如何排泄的，从未见于记载。宫城位于龙首原一带，地势较高，因而皇家贵族不关心排水的问题，这应该是每遇暴雨即形成水灾的主要原因。据《旧唐书·五行志》记载，永淳元年（682）六月，连日大雨，长安城内平地水深四尺以上，国中大饥。开元五年（717）六月二十一日夜，暴雨，……京城兴道坊一夜陷为池，一坊五百余家具失。乾元三年（760）闰四月，大雨月余，人相食，殍骸蔽地。元和十二年（817）六月，京师大雨，街市水深三尺，坏庐舍两千家，含元殿一柱陷。城内道路虽然宽广整齐，但一遇天雨也泥泞难行。《三藏法师传》所记，显庆元年（656），玄奘迎接大慈恩寺碑时，即因雨延迟六七日之久。

6. 食粮供应

《新唐书·食货志》："唐都长安，而关中号称沃野，然其土地狭，所出不足以给京师、备水旱，故常转漕东南之粟。"文中所载长安食粮不足是事实，但把其原因单纯归于关中土地狭窄，就掩盖了一个很重要的事实。这就是庞大的官僚、军事集团需要日益增多，加上外来流动人口和常住人口日益增加对粮食的需求大幅增长。这个问题在汉朝时期已经出现，因而才有了渭河漕运和漕渠的开通。唐朝时期，这一问题更加突出，并且连年递增，更常常出现粮荒。武则天以后，皇帝常去洛阳“就食”正是反映了这个问题的严重程度。在唐高祖、唐太宗时期，漕运粮食一年不超过 20 万石，玄宗开元二十一年至二十三年（733 ~ 735）三年之间，共漕运 700 万石，平均每年 230 多万石。开元二十九年（741）漕运山东粟米达到 400 万石。漕运异常困难，尤其是三门峡一段经常出事。这样运来的粮食，价钱自然很高，因而民间有“用斗钱运斗米”的怨言。一遇天灾，价格暴涨，城内即有饿死人的情况，如“上元（唐高宗年号，674 ~ 675）初，京师旱，斗米值数千，死者甚多。”（《旧唐书·李皋传》）“永淳元年（682）六月，关中初雨，麦苗涝损，后旱，京兆岐陇螟蝗食苗并尽……京师人相食。”（《旧唐书·高宗本纪》）《新唐书·食货志》记载：唐德宗贞元（785 ~ 804）初年，“官辅宿兵，斗米千钱，太仓供天子六宫之膳，不及十日，禁中不能酿酒。以飞龙驼负永丰仓米给禁军，陆运牛死殆尽。”皇家用粮都这么紧张，民间的困难自不待言。

7. 社会秩序问题

长安的社会秩序随着各个阶段而有其不同的表现。政治清明，治安则好；社会稳定，则百姓安定。当然由于城市本就是滋生腐败、堕落等许多严重的弊病的土壤，抢劫、暗杀、卖淫、欺诈等事件必然层出不穷。王建《羽林行》：“长安恶少出名字，楼下劫商楼上醉。天明下直明光宫，散入五陵松柏中。百回杀人身合死，赦书尚有收城功。九衢一日消息定，乡吏籍中重改姓。出来依旧属羽林，立在殿前射飞禽。”说的就是这种情况。加上官商勾结、官吏横行，时不时地出现抢夺人财物的情况。杜甫的《卖炭翁》以及韩愈《顺宗实录》卷二所记：“贞元（唐德宗年号）末，以宦者为使，抑买人物，……其论价之高下者，率用百钱物买人直数千钱物，……名为宫市，而实夺之。”更是对人民的公开抢掠。官僚机构烂了，老百姓就没有好日子过了。自古皆然。

安史乱后，唐帝国逐渐走下坡路，宦官专权，藩镇割据，统治阶级内部争权夺利、互相火并，更加激化了长安城内的各种矛盾，造成了新的混乱。元和十年（815）六月，镇州节度使王承宗，遣人于靖安坊刺杀宰相武元衡，又遣人于开化坊刺伤御史中丞裴度。开成三年（838）正月，宦官派人在亲仁里行刺宰相李石，硬把他逼下台去。这些暗杀事件，顿时使长安城内陷入一片恐怖之中，朝官潜窜，人人自危。（《旧唐书·宪宗本纪》《旧唐书·文宗本纪》）

由此可见，再好的城市管理措施，都不能解决城市中的各种尖锐、复杂的矛盾。一些事件的始作蛹者有后台，连京兆尹亦束手无策。因而唐长安也和汉长安一样，京兆尹的官很难久任，正如白居易在《赠友诗》中针对这种现象说的："如何尹京者，迭次不逡巡，请君逐指数，十年十五人。"

八一、长安郊区的园林和山庄别墅——唐代权贵阶层与士大夫的家产和私邸

所谓长安郊区，应包括京兆府所辖的20个县，即万年、长安、咸阳、兴平、云阳、泾阳、三原、渭南、诏应、高陵、同官、富平、蓝田、户县、奉天、好畤、武功、礼泉、华原、美原。这里要介绍的，则主要是长安、万年两县所属的庄园。

唐长安郊区的庄园来源主要有三：一是皇帝赐予，二是强行霸占，三是贱价收买。地主庄园的名称有庄、别庄、墅、别墅、别业、山池、山庄、园林等。但是，在长安近郊，皇族和一些权要官僚占有的土地恐怕要更多些。唐高宗的女儿太平公主"田园遍近甸，皆上腴"（《新唐书·诸公主列传》）。汾阳王郭子仪"前后赐良田美器，名园甲馆，声色珍玩，堆积羡溢，不可胜纪"（《旧唐书·郭子仪传》）。元载"城南膏腴别墅，连疆接畛，凡数千所"（《旧唐书·元载传》）。这些都是明显的例子。朝廷设有庄宅使和内庄宅使，庄宅使管理官府掌握的庄田、磨房、菜园，内庄宅使管理皇家的庄产。

长安近郊的庄园，从其性质说，大概有五种类型：一是供游赏宴乐

的池林园亭；二是供个人悠游逸居的山庄别墅；三是作为一个家族的产业而置备的庄田；四是寺院的庄田；五是坟墓的下帐或洒扫田。

属于第一类的，首先集中在长安东郊。由于这里和大明宫、兴庆宫接近，浐、灞两河流域的大片地面，多被皇族和权要的山池园林所占据，成为少数人春秋游赏、夏日纳凉的非生产性的宴乐地区。唐高宗的女儿太平公主，唐中宗的女儿长宁公主，唐玄宗时薛王李业、宁王李宪、驸马崔惠童、权相李林甫等，都在城东有花木繁盛、台榭辉映、曲折幽邃、面积很大的别业。沈佺期有《陪幸太平公主南庄》诗："主第山门起灞川，宸游风景入初年。凤凰楼下交天仗，乌鹊桥头敞御筵。往往花开逢彩石，时时竹里见虹泉。今朝扈跸平阳馆，不羡乘槎云汉边。"（《全唐诗》卷九六）韩愈亦有《游太平公主山庄》诗："公主当年欲占春，故将台榭押城闉。欲知前面花多少，直到南山不属人。"（《韩昌黎全集》卷十）

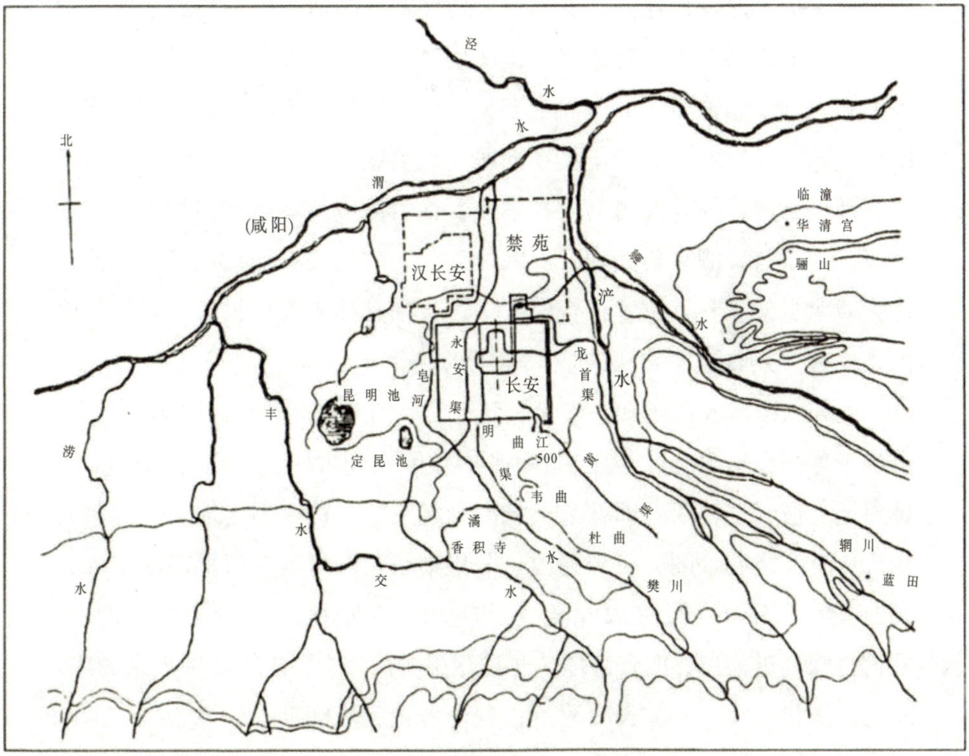

图 81-1　唐长安近郊平面图

《旧唐书·玄宗本纪》记载：开元十八年四月丁卯，“侍臣已下宴于春明门外宁王宪之园池。上御花萼楼邀其回骑，便令坐饮，递起为舞。”《册府元龟》卷三百一十九《宰辅部褒宠门》：“李林甫为相后，天宝中任遇大重……城东有薛王别业，林泊幽邃，当时第一，特以赐之。”由于长安东郊灞、浐之间实际成为皇家贵族奢侈豪华的游览区，因而这里遂有“三辅圣地”（唐高宗李治麟德元年《何刚墓志》）之称。然而东郊的这些庄园，主要以一时的政治势力为背景，因而有忽起忽灭的现象。如太平公主城东的园池固然盛极一时，皇帝也曾去游览，但旋即被没收，“赐宁、申、薛、岐四王，都人岁祓禊其地。”（《新唐书·诸公主列传》）

唐长安城郊的另一个庄园集中的地区，是南郊出产最丰富、风景最优美的樊川。这一广大地区的庄园性质，和东郊基本相同，但也有些区别。首先这一带世代是唐代韦、杜两姓贵族聚居之处，依靠封建门第传统势力保护，比较稳定。其次，这一地区的庄园似乎主要是属于第二类的，即主要是供个人优游逸居的山庄别墅。此类庄园持续的时间久，士大夫知识分子浏览得多，因而更多见于唐代诗文的吟咏记述。如何将军山林、郑驸马池台、牛僧孺樊乡郊居、杜佑城南别墅等。这些庄园内部布置都很精美，据《旧唐书·杜佑传》：“佑城南樊川有佳林亭，卉木幽邃，佑每与公卿宴集其间，广陈伎乐。”“杜城有别墅，亭馆林池，建为城南之最。”其位置在今朱坡一带，到其孙诗人杜牧时又曾加以修治，建有“九曲池”“玉钩亭”等建筑。

此外，据唐人诗集知，岑参、郎士元、韩愈、郑谷、权得舆、元稹、员半千等都在樊川有此类庄园。韩愈的城南庄到宋代还存在，宋张礼《游城南记》说：“韩店，即韩昌黎城南杂题及送子符读书之地。今为里人杨氏所有，凿洞架阁，引泉为池。”集中在长安附近蓝田辋川的王维、裴迪、崔兴宗的庄园，亦属此类。王维此庄，原为宋之问所有，傍山近水。杜甫也曾到过辋川，他有诗题《九日蓝田崔氏庄》，说的是崔兴宗的庄。总之，唐代士大夫多在长安附近占据土地，竞治别墅。

属于第三类的，即作为一个家族的产业而置备的庄或别业，在唐长安近郊，以至京兆府所属各县，真是星罗棋布，无法列举。不同的物质需要，要求有不同性质的庄。如柴庄、马庄、花园等。但最重要的还是生产粮食的庄。长安近郊和眉县的良田多为权贵及神策军霸占。泾河流域郑、白两渠灌区，也是这类庄园的集中地区。《旧唐书·李晟传》说，唐德宗赏赐李晟的除延平门之林园外，还有“泾阳上田”。

寺院庄园经济和墓园经济也是唐朝郊区经济的重要组成部分。据《旧唐书·王缙传》记载，“凡京畿之丰田美利，多归于寺观。”陕西省博物馆碑林存有柳公权书的《大达法师玄秘塔碑》，碑阴刻有庄宅使牒，说安国寺在万年县浐川乡陈村置庄一所，有房舍 39 间，杂树 49 根。安国寺在长安城内的长乐坊，而在城外浐川乡置庄，可以想见城内的其他寺院也是如此了。

在唐长安近郊和咸阳原上，多是重要的墓葬区。这里丘垄累累，有大片墓群。《旧唐书·玄宗本纪》开元二年条：“且墓为贞宅，自有便房，今乃别造田园，名为下帐。”下账不知何义，但既造田园，当然具有庄园性质。坟墓也成为地主阶级发展庄园的一个方面。

八二、大唐风韵——开放的社会、胡化之风和昌盛的文脉

唐朝建立后，继承了隋朝建立的一套政治经济军事制度，李世民即位后，以更加广阔的胸怀和开放的姿态与周边国家和民族政权建立了更加密切的关系，李世民被尊称为“天可汗”。从此唐朝进入中国历史上的鼎盛时期，史称“贞观之治”。唐高宗李治承继祖上的威德平稳发展，却培养了一代女皇武则天。武则天时期，政治英明、经济发展、社会相对稳定，是唐朝综合国力迅猛发展的时期。在她晚年，又传位给她的儿子李旦，唐朝又恢复了国号。武则天之后的唐玄宗（685 ~ 762），是唐朝历史上最具影响和争议的人物。即位初期，他励精图治，改革弊政，兴修水利，在社会经济得到极大发展的同时，文化事业也得到了极大的发展，无论是诗歌、小说、乐舞、绘画、教育等，都出现了极度的繁荣，从而使唐朝成为东方的经济文化中心，被史家誉为“开元之治”，大唐帝国的国际地位也达到顶峰。然而，过于优越的综合社会环境却造就了

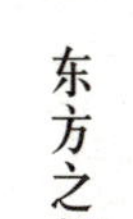

图 82-1　客使图

享乐成风、腐败横行、权臣当道，军镇节度使趁机崛起，从而酿成“安史之乱”，成为唐朝由盛渐衰的转折点。

然而将隋唐王朝置于中国历史的长河中，其综合发展是主流，因而被历史学家称为盛世。与此同时所产生的无比繁荣的中外文化交流和高度发达的文学艺术以及各种宗教的创造性传播，成为大唐帝国传颂千年的文化魅力，至今风韵犹存。

1. 繁荣的丝绸之路

唐朝的丝绸之路是在汉代丝绸之路的基础上继承和发展而来的。东起长安的丝绸之路，经河西走廊到达敦煌后，又分为南道与北道。所谓南道，从敦煌出阳关，经楼兰、于阗、莎车，越葱岭，到今阿富汗，再到阿拉伯半岛和地中海一带的大秦；北道从敦煌出玉门关，经西州、龟兹、疏勒，越葱岭，到康居，也可到达大秦。这两条道路都可以到达非洲和欧洲。此外，还有一条被称为草原丝绸之路的国际贸易通道，从内地出长城到达今内蒙古的土默特平原，然后向西北可到达中亚、欧洲。隋唐时期这里为突厥所占据，来自中原的丝绸经其手，贩往东罗马和波斯。

图 82-2　唐三彩载物骆驼俑

2. **胡人与胡化风气**

在唐代中国境内生活着大批的胡人，主要指粟特、突厥、天竺、波斯、阿拉伯、东罗马以及西域地区的少数民族之人。他们在唐朝或经商，或传教，或做官，或学习，非常活跃。他们除了在中外经济交流方面发挥着重要的作用外，还起到了传播和交流文化的作用。随着外来人口的增加，他们的生活习俗、服饰、化妆、饮食、乐舞等各个方面都对唐朝社会产生了很大的影响，以至于人们纷纷仿效其生活方式，穿胡服、吃胡食、表演胡乐，成为一时之风尚，尤其在长安、洛阳等大城市，这种倾向更加明显，被称为胡化风气，实际上这是中外文化交流繁荣的一种表现。

图 82–3　唐韩休墓出土乐舞图

3. **蕃将与民族关系**

唐朝实行开放政策，在官府及军队中有许多少数民族及外国人做官或担任各级将领，统称为“蕃将”。主要有突厥、吐蕃、回纥、契丹、铁勒、薛延陀、吐谷浑、于阗、龟兹、党项、鲜卑、靺鞨、奚、同罗等族人，外国人有高丽、百济、波斯、天竺、粟特等。大量蕃将统率唐朝军队的现象，是唐朝与周边诸族关系密切的表现，也是唐朝民族和睦政策的一种体现。

4. **东亚汉文化圈的形成**

这是日本学者提出的一个文化观念，指隋唐时期以中国为中心，包括日本、高丽、百济、新罗以及安南地区在内，所形成的以中国文化为核心的跨国文化圈。这是汉文化对周边各国影响的结果，其标志有三：其一，汉字使用与汉字教育的推广；其二，儒学教育与儒学思想的普及；除此之外，中国的法律体系和典章制度的效仿，也是一个重要的标志。

5. 极盛的道教

李唐皇室自称是老子李耳的后裔，对道教非常推崇，并采取措施扶持其发展，企图借助神权来巩固皇权。乾封元年（666），唐高宗下令尊老子为太上玄元皇帝。天宝二年（743），唐玄宗又下令尊老子为大圣祖玄元皇帝。除了封老子为帝外，唐玄宗还下令在两京及各州兴建玄元皇帝庙和崇玄学，招收学生，学习《老子》《庄子》《列子》《文子》等。又在科举中增加了崇玄科，按照明经科的办法进行考试，及第者可以做官。为了抬高道教的地位，又封庄子为南华真人、文子为通玄真人、列子为冲虚真人等，以壮大道教的势力。此外，就是编撰《道藏》，共编集了 3744 卷。祠部司本来是掌管佛、道二教事务及僧尼、道士之事的机构，开元二十五年（737），规定道教事务及道士、女观统统归宗正寺管理。宗正寺是管理皇家事务的机构，把道教事务划归其管理，一是拉近了道教与李唐皇室的关系，二是极大地提高了道教的地位。因此，有唐一代道教发展很快，可以说达到了一个极盛的时期。

6. 佛教的发展

佛教自东汉时期传入中国以来，经过魏晋南北朝时期的发展，至隋唐时期达到了繁荣的阶段，主要标志是：一、佛教经典的大量翻译；二、形成了许多佛教宗派，如天台宗、法相宗、华严宗、净土宗、律宗、密宗、禅宗等；三、佛教中国化的完成，主要标志便是禅宗越来越受到重视，发展越来越快，影响日益扩大。

7. 其他外来宗教

隋唐时期的外来宗教除了佛教之外，还有景教、摩尼教、祆教、伊斯兰教等。唐朝对外来宗教实行兼容并蓄的政策，允许其在中国境内传教和建立寺院教堂。

当时在长安、洛阳以及一些大城市中这些宗教都建立有教堂，并且有传教士传教和主持宗教活动。唐武宗会昌灭佛时，这些宗教也遭到禁断，受到了沉重的打击，除了摩尼教转入民间之外，景教和祆教则基本在中国停止了活动，至于伊斯兰教的情况不得而知，但有一点可以肯定，即在唐代已经传入了中国。

8. **诗歌与散文**

唐代是我国古典诗歌发展的鼎盛时期，保留至今的唐诗近5万首，它不仅是我国优秀的文学遗产之一，也是全世界文学宝库中的一颗灿烂明珠。唐代著名的诗人很多，初唐有所谓“四杰”，即王勃、杨炯、卢照邻、骆宾王，此外还有陈子昂、沈佺期、宋之问等；盛唐时期则有李白、杜甫、孟浩然、王维等；中晚唐则有韩愈、柳宗元、张籍、李贺、白居易、元稹、刘禹锡、杜牧、李商隐、温庭筠、杜荀鹤等杰出诗人。唐诗风格多样，有现实主义、浪漫主义、田园派、边塞派等，体裁众多，有七律、七绝、五律、五绝、古风、乐府等。其时诗才辈出，作品繁多，题材广泛，形式多样，风格各异，可谓万紫千红，百花争艳。

唐代流行骈体文，尤其在官方更是如此。于是有人起而倡导古代散文，代表人物是陈子昂、韩愈、柳宗元等人，在当时及后世产生了极大的影响，宋代的散文运动便是受他们的影响而形成的。

9. **传奇与书法**

唐代的传奇小说继魏晋志怪小说之后，成为我国古代文学史上的又一个奇葩。唐代传奇是中国古代小说发展的里程碑，至此小说正式形成了自己的规模和特点。由于唐代传奇能比较广泛反映社会生活，思想性达到了以前小说未能达到过的高度，在艺术上又具有惊人的概括力，塑造人物形象较为成功，语言简洁精美，揭开了中国现实主义小说的序幕，其中一些优秀作品，还往往兼具积极浪漫主义色彩，对后世产生了很大的影响。

唐代的书法发展很快，出现了一批书法大家，创作了许多有名的作品，取得了举世瞩目的成就。其成就和特点如下：一、在真、行、草、篆、隶各体都有了很大的发展，真（楷）书在唐代才真正成熟起来；二、重视书法教育，国子监办有书学，在科举考试中也有明书科，从而推动了书法的快速发展；三、在书法理论上颇有建树，并涌现了一大批各种书体的大家，对后世产生了深远的影响。

10. **绘画与雕塑**

唐代绘画风格各异，除了继承传统画风外，还吸收了外来画法，从

图 82-4　龙门石窟阿舍那大佛

而极大地丰富了中国绘画理论及画法。唐代绘画的特点是：绘画已经分人物、屋宇、山水、鞍马、鬼神、花鸟等科，说明中国绘画独立分科已经形成；宫廷、衙署、寺观、墓室的壁画作为主要的绘画形式占据了相当比重，石窟及寺观壁画较之南北朝有更大的发展，其规模之宏伟、技艺之精湛在历史上都是空前的；已经有了卷轴画，从而使画家的创作载体更为自由广阔，使当时名家的优秀作品得以流传后世。

唐代雕塑技艺更加成熟，在雕塑作品中出现了深刻的反映时代生活和精神面貌的作品；唐代雕塑艺术的成熟，还表现在写实能力提高，已获得了表现的自由，掌握了正确的人体比例及解剖的知识，用雕塑形象反映生活的范围更为广阔。在艺术风格上，理想的追求与手法的真实互相统一，简单朴素的规律化的处理和生动真实的表现相统一。所有这一切在龙门石窟和敦煌石窟的唐代作品中都有充分地体现，并达到了中国雕塑史上的顶峰。

11. 学校与教育

唐代的教育制度比较完善，在中央有国子监，下辖有国子学、太学、四门学、律学、书学、算书等以及弘文馆、崇文馆等类学校，此外，太医署有医博士、助教、按摩博士以教授学生；太卜署置有博士，教授卜筮生；司天台置有各种博士，以教授天文生、历生和漏刻生。在地方置有州县学和医学，以教授学生。除了这些官办学校外，私学也比较发达，从而形成了比较完善的教育系统。

12. 自然科学成就

唐代的科技成就主要表现在天文学、地理学、医学、算学等方面。

在天文学方面涌现了著名天文学家僧一行，他是世界上第一位测量子午线的科学家，并创制了黄道游仪、水运浑天仪等大型天文观测仪器和演示仪器。在地理学方面，贾耽的手绘单幅全国地图《海内华夷图》，玄奘的传世之作《大唐西域记》记述了沿途的山川、地形、土壤、水利、交通、农产等，都是堪称举世无双的地理著作。在医学方面，有孙思邈的《千金要方》《千金翼方》，王焘有《外台秘要》，苏敬等编纂了《新修本草》。在算学方面，有隋唐之际王孝通的《缉古算经》和李淳风的《周髀算经》等。在农业科技方面，出现了陆羽的《茶经》，这是世界上现存最早关于茶叶的专著。此外，在唐代还发明了火药，出现了雕版印刷术。所有这一切都是唐代科技发展水平的结晶。

八三、因势利导，巧夺天工——隋唐长安城及园林建筑的特色

隋唐的长安城是当时世界上最雄伟壮丽的城市，而且布局合理，坊里结构非常规整，其中的宅第建筑和园林绿化相映成趣，俨然是一个生态化的大都市。

我们通过阅读、查考现存的资料，得知隋唐时期，唐代长安及其周边区域遍布各种大大小小的园林建筑，由于时代间隔太久，现存的实物已经不存在了。所以，我们没有直观的实体可资参考，只能从考古调查和文字记载上略知一些。就在现有的史料中，我们经过分析，发现隋唐的长安城的整体设计建造和城市风貌有以下几个特点：

1. 因地制宜，合理设计，统筹安排。

我们知道，隋朝以前，秦朝建都在咸阳，汉朝建都在今未央一带，都濒临渭水。隋文帝统一中国后，决定重新选址，另建都城，除了汉长安城惨遭破坏的原因而外，还有两个重要的原因：一个是汉长安城内外水质变坏，既咸又苦，正是“汉营此城，将八百岁，水皆咸卤，不甚宜人”（《资治通鉴》卷一百七十五）；另一个原因是长安城的官府和民宅混杂在一起。“自两汉以后至于晋齐梁陈，并有人家在宫阙之间，隋文帝以为不便于事。”（《唐两京城坊考》卷一）既不利于健康生活，

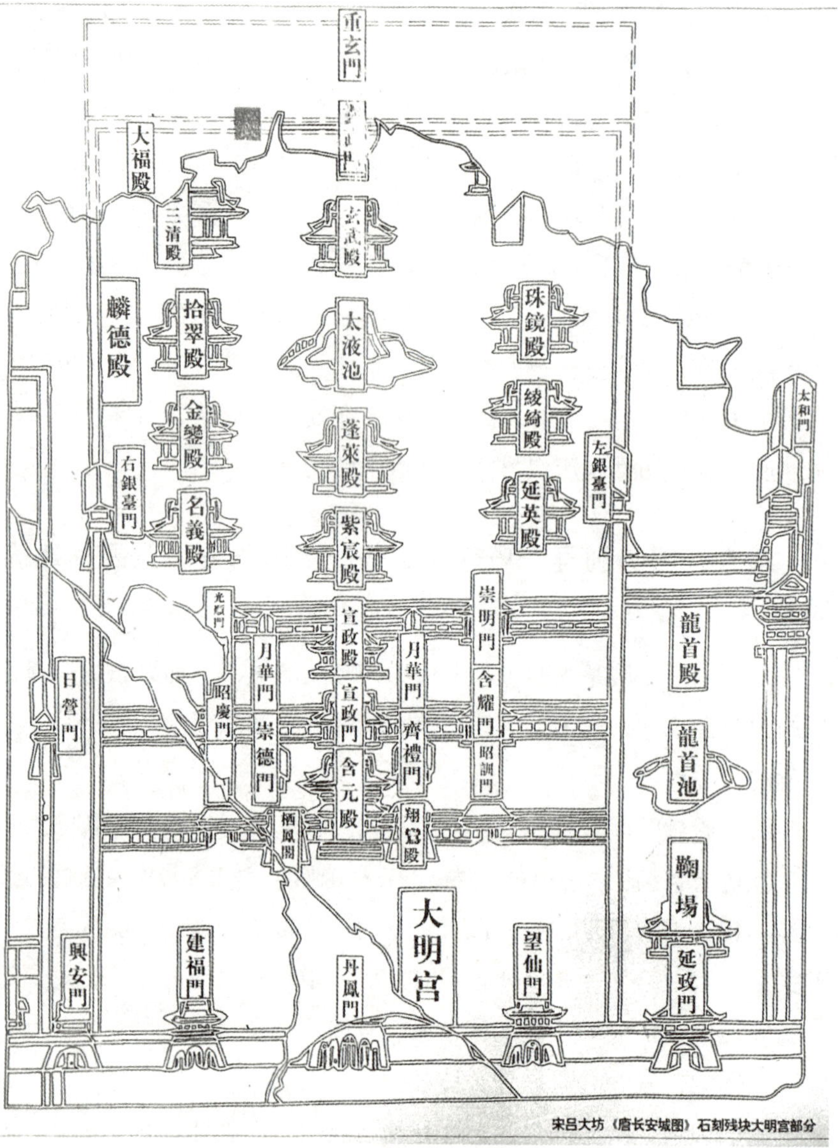

图 83–1　唐长安城图大明宫残缺部分

又不便于政府办公，因此决定兴建大兴城。经过宇文恺的实地勘察，最后选在龙首原及其以南地区。是因为这里地势优越、环境优美。所以，宇文恺便先作了周详的设计，首先确定了宫城和皇城的位置，然后设计出外郭城的坊里布局和寺观区域如大兴善寺和玄都观的位置，然后，动员长安城里的百姓自己按设计好的方案自行建设。因此，在短短的九个月里就建成了大兴城，这无疑是都城建造史上的奇迹。

2. 依托丰富的水资源，建筑高规格，广阔的池陂、湖泊。

前面我们已经说过，从西周开始，直到唐朝，长安周围的人造景观非常美丽迷人，周有灵池、灵囿，汉有上林苑、昆明池，唐有鱼藻池、广运潭，这些都是古人善于制造水景的范例，这些人造工程中不仅池水湖面广阔，而且湖中多造仙岛、亭台，湖边建造宫殿、楼阁，形成立体式的山水园林。

3. 因势利导，巧借自然地理的形态、高低、走向合理布局。

汉唐时期，因为是手工操作，每一项工程都要耗费大量的人力物力，费工费时，劳工伤财，但为了尽可能地节省各种资源，他们在建筑的过程中，从设计开始，就能充分地作实地调研，尽量拿出合理的设计和施工方案，从而加快了建设进度。隋唐长安城是其典型的例子。据历史记载："朱雀街南北尽郭有六条高坡，像乾卦六爻。故于九二置宫殿，以当帝五之居，九三立局司，以应君子之数；九五贵位，不欲常人居之，故置玄都观及兴善寺以镇其地。"（《关中胜迹图志》）隋唐长安城（大兴城）是由隋朝著名建筑设计大师宇文恺设计的。当时，长安城内从龙首原以南，一共有六条高坡，自东北向西南隐隐隆起于平地，称为六坡。宇文恺根据六坡的特点，将宫城安排在全城北部正中，次南是皇城，再南是郭城，突出了宫城的中心位置，从而使北面宫城地处高冈之上，北部有禁苑包围，既显示了"南面而王"的特性，又显得居高临下，十分得体。而且方案设计好以后，各个坊里按照统一规划，自行建造，因此，短短九个月就建成了隋大兴城（长安城前身）。这可是建筑史上的奇迹。

4. 宫殿、楼观、亭台、池榭、回廊错落有致，林木丰富繁盛，保障水资源的合理配置。

汉唐在宫苑里面，以广阔的苑囿作为娱乐活动的场所，但特别注意内部的整体建筑。在低洼之处围水造湖，引水补充，如汉昆明池、镐池，唐兴庆宫的兴庆池等，并在高处建亭观，在平面或广阔的高地建宫殿，布置妥当。长安城周围水源充足，但为了保障城内的用水，官府对河水实行控制，只能先供应城内用水，包括生活用水和皇宫内苑及贵族园

图 83-2　懿德太子墓出土阙楼图

林内山池的用水。《新唐书》卷四十八《百宫志》："都水监掌判监事。凡京畿诸水灌溉盗费者有禁。水入内之余，则均王公百官。""开成二年，崔珙为京兆尹。京畿旱，浐水入内者，十分请减九分，赐贫民溉田，从之。"（《唐会要》卷六十六《京兆尹》），也就是说，长安城周围的水首先要保障皇族享用，其次是王公百官。生产灌溉，禁止使用，若急难之时要用，还得申请批准。

根据这一条史料，我们不妨想一想，在长安城里建造山池园林的究竟是些什么身份的人，以王公贵族、达官显宦占绝大部分比例。长安郊区遍布了大大小小的山池园林，多数是建在河水的两岸，借助自然水流的环绕，达到怡情养性的目的。所以，文人雅士广置亭院，多在郊区，尤以南郊为盛。

5. 文人雅士的山水园，雄浑质朴，诗意盎然。

中国园林发展到唐代，已经达到了诗情画意的高境界。唐代诗歌、艺术的高度发展，为文人雅士的造园境界奠定了良好的基础，唐人的审美艺术和享受风格为之一变，他们开始追求具有创意性质的园林艺术享受，往往在造园风格上融入了个人的意愿。王维的辋川别墅是最具代表性的作品。既有优美的自然风光，又有许多脍炙人口的人文景观。其亭、台、楼、观、草堂、山池布列有趣，引人入胜，"一些文人墨客把文学、艺术带进园林创作之中，甚至有的直接参与造园活动，使自然山水园发展成为写意山水园，园林活动中刻意求新、求美，追求意境已成为时尚。"（周云庵《陕西园林史》）

6. 汉唐的园林成为文学艺术创作的基地。

汉唐时期，许多著名的文学作品如汉代司马相如的《上林赋》，班固的《西都赋》和唐代的许多名家名作都与园林密不可分，上至皇帝，下至一般文人，都喜欢在园林的环境中吟诗作赋。汉唐的园林为文艺创作提供了灵感.这种材料很多，前面引用的许多诗文，都能找出不少名作名篇与园林有关。此不多述。

7. 地缘政治对城市居民格局的影响非常之大。

唐朝初期，由于政治中心在太极宫，处于长安城的正北居中的位置，因此，皇亲国戚、达官显宦们的宅第选在东、西、南三面离皇宫较近便的坊里，但随着大明宫和兴庆宫的建成并正式投入使用，政治中心开始东移，于是，王公贵族、达官显宦甚至百官们为了上朝方便，纷纷在朱雀大街以东的万年县境内选择宅第，并且更加倾向于三大宫殿的周围，即长安城东北的那些坊里，因此，形成了“东贵西富”的居民格局，并且影响到东郊日益成为王公贵族的园林集中区。

8. 胡汉文化共存、和睦相处

唐朝长安是个国际化的大都市，外国使节和商人很集中，唐朝政府能够尊重他们的生活习惯和宗教信仰，允许他们建造胡寺，从事经营贸易。据《两京新记》和《长安志》所记，长安县辖区内居住着许多西域商人，布政坊、醴泉坊、普宁坊、靖恭坊、崇化坊均有一两处袄教寺或景教寺、摩尼寺。这是唐朝长安国际化大都市的一大特征。

图 83-3 陕西白水县出土唐彩绘陶庭院

唐代园林从大的方面可以分为三大类：宫廷园林、寺院宫观园林、贵族和文人园林。唐代长安的园林归为 11 类：

亭。东阳公主亭子，永穆公主亭子，半隐亭，太平公主亭。亭又分为下面几种：

山亭：窦尚书山亭，王涯山亭

林亭：尉迟胜林亭

池亭：梁王池亭，王驸马池亭，王侍御池亭，杜公池亭

园亭：永宁里园亭

茅亭：刘相公茅亭

草亭：元八草亭

水亭：刘驸马水亭

竹亭：杨著作竹亭

园。萧瑀西园，英王园，李谊南园，李逢吉园。

园又分为：

小园：新昌小园

竹园：裴向竹园

林园：王尚书林园，鲜于秋林园

山园：李舍人山园

郊园：灞东郊园，裴虬郊园

池。分为：

山池：李丞山池，杨慎交山池，岐阳公主山池

小池：许敬宗小池。

园池：曹郎中园池。

居。原东居。

居又分为：

幽居：亲仁里幽居，丰乐幽居，终南幽居

郊居：城南郊居

闲居：杜曲闲居，灞上闲居

原居：李甘原居

野居：贾岛野居

山居：韦侍郎山居

溪居：圭峰溪居

墅。又叫别墅。

青松坞别墅，城南别墅，城东别墅，樊川别墅

业。又叫别业。

城南别业，樊川别业，灞陵别业，城东别业

庄。于宾客庄，太平公主南庄，长宁公主东庄。

又有山庄：韦嗣立山庄，太平公主山庄，裴氏山庄

堂，草堂。

蓝溪草堂，高冠草堂，白阁西草堂

台（汉有鸿台，周有灵台）

池台，萧氏池台，郑驸马池台

斋，山斋：元舍人山斋。

阁，水阁：薛员外水阁。

以上这些再加上宫苑，寺院里的殿、楼、阁、榭、廊、台、观，便构成了唐朝园林建筑中的基本单位。

图 83-4 莫高窟的唐代建筑

历史和现代之间，往往有很多相同或相近之处。在现代化城市建设中，吸取本城市建设和兴衰的经验教训，继承本城市历史的优秀文化遗产，对于当前的城市建设非常有意义。唐代长安城作为古代大都市建设的经典之作，有许多可供我们借鉴的地方。唐代长安城的文化遗产是留给我们的一笔宝贵财富，我们从中可以得到启发，并尽力营造出既有历史传承又有现代发展的新区文化，是非常必要的，而且是可以立足于世的。

八四、唐朝长安宫廷的娱乐文化

隋唐时期，禁苑是皇家主要游乐苑，不仅其中有宫观园林、池台楼阁，还建有马毬场、梨园、跑马场等。

唐朝宫苑的娱乐活动非常丰富，主要的有下列几种：

1. 宴集

唐朝的宫廷里常常举行一些宴会活动，宴会时总会邀集一些文人或要员参加，饮酒赋诗，观赏歌舞，也算是皇帝的一种娱乐活动。

《资治通鉴》卷二百九十，《唐纪·二十五》，中宗景龙二年条载：

“夏，四月，癸未，置修文馆大学士四员，直学士八员，学士十二员，选公卿以下善为文者李峤等为之。每游幸禁苑，或宗戚宴集，学士无不毕从，赋诗属和，使上官昭容第其甲乙，优者赐金；同预宴者，惟中书、门下及长参王公、亲贵数人而已，至大宴，方召八座、九列、诸司五品以上预焉。于是天下靡然争以文华相尚，儒学忠傥之士莫得进焉。”

2. 乐舞

唐朝的音乐舞蹈发展水平很高，其宫廷乐舞能够吸收许多民间的歌舞和西域胡人及外国的音乐舞蹈形式，从而形成了别具一格、内容丰富、形式多样的大唐乐舞。唐朝宫廷和贵族举行大的活动或宴饮之时，常常演奏乐舞。

唐朝宫廷和贵族平时举行宴饮和娱乐时，演奏的音乐是燕乐，主要是以包括清乐、西凉乐、天竺乐、高丽乐等的十部乐。所表演的舞蹈有剑器舞、胡旋舞、胡腾舞、绿腰舞等，既有从民间发展来的，又有从西域引进来的。在唐朝乐舞中，有一种“歌舞大曲”，融合了音乐、舞蹈、诗歌三者的特点，可以说这种大型歌舞是唐朝乐舞兴盛的一种标志。此外，还有马舞、象舞、犀舞等动物的表演。

唐朝政府对于宫廷乐舞非常重视，设有专门的管理和教习机构：属太乐署、鼓吹署，还有教坊、梨园。其中的梨园在中国戏剧史上影响极大。该场院最初设置于唐玄宗开元二年（714），因为靠近禁苑之梨园，所以叫“梨园”。梨园是唐代高级音乐舞蹈培训机构，平时有男女艺人三百多人，有专人负责指导。唐玄宗不仅是个音乐爱好者，而且可以称得上专家，他对音律很精通，经常在处理政务的间隙，到梨园散心，听音辨律，发现不正确的地方，便亲自指点、校正，“有一声误，玄宗必觉而正之，号为‘皇帝弟子’，又云‘梨园弟子’。”（《旧唐书·音乐志一》）

唐朝的宫廷乐舞中以十部乐最著名，它们是：《燕乐》《清商乐》《西凉乐》《天竺乐》《高丽乐》《龟兹乐》《安国乐》《疏勒乐》《康国乐》《高昌乐》。在这十部乐中，除了《燕乐》和《清商乐》为中原固有的之外，其余八部均是少数民族及外国乐舞。

演奏者分为坐部伎与立部伎。就是根据表演需要，在殿上坐着演奏的叫坐部伎，在堂下站着演奏的叫立部伎。这种分工实际上是根据表演者的水平高低而划分的，所谓“太常阅坐部，不可教者隶立部，又不可教者，乃习雅乐。”（《新唐书·礼乐志一二》）坐部伎与立部伎粗具规模和形成体系是在唐高宗时期，至唐玄宗时期趋于完备。

图 84-1　渭南博物馆藏白衣彩绘红陶乐舞俑

健舞与软舞是唐朝宫廷中表演的小型乐舞，是按照舞蹈风格特点划分的。健舞节奏明快，矫捷雄健，富有阳刚之美；软舞优美柔婉，节奏比较舒缓，抒情性较强。健舞与软舞只是对一些乐舞的泛称，其中的舞蹈节目并不固定，而是随着时代的发展而不断变化、创新。健舞和软舞的规模都不大，大部分都属于独舞或双人舞，因此艺术技巧和表演水平要求都非常高。这些舞蹈一部分是内地固有的，一部分则来自域外。

3. 百戏

百戏又称散乐，实际上是一种包括杂技、魔术、马戏在内的艺术形式。这种艺术形式本来在民间颇为流行，其中有些节目是中国固有的，有些节目则来自域外，颇受民间欢迎。正由于这些节目观赏性很强，因此宫廷中也不时进行此类表演，遂成为宫廷娱乐的一个组成部分。

百戏在唐代已经影响很大，唐高祖武德元年（618）五月五日，拟在玄武门举行百戏会演。当时，由于宫中的服饰准备不足，“太常于民间借妇女裙襦五百余袭”（《资治通鉴》卷一百八十五），可见其规模之大。同时，也反映了民间百戏剧的队伍也很不一般。

唐朝的百戏剧剧目主要有大面、拨头、踏摇娘、参军戏、傀儡戏等。傀儡戏即木偶戏。这些都是唐朝宫廷的主要献奏剧目，《旧唐书·音乐志二》记：“歌舞戏，有大面、拨头、踏摇娘、窟礌子等戏，……置教坊于禁中以处之。”窟礌子，就是傀儡戏。唐朝宫廷已经把它列为寻常享会的表演节目之一。（《唐代游艺》王永平著）

图 84-2　鎏金舞马衔杯银壶

4. 杂技表演

杂技，属于百戏的一种，在古代主要在民间流传发展。但唐时，每逢重要庆典，如皇帝的生日或重大节日，总会邀集这些民间艺人表演凑兴。“每初年望夜，又御勤政楼，观灯作乐，贵臣戚里，借看楼观望。夜阑，太常乐府县散乐毕，即遣宫女于楼前缚架出眺歌舞以娱之。若绳戏竿木，诡异巧妙，固无其比。”（《旧唐书·音乐志一》）唐朝诗人张祜有一首诗《千秋乐》写道：

八月平时花萼楼，万方同乐奏千秋。
倾城人看长竿出，一伎初成赵解愁。

这里说的是戴竿。唐朝的戴竿艺人水平很高，刘晏有首诗道：

楼前百戏竞争新，惟有长竿妙入神。
谁谓绮罗翻有力，犹自嫌轻更著人。

还有走绳、弄九跳剑、踩球、弄碗等。

5. 马毬

打马毬是唐朝最著名的一项活动，是皇家贵族极其热爱的一项活动。据史书记载，唐中宗、唐玄宗、唐敬宗、唐僖宗等都是马毬高手。唐中宗时，“上好击毬，由是风俗相尚，驸马武崇训、杨填交洒油以筑毬场。”（《资治通鉴》卷二百九十）有一次，吐蕃使者来到长安，唐中宗就请他们一同去梨园亭子观看皇家马毬队比赛。没想到吐蕃使者却说：“臣部曲有善毬者，请与汉敌。”唐中宗便叫皇家毬队与吐蕃毬队比赛，结果吐蕃队却连连获胜。这时，随同观看的临淄王李隆基和嗣虢王李邕、驸马杨慎交、武崇训等四人跃马持杖上场，李隆基“东西驱突，风回电激，所向无前”，结果赢了这一场（《封氏闻见

图 84-3　打马球图

记》卷六）。马毬运动自始至终都是唐朝皇族所钟爱的运动。唐朝末年，僖宗皇帝“上好骑射、剑槊、法算，……好蹴鞠、斗鸡，与诸王赌鹅，鹅一头至五十缗”。“尤善击毬”，曾自负地对优人石野猪说：“朕若应击毬进士举，须为壮元。”（《资治通鉴》卷二百五十三）

由于皇帝的偏爱，便在宫苑里面建了很多毬场，如左神策军毬场、麟德殿毬场、飞龙院毬场、中和殿毬场、清思殿毬场、梨园毬场等。当时的马毬场，都是建在宽阔的广场上，场地非常平整，三面筑有矮墙防护，另一面是楼台殿阁作为看台。

马毬运动是唐朝典型的贵族运动，许多王公贵戚、达官权臣的宅第或庄院里都建有毬场，如长宁公主宅、太尉李晟宅都建有毬场。《太平广记》卷二百四十三记述了长安富商窦乂在邻近太尉李晟的府第前有一座宅院，“晟欲并之为击球之所，他日乃使人向乂欲买之，乂确然不纳，云：‘某自有所要。’候晟休沐日，遂具宅契请见晟，语晟曰：‘某置此宅，本欲与亲戚居之，恐俯逼太尉甲第，贫贱之人，固难安矣，某见此地宽闲，其中可以为戏马，今献元契，伏惟俯赐照纳。’晟大悦。”于是，李晟便在此地建了一处马毬场。

唐朝人将打马毬也称为“戏马”，确实说明其娱乐的成份很大。

6. 蹴鞠

蹴鞠，就是古代的足球运动。起源于春秋战国时期，到了唐代已有了很大发展。它和马毬运动一样，深受皇家贵族的青睐。唐玄宗喜爱蹴鞠，以致耽误政事，引起了当时的礼部侍郎张廷珪的反对，他曾劝谏玄宗皇帝“约心削志，澄思励精，……减彻外厩，场无蹴鞠之玩，野绝从禽之赏。”（《旧唐书》卷一百一十）唐代宫廷里面流行蹴鞠，宫女们平时常以此为游戏，当时有一篇《内人踏球赋》说：“球体兮似珠，人颜兮似玉。下则雷风之宛转，上则神仙之结束，恒为正游，球不离足，足不离球。”（《文苑英华》卷八十一），生动形象地描写了宫女高超的球技。

唐朝长安的蹴鞠运动非常普及，不仅皇家贵族，大小官僚喜欢此项运动的人很多，而且就连一般的少女也喜爱此项运动，球迷很多，

《剧谈录》载：有一次在胜业坊，“时春雨初霁，有三鬟女子，年可十七八，衣装褴褛，穿木履，于道侧槐树下。值军中少年蹴鞠，接而送之，直高数丈，于是观者渐众。”

唐朝的蹴鞠既是竞技运动项目，又是一种娱乐活动。除了分队在规定的场地上比赛外，还有不设场地的单练，二人对踢，三人对踢，四人轮踢的，八人合踢的。

二人对踢的叫“白打”，宫中宫女常常流行这种娱乐。如“寒食内人长白打”。（《全唐诗》卷三百二王建《宫词》）此外，三人踢的叫“转花枝”，四人踢的“流星起月”，八人踢的叫“八仙过海”。

7. 拔河

拔河是非常古老的一种比赛项目。唐朝的长安盛行这项运动，不仅有男子参加，而且妇女也参加。大型比赛规模浩大，动辄上千人参加，欢声动地，气势雄壮。唐朝的薛胜写过一篇《拔河赋》其中说：“皇帝大夸胡人，以八方平泰，百戏繁会，令壮士千人，分为二队，名拔河于内，实耀武于外。”“于是勇士毕登，嚣声振腾。”（李昉《文苑英华》卷八十一）唐朝皇家贵族非常喜欢这项活动，唐玄宗曾多次登上城楼观看拔河比赛，只见“喧呼动地，蕃客士庶观看，莫不震骇”（《封氏闻见记》卷六）在皇宫内，也常常组织拔河比赛，唐中宗景龙三年二月，中宗“幸玄武门，与近臣观宫女拔河”（《资治通鉴》卷二百九十）中宗景云元年庚戌“上御黎园毬场，命文武三品以上抛毬及分朋拔河，韦巨源、唐林璟衰老，随缅踣地，久之不能兴，上及皇后、妃、主临视，大笑。”这是一次高级官僚举行的拔河比赛，实则是一种娱乐。

8. 赛龙舟、玩射鸭

皇帝、宫女们常常在闲暇之时在禁苑游玩，鱼藻池是他们赛龙舟、玩射鸭的地方，唐王建《宫词》诗曰：“鱼藻池边射鸭，芙蓉院里看花。”《旧唐书·穆宗纪》载：元和十五年“九月辛丑，大合乐于鱼藻宫，观竞渡”；《敬宗纪》宝历元年五月“幸鱼藻宫，观竞渡。”

9. 角抵（摔跤）

角抵（摔跤）具有极强的对抗性和表演性，《文献通考》记载：“角力戏，壮士裸袒相博而角胜负。每群戏毕，左右军擂大鼓而引之。”是极富刺激性的竞技节目。因此，它成为宫廷宴乐活动时的最重要的表演项目，往往作为压轴戏。唐朝的皇帝都不同程度地喜欢这个项目，宫廷中还设有“相扑朋”，即摔跤队，略举一例：史载，唐文宗曾于“寒食节，御勤政楼观角抵”（《文献通考·乐考·散乐百戏》）。

10. 秋千

自古到今都是少男少女们喜欢的游乐项目。唐朝人的秋千活动非常普及。“天宝宫中至寒食节，竞竖秋千，令宫嫔辈戏笑，以为宴乐。帝呼为半仙之戏。都中士民因而呼之。”（王仁裕《开元天宝遗事》卷下）宫内宫外都喜欢这项活动。唐人诗人咏秋千的诗作很多，其中最有代表性的是王建的《秋千词》：

长长丝绳紫复碧，袅袅横枝高百尺。
少年儿女重秋千，盘巾结队分两边。
身轻裙薄易生力，双手向空如鸟翼。
下来立定重系衣，复畏斜风高不得。
旁人送上那足贵，终赌鸣珰斗自起。
回回若与高树齐，头上宝钗从堕地。
眼前争胜难为休，足踏平地看始愁。

这首诗生动形象地描述了少年儿童成群结队打秋千的盛况。

11. 围棋

唐朝的围棋活动不仅流行，而且水平很高，唐宣宗大中八年（854），日本派遣了一位围棋高手也是王子出使唐朝，唐宣宗就派当时的待诏顾师言和他对局，“王子至三十三下，师言惧辱君命，汗手死心，始敢落指。王子亦凝目缩臂数四。竟伏不胜。”可见双方都十分慎重，结果顾师言胜了，日本王子便问礼宾官说：“此第几手？”礼宾答说：“其第三手也。”王子想见第一手，礼宾却说：“胜第三，可见第二；胜第二，可见第一。”王子抚局叹曰：“小国之一，不及大国之三。”这是发生在长安宫中的一次中日围棋比赛。（《北梦琐言》卷一）

图 84–4　陕西历史博物馆藏隋开皇棋子

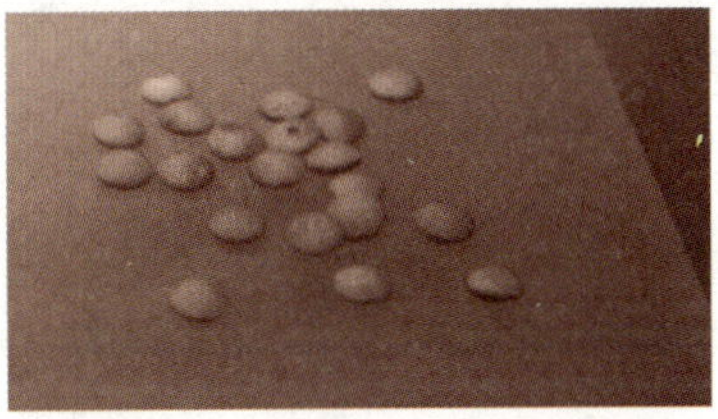

图 84–5　大唐西市博物馆藏唐白石围棋子

12. 鸡坊与斗鸡风气

唐代流行斗鸡风气，宫廷中亦是如此，至唐玄宗时遂在宫中设置了鸡坊，由宦官充任鸡坊使，以培训斗鸡。斗鸡风气在中国出现很早，春秋时就已流行，不过在唐代更加兴盛罢了。不仅在宫廷中流行，民间也非常流行，甚至妇女中也不乏喜爱此道者。唐朝著名诗人李白、张籍、白居易等，都曾写过有关斗鸡的诗篇，可见风气之盛。

八五、唐长安城的毁灭和保存至今的遗迹

安史之乱后，唐代中央集权遭到严重削弱，地方割据势力逐渐强大，土地兼并日益严重。“富者有连阡之田，贫者无立锥之地。”（《旧唐书·懿宗本纪》）贫苦农民被迫离乡背井，四出逃亡，农民生活在水深火热之中。唐懿宗时翰林学士刘允章给皇帝的《直谏书》中说：“今天下苍生，凡有八苦，陛下知之乎？官吏苛刻，一苦也；私债征夺，二苦也；赋税繁多，三苦也；所由乞敛，四苦也；替逃人差科，五苦也；冤不得理，屈不得伸，六苦也；冻无衣，饥无食，七苦也；病不得医，死不得葬，八苦也。”（《全唐文》卷八百四）

咸通十四年（873），河南、河北、山东和淮北地区遭受大旱灾，人们以蓬子和槐树叶充饥，当时在曹州（今山东曹县北）流行着“金色虾蟆争怒眼，翻却曹州天下反”的歌谣。875 年夏天，黄巢、黄揆等兄弟八人率领数千农民，在冤句（今山东菏泽县西南）举起造反的大旗，一个多月，这支农民起义队伍就发展到数万人。

黄巢农民起义军经过五年的浴血奋战，足迹踏遍了黄河两岸和大江南北。他们攻洛阳，克潼关，在广明元年十二月五日（880 年 1 月 8 日）

攻入长安。唐僖宗李儇自长安城的开远门仓惶逃命，唐朝的金吾大将军（神策军高级将领）张直方带领来不及逃走的文武官员数十人在灞上向起义军投降，黄巢实现了他起义前所写《赋菊》诗中的“待到秋来九月八，我花开后百花杀。冲天香阵透长安，满城尽带黄金甲”（《全唐诗》卷七百三十三）的壮志。

当农民起义军攻克长安的时候，黄巢乘金装肩舆进入长安，起义军战士“皆被发约以红缯，衣锦绣，执兵以从，甲骑如流，重辎塞涂，千里络绎不绝”。长安城内的老百姓夹道欢迎，连太极宫数千宫女也“迎拜称黄王”。起义军将领尚让庄严宣告：“黄王起兵，本为百姓，非如李氏不爱汝曹，汝但安居毋恐。”（《资治通鉴》卷二百五十四）并且施赠财物给贫困百姓。广明元年十二月十三日（880 年 1 月 16 日），黄巢在长安城大明宫内的含元殿即皇帝位，登上丹凤门楼，正式宣布国号为“大齐”，年号“金统”。以尚让为太尉兼中书令，赵璋兼侍中，崔璆、杨希古并同平章事，唐末著名诗人皮日休任翰林学士，王播任京兆尹等。宣布唐朝三品以上的官员一律停职，四品以下的照旧录用。

农民起义军占据长安城以后，对长安城内宫殿等建筑都保护较好。历史文献记载，“初，黄巢据京师，九衢三内，宫室宛然。及诸道兵破贼，争货相攻，纵火焚剽，宫室居市闾里，十焚六七。”（《旧唐书·僖宗本纪下》）“诸道兵”，即唐王朝的政府军。他们在黄巢义军占领长安以后，迅速集结在长安周围，形成对长安的包围，使起义军所能控制的地区，东不出同州（今陕西大荔县）、华州（今陕西华县），西不过兴平（今陕西兴平县），占地既小，粮源不足。就在这紧急关头，黄巢部将朱温见“巢兵势日蹙”，于中和二年（882），在同州叛变降唐。紧接着，883 年 5 月 18 日，沙陀贵族李克用带兵进入长安，黄巢率领 15 万起义军撤出长安，经由蓝田七盘路（在蓝田东南），向河南退却。884 年 7 月，黄巢在山东莱芜县东南的狼虎谷壮烈牺牲。轰轰烈烈的农民大起义终于失败了。

起义军攻占长安期间，“华轩绣毂皆销散，甲第朱门无一半”，“内库烧为锦绣灰，天街踏尽公卿骨。”（韦庄《秦妇吟》）长安城遭到极大的毁坏。

黄巢农民大起义失败后，军阀混战日甚一日。盘踞凤翔的军阀李茂贞，盘踞太原的军阀李克用，以及盘踞在开封的叛徒军阀朱全忠（即朱温，降唐后赐名全忠）等割据势力，你争我夺，互相火并。天祐元年（904），当时的宰相崔胤为了达到诛杀宦官的目的，勾结朱全忠入关，朱全忠便把持朝政，逼迫昭宗迁都洛阳，并对长安城进行了毁灭性的破坏。据《旧唐书·昭宗本纪》记载：“全忠率师屯河中，遣牙将寇彦卿奉表请车驾迁都洛阳。全忠令长安居人按籍迁居，彻屋木，自渭浮河而下，连甍号哭，月余不息。秦人大骂于路曰：‘国贼崔胤，召朱温倾覆社稷，俾我及此，天乎！天乎！’”这段记载虽然很简单，但可以想见当时用武力强迫人民按门挨户拆毁房屋、迁移他乡的悲惨情况。经此历史上一大浩劫，长安城顿成废墟。此后不久，诗人韦庄写了《长安旧里》一诗：“满目墙匡春草深，伤时伤事更伤心。车轮马迹今何在，十二玉楼无处寻。”子兰在《悲长安》诗中也写道：“何事天时祸未回，生灵愁悴苦寒灰。岂知万顷繁华地，强半今为瓦砾堆。”这二首诗反映了经过朱温破坏后，房屋皆被拆毁，长安城已面目全非，到处是墙壁、瓦砾堆，长安都城的辉煌历史已告结束。

唐长安城的时代比汉城距现在为近，规模比汉长安城大，但实物遗址保留到现在的反比汉长安城为少。现将一些主要的地面遗迹粗略介绍如下：

1. 城垣遗址

西五台：是唐长安城址比较显著的遗址，是当时宫城南墙的一部分。位于今玉祥门内路南。

明德门遗址：在今西安市南郊杨家村村南。明德门共五个门道，东西两端的门道发现有车辙的痕迹，是通车的门道；其次两门是出入行人的门道；当中一门，可能是专供皇帝通行之用。门道宽5米，进深18.5米。

唐城墙遗址：近几年来，大面积的发掘出唐长安城墙，分别予以保护。西安高新区的唐城墙遗址公园是保护面积最大的遗址公园。位于西安高新区唐延路与沣惠南路间的带形绿地内，南北全长3.7公里，东西

宽约 120 米。此处原是隋唐长安城西城墙的南段。历史上，这一段唐城墙内有延平门一座城门，由北向南经历了七个里坊，分别是崇化、丰邑、待贤、永和、常安、和平和永阳。此外在曲江也有唐城墙遗址保护地开辟为公园，南北宽 100 米，东西长 3600 米，是长安南城墙遗址公园。

含光门遗址：位于今西安城墙的含光门。经过考古发掘，表面是明城墙遗迹，实际上是在唐城墙城门的基础上修建的。现在的含光门实际上是唐朝的皇城含光门城门。现在已经开辟为含光门遗址博物馆，内有唐代长安皇城城墙遗址。唐含光门遗址门址呈长方形，长 37.4 米、宽 19.6 米，以纯净黄土版筑而成。是唐代门址历次发掘中保存最好的一处。

2. 宫殿遗址

大明宫遗址：位于西安市自强东路以北、玄武路以南范围内，大明宫平面略呈梯形，范围很大，东西 1.5 千米，南北 2.5 千米，面积约 3.2 平方公里。始建于 634 年，是太宗李世民在位时期为其父李渊修建的。663 年，高宗将其扩建，是唐代最为显赫壮丽的建筑。宫墙周长约 7.6 公里，四面共有 11 座门，目前探明的有麟德殿、含元殿、三清殿等殿堂遗址和重玄门、玄武门等宫门遗址等殿、台、楼、亭基址 40 余处。大明宫遗址保存比较完整，埋藏丰富，是唐代建筑研究的珍贵实物资料。1961 年被国务院首批公布为全国重点文物保护单位。现在已经建成了

图 85-1　唐大明宫北宫墙遗址

大明宫国家遗址公园。

3. 寺院遗址

唐朝的寺院遗址保留到现在的比较多，仅选择几个比较重要而且与研究唐长安城最有关系的，略加叙述。

慈恩寺：在今城南，唐时建在长安城内晋昌坊，北与大明宫遥遥相对。这是唐高宗李治为太子时，为追念他的母亲文德皇后，于唐太宗贞观二十二年（648）建立的，故以“慈恩”为名。玄奘的译经事业，主要在这里进行。寺内的塔名雁塔，唐高宗永徽三年（652）由玄奘设计创建，用于储藏其由印度带回的佛经。长安元年（701），武则天又和当时的王公贵族施钱重建。塔现高7层，共64米。四面门楣上有唐刻建筑图和佛经，正面两龛内有褚遂良书《大唐三藏圣教序》和《圣教序记》，都具有高度艺术价值。雁塔初修时为5层，武则天重修时增高至10层，后经兵火，只存7层。

荐福寺：在今西安城南，唐时建在长安城内开化坊。原为襄城公主住宅，中宗李哲文明元年（684）立为献福寺，武后天授元年（690）改称荐福寺。唐僧义净曾在这里翻译他从印度带回来的佛经。文宗开成六年（841），日本求法僧圆仁又曾来访此寺。

荐福寺的塔因比雁塔小，故称小雁塔。中宗景龙元年（707），于长安城内安仁坊西北隅建塔，共15级，最上两级已颓倒，现余13级，高45米。小雁塔采用密檐式建筑，秀丽玲珑，别具风格，与大雁塔的雄壮气概互相辉映。明清时期，陕西连遭大地震，塔身被震裂，顶上两层被震塌。塔下层南北入口的弓形门楣上，有石刻蔓草花纹和天人供养图像，雕刻精美。

链接：关于雁塔名称来由，据《三藏法师传》载，此塔是玄奘请求皇帝按印度佛塔形式建造的。印度佛教分大乘、小乘两大派，大乘不吃肉，小乘吃肉。玄奘是信仰大乘佛教的。传说他在印度时住在一大乘佛寺内。一天，附近一个小乘寺内做饭的僧人因没有寻到肉，仰天兴叹，适逢有一群雁从天上飞过，一只大雁断翅折翎坠落地上，意思是让吃它的肉。于是全寺大惊，认为是“菩萨显圣”，遂改信大乘，并在雁坠落的地方修起了塔，名雁塔，以纪念此事。这个故事引出了雁塔名称的由来。

在大雁塔初修起后，雁塔之名并不盛行，一些唐人诗中只作慈恩浮图（塔）而不名雁塔。唐中叶后考中进士的人在慈恩寺题名表示得意，名“雁塔题名”。因此雁塔之名遂盛行起来。到明代考中举人的也仿照唐朝进士在雁塔题名，而考中武举的人在荐福寺题名，也叫雁塔题名。为表示区别，故有大、小雁塔之称。

兴善寺：在今西安城南，是唐长安城内靖善坊的所在。隋文帝杨坚迁都时最先建置此寺，规模很大，光这一个寺就占完靖善坊一坊之地。据文献记载，此寺建于隋大兴城的靖善坊内，合二名为大兴善寺。（《长安志·唐京城》）在隋、唐时期与慈恩、荐福两寺同为长安城内翻译佛经的主要场所，而兴善寺为印度佛僧的重要居住地。隋文帝开皇年间（589～600），那连提黎耶舍、阇那崛多和达摩笈多先后由印度来华，住兴善寺。由耶舍主译佛经15部80卷，由崛多主译37部176卷，由笈多主译经论7部22卷。于唐玄宗李隆基开元年间来到长安，翻译很多佛教密宗经典的不空三藏亦住兴善寺。因此兴善寺成为中国佛教密宗的起源地，也是中印文化交流史上一个值得纪念的地方。1956年西安市人民政府予以整修，已扩建为兴善寺公园。

青龙寺：在唐长安城的新昌坊，遗址位于今西安郊区铁炉庙村北高地上。隋文帝开皇二年（582）建，原名灵感寺，唐睿宗景云二年（711）改名青龙寺。9世纪初至中叶（日本平安朝），日本派遣大批学问僧、请益僧入唐求法，最著名的八人称为“入唐八家”，其中的六家到长安后，都曾在青龙寺“受法”，空海也是其中的一个。空海由此寺把佛教密宗传入了日本，成为中日友好往来历史上非常重要的一页。

唐代朱庆余《题青龙寺》诗：

寺好因岗势，登临值夕阳。青山当佛阁，红叶满僧廊。
竹色连平地，虫声在上方。最怜东面静，为近楚城墙。

道德寺：道德寺原名慈和寺，在唐长安城内休祥坊。唐高宗李治永徽元年（650）废崇德坊之道德寺，将寺额并尼姑迁移此寺。道德寺碑已于1950年在今玉祥门外的梁家庄发现，碑刻于唐高宗李治显庆三年（658），额书“大唐京师道德寺故大禅师大法师之碑”，是十善律师为尼姑善慧禅师和玄懿法师所立。由此可证今梁家庄即唐长安城休祥坊的所在。

图 85–2　唐乾陵石狮

庄严寺：庄严寺亦名木塔寺，在今西安城西南丈八沟附近，木塔寨村北即当其地。寺建于隋文帝仁寿三年（603），在唐长安城西南角的永阳坊内。宇文恺因为长安城西有昆明池，地势低下，特于此寺造木塔，塔高330尺，因此亦名木塔寺。今此寺塔已荡然无存。

4. 陵墓

唐代20个皇帝，除了高宗李治和武则天合葬乾陵，昭宗陵在河南外，共有18陵都排列在渭河以北的今乾县、礼泉、三原、泾阳、富平、蒲城六县。

李渊墓：即唐高祖献陵，在今三原县东北21.5公里的荆原上唐朱村。

李世民墓：即唐太宗昭陵，在今礼泉县东北25公里的九嵕山。

李治和武则天合葬墓：即唐高宗和则天皇帝乾陵，在今乾县西北2.5公里的梁山。

李哲墓：即唐中宗定陵，在今富平县西北7.5公里的龙泉山。

李旦墓：即唐睿宗桥陵，在今蒲城县西北15公里的丰山。

李隆基墓：即唐玄宗泰陵，在今蒲城县东北15公里的金粟山。

李亨墓：即唐肃宗建陵，在今礼泉县东北9公里的武将山。

李豫墓：即唐代宗元陵，在今富平县西北15公里的檀山。

李适墓：即唐德宗崇陵，在今泾阳县西北 20 公里的嵯峨山。

李诵墓：即唐顺宗丰陵，在今富平县东北 16.5 公里的金瓮山。

李纯墓：即唐宪宗景陵，在今蒲城县东北 15 公里的金炽山。

李恒墓：即唐穆宗光陵，在今蒲城县北 10 公里的尧山。

李湛墓：即唐敬宗庄陵，在今三原县东北 15 公里的太平乡胡村

李昂墓：即唐文宗章陵，在今富平县西北 10 公里的天乳山。

李瀍墓：即唐武宗端陵，在今三原县东北 15 公里的神泉乡腾张村。

李忱墓：即唐宣宗贞陵，在今泾阳县西北 30 公里的仲山。

李漼墓：即唐懿宗简陵，在今富平县西北 20 公里的紫金山。

李儇墓：即唐僖宗靖陵，在今乾县东北 7.5 公里的岭阳乡鸡子堆。

唐代帝王陵墓，从唐太宗李世民葬九嵕山开始，除唐武宗端陵和唐僖宗靖陵外，都构筑在山上，“依山为陵”。这一方面是为了显示气势雄伟，另一方面也可能是为了防盗。但由于随葬物多，随着封建王朝的覆灭，它们大多已被盗掘。据《旧五代史·温韬传》载，军阀温韬为耀州节度使时，“唐诸陵在内者，悉发之，取所藏金宝”，就是一例。唐代帝王陵墓前有庞大的石刻群，按其性质的不同，大致可分为五大类：

（1）守卫类：石狮、鸵鸟、石人（直阁将军或内谒者监）。

（2）仪仗类：石牵马人、石马、中外王宾像。

（3）神话传说类：翼马等。

（4）标明陵墓位置类：华表。

（5）碑石类。

石刻群的组合，从乾陵开始，有固定的制度，以后各帝王陵大多沿袭乾陵而来。这些石刻群，特别是乾陵石刻题材丰富，技法生动，气势磅礴，是我国古代雕刻艺术弥足珍贵的瑰宝，可以称之为唐代雕刻艺术的宝库。

八六、汉唐长安东郊的祭祀、习俗和传统文化活动

汉唐长安地区的东郊也就是今天的浐灞地区地理位置非常重要，不仅是汉唐经济大动脉的咽喉之地，而且拥有悠久的历史文化。特别是位

于城市东方的缘故，古代的重要祭祀活动和迎春活动都是在此地举行，留下了丰富多彩的传统习俗和文化活动。

1. 祭祀活动

“国之大事，在祀与戎。”长安地区从秦开始即设祠祭祀。《史记·封禅书》记载：“霸、产、长水、沣、涝、泾、渭，皆非大川，以近咸阳，尽得比山川祠，而无诸加。”古代祭祀在国家政治活动中占有极其重要的地位，秦统一六国后，始皇帝巡游天下，在泰山、峄山、碣石等地立石纪功，同时祭祀长江、黄河等重要河流，以宣示其上承天命，为其统治寻求一种神学解释。而灞河、浐水由于地近京畿，也用祭祀泰山、黄河等名山大川的礼仪来祭祀，这从一个方面说明了浐灞地区在当时统治者心目中的重要地位，以及这一地区的开发程度。

汉承秦制，在秦代祭祀的基础之上，又在渭水和灞水之间修筑五帝庙，每年夏天作为祭祀场所，《汉书·郊祀志》记载：“文帝出长门，若见五人于道北，遂因其直立五帝坛，祠以五牢。”长门，又称长门亭。据《雍录》，在长安城东，有长水。五牢指牛羊豕各五头，可见其祭祀的隆重。汉文帝还曾亲临致祭。《汉书·郊祀志》记载：“文帝亲拜霸渭之会，以郊见渭阳五帝。五帝庙临渭，其北穿蒲池沟水。权火举而祠，若光辉然属天焉。”其庙之规模也可见一斑。

隋唐时期，皇家活动在这一带极为频繁：浐、灞、渭地区，成为祭祀的一个重要场所，其规模和礼制在秦汉旧制的基础之上，又有了新的扩充。《旧唐书·玄宗纪》记载：“玄宗开元二十六年，又亲往东郊迎气，祀青帝，以勾芒配，岁星及三辰七宿从祀。其坛本在春明门外，玄宗以祀所隘狭，始移于浐水之东面，而值望春宫。其坛一成，坛上及四面皆青色。勾芒坛在东南。岁星已下各为一小坛，在青帝坛之北。亲祀之时，有瑞雪，坛下侍臣及百僚拜贺称庆。”

隋唐时期，长安的东郊除望春宫举办迎春活动而外，还有诸如日坛、先农坛等，皆由皇家亲自参加祭祀。日坛也就是“朝日之坛，建于隋初，在长安东郊春明门外”，“每逢春分（阴历二月七日）则祭祀”。“先农坛，唐初称为帝社坛，或籍田坛。坛建在长安东郊春明门外，玄宗时移于浐水东面。”这是皇帝祭祀农神祈祷风调雨顺、五谷丰登之处；同时也是皇帝举行春耕大典，行耕籍礼仪式，以表示他重视农业的地方。

2. 传统文化：迎春和祓禊

浐灞地区在汉唐时期影响最大的文化活动就是一年一度的迎春和祓禊活动。

迎春：迎春活动源远流长，早在春秋时期，就已经形成礼仪完备的迎春仪式。《周礼·小宗伯》上说：“立春之日（每年二月四日前后），天子亲率三公、九卿、诸侯、大夫，以迎春于东郊；还返，赏公、卿、诸侯、大夫于朝。”从这个时候起，就由天子率领百官迎春，然后举行赏赐。汉代继承了这一传统，也是在立春之日举行迎春活动，迎春礼仪非常完备，而且中央政府和地方政府的礼仪也有区别。在京城，立春之日，百官都要早早地穿上青衣，在东郊迎侯“青帝”的出现，并唱歌跳舞；而在地方郡县，官员们只戴上青色头巾就行了。

魏晋也继承了迎春活动，即使没有大的活动，这一习俗已在民间深入人心，所以，民间的迎春活动更加兴盛，因此，到了唐朝时期，随着社会的稳定发展，迎春活动变成了一个举国上下共同参与的盛大节日。立春之日，上至皇亲国戚，下至平民百姓，都穿戴着节日的服装，带着礼品、佳肴，唱歌跳舞，完全是上下同乐的喜庆节日。

唐朝的迎春活动就是在东郊浐灞地区举行，以望春宫为中心的区域为主。现在，保留下来的大量的东郊迎春诗足以说明这个问题，如：薛稷《奉和圣制春日幸望春宫应制》：

九春风景足林泉，四面云霞敞御筵。
花镂黄山绣作苑，草图玄灞锦为川。
飞觞竞醉心回日，走马争先眼著鞭。
喜奉仙游归路远，直言行乐不言旋。

崔湜《奉和春日幸望春宫》有句：

“山河眺望云天外，台榭参差烟雾中”之句，可见景致之美。

阎朝隐《奉和圣制春日幸望春宫应制》，有句：

“醉倒君前情未尽，原因歌舞自为容”，可见其欢乐之状。

韦元旦《奉和圣制春日幸望春宫应制》有句：

“景色欢娱长若此，承恩不醉不还家。”可见其得意撒娇之状。

诸如此类的诗作很多，说明唐朝的迎春活动首先是由中央王朝倡导力行的，因此，士庶百姓纷纷前去参加，可以说是举国欢庆的好日子。

祓禊：也称祓除、修禊、祓斋，是我国古代一个重要的传统风俗。最迟在周代已经产生，一般作为上巳节，即农历三月上旬的巳日的一项活动而形成的约定俗成的节日活动。最初是人们为了祛疾除病、求子祈福而在郊外举行的洗浴活动，后来逐渐演变成了郊游宴饮、泛舟嬉水为主的娱乐活动。

西汉时期，祓禊得到统治者的高度关注，并将其作为一项重要仪式，变成由皇族亲自主持，士民百姓皆积极参加的与水有关的节令活动，从而变成了最受大众欢迎的活动之一。汉代皇族主持的祓禊活动仪式在灞水边举行。

汉代以后，祓禊活动被继承下来，王羲之的山阴兰亭修禊事，留下了千古珍奇《兰亭序》。

唐朝时期，修禊与迎春活动一样，得到了大的发展，浐灞区域成了主要活动地区之一。唐代的祓禊活动形式除了继承了前代郊游踏青、饮酒宴乐、曲水流觞、泛舟嬉戏等传统项目而外，还增加了上巳竞渡，搞龙舟比赛。上巳日是唐人特别喜爱的节日之一，也是举国欢庆的日子。皇帝常常亲自参加，游宴赋诗，并邀集一帮文人酬唱取乐。王公贵族、士民百姓都纷纷去水边玩乐，每逢上巳，长安城内万人空巷，“倾城祓禊晨”（崔颢《上巳》），可见其群众热情之高。“三月三日天气新，长安水边多丽人”（杜甫《丽人行》），长安仕女们纷纷也去水边踏青。

唐诗中保留了大量祓禊诗，略举几例：

沈佺期《三月独坐驩州思忆旧游》有诗句：

“童子成春服，宫人罢射鞲。……无亭不驻马，何浦不横舟。”孩子们都穿上春天节日的衣服，宫人们也停止工作……所有的驿亭都有外来的坐骑，没有哪一处水边的小港没有停船。可见参与的人员之广。

崔国辅《奉和圣制上巳祓禊应制》有诗句：

元巳秦中节，吾君灞上游。鸣銮通禁苑，别馆绕芳洲。

唐朝的上巳节，是非常受人重视、受人欢迎的节日，因为它已经不仅仅是一种单纯的祛病祈福的风俗日，而是变成了一个充分让人享受与自然的亲近和谐的美感，从而得到身体的放松、身心的愉悦的狂欢节。

迎春和祓禊是汉唐时期最有代表性的传统文化活动，而且，这两个活动与长安东郊的关系非常密切，迎春也好，祓禊也好，绝大多数都是在这一带举办活动。因此，这两项活动成了浐灞区域典型意义上的传统文化活动，在汉唐时期发挥了无穷的魅力。

3. 丰富感人的士庶文化：灞柳风雪和浐灞送别

灞桥是一个充满神奇色彩的地方，灞水、灞柳、灞桥、灞亭，使古往今来的无数文人为之魂牵梦萦。灞桥是一个充满诗情画意的地方，这里留下了多少文人的千古绝唱。

图 86–1　灞柳风雪图

灞柳风雪实际上是一种自然景致，由于汉唐时期人们在灞河沿岸广植柳树，每逢春天，柳絮纷飞，柳枝依依，人们触景生情，便不免与自身的境遇联系起来，生出无限感慨之情，或喜或悲，或乐或哀。像这样能够持续两千多年的自然景观和人的情感紧紧相关联的传统，可以称之为一种特别的文化传承，虽然现在没有那个时代的柳树飞花遗留至今，但这一种自然现象所形成的文化概念留传至今，更大意义上取决于它对人的精神的慰藉作用。所以，我们不妨将它归之于另外意义上的文化遗存。

（1）灞柳风雪与诗情画意的文人风格。西汉文学家司马相如的《上林赋》中写道：“君未睹夫巨丽也，独不闻天子之上林乎？左苍梧，右西极。丹水更其南，紫渊径其北。终始霸产，出入泾渭……”可见在西汉时，灞河流域就是皇家苑囿。因柳树具有特殊的自然美感，当时人们在上林苑广植柳树，到了唐代的长安，柳树的种植更加普遍，“长安白日照春空，绿杨结烟垂袅风”。成行的柳树，也为长安增光添彩。灞桥两岸、曲江池等地都是柳树种植的集中地。《西安府志》中云：“灞桥两岸，筑堤五里，栽柳万株……”

每当春意盎然、春风扑面之际，柳絮如棉如雪，漫天飞扬，柳色嫩黄似金，经历寒冬之后的柳枝变得柔软起来，柳枝轻细柔软如丝，微风吹来就会袅娜抚荡，灞水轻轻流淌，几缕清风入怀，举目远眺，白鹿原也已透出了淡淡的绿色，劲风吹拂，一眼皑皑，飞雪里，春意微微。横空美景，令人心旷神怡，美不胜收。

“大雪纷纷何所似”“未若柳絮因风起”，东晋谢道韫“柳絮”和“雪花”的一句妙联而使得“灞柳风雪”成为关中八景之一景，也成了文人骚客的向往之地。青山、灞柳、长亭、短亭、青石拱桥，清清流水，古往今来，竟让无数文人为之“倾倒”，离愁别绪，诗情才气，到了这个地方都表现得淋漓尽致。

历代的文人骚客，都喜欢舞文弄墨，在他们的作品中，大都喜欢追求风雅，一些平凡甚至平庸的事能被点石成金地赋予风雅的色彩。打鱼老头和砍柴人的一声问候，就被美化成了“渔樵问答”，象征着无心仕途但求寄情于山水之间的超脱。夕阳炊烟里的牧童短笛原本平常单调，在文人的渲染下却成了世外桃源的笙歌。风雅是美的，是和谐的，是对原生状态的一种衍生和升华。又譬如，弹琴要松下抚琴；吹箫要林中吹箫，为的就是人境合一。而早春柳絮纷飞时节，柳枝随风起舞，似一个个古典美女，轻移碎步，柔姿翩然，风情万种，人见人爱。这如诗如画、充满灵性的灞柳风雪，怎能不成为人们追捧的对象？文人们更是蜂拥而来，约上三两好友，纵情山水，对酒当歌，感叹人生，逍遥快活胜似神仙。

“灞柳风雪”不光是文人的专利，丽人们也是不会错过这大好春

光的。“三月三日天气新，长安水边多丽人。态浓意远淑且真，肌理细腻骨肉匀。绣罗衣裳照暮春，蹙金孔雀银麒麟。”杜甫《丽人行》不禁使人想起当年来长安水边踏青游园的那些雍容华贵的丽人们。灞柳吐翠，春水漾漾，燕舞莺啼，芳草萋萋，纸鸢随风飘舞，孩童临水嬉游，婀娜多姿的丽人们伫立在长安水边，曾是一道何等倾国倾城的风景。

三月三日上巳日，中国古代一个相当重要的节日，形成于春秋末期，开始日期在农历三月上旬的巳日，魏晋以后改为三月三日。从先秦到汉代，上巳节的习俗活动有三种：一是到水边举行祭祀仪式，并到水中洗浴，以祓除过去一年中的污渍与秽气，称为“祓”或“禊”。二是招魂续魄，在野外或水边招唤亲人亡魂，也召唤自己的魂魄苏醒、回归。先人认为自己的灵魂也如同万物一样随四季的变化经历发芽、成长到凋零的过程，故在初春要招魂。三是踏春，人们在水边寻春、插柳、放风筝、荡秋千。对古人来说，放风筝不但是一种游艺活动，而且是一种巫术行为：他们认为放风筝可以放走自己的秽气。所以很多人在清明节放风筝时，将自己知道的所有灾病都写在纸鸢上，等风筝放高时，就剪断风筝线，让纸鸢随风飘逝，象征着自己的疾病、秽气都让风筝带走了。在唐代，长安人十分重视这个节日，《酉阳杂俎》记载：“唐中宗三月三日，赐侍臣细柳圈，带之可免虿毒。”《新唐书·李适传》也有“细柳圈辟疠”的记载。

在这个带有一种浪漫气质的节日里，被喻为“关中八景”之一的“灞桥风雪”是不可不看的。长安城里上至皇帝、下至黎民都走出家门，到灞河两岸观柳踏青、祭祀祈福。“元巳秦中节，吾君灞上游。”（崔国辅的《奉和圣制上巳祓禊应制》）此时的“灞桥两岸……游人肩摩毂击，为长安之壮观。”（《西安府志》）“幄幕云布，车马堵塞，绮罗耀日，馨香满路，朝士词人纷纷赋诗吟咏，隔日则不胫而走”，那景象简直令令人无法想象。“灞柳风雪”自然成了诗人们咏颂的主角。

满天飞雪般飘向千家万家去的柳絮，给长安人带来极大的愉快，使他们得以欣赏到“处处东风扑晚阳，轻轻醉粉落无香”（罗邺《柳絮》）、“桃花红粉碎，柳絮白云狂”（王建《长安春游》）等这种如画的景致。

柳絮飘舞，宛如飞雪，诗情画意，能不吟诵？“鸣鞭晚日禁城东，渭水晴烟灞岸风。都傍柳阴回首望，春天楼阁五云中。”（纥干《灞上》）

灞柳是春的化身，诗人们又赋予了它特殊的的意义。“春色东来渡灞桥，青门垂柳百千条”（许景先《折柳篇》），诗人将柳与春合为一体，甚至使其成为通解人意的有知之物，对于这从东方缓步而来到灞桥的“春色”，谁能不举双手欢迎呢？连垂柳都加入了欢迎的行列。唐代长安人杜牧的“数树新开翠影齐，倚风情态被春迷”（《柳绝句》），以及白居易的“依依袅袅复青青，勾引春风无限情”（《杨柳枝词》），柳树如此多情，连春风也为之神魂颠倒了，更何况人！

长安的自然美景离不开柳，雄伟富丽的唐代长安城也正因有无数碧柳的掩映，才使其更加富有魅力。每年长安的柳树，都会“媚作千门秀，连为一道春”（欧阳詹《御沟新柳》），而且辉映四邻，光彩照人，“折向离亭畔，春光满手生。群花岂无艳，柔质自多情”（李中《题柳》），它竟以自己的韵致和柔情，胜过了娇艳的群花，也就难怪“唯有春风最相惜，殷勤更向手中吹”（杨巨源《和练秀才杨柳》），要对它格外倾心了。柳枝虽被折下，握在行人手中，春风还殷勤地吹拂着，真是多情啊！

在外地做官的元稹，也忘不了长安灞柳的风姿，他在《第三岁日咏春风凭杨员外寄长安柳》中深情地嘱托：“三日春风已有情，拂人头面稍怜轻。殷勤为报长安柳，莫惜枝条动软声。”

（2）灞上送别与文人的伤感情怀。古代的灞桥，一直居于关中交通要冲，它连接着西安东边的各主要交通干线，是东去的必经之地。据程大昌《雍录》上指出：“此地最为长安冲要，凡自西东两方而入出峣、潼两关者，路必由之。”最早的灞桥位于陕西西安城东二十里，新王莽

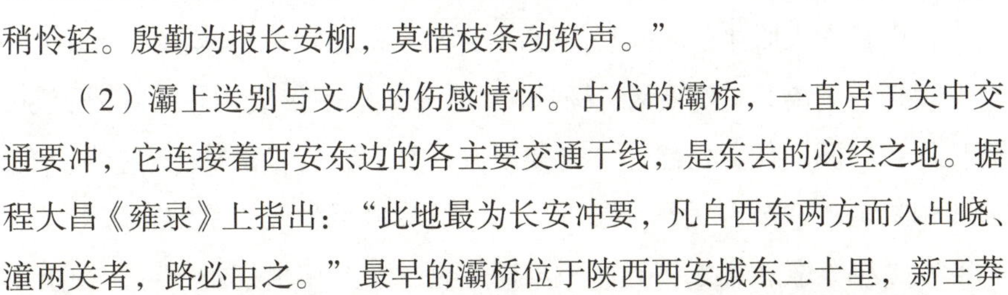

图 86–2　虢国夫人游春图

地皇三年(22)，灞桥水灾，王莽认为不是吉兆，便将桥名改为“长存桥”。

汉时灞桥一带柳树成林，人们送别出长安东去的人，到了灞水上的桥边就折柳赠别了，《三辅黄图·桥》记载：“灞桥在长安东，跨水作桥，汉人送客至此桥，折柳赠别”。到了唐代，长安已是中国的政治、经济、文化中心，出入这里的人非常多，灞桥自然而然也就成了送别之显地。唐人的“都人送客到此，折柳赠别”的风气，“年年伤别，灞桥风雪”的词句，为文人骚客所乐道。

中华民族自古重离别。古人没有现在的交通方便，每次出门少则数月，多则数年，“车马去迟迟，离言未尽时。看花一醉别，会面几年期”（戴叔伦《灞岸别友》），也有“少小离家老大回”，到老方可还乡的。临别时的惆怅、苦痛、挂念……满肚子的话儿也就只有用诗词歌赋来表达了。

古人多情而又富于想象，他们善于将自己的喜怒哀乐、悲欢离合，通过花草树木来加以渲染。因为“柳”与“留”谐音，古人就以折柳赠别来表达与亲朋好友不忍分离的留恋不舍和苦苦思恋之情。当时，在灞桥旁还设有灞亭，亲朋往往在此告别。当时人们折柳相赠，表达出对亲人、朋友的恋恋不舍。美丽的景色令人留恋，而杨柳低垂也使灞桥成为最富有诗意的送别之桥。古人在这里留下了许多离愁别绪的诗句。

在唐长安人眼中，灞柳与离别已结下不解之缘。“长安陌上无穷树，唯有垂杨管别离”（刘禹锡《杨柳枝词》），这不仅成为它的专门职务，而且尽责尽职，任劳任怨，“离亭不放到春暮，折尽拂檐千万枝”（顾云《柳》）；“今古凭君一赠行，几回折尽复重生”（慕幽《柳》）；刘商在《柳条歌送客》中更进一步描述道：“几回离别折欲尽，一夜东风吹又长。毵毵拂人行不进，依依送君无远近。”是柔长摇曳的柳枝使行者不忍举步，又使送者依依不舍。如此费心伤神，难怪唐彦谦要提出“晚来飞絮如霜鬓，恐为多情管别离”（《柳》）的设问。

杨巨源有一首《赋得灞桥柳留辞郑员外郎》：

杨柳含烟灞岸春，年年攀折为行人。
好风倘借低枝便，莫遣清丝扫路尘。

借替柳说话，突出其送别差事之苦，从而突出送别人心情之苦。

李白的《灞陵行送别》写的是伤情沉沉，别有滋味：

送君灞陵亭，灞水流浩浩。
上有无花之古树，下有伤心之春草。
我向秦人问路歧，云是王粲南登之古道。
古道连绵走西京，紫阙落日浮云生。
正当今夕断肠处，骊歌愁绝不忍听。

诗中展现的西京古道、暮霭紫阙、浩浩灞水，以及那无花古树、伤心春草，无不体现诗人别离时内心深处的感情波澜，惜别时的感情如灞水“流浩浩”般地不可控制。韩琮在《杨柳词》中写道：

枝头纤腰叶斗眉，春来无处不如丝。
灞陵原上多离别，少有长条拂地垂。

戴叔伦《送友人东归》也是情有所依，相对无语：

万里杨柳色，出关送故人。
轻烟拂流水，落日照行尘。
积梦江湖阔，忆家兄弟贫。
徘徊灞亭上，不语自伤春。

宋代词人柳永也是触景生情，一曲《少年游》令人黯然神伤：

参差烟树灞陵桥，风物尽前朝。
衰杨古柳，几经攀折，憔悴楚宫腰。
夕阳闲淡秋光老，离思满蘅皋。
一曲阳关，断肠声尽，独自凭兰桡。

暮色苍茫中，杨柳如烟，灞桥横卧，凄迷的暮景，牵动着羁泊异乡的情怀，诗人表达了悲愁与离愁、羁旅与感昔的双重惆怅。灞桥不仅目睹人世间的离鸾别鹤之苦，而且也是人世沧桑、升沉变替的见证。

后来，人们干脆将充满伤感的灞桥叫作“销魂桥”，流传着“年年

伤别，灞桥风雪”的词句。久而久之，“灞上折柳”也就成了送别的代名词。人们送客惜别、思念亲人时，不由就会想到灞桥、灞柳。

李白的《忆秦娥》“萧声咽。秦娥梦断秦楼月。秦楼月。年年柳色，灞陵伤别。”箫声、秦娥、灞柳，无限的思念和缠绵，不由得使人伤今怀古，对亲人的思念伴随着那年年柳色一直萦绕着我们。多么深沉的时空意境，多么空阔的沧桑联想。

分别之情令人难堪，诗人又不免埋怨柳的狠心，裴说《柳》中便说：“高拂危楼低拂尘，灞桥攀折一何频！思量却是无情树，不解迎人只送人。”李商隐也劝道：“含烟惹雾每依依，万绪千条拂落晖。为报行人休尽折，半留相送半迎归。”（《离亭赋得折杨柳》）灞柳是纤细的，但它却以神奇力量将四面八方的心系在了一起，使他们得以朝夕和睦相处。

唐代的雍陶送客来到四川沱江上的“情尽桥”边，向左右问起桥名的由来。回答说：“送迎之地止此。”雍陶听后，不由得想起了灞桥的折柳赠别，于是在桥柱上题了“折柳桥”三字，并写下了一首七言绝句。

从来只有情难尽，何事名为情尽桥。
自此改名为折柳，任他离恨一条条。

由于“情难尽”，所以把“情尽桥”改为深情的“折柳桥”；宁愿他别情伤怀，离恨条条，也胜于以“情尽”名桥而使人不快。

唐长安送人向西也常至于渭城，也就是秦之咸阳，在那里折柳赠别。王维曾在送朋友去遥远的西域时写了一首著名的诗，其中云：“渭城朝雨浥轻尘，客舍青青柳色新。劝君更尽一杯酒，西出阳关无故人。”（《送元二使安西》）。正如陈直《三辅黄图校正》中引《雍录》所云：“王维诗随地纪别，而曰渭城、阳关，其实用灞桥折柳故事也。”

总之，长安区域的历史文化遗存非常丰富并且给人以广阔的想象空间。宫廷文化、士庶文化、民间文化交相辉映，根基极其深厚，那些深受百姓欢迎的传统节日和文化活动，构成了浐灞区域典型的文化遗存的概貌。

八七、汉唐漕运与长安的物资供应

秦朝统一中国以后，咸阳成为全国的政治、文化中心，常住人口大量增加，流动人口也急剧增长，咸阳虽处农产丰富的关中，也不能满足庞大的消费品需要。于是，秦朝在荥阳附近建立了规模很大的粮仓——敖仓，《史记·郦生陆贾列传》记：“夫敖仓，天下转输久矣……藏粟甚多。”然后辗转进入渭河，由渭河水运到咸阳。

汉朝初年，由于实行休养生息的政策，厉行节俭，国家无大要事，因此，汉长安城的物资消耗相对较少，每年需要从外地漕运的粮食也不过几十万石，但是，到汉武帝时，不仅大兴土木，修宫造苑，而且对西域和匈奴的战事频繁，况且战争的规模大，时间久，所以，物资消耗巨大，物资储备的任务因此非常艰巨，漕运事务繁重。每年漕运的粮食从几十万石增加到百余万石，后来又增加到六百余万石(《史记·河渠书》)。如此繁重的漕运任务仅仅依靠原有的渭河渠道难以完成。由于渭河河道弯曲太多，而且水浅沙多，对频繁的大量的漕运来说，很不方便，因此，汉朝武帝时，决定开凿漕渠，“令齐人水工徐伯表发卒数万人穿漕渠，三岁而通。以漕，大便利。”（《汉书·沟洫志》）汉朝的漕渠是由长安城附近引渭水入渠，其渠沿南山山脚，一直通到黄河，长达300余里。“泛舟山东，挖引淮、湖，与海通波。”（班固《西都赋》）贯通了东西运输的大动脉。

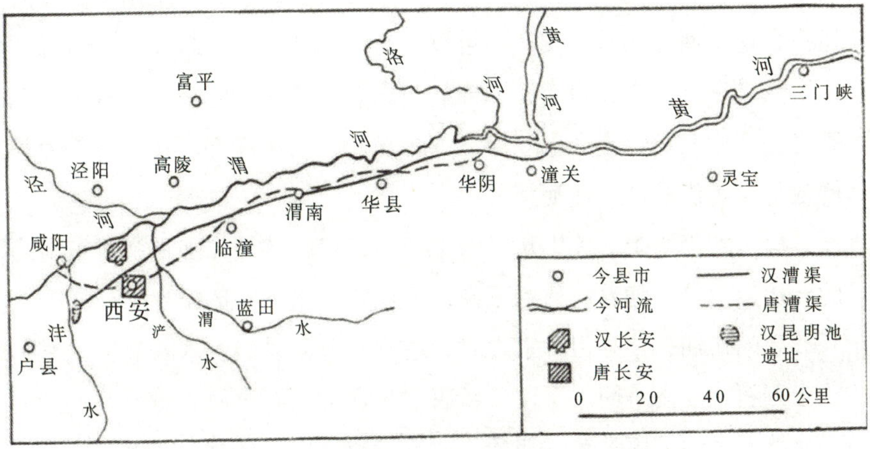

图 87–1　汉唐关中渭河与漕渠水运示意图

秦汉时期，我国的经济重心一直在北方黄河流域，关中地区更是“膏壤沃野千里，自虞夏之贡，以为上田。……故关中之地，于天下三分之一，而人众不过什三。然量其富，什居其六。”而江南地区“堇堇物之所有，取之不足以更费”，直到武帝时期仍然是“或水耕而水耨”（《史记·货殖列传》），当此之时，关中地区物产丰富，财富占全国的十分之六，耕地面积占有全国三分之一，号称“天府之国”（《汉书·张良传》）而江南地区却非常落后，从江南调集的物资往往抵不上运输费用的价值。因此，这时的漕运主要是以关东地区和河北地区的物资为主。但是，经过魏晋南北朝的混乱和割据以后，由于北方长期处于动乱状态，经济遭到严重破坏，而江南地区由于相对比较稳定，大量北方农民的南移，带来了先进的生产方法，加上南方气候温和湿润，水源充足，南方经济很快得到发展，到了隋唐时期，已经是中国最主要的经济重心和物资供应地。《宋书·孔季恭传》中说：“江南之为国盛矣……自晋迁流，迄于太元之世，百许年中，无风尘之警，区域之内，晏如也。”

江南经济的发展为隋唐的繁荣奠定了强大的经济基础，此时的长安城仍然是政治文化中心，虽然地处富饶的关中平原，但仍然供不应求，不得不从各地运输物资，虽然“关中号称沃野，然其土地狭，所出不足以给京师，备水旱，故常转漕东南之粟。”（《新唐书·食货志》）隋文帝除了利用渭水河运而外，还开通了长安至华阴、潼关的广运渠——漕渠，“转运通利，关内赖之”（《隋书·食货志》）隋炀帝修浚的大运河，连接南北的水运交通，可以说是一大功绩，“隋氏作之虽劳，后代实受其利”（李吉甫《元和郡县图志》）“在隋之民不胜其害也，在唐之民不胜其利也。……北通涿郡之渔商，南运江都之转输，其为利也博哉！”（皮日休《汴河铭》）

唐王朝为了维护关中长安的繁荣和稳定，特别加强重视对东南物资的转运。但是，随着时代的不同，漕运转输事务和数量也不一样。

唐朝初期，“高祖太宗之时，用物有节而易赡，水陆漕运，岁不过二十万石，故漕事简。”（《新唐书·食货志》）

然而，到了唐玄宗时期，“奉禀之费，岁巨亿万，徒竭府藏……河渭广漕，不给京师。”关中若遇旱灾，必然造成饥荒，因此，有时皇上还不得不带着百官“就食东都”洛阳。开元五年正月，玄宗将幸东都，宰相姚崇曾奏说：“陛下以关中不甚丰熟，转运又有劳费，所以为人行幸，岂是无事烦劳？”（《旧唐书·姚崇传》）唐玄宗曾多次行幸东都，解决吃粮问题。后来，唐玄宗决心整治漕运，以解决长安的物资供应问题，其中主要的工程就是漕渠和广运潭的修建。《旧唐书》卷四十八《食货志》中说，韦坚等“请于江淮转运租米，取州县义仓粟，转市轻货，差富户押船……关中漕渠，凿广运潭以挽山东之粟，岁四百万石。”从此，直到安史之乱，长安的物资供应问题基本上解决了。

安史之乱后，河北藩镇势力形成割据，往往影响中央政府的物资供应，他们在各自的辖区内“既有其土地，又有其人民，又有其甲兵，又有其财富”（《新唐书·兵志序》），拒绝上交或延缓、减少上交财赋，元和二年，“比天宝税户四分减三”（《资治通鉴》卷二百三十七）“天宝以后，戎事方殷，两河宿兵，户赋不入，军国费用，取资江淮。”（《文苑英华》卷四百二十二）杜牧也曾说“今天下以江淮为国命”（《文苑英华》卷六百六十），可见，这一时期，江淮地区是唐朝政府物资的主要供应地。

唐朝中央政府为了保障江淮物资顺利、不断运到长安城，特别重视漕运。当时，从江淮到长安的运输通道主要是渭河漕渠，此外还有从汉江越过秦岭到关中的丹灞水道和褒斜道，但因自然条件太复杂，基本上没有成功。漕运物资是唐朝中央政府的生命线。

唐朝前期、中期的物资如果供应不济，只是影响宫廷和贵族官僚的生活质量而已，然到了唐朝中后期，却直接影响到中央王朝统治中心的稳定。唐德宗贞元二年“关中仓禀竭，禁军或自脱巾呼于道曰：‘拘吾于军而不给粮，吾罪人也。’上忧之甚，会韩滉运米三万斛至陕，李泌即奏之。上喜，遽至东宫，谓太子曰：‘米已至陕，吾父子得生矣！’”（《资治通鉴》卷二百三十二）

唐肃宗时“新承大兵之后，中外艰食，京师料尝一千，官厨无兼时之积，禁营军乏食，畿县百姓挼穗以供之。”（《册府元龟》卷

四百九十八）

由于长安城里不仅有大量的官僚、贵族、皇亲国戚，而且更有一大批武装军人，他们的稳定与否直接关系到最高统治阶层和当地百姓的生命安全。因此，保障供给是安定团结的首要条件。

唐朝后期，天下混乱，漕运断绝，物资匮乏，中央皇朝的影响力、感召力、攻击力日渐削弱，直到灭亡。

汉唐的物资供应除了以关中地区为基地而外，山东和江淮地区的物资是维护王朝的繁荣和稳定的重要保障。这些物资不管从陆路走还是从水路走，浐灞地区是其咽喉之处，是供应汉唐朝廷的物资集散地。（李郁）

八八、现实中的唐人——社会习俗与生活

说起唐人，我们总会瞪起羡慕的眼睛，有人说，如果让自己再选择一次，宁肯做一个唐人。然而，历史现实中的唐人究竟是如何生活的呢？

1. 衣食住行

唐代官员的服饰有朝参时穿的礼服和平时穿的常服之分。常服主要由幞头、袍衫、靴带组成，规定三品以上穿紫色、五品以上绯色、七品以上绿色、九品以上青色，庶民穿白色。贵族妇女的服饰亦分礼服、便服。礼服有等级之别，而便服没有等级的区别，普通妇女的服饰也可归入便服之列。妇女的便服主要由衫、襦、裙组成。衫、襦都指短上衣。前者较薄，后者较厚。裙的色彩变化最为复杂。此外，还有帔（搭在肩背上的长巾）、半袖、帽、鞋等，都是妇女服饰的组成部分。

食分为主食与副食，主食主要有：胡饼、蒸饼、毕罗、汤饼、粟米饭、稻米饭、麦饭、雕胡饭、粟米粥、稻米粥、面粥、麦粥、糕、饺子等；副食有各种蔬菜、鱼、虾、牛、羊、猪、鸭、鹅、鸡、狗肉等，此外还有各种野味。

唐代建筑尤其是宫廷中的建筑大都高大宏伟，精雕细凿，贵族官僚的府宅也非常壮美华丽，而普通百姓的住房就非常简单了，甚至有茅草之屋。总的来看，唐代的建筑可以分为楼、阁、厅、亭、廊、榭、塔等形式；居住用具主要有：床、榻、几案、橱柜、帐、幄、帏、屏风、帘、

茵褥等。

唐代交通工具主要有车、船、辇舆、马、驴等。车有马车、牛车之分；唐代的船大者有万石之船，小者仅容数人，甚至出现了水轮带动的车；辇与舆都是人抬的工具，还有一种称之为担子的工具，类似于今天的滑竿，还没有类似于后世的轿子出现；骑马、骑驴也是当时一种普遍存在的出行方式。

图 88-1　大唐西市藏刺绣软靴

2. 婚丧习俗

唐太宗时规定男子二十、女子十五以上，可以成婚，但实际情况则复杂得多。在选择婚配对象时，唐人非常重视门第，而普通百姓则没有这方面的观念。求取聘财，是唐代普遍存在的现象。选择配偶的方式包括父母之命、媒妁之言、自己择偶等。婚礼多在傍晚举行，婚礼内容丰富多彩。

丧葬习俗有厚葬与薄葬之别，在观念上多持归葬先茔、夫妇合葬、招魂葬等观念；在埋葬法方面，有土葬、火葬、层砖造塔葬、风干葬、饲鸟兽葬、裸葬和杀身殉葬等不同形式。坟墓形式有以山为陵和堆土为墓两种情况，其中前者为皇陵的一种选择，后者则是普遍存在的一种坟墓形式。此外，唐代还有寒食扫墓的风俗，贵族官僚死后还要赠以谥号，服丧与守孝也是唐代普遍存在的一种社会现象，并写入了礼书。

图 88-2　黄釉女伎俑

3. **文娱活动**

唐代的文娱活动丰富多彩，主要有乐舞、百戏，其中后者又可分为歌舞戏、杂技、魔术、角觝、舞马、舞象犀等；其他文娱活动有：斗鸡、半花草、斗鹅、秋千、投壶、围棋、弹棋、击球、蹴鞠、抛球、拔河、樗蒲、双陆、握槊等。

4. **节日习俗**

唐代的节日较多，传统节日有：元正（正月初一），人日（正月七日），上元（灯节），中和（二月一日），寒食，清明，上巳（三月三日），端午，七夕，中元（盂兰盆节、鬼节，七月十五日），中秋，重阳，除夕等节日。除此之外，唐朝从玄宗起，大都把皇帝的诞日作为全国性节日，放假1至3天。在唐代佛、道二教盛行，因此便有了佛诞节，官方确定在四月八日，放假一天，但民间有以二月八日、腊月八日浴佛的现象存在。道教有道诞节，以二月十五日为老子生日，届时也放假1天。

5. **休假旅游**

唐人通常都在节假日外出旅游。唐代的休假比较多，有节假和旬休，每逢各种节日都要放假，同时规定每10日休假1日，称为旬休。不论官员还是学生，都可享受这一假日，届时官府还要举行宴会，同僚共欢。此外，还有田假与授衣假的规定，每年五月给田假15日，以便料理夏收；授衣假通常在每年九月，也是15天，也与农事有关，但官员们往往可

图 88-3　四神十二生肖镜

图 88-4　唐白瓷双龙柄执壶

以借机回乡探视亲朋。装束假和程假，前者指官员授任后所给的准备时间，后者是指官员上任时所给的路程期限。按照任所距京师的远近，分别给予不同的假期，通常都有数月之长。逢有婚丧和冠礼，规定也有假期，冠礼按关系亲疏，给假一至数日；婚礼也是如此，通常为一至数天；遇到丧事，其中父母丧通常要守孝 3 年，但实际上为 27 个月。对于五服之内亲属，则按血缘的亲疏确定长短不同的丧假，最长 1 月，最短则数日。

6. 生活用具

唐人的生活用具还是以瓷器为主，高档用具有金银器。分类细，用途广，在目前考古发现的量比较大。几乎每一个博物馆里都能够见到唐代的这些日用品文物。

八九、丽人行——开放的唐代风气和长安妇女的审美情趣

爱美之心，人皆有之，每个时代都有妇女们为爱美而不顾一切的故事，但唐人尤其是唐代长安的女性似乎表现得更为强烈、大胆和坦率。

与古代大多数时期人们追求苗条、纤细甚至病态的美不同，唐人有着非常积极的审美观。他们喜欢丰满、圆润的体态，崇尚充满生命力的健康美，于是中国古代就形成两种有代表性的审美观，也就是人们常说的“环肥燕瘦”。这里的“环”指唐代著名美人杨玉环，“燕”则是西汉的绝代佳人赵飞燕，而西汉是喜欢苗条、纤瘦的体态的。唐代妇女的审美需求是如此强烈和大胆，以至美、新、奇成了服饰甚至生活的重要标准，同时围绕着美的发展开始了不断的竞争。唐代妇女昂首挺胸以美的代表者的姿态，走出闺阁去接受社会的评议，甚至向社会传统发出大胆的挑战：处在社会最高层的贵族妇女，都敢于穿着袒胸露肩的服装，骑着高头大马招摇过市，成为长安城中一道靓丽的风景线。杨贵妃的三姊虢国夫人自书“大唐天子小姨”的名刺（即名片），甚至敢于“淡扫蛾眉朝至尊”。这些绝代佳人们对自己的美实在是太自信了，甚至觉得一切脂粉钗环都成了多余；而对表现自己的肌肤体态之美，她们又有着常人所没有的热情和胆量。无疑，贵族妇女这种极富挑战性的爱美、比

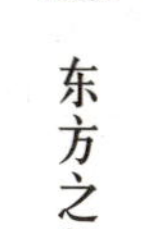

美、展示美的举止，在社会上起了领导潮流的作用，上至一品贵妇，下及小家碧玉，人人争奇斗艳，个个以美为荣。宫廷里几千宫女们分朋拔河、戏秋千、骑马打球，要的就是一种展示自我的机会；“三月三日天气新，长安水边多丽人”（杜甫诗），长安最著名的风景区曲江池头妇女们结队踏春、出游、观灯，成为极富浪漫色彩的风气，实际上也带着相互比美的因素。周昉所绘《簪花仕女图》展示了唐代中晚期宫廷妇女的服饰。长安画家张萱绘制的《虢国夫人游春图》又是表现杨贵妃三姊虢国夫人春日出游的名作。贵族妇女由于自身尊崇的地位以及大胆甚至“狂放”的行为，不仅成为长安城中人们注意的焦点，同时也是画家们热衷表现的题材。画中可见身着男装的侍女。

更为难得的是，唐代社会是非常宽容、大度的，它不仅容忍、默许妇女们的种种反传统行为，甚至提倡、赞许和鼓励了这种离经叛道。唐代雕塑中常见有极其精美的半裸体雕像，甚至被推崇为“东方维纳斯”，但它除了显示唐代高超的雕塑水平外，也一并反映出唐代文化与社会风尚的开放与气度。由于比美蔚然成风，唐代妇女服装的款式、面料都极为丰富多彩，有汉族式的，各种少数民族式的以及来自域外的，还有回归自然与返璞归真的，五光十色不一而足；妇女的发型，仅根据保存至今的形象资料来看，就多达 140 多种，其种类、造型、使用材料令人叹为观止。高者盈尺，低者拖垂，或斜或正，若实若虚，更有“双鬟望月”之类非常复杂的艺术化造型，为其他时代所少见。发髻中包括很多假发即“义髻”。由于发髻高高在上位置特别醒目，一般还插满珠

图 89-1　周昉《簪花仕女图》中唐代中晚期宫廷妇女服饰

玉簪笄，甚至大朵的牡丹花，除起到重要的装饰作用外，给人的第一印象是强烈而深刻的。

不仅如此，唐人服饰的流行速度和更新周期也大大出乎我们今天的想像：每当首都长安推出一种新款妆饰，不久后很远的地区就“梳头已学京师样”，无论是时间还是空间都挡不住美的传播。最让人感到不可思议的是，真正走在服饰潮流最前面的，竟然是原本受到最严格限制、等级观念最强也最不自由的皇宫宫女。她们不断设计新款服饰，着装比宫外还要大胆，甚至在正规场合的盛装礼服也是露胸的。而且她们多着男装，从出土文物和壁画资料来看，宫女着男装的比例竟高达16%。这种着男装的风气首先当然是为了追求时髦，但其潜意识则是对男权社会的一种挑战。最新款的服饰出自皇宫，然后才经过贵妇们的仿效、倡导后在社会上流行开来，于是唐代就有一个独特的服饰语汇——“宫样”，这等于是流行款式源头的同义词。这显示了极为独特的唐代社会风气，它是产生独特的服饰美的重要原因。

唐代妇女们在服饰竞争和比美中努力追求的，说到底其实是自我价值的体现与取得，这是人生最根本的意义。有一个“旗亭画壁”的著名故事，说的是歌伎们在长安城东的旗亭以谁能演唱名家诗篇来进行比赛，而王之涣、高适、王昌龄三位大诗人却正在旁边偷偷观看。身为歌伎不比姿色而比文学才能，这正是人的自我价值究竟体现在哪里的问题，说明唐人普遍关注的是文化与知识含量都很高的话题，是严肃与高尚的人生观念，并不仅仅是表面的和外在的东西。

由于大环境的变迁和形成，唐代妇女有了进一步争取自己权利与地位的可能，这主要表现在婚姻与爱情方面。她们在这方面所享有的自由与独立程度在整个古代中国是独一无二的，她们更多地生活在感性的世界和情感的世界里，敢于爱自己所爱，也不以婚外恋情为非。进士崔护在城南碰到一位少女，“人面桃花相映红”，他一见钟情，相约来年再相见，但次年物是人非，“人面不知何处去，桃花依旧笑春风”，留下无限的惆怅；元稹的传奇《会真记》描述贵族女孩崔莺莺大胆追求爱情，后来被多次改编成不同版本的《西厢记》，是中国古代最著名的爱情故

图 89-2　陕西历史博物馆藏唐戴笠帽骑马俑

事之一；在最容易受到社会约束和非议的改嫁问题上，唐代妇女和整个社会都并不以为非，甚至贵为公主也可以一再改嫁并引以为荣，惹得后代的道学家们大为恼怒，说唐朝的历史学家“不为尊者讳”。一次，面对不能容忍丈夫娶妾的所谓“妒妇”，李世民当着朝臣们的面故作光火，说你要再不改变态度，就把这壶毒酒喝下去。那位“妒妇”毫不迟疑一饮而尽，可实际只是一壶醋。看到那位大臣夫人的无畏举止，李世民只好自我解嘲地对那位大臣说，你的夫人连我都害怕，你就别再娶妾了。这“吃醋”的故事除听来有趣外，也反映唐朝对妇女婚姻爱情的态度较为宽容，以及妇女在这方面的独立自主意识和强烈个性。与后代形成极为鲜明对比的是，白居易描写本朝皇帝唐玄宗与杨贵妃真挚爱情的《长恨歌》，并没有被视为犯上而遭到查禁，反而得到了广泛流传，成为妇孺皆知、中外闻名的不朽爱情名篇。正是这种宽松、开放的时代风尚和社会环境，终于影响到最高的政治格局，导致武则天能够排除社会的压力执掌大权并登上至尊宝座，成为中国历史上唯一的女皇帝。她与那些只敢卑称为“天子”的男性统治者不同，响亮地自命为“则天”，即与天并齐；并且取名为“曌”，即日月当空。今天所见武则天时期的文物，多有图案纹饰中凤在龙之上者，这是当时女权意识与妇女地位的直接表露。

九十、唐代的风范——博大包容开放进取的唐人精神

经过魏晋南北朝时期空前的民族大融合，人们的视野更加开阔了，兼容并蓄的能力大大提高了，这直接为唐王朝博大包容的时代精神风貌奠定了基础。贞观七年（633），唐太宗欢宴群臣，他让突厥颉利可汗

起舞，同时让南越酋长冯智戴咏诗，并感慨说：“胡越一家，自古未之有也！”他在论及自己成功的原因时也指出：“自古皆贵中华，贱夷狄，朕独爱之如一。”可见以唐太宗为代表的唐代最高统治阶层的国家观是一种包括“胡越”“夷狄”在内的大一统观念。这种天下一家的胸怀和思想，大大超越了秦汉以来的各种统一观念和帝王意识。

贞观四年（630），回纥等族拥戴唐太宗为“天可汗”。“可汗”原为古代西北各族君长的称号，“天可汗”意即最高首领，是可汗中的可汗。不仅如此，各少数民族还把从今蒙古高原通往长安的一条大道称为“参天可汗道”，具有如此强烈的民族团结意味，在历史上也是独一无二的。从民族关系发展的角度讲，李世民既是大唐皇帝，又是少数民族的天可汗，他所具有的双重身份，不只是一个尊号，同时也是中华文明历史进程的一个重要里程碑。李世民逝世后，许多少数民族首领闻讯后哀恸不已，纷纷要求按照本民族的风俗自杀殉葬，被唐朝政府明令制止，然而，他们还要割耳𠢕面、长跪向天，用最沉痛的方式来痛悼他

图 90–1　步辇图

们心中的天可汗。诸多感人事迹层出不穷，民族团结之花盛开在大唐时期，长安成了中国有史以来从未有过的民族交流中心。唐代宗永泰元年（765），大将郭子仪单骑与回纥盟誓，他所呼喊的“大唐天子万岁！回纥可汗亦万岁！两国将相亦万岁！”则可看作是当时博大包容精神的

高度概括，是中国古代从来没有人喊过的，是象征民族大团结的最强音。乾陵六十一番臣像石刻正是武则天为了纪念参加高宗葬礼的少数民族首领和外国使臣而敕令刻制的。

图 90-2　乾陵六十一番臣像石刻

由于唐朝的博大包容，不少少数民族人士愿意生活在唐王朝的统治下。如于阗王尉迟胜出兵助唐平定安史之乱后，即舍弃王位，留在唐朝廷为官。实际上，在唐朝担任高官和将领的少数民族人士极多，仅五品以上的突厥人便达百余人。不但唐太宗的宫廷卫队长由突厥人契苾何力担任，而且最要害、最关键的首都长安的警卫工作，在长达几十年的时间里，都是由阿史那社尔、阿史那忠等突厥人全权负责。由于大量使用少数民族担任高级职务，在唐初竟出现了历史上罕见的奇观：举行大朝会时金銮殿上共有六七百人出席，但其中穿汉服的官员成了少数，而穿五颜六色“胡服”的各族首领，却占了三分之二还多！除周边少数民族外，来自阿拉伯帝国和日本等国的人也有不少在唐朝担任官职，有的还担任相当高级的职务。能让外国人在自己国家做官，这是何等的胸襟和自信！据推算，唐都长安的 100 多万人口中，非汉族人（包括少数民族和外国人在内）大约有 5 万之众。正因为少数民族在长安非常活跃，所产生的影响远远超过他们的人口比例。出土文物特别是陶俑中，少数民族的形象甚至比汉族人还多，反映少数民族事迹和情况的文学作品也是不可胜数，整个社会文化和民风民俗深受少数民族的影响更加引人注目。如在乐舞上，唐代十部乐中，有不少是高昌、吐谷浑等族的乐舞；风俗习惯、绘画、服饰等领域也是一样。“胡音胡骑与胡妆，五十年来竞纷泊”就是最生动的说明。开放包容的心态和胡汉一家的民族政策，是唐朝吸收域外文化的保障。日本学者井上清在《日本历史》中指出，唐朝的文化是包含印度、阿拉伯甚至西欧文化的世界性文化，而西方汉学家则高度赞扬这一文化风貌，把它称之为世界大同主义。唐三彩骆驼载乐俑正是丝路繁荣、再现大唐开放与包容气魄的见证。

图 90-3　三彩釉载乐骆驼俑

1959 年陕西省西安市中堡村唐墓出土。骆驼背部架一平台，铺方格纹长毯。上有伎乐 8 人，7 名乐人环坐四周，分别手执笛子、箜篌、琵琶、笙、箫、拍板、排箫 7 种乐器，盘腿而奏，一女伎人歌舞其间。这是一组歌舞艺人行在商旅途中的真实写照

由于唐帝国的先进与博大包容，当时周边各国各族人士纷纷来华学习，其中以新罗、日本人最为突出，他们通过遣唐使、留学生、学问僧等不同形式，把唐朝的先进文化带回本国，从而对本国社会产生了巨大的影响，直到现在在韩国、日本仍可看到唐文化的影响。当时国外流行的各大宗教，差不多在中国都建有寺庙，进行宗教活动，如佛教、伊斯兰教、摩尼教、祆教、景教，其中佛教是隋唐以前便已传入中国的，其余则是首次传入。

唐帝国博大包容的精神，还从其君臣无忌的宽广胸襟上反映出来。

特别是贞观、开元治世，政策相对开明，文禁较少，一定程度上允许不同意见的存在。唐太宗李世民与朝臣们常为政治问题而争论，尤其是魏徵常常与他争得面红耳赤，有时还让李世民下不了台，这是著名的“贞观之治”中传颂至今的一大佳话，带有一定的政治民主色彩；李白敢于自称“我本楚狂人，风歌笑孔丘”；杜甫《饮中八仙歌》诗中写道：“知章（指贺知章）骑马似乘船，眼花落井水底眠。……李白斗酒诗百篇，长安市上酒家眠。天子呼来不上船，自称臣是酒中仙。张旭三杯草圣传，脱帽露顶王公前，挥毫落纸如云烟。……”描述的八位诗人贺知章、李适之、李琎、崔宗之、苏晋、李白、张旭、焦遂八人，个个都是狂放不羁、傲世嫉俗。白居易居然写出了《长恨歌》一类以本朝皇帝为题材的诗歌，这不能不说是一个奇迹。这也说明如果统治者没有宽广的胸襟，这些事情显然是不可能发生的。

唐代的进取精神，还集中反映在世人积极的社会参与意识和顽强的追求精神方面。唐代由于保持了较长时期的经济繁荣、社会安定，人们积极入世的意识非常强烈。不少人怀纵横之志，以将相自许，渴望建功立业；一些人则以济世安民为己任，“日为苍生忧”“忘己爱苍生”。当国家危难之际，许多人投笔从戎，舍身报国。不少唐人以诗言志。如李白的“安得倚长剑，跨海斩长鲸”“过言逝流水，志在清中原”；杜甫有“骑兵不在重，万马救中原”的诗句；刘长卿说“赴敌甘赴戈，论兵勇投笔”；李贺以“男儿何不带吴钩，收取关山五十州”作为励志座右铭，等等。这种爱国情怀和奋发向上的精神，构成了唐人精神世界的主体内容。

关于唐人顽强的追求精神，最典型的莫过于玄奘西行取经的事迹了。玄奘不畏艰险、顽强求法的精神，给世人以极大的鼓舞。唐朝政府及人民也给了他极其崇高的待遇。公元 645 年，玄奘法师在历经 17 年艰苦历程载誉归来时，受到唐朝政府最高规格的隆重接待，不但皇太子李治与宰相房玄龄亲自率领文武官员和庞大的仪仗队出城迎接，还为玄奘举行了盛大的欢迎会，长安 100 万市民倾城而出，自发地涌上街头载歌载舞夹道欢迎，从朱雀门到弘福寺，民众排了几十里路长的队伍。其中仅由各寺院和尚组成的乐队即达 3000 人，整个长安城鼓乐喧天、欢声雷动、喜气洋洋。这次历史上最盛大的群众自发集会，既有宗教的因素在内，但是更多的是唐人的英雄崇拜情节和对传奇人物的敬仰所致，也不排除大众的好奇心。崇拜英雄、建功立业、光宗耀祖、忠君爱国、顽强拼搏、奋斗不已，这正是唐朝的大国民风范，正是强国盛世的国民心态与气魄，也正是我们所说的盛唐气象的时代特征和精神内涵。

九一、望不尽的繁华，说不出的伤感——唐帝国的兴盛及衰亡

公元 589 年，即隋文帝开皇九年，隋灭了陈，统一了全国，同年琉球群岛归降隋朝，突厥可汗尊前来归顺，尊奉杨坚为圣人天可汗。中国的历史自东汉末年的动乱以来又进入一个统一王朝的时期，正是应了“分久必合”的道理。

隋朝建立之初，实行了一系列改革举措，在经济上颁布均田令和租庸调制，减轻农民负担，在全国范围内大索貌阅，实行人口普查和输籍之法，增加了户籍人口的准确性；改革吏治，在中央实行三省六部制，废除了九品中正制，在地方设立州县之学，进行科举考试；而且鉴于从东汉末年开始的州郡县三级制已经混乱不堪，便废除郡一级建置，改为州县二级制。隋炀帝时期又将州改为郡，实行郡县二级制。与此同时，重新规划修建了一座规模宏大的大兴城作为新都城。

隋朝末期，天下大乱，大业十三年（617），太原留守李渊在太原正式举兵，率大军向长安进军，一路上势如破竹，很快就攻下了长安。由于此时隋炀帝尚在江都，李渊并没有马上称帝，而是拥立了留在长安的代王杨

图 91–1　隋炀帝杨广

侑为皇帝，遥尊隋炀帝为太上皇，并改大业十三年为义宁元年（617）。李渊自称相国，掌握了全部权力。

大业十四年（618），隋炀帝在江都被随从的大将宇文化及所弑，李渊遂于这年五月迫使隋恭帝禅位于自己，改国号为唐，改元武德，史称唐高祖，都城不变，只是将大兴城改名长安城。唐朝建立以后，先后平定了割据陇右的薛举、河西的李轨、河南的王世充、河北的窦建德、河东刘武周等，又迫使割据江淮的杜伏威归降，消灭了割据江陵的萧铣政权和窦建德余部刘黑闼，至武德六年（623）时，唐朝彻底削平了割据群雄，统一了全国。唐朝初建之时，李渊延续了隋朝的一系列政治、经济、军事、科举制度，并不断改进完善。在对外关系上，继承了隋炀帝的做法，继续对西域的高昌、北部的突厥、东北的高丽发动征伐战争。唐太宗李世民即位后，以更加广阔的胸怀和开放的姿态与周边国家和民族政权建立了更加密切的关系，李世民被尊称为“天可汗”。从此唐朝进入中国历史上的鼎盛时期。

唐太宗是一位英明的皇帝，他亲身经历了隋末农民起义的战火洗礼，看到了人民群众的力量，深知“水可载舟，亦可覆舟”的道理。故即位以来，兢兢业业，励精图治，任用了一大批贤臣能臣，鼓励进谏，虚心纳谏，实行轻徭薄赋、发展生产的政策。经过努力，贞观时期政治清明，生产恢复并有所发展，社会安宁，物价稳定，斗米数钱，人民安居乐业，从而为唐朝盛世的到来奠定了良好的基础，史称“贞观之治”。贞观二十三年（649）五月，雄才大略的唐太宗死了，终年 53 岁。太宗死后，群臣遂拥立太子李治即皇帝位，史称唐高宗。

图 91–2　唐高祖李渊

唐高宗统治期间，唐朝的社会继续了贞观以来的发展趋势，人口增加，社会稳定，疆土有所扩大。然而唐高宗生性懦弱，又百般宠信皇后武则天，加之身患疾病，导致晚年大权旁落。683 年，唐高宗死后，太子李显即位仅仅一个多月，就被其母武则天废了，另立其弟李旦为皇帝，李旦不过是个傀儡，大权仍然操在武则天手中。

天授元年（690），武则天把李旦降为皇嗣，自己取而代之，并改唐为周，改元天授。武则天统治时期，社会经济继续发展，社会比较稳定，尤其是武则天所提拔的一批人才，后来成为促成“开元之治”的主要能臣，其重要地位是应该肯定的。武则天是中国历史上唯一的女皇帝。武则天称帝共 15 年时间，神龙元年（705），宰相张柬之等发动政变，拥立李显重新即位。

唐中宗李显暗弱无能，由于在武则天时期成天担心被害，深受惊吓，因而谨小慎微，胆小怕事。即位以后，却放纵皇后韦氏与女儿安乐公主胡作非为，并勾结武三思卖官鬻爵，专断朝政，诛杀功臣，迫害太子李重俊。皇后韦氏阴谋效仿武则天那样临朝称制，于是投毒害死了中宗，立温王李重茂为皇帝，韦氏临朝摄政，改元唐隆，以其堂兄韦温总知内外守捉兵马事，掌握了全部兵权。景龙四年（710）六月，中宗死，年 55 岁。

韦后谋害中宗，专权乱政的行为，引起了一大批朝臣的不满，临淄王李隆基便联合太平公主于景龙四年（710）六月二十日黄昏发动政变，李隆基亲自率领左右万骑营从玄武门、玄德门、白兽门攻入太极宫，斩杀了韦后、安乐公主、上官婉儿等。然后在长安城中搜捕韦氏党羽，全部杀掉。六月二十四日，废去了李重茂的帝位，拥立相王李旦为皇帝，史称唐睿宗。

唐睿宗即位后，以李隆基为皇太子，以他的妹妹镇国太平公主参与朝政。太平公主曾经深受其母武则天的宠爱和影响，耳濡目染，成为当时一个权倾朝野、颇有政治才干的女人，以她为中心形成了一个势力颇强的政治集团，包括宰相在内一大批朝臣依附在她的周围。在武则天以后，太平公主既是维护李唐王朝的柱石，又对皇权构成了事实上的威胁。当武则天执政以来，唐朝的女性观念发生了重大改变，前有韦氏和安乐公主，后又有太平公主，她们认为自己也可以掌握政权，甚至夺取政权

做个女皇。因此，有了野心。唐睿宗虽然是一个皇帝，但是他淡泊名利，厌倦政事，当时的太子李隆基英明果断，是个难得的君主人选，但是太平公主担心他不好控制，于是企图改立太子，唐睿宗看穿了太平公主的野心，抢先把帝位传给太子，这就是唐玄宗。这引起了太平公主的不满，准备发动政变。李隆基便先发制人，于开元元年（713）七月一举铲除了太平公主集团。

唐玄宗（712 ~ 756）即位之时，社会相对稳定，但朝中暗潮涌动，人心思变，政治风气相当不忠。从武则天夺取政权开始，经过几十年的教化，在当时唐人的心目中，能者取而代之似乎成了理所当然的事情。事实上，从武则天晚年（705）张柬之等发动政变恢复李氏唐朝开始，直到713年唐玄宗诛灭太平公主集团，前后不过短短的八年半时间，就发生了七次政变，换了四位皇帝，可见政局是多么的动荡。唐玄宗对此有着深刻的体会，因此在其即位初期，认为帮助他夺取政权的功臣郭元振、刘幽求、张说、王琚等人是一些阴谋家，“可与履危，不可得志”（《旧唐书·王琚传》），将他们相继外派到边远的地方上任职，却任用了姚崇、宋璟等德才兼备的贤臣，励精图治，改革弊政，兴修水利，使唐朝的社会经济得到了极大的发展。开元末全国户口较唐初增长了四倍，物价低廉，社会稳定，人民安居乐业。开元天宝时期（713 ~ 756），唐朝的经济、军事、文化的高度发展，与各国各民族之间往来频繁，大唐帝国声威远播，成为当时世界上最强盛繁荣的大帝国。历史上称之为开元盛世。当此之时，教育、文化事业蓬勃发展，以国子监、州学、县学为主的人才培养机构相对成熟稳定，以科举考试为主的人才选拔制度相对公平合理；以道教、儒学、佛教为主的信仰体系为主，以开放的姿态，包容并支持景教、摩尼教、祆教、伊斯兰教等各种民族信仰体系的建立；唐朝的文明尤其是典章制度也成为东亚文明的基础，朝鲜、日本等国纷纷学习仿效，产生了极大的影响，唐律在东亚法制史上所占的地位与罗马法在西洋法制史所占地位相似。与此同时，出现了一大批人才和杰出的作品，诗人如李白、杜甫、王维，绘画如吴道子、张萱、周昉，雕刻如桥陵石刻等等，已经成为中国对人类文明史上引以为豪的贡献。

然而，对于统治集团而言，安而忘危、乐于享受似乎成为必然的选择，沉湎声色、追逐逸豫的生活似乎成为他们的必由之路。唐玄宗也不例外。在他的晚年，在宠爱杨贵妃玉环，尽情享受歌舞升平的腐化生活的同时，怠于政事，任命他的亲信李林甫和杨国忠为相，共同治理天下。李林甫（？～752）是唐朝宗室，杨国忠（？～756）是杨玉环的哥哥。他们是当时最有权势的宰相。然而李林甫为人表里不一，口蜜腹剑，外号“李猫”。他玩弄权柄，勾结宦官、嫔妃，排斥正人，重用蕃人为将，致使安禄山等掌握了重兵，造成了严重的后果。李林甫死后，杨国忠的权势迅速膨胀，在担任宰相的同时，还兼任数十使职，他在位期间结党营私，贿赂公行，虽然权倾朝野，却令人痛恨。

天宝十四载（755）冬，安史之乱爆发，平卢、范阳、河东三镇节度使安禄山发动叛乱，一路上所向披靡，很快攻下洛阳、潼关，长安危急。玄宗仓皇出逃。天宝十五载（756）六月十三日，当大军行至马嵬驿时，禁军哗变，杀死了杨国忠，处死了杨贵妃。然后才保护着唐玄宗到达成都。

唐玄宗逃亡蜀地之时，太子李亨率领部分禁军，辗转到达灵武（位在今宁夏灵武西北）。天宝十五载七月十二日，在朔方军及一批朝臣的拥戴下，太子李亨即皇帝位，尊唐玄宗为太上皇，史称唐肃宗，担负起平叛的重责。这实际上又是一场危难时期的政变，史称灵武中兴。唐肃宗重用郭子仪与李光弼为平叛大将。经过 8 年苦战，收复了长安、洛阳等广大沦陷区，唐代宗宝应二年（763），唐军攻入河北，史朝义自杀，安史之乱终于平定了。但是经过 8 年的战乱，整个北方地区遭到了严重的破坏，人口流散，生产凋敝，田地荒芜。在此期间，由于唐朝从西部抽调大量兵力到内地平叛，吐蕃乘其空虚之机，占据陇右、河西广大地区，隔断了丝绸之路，也曾一度攻入长安，大肆掳掠而去。特别是在河北山东一带，形成了藩镇割据的局面，那些虽未受到安史之乱直接冲击的地区，如剑南、山南、河南、淮南和岭南，甚至京畿之内，也时常发生节度使或军将拥兵自重或叛变的情况。而且，在平叛的过程中，唐朝中央政府处于流亡状态，以李辅国为首的宦官发挥了居中策应的重要作用，因此开始形成了宦官集团这一政治势力。因此，肃代之际所形成的政治、经济、军事、民族和对外关系格局成为中晚唐社会动荡的根源，从此，唐朝失去了他们那往昔的辉煌，逐渐走上了衰落的道路。形成了藩镇长期割据、党争持续数十年、宦官专权干政的的状况。

最初的藩镇是唐朝设置在沿边地区的军区，实行军政合一的管理机制，长官称为节度使，天宝末年共设置了 10 个藩镇。安史之乱爆发后，这种机制也被移植到内地，用来抵御叛军。安史之乱平定后，各地藩镇势力越来越强，中央政府已经无力削弱他们，于是这种体制便被保留下来，并且成为常设机构，越设越多。最终形成几乎失控的局面。那些跋扈的藩镇，互为依托，任用私兵，父死子继。其中河北的成德、卢龙、魏博三镇长期与中央对抗，形成割据局面，几乎成为独立王国。唐朝也曾采取措施削弱藩镇，其中以元和时期成就最大。

元和是唐宪宗的年号，从 806 年到 820 年共 15 年。唐宪宗是一个有所作为的皇帝，他面对藩镇的骄横不法和叛乱，发动了一系列战争，先后削平了西川刘辟、夏绥杨惠琳、浙西李锜、淮西吴元济等叛乱藩镇，又促使河北三镇之一的魏博镇归顺朝廷。朝廷的威望因此大增，天下诸镇纷纷表示愿意听命朝廷，从而取得了自安史之乱以来最辉煌的胜利，史称元和中兴。然而宪宗死后，穆宗即位，藩镇们又恢复了旧态。从此以后割据的局面一直延续到唐朝末年。

唐朝中央各机构在皇城，由于其位置在宫城之内，故称南衙；唐朝的宦官机构均设在宫内，位于皇城之北，故称北司。由于宦官集团侵削了南衙的大量权力，他们专权弄政，危害极大，引起了南衙朝官的不满，双方展开激烈的斗争，形成了所谓南衙北司之争。其中的永贞革新和甘露之变便是双方最激烈的两次交锋。

唐德宗死后，太子李诵即位，改元永贞（805），史称唐顺宗。顺宗力图革除德宗时期的各种弊政，重用王叔文、王伾等人，革除宫市等弊政，打击宦官势力，史称永贞革新。然而这一改革不仅引起了宦官集团的反抗，而且引起了一部分朝臣的不满，于是他们利用顺宗患病、不能上朝理政的机会，迫使其让位太子李纯，即唐宪宗。李纯即位后，遂将王叔文、王伾为首的革新势力全部贬官，其中王叔文被贬为渝州司户，王伾被贬为开州司马，韩泰、韩晔、刘禹锡、柳宗元等 8 人被贬为州司马，历史上又称为“二王八司马事件”。

唐文宗对于宦官专横深恶痛绝，大和八年（834）和九年（835）重用宰相李训和凤翔节度使郑注，将与宦官集团有勾连的宰相李德裕和李宗闵贬官，图谋铲除宦官集团。他们经过设计，在十一月二十一日那一夜，诈说大明宫左金吾厅院的石榴树上夜降甘露，引诱大宦官们前去察看，李训等人埋伏好军队，只等宦官们一到，就一举剿灭。然而事情不慎败露，宦官们便率领他们掌握的神策禁军，大肆反击，在朝廷内外大肆搜捕，李训和宰相王涯、舒元舆等人及其亲属惨遭杀害，屠杀波及大批朝臣，从而使朝堂为之一空，史称甘露之变。从此以后，直到唐朝灭亡之前的七十年间，宦官一直掌握着唐中央的军政大权。

唐朝中后期，设立左右神策军，负责京城的护卫，其长官为中尉，由宦官担任。加上后来设置的掌管机要的宦官枢密使，合称四贵。他们结党营私，与各派政治势力互为内外，彼此呼应。宦官集团为了各自的政治势力，也往往分成党派，互相攻杀，动不动就废立皇帝。唐宪宗以后穆宗、敬宗、文宗、武宗、宣宗、懿宗、僖宗、昭宗所有皇帝都是宦官所立。而且唐宪宗、唐敬宗还是被宦官所杀。宦官们控制了皇帝，为所欲为，朝廷每次出征，必须有宦官担任监军，干预军政事务，其权利甚至超过了节度使。他们居中卖官鬻爵，已经习以为常。那些禁军的大将们为了求取藩镇节度使，常常向那些长安的巨商大贾借贷巨款，向大宦官行贿，到任以后大肆收受贿赂、搜刮民财用来偿还债务，因此，被当时人称之为“债帅”。文武群臣也纷纷向宦官行贿，谋求升迁。当时的士大夫集团牛党和李党也未能例外。牛李党争是中晚唐政治上的重大事件。牛党是指以牛僧孺、李宗闵为首的一批朝臣，李党是指以李德裕为首的一批朝臣，双方之间的朋党斗争被称之为牛李党争。这场斗争从 821 年开始，到 859 年结束，前后持续了近 40 年。所以说，上行下效，虽有蝇营狗苟之徒，趋炎附势，也有君子不器之人，出于无奈，有所为有所不为。但是，在朝纲紊乱、贿赂横行、腐败成性的恶劣的朝廷风气之下，想要做到洁身自好，是非常困难的。以牛、李的领袖风范，也无能为力，只有依靠与内官的结合才能有所作为，而且，宦官们既然可以左右皇帝，那么一介书生更不在他们的眼里了。由此可想，当时的从政结局是多么的惨烈。牛李持续近 40 年的党争，也正是各派官员宦海沉浮的辛酸史。

懿宗、僖宗统治时期，国势已经大大地衰落了。懿宗、僖宗了无大志，无所作为，除了游乐挥霍，浪费资财，还佞信佛教，整天陶醉在空虚的精神享受之中。然而，天下百姓流离失所，忍饥挨饿，依然处于水深火热之中难以自拔，社会矛盾异常激化，终于爆发了农民大起义。广明元年（880），黄巢起义军攻陷洛阳，次年又攻下了长安，唐僖宗仓皇逃往西蜀。黄巢在长安称帝，国号大齐，改元金统。唐朝政府调集各路大军围攻长安，黄巢的大将朱温落井下石，被官军策反叛变。黄巢义军孤立无援，中和三年（883），被迫撤出长安，退往河南。次年黄巢在泰山虎狼谷自杀身死，起义失败。

朱温投降朝廷以后，皇上赐他名全忠，并任命为宣武节度使。他以此为基础，逐渐扩大实力，吞并邻镇，发展成为唐末最强大的军事集团之一。天复元年（901），进封梁王。为了控制皇帝，朱全忠于天祐元年（904）强迫唐昭宗迁都洛阳，挟天子以令诸侯，临行之时，拆毁了长安宫殿，大小木材顺水东流，千年的古都又遭受了一次致命的摧毁。天祐元年八月，朱全忠派人将昭宗杀害，还杀死了昭宗的其他诸子，另立其幼子李柷为帝，史称唐哀帝，年仅 13 岁。哀帝在位三年，天祐四年（907）五月，朱全忠废去了哀帝，自立为皇帝，国号梁，史称梁太祖。自此唐朝灭亡，历史进入了五代十国时期。

唐长安城是中国历史上最大最宏伟的都城，也是世界史上最大的都城之一。人数最多的时候达到近百万，其中既有来自西域各国的商人，又有来自新罗、朝鲜、日本等国的留学生，人数大约在十万人左右。长安城是一座名副其实的国际性大都市。根据考古的科学测量，长安城面积 83.1 平方公里，相当于汉长安城的 2.4 倍，明西安城的 9.7 倍。它比 446 年修建的东罗马首都拜占庭大 7 倍，比 800 年所建的阿拉伯首都巴格达大 6.2 倍，充分体现了盛世王朝的宏大气魄。

隋唐帝国时期是中国封建社会的鼎盛时期，这一时期的政治、经济和文化都达到了空前繁荣。至今侨居海外的华人被称为“唐人”，他们所居住的地方也被称为“唐人街”。那都是因为受到了唐朝文化的影响所致。

九二、金珍银英——巧夺天工的唐代金银器

唐代是中国古代社会的黄金时期。当时制度成熟、国力强盛、科技领先、社会开放，金银器的制造和使用曾经盛极一时。可以说，使用金银器已成为唐代上层社会竭力追求的一种时髦。唐代金银器的使用数量之大，不是前代所能比拟的，更是我们今天难以想象的。根据文献记载：翰林学士王源中因踢得一脚好球大受文宗赏识，一次就赐给金碗 24 个；而淮南节度使王播为邀恩取宠，竟一次向敬宗皇帝进奉大小银碗 3400 枚，三次进奉的金银器皿共达 5900 多件；考古发掘出土的唐代金银器每次也动辄几十上百件，而且，唐代金银器的每一次出土，几乎都会引起社会的极大关注乃至轰动。统计表明，考古出土的唐代金银器比唐代以前各个朝代所出金银器的总和还要多出几倍。这些均足以证明唐代制造和使用金银器的盛况。

金银器属于绝对高档日用品，主要供上层统治者使用。唐代都城长安是皇室贵族、达官显宦云集之地，因而，长安也就成了金银器制造和使用最多的地方。到目前为止，全国共出土唐代金银器皿 1000 余件，其中三分之二以上均出自西安及其周边地区。除法门寺地宫出土的金银器外，陕西出土的唐代金银器绝大部分收藏

图 92-1　陕西历史博物馆藏鸳鸯莲瓣纹金碗。上有 20 个精心构思的浮雕式莲瓣，其间錾刻有或动或静的各种飞禽走兽，另外装饰有各种动植物纹饰。既流光溢彩又富丽堂皇，同时又展示了大自然万物相竞、各得其乐的生命涌动情趣，是金银器中国宝级的作品

于陕西历史博物馆，陕西历史博物馆也因此成为中国乃至全世界收藏唐代金银器最多的博物馆。

正如唐代丰富多彩的社会生活一样，唐代金银器的种类也极其繁多。既有碗、盘、杯、壶等饮食器，也有罐、锅、盒、铛等药具，此外，还有各种卫生用具、化装用具、宗教用具以及殡葬用具等，真可谓应有尽有。而数量最大、制作最精美的当数食器、药具和茶具（器）等生活器皿。值得一提的是，1987 年法门寺地宫出土金银器 121 件，其中的一组茶具因为各有不同的用途而完整地反映了唐人饮茶的具体程序和方法。唐人确实把饮茶当做一种崇高的享受，茶艺因而成为一种富含文化品位的技艺。这与当时崇尚奢华、盛行服食金丹以及茶道流行等社会风尚有着密切的关系。1970 年 10 月，在西安南郊何家村出土的窖藏 270 余件金银器中，绝大部分是饮食器，而且大都是稀世之珍。其中最有名的当数形制特别、纹饰华美的舞马衔杯皮囊式银壶。这件银壶是当时宴会上盛酒的容器。壶体两侧的骏马则是玄宗时期有名的舞马形象。据文献记载，当时宫廷中驯养了好几百匹舞马，每年八月五日玄宗生日这一天，它们便披金戴银，和着音乐翩翩起舞，曲终时口衔酒杯，跪拜在地向皇帝祝寿。壶上的舞马通体鎏金，其金灿灿的黄色与银白色的壶体交相辉映，色调格外和谐富丽，生动地再现了歌舞升平的盛世美景。

唐代金银器不仅材质昂贵、色彩富丽，为人们所重，而且有着极具艺术魅力和文化内涵的装饰纹样。唐代金银器的纹样取材广泛，举凡珍禽异兽、蜂蝶虫鱼、花草折枝、人物故事、现实生活、历史传说等，都

图 92-2　法门寺地宫出土的银茶碾子

成为唐代所流行的装饰纹样的素材。透过绚丽多彩的唐代金银器纹样，我们不但可以感受到唐代社会生活的五彩缤纷，而且还可领略到唐代文化艺术的雄浑博大。如从装饰构图上看，唐代金银器的构图大多自由又有规范，灵活而又不失法度，尤其讲求对称呼应，注重在比例与权衡中谱写节奏和韵律，表现了唐代金银器装饰艺术的高超水平。

唐代金银器种类繁多，每种器物又有多种造型，各种造型普遍浑圆饱满，显示出昂扬自信的情绪和勃勃生机。在纹饰设计中简与繁、疏与密、动与静运用巧妙，使唐代金银器具备了一种成熟而大气的美，突破了金银器最易出现的纤巧有余而气势不足、富贵有余而高雅不足的局限，在熠熠银光与灿灿金光中体现了唐人的精神风貌与时代气息。

图 92–3　现藏陕西历史博物馆的鹦鹉纹提梁银罐。器体高大，造型雄浑、丰腴，图案饱满大度，回转自如，有着蓬勃的生命力和欣欣向荣的力度。通体的鎏金，则使之显得富丽堂皇。可以说，辉煌灿烂的大唐文化和昂扬自信的大唐精神在这里得到了淋漓尽致的再现

唐代金银器上的纹饰不仅追求造型、结构、色彩符合形式美，使视觉得到愉悦，而且还大多附会、寄予一定的美好、吉祥含义，让人在心理上也得到满足，这便是所谓的吉祥纹样。如以龟纹和狐纹装饰银盘分别含有神龟献寿和祈求平安之意；鸳鸯纹的大量出现，反映了人们对白头偕老、夫妻恩爱的婚姻生活的追求；牡丹、宝相花是富贵的象征，忍冬、莲叶、石榴等纹样表现了人们追求子孙繁衍、人丁兴旺的期许……这些纹样一方面使器物更加精美，一方面又寄托了人们对美好生活的强烈期望与追求，反映了唐代金银器装饰图案形式和内容的和谐统一。

唐代金银器的装饰纹样虽然丰富多彩，但数量最多也最为唐人所喜爱的还是珍禽瑞兽以及以团花、折枝花、缠枝花为基本模式的植物图案。这里既少见中亚、西亚金银器上的凶猛野兽，也缺乏武力和对抗场面，但却绝不文弱。在唐代金银器上，哪怕是卷草纹的曲线，也那么饱满大

度，有着蓬勃的生命力和欣欣向荣的力度。同时，那些数量众多的取材于现实生活的狩猎、宴饮、伎乐、嬉戏等纹样，则说明唐代金银器的纹样已完全摆脱了巫术与宗教的控制，更为贴近现实生活，更以供人欣赏为目的，表现出一种追求幸福喜庆的世俗文化的特点，并集中反映了热爱和平的农业文明的特质。此外，如珍禽瑞兽、团花、折枝花、缠枝花等唐代金银器上成熟而典型的纹样，不但在唐代的铜镜和丝织物上大量出现，而且还成为了后世遵循沿习的规范和楷模，其意义也与大唐文化在中国古代文化史上承前启后的地位相符合。

开放的政治环境和"丝绸之路"的空前畅通，造就了唐代对外交流

图 92-4　双狐纹双桃形银盘

图 92-5　仕女狩猎纹八瓣银杯

的繁荣。唐王朝既能以自身之强而散发出如日中天的强大辐射力，又因自身发展需要而产生了海纳百川的巨大包容量。对此，在唐代的金银器上表现得尤为明显。不但金银器的大量使用是受到西方习俗影响的结果，而且，由于大量吸收了粟特、波斯萨珊王朝等地区的造型及纹饰，而使唐代的金银器呈现出了浓郁的异域色彩与前所未有的多样性。在唐代金银器中，既有直接传自域外的产品，也有真伪难辨的仿制品，但更多的则是造型与纹饰方面中西合璧的产品。这也再一次证明了唐代对外来文化所持有的宽容心态以及外来文化的启迪影响，引发人们放弃了对许多传统的恪守，逐渐改变了自己某些固有的观念和生活，创造出了新的文化。如果仅从工艺或技术的层面来认识唐代金银器中的外来影响，而不从精神层面去探究它对唐人思想观念的影响，那么就将失去研究或

欣赏唐代金银器的深层文化意义。

由于金银器物的原料珍贵，金银器的制作工艺复杂，产品大多由少数人享用，开设金银手工业作坊不仅需要强大的经济实力，而且那些工匠也必须经过长期培养才能成熟，使得唐代的金银器制作在相当长时间内基本上由皇室和中央官府作坊垄断。由于主要是政府官营，且主要是为了满足王公贵族们的奢侈享受，所以大多数唐代金银器都显示出一种不计工本、尽善尽美的皇家气派，反映了当时社会的最高科技水平，也常常令后人叹为观止。

图 92-6 法门寺地宫出土有持平环装置的银香囊。香囊为当时的熏香用具，通常置于被褥或衣袖之中。法门寺出土的有持平环装置的银香囊，呈圆球形，上下两半球以子母口相扣合，里面有两个同心圆环，环内又有一枚焚香小金盂，同心圆环之间及与金盂之间均用对称的活轴相连。其奇妙之处在于，无论怎样转动香囊，其内的焚香盂始终保持水平状态，根本不用担心火星或香灰外溢。据研究，其奥妙在于香囊内部运用陀螺仪原理装有持平环装置，这使得香囊内的焚香盂在任何情况下均保持水平状态。这种在欧美近代才用于航海和航空的陀螺仪原理，中国早在唐代便已掌握并运用于日常生活中，足以反映唐代在科学技术上达到的高超水平

文献记载和考古发掘表明，唐人在金银器制作上倾注的热情和聪明才智远远超过对其他物品的投入，同时金银器的制造还影响着其他器物的制造，领导着时代变化的潮流。正因为如此，唐代金银器造型之别致、种类之齐全、纹饰之精美、工艺之高超、内涵之丰富，不但是唐代其他质地的物品所不能比拟的，而且也堪称中国古代历朝金银器之最。众所周知，金银器的大量使用，必须以雄厚的社会物质财富作为基础。而唐代金银器使用的盛况，充分体现了大唐经济的空前繁荣和社会生活的富足丰裕。也可以说，在中国历史上，如此豪华地使用金银器，只有唐代雄厚的社会物质财富才能支撑。

九三、唐墓壁画——潜藏在古墓中一千多年的国画真迹

壁画，顾名思义，就是绘在壁上的画。它是人类历史上最早的绘画形式之一，是人类脱离人的动物性本能的重要标志之一。原始社会的人类在洞壁上刻画的各种图形图案，用来记事或者表达感情，应该是最早的壁画。世界文明古国如埃及、印度、巴比伦等也保存了不少的古代壁画。中国自周代以来，历代宫室乃至墓室都饰有壁画，著名的“叶公好龙”的故事，正说明春秋战国时期在建筑上绘制有龙形的壁画。后来，随着宗教和各种信仰的兴盛，道院、寺观、石窟、墓室墓道等地均出现了各式各样的壁画。著名的如敦煌莫高窟佛教壁画和山西芮城永乐宫道教壁画遗迹。目前已知最早的西周墓葬壁画，是陕西扶风杨家堡西周墓壁的二方连续菱格纹图案，20 世纪 60 年代陕西咸阳秦宫 6 号遗址壁画残片是中国发现的最早的秦代壁画实物，距今已有 2300 多年。据文献记载和考古发现，汉代和魏晋南北朝时期的壁画也很繁荣。但是，到了唐代，中国的壁画艺术达到兴盛期，这一时期出现的敦煌壁画、克孜尔石窟壁画和唐代墓室壁画，成为当时壁画艺术的高峰。

唐代，统治者把绘画作为“成教化”“助人伦”的工具，对壁画的创作和绘制极为重视，并在政府中设立了专门的管理机构，使壁画艺术在唐代达到了前所未有的高峰。据文献记载，壁画作为唐代绘画艺术的主要表现形式之一，曾大量出现在唐代的皇家宫室、豪门邸宅、佛寺道观和墓葬内。《历代名画记》《唐朝名画录》等书所载的 206 名唐代画家中，有 110 人参加过壁画创作。然而，时代久远加之各种天灾人祸，唐代绘于各种建筑物上的壁画早已荡然无存，只有墓葬壁画因深埋地下而得以保存下来，使我们得以目睹唐代壁画艺术的发展盛况。由于传世的唐代纸质和绢质画卷存世极少，人们要全面了解唐代的绘画艺术，在很大程度上只有依靠墓室壁画，其弥足珍贵自不待言。另外，虽然自西周到宋辽金元，历代墓葬壁画均有发现，但无论是出土数量还是艺术价值，唐墓壁画都是无与伦比，可谓空前绝后。截至目前，经考古调查、发掘的唐代墓葬一万多座，其中有壁画的超过 120 多座，墓主上至皇

帝、贵妃、皇太子、公主、亲王等皇室人员，下至四品以上贵族及高级官吏。最著名壁画墓有唐僖宗李儇墓、李宪墓、淮安靖王李寿墓、懿德太子墓、章怀太子墓、永泰公主墓、长乐公主墓、韦贵妃墓、燕妃墓、武惠妃墓、苏思勖墓、韦氏家族墓及山西省太原市金胜村第 4–6 号墓、新疆阿斯塔那地区麴氏家族墓等。其中约 80% 集中于陕西关中唐代京畿地区，均为皇室、贵族、王公、大臣和高官的墓葬。由于身份高贵，因此为之作画者也大多为专业画家，如《历代名画记》所记的画家杨巩、李思训均参加了懿德太子墓的壁画创作，这在很大程度上保证了壁画的高质量。唐墓壁画以人物画为主，画家和画工们通过对各种人物如侍女、内侍、文吏、武吏等的细腻观察，用合理的布局、简练的线条、鲜艳的色彩，栩栩如生地描绘出各种人物形象。其中，雍容华贵的贵妇、灵巧聪慧的侍女、献媚取宠的内侍、肃穆庄重的文官、勇猛剽悍的武士等等形象也都描绘得恰到好处。最有名的人物画当数章怀太子墓中的《观鸟捕蝉图》。画师以精炼的线条，勾画出三个年龄、性格各不相同的女性，通过观鸟捕蝉优美的动态神情，把长年身居后宫、寂寞无聊、充满哀怨的宫女神情活脱脱表现出来，令人不得不惊叹创作者的精湛技艺。

唐墓壁画同整个唐代绘画一样，人物画无论在数量上或在具体的画面上均占据着绝大的比重，其他如花鸟画、山水画都处于萌芽状态或陪衬地位。唐墓壁画的主题不但是人，而且是用一种非常积极、热烈和肯定的态度去表达人，这与后代绘画主要表现山川、花鸟而很少表现人、将人当成了山水的陪衬，是大不相同的。因此，唐墓壁画从本质上看，是入世的而非出世的。也就是说，唐墓壁画是人本主义的，而后代的中国画是自然主义的。唐代的绘画技巧并不是中国古代最高的，但它之所以在中国绘画史上占据崇高的地位，主要就是因为唐画的人本主义。

唐代壁画不仅形象生动、气韵活泼，而且在颜色的运用上能够做到因地制宜，在融合外来施色技巧的同时有所创新。如建筑画的柱、枋、斗、栱采用单线平涂的施色法，人物画的服饰、衣褶采用晕染法，大型的龙虎和图案花纹则运用叠晕的手法，其着色的层次之多和色调之鲜艳更是令人惊叹。特别是对多种矿物色的调制应用，更增强了色泽的亮度

图 93-1 观鸟捕蝉图

和固定性能，使这些壁画在经历了如此漫长的岁月和淤泥的漫蚀之后，今天还能保存得比较鲜艳。

事实上，就目前所见，唐墓壁画中的优秀作品比之传世的唐代文人画，其水平丝毫不见逊色乃至有所超越，如海内外学者就把永泰公主墓壁画《宫女图》中的一位捧杯仕女评价为“中国古代第一美人”。也正因为如此，不少学者认为，唐墓壁画反映的唐代绘画艺术成就远远高于以前零散的传世作品。

与洞窟壁画以表现宗教内容为主不同，唐代墓室壁画完全以现实生活的内容为主，它表现的是墓主生前的社会环境、日常生活、享受的等级待遇等等，它在向我们展示唐代绘画艺术成就的同时，也直观、形象地向人们提供了唐代社会，特别是唐代上层社会的政治、历史文化等方面的第一手资料，并补充了任何文字史料所不能提供的图像性历史场景。也就是说，唐墓壁画不仅是珍贵的美术史资料，更是极为重要的唐代社会史的形象资料。唐墓壁画的成批发现，给了我们了解那些鲜为人知的宫廷生活的宝贵机会。唐墓壁画中既有宫廷内的场景，如阙楼图、

图 93–2 永泰公主墓《宫女图》

仪仗图，也有宫廷外的画面，如狩猎图；既有关于政治活动的画面，如接见外国使者的客使图，反映文化生活的画面，如打马毬图、乐舞图、吹笛吹箫图，也有反映日常生活的宴饮图、持杯提壶女侍图，甚至还有反映农业生产的耧种图和牛耕图等，几乎包括了上层贵族生活的方方面面。而一些不经意的细节也能说明很多问题。唐诗有云："女为胡妇学胡装"，反映了唐代崇尚胡装的社会风尚。唐代胡服是对包括波斯、突厥、回纥等游牧民族服装的总称。胡服由最初便于行军作战而被引入汉族服饰序列，进而成为女性的一种时尚服装并在唐代达到了极致。这种胡风的装束也常常表现在许多壁画画面上。如永泰公主墓《宫女图》中，宫女行列最后的少女，即身着翻领窄袖衫，腰间束带，长裙下露窄裤，穿尖头鞋。唐代女性还有喜穿男装的风尚，这在壁画中也有反映，李爽墓中的《吹箫乐伎图》，女乐伎头缠黑巾，腰系小囊，着绛色长袍、黑条文裤、白尖头鞋，为典型的女扮男装。另外，房陵公主墓壁画中出现的壶、高足杯、盘等器物则完整准确地再现出当时金银器的形制、用途和使用方法。此外，在壁画墓中，大都陪葬有各种陶俑，它们在墓中的摆设与壁画是互相关联的，共同表现了墓主人生前的各种生活场面。但是，与陶俑等文物不同的是，壁画表现的不仅仅是具体的人，还包括具体的场景、情节在内，可以看出人的动作、排列队形和相互间的互动关系，如《仪仗出行图》《狩猎出行图》等，使唐代人与人之间复杂的等级差别及彼此关系变得形象而直观，这是组合关系与变化关系不明显的陶俑所不能比拟的。

唐墓壁画不仅是反映唐代宫廷生活的形象资料，也是人们感知唐人精神风貌的最佳载体。按说，宫廷是受到皇权和封建等级最严格限制的地方，同时在黑洞洞的墓道里，作为殉葬用的壁画似乎应该显示悲伤低沉阴森的气氛，但人们从这些壁画中丝毫感受不到死气沉沉和壁垒森严。相反，从《狩猎出行图》《马球图》《乐舞图》《客使图》等壁画上我们感受的是明快、积极乃至热烈；而从具体人物刻画上，我们感受到的是饱满、自信。如壁画中所绘仆婢、牵马、架鹰、驯兽人以及乐工、侏儒，一个个都显得气定神闲，从容不迫。他们的身份固然不高，但在人格上却一点也不低下，精神上是饱满而健全的，根本看不出低三下四或奴颜婢膝。而永泰公主墓的《宫女图》的那些人物，所共同体现的风范气度与自信神情，使我们有理由相信，唐代宫廷妇女的整体素质、教养之高是令人羡慕的，其高雅华贵的装饰和优雅动人的光彩足以烘托出她们的主人在世之时的尊贵地位。

唐墓壁画中的人物如此，动物也是如此，画家对它们都作了人格化的精神、气度方面的刻画。《狩猎出行图》中奋蹄疾驰的骆驼，在整个中国绘画中都属罕见，而肥硕强健、姿态各异的骏马，也刻画得虎虎生风，具有一往无前的气概。整个来说，除了有意要丑化的阉人，唐墓壁画中没有卑微者，没有精神上的扭曲者、颓废者与失败者，他们在总体上呈现了大唐盛世的积极进取、昂扬向上的社会风貌和时代精神。

需要特别指出的是，唐代由于独特的地域文化，或者说是因为首都长安突出的文化中心地位，始终活跃着一个长安画家群，成为唐代绘画艺术的骨干中坚，并且始终通过广泛的理论探讨和大量的创作实践，主导着唐代绘画艺术的发展潮流。在长达四个世纪的漫长岁月中，中国画

图 93-3　章怀太子墓室壁画狩猎出行图

坛上各种重大的艺术创新，如早期山水画，如由西域传入、依靠浓淡不同色彩表现立体感的“凹凸”画法，如青绿山水，如工笔人物尤其是工笔仕女，如没骨花卉，如直到宋代才出现的“院派”山水……凡此种种都是在长安首先出现并获得推广，最终形成新的画风、画技和流派的。这个活跃在长安的画家群体群星荟萃、名家辈出，持续的时代跨越隋唐以致五代北宋。从隋代的展子虔开始，相继产生出阎立本、阎立德兄弟，吴道子，卢楞伽，李思训、李昭道父子，王维，张萱，周昉，擅长画马的韩干、曹霸，擅长画牛的韩滉，以及来自西域的尉迟乙僧，晚唐和五代时的边鸾、关仝、荆浩，至北宋时代，长安还产生了李成、范宽这样著名的大画家。之所以出现如此漫长而独特的文化链条，是因为长安的画家群体依靠高水平的作品效应和巨大的文化惯性跨越王朝继续前进，并持续数百年的漫长岁月。长安的绘画群体放射出凝聚传承与改革创新的熠熠光辉，领导艺术潮流而且久盛不衰，是中国绘画史上的一大盛事、一大奇观。

九四、依山为陵——傲视天下的大唐帝王气势

唐朝自从建立（618）直至被朱全忠的后梁取代（907），一共经历了 21 位皇帝，延续了 290 年时间。唐朝的帝王们除昭宗和陵和哀帝温陵外，其余高祖献陵、太宗昭陵、高宗武后乾陵、中宗定陵、睿宗桥陵、玄宗泰陵、肃宗建陵、代宗元陵、德宗崇陵、顺宗丰陵、宪宗景陵、穆宗光陵、敬宗庄陵、文宗章陵、武宗端陵、宣宗贞陵、懿宗简陵、僖宗靖陵共 18 陵均分布在渭北原上，称“唐十八陵”。从最西边的乾陵到最东边的泰陵，地跨 6 县，绵延 150 多公里，比后代的宋陵、明陵和清陵分布范围都要大得多。

唐朝的帝王陵大多依山而建，巍峨的山丘就是墓冢，高耸的山梁就是神道，其俯览大地、傲指苍穹的雄强气势，是历代王朝人工所筑、最多几十米高的土筑陵丘所望尘莫及的。按照唐朝的时代气息和唐人的精神风貌，我们完全可以理解，帝王们以大山为陵而不是筑小丘为冢，要

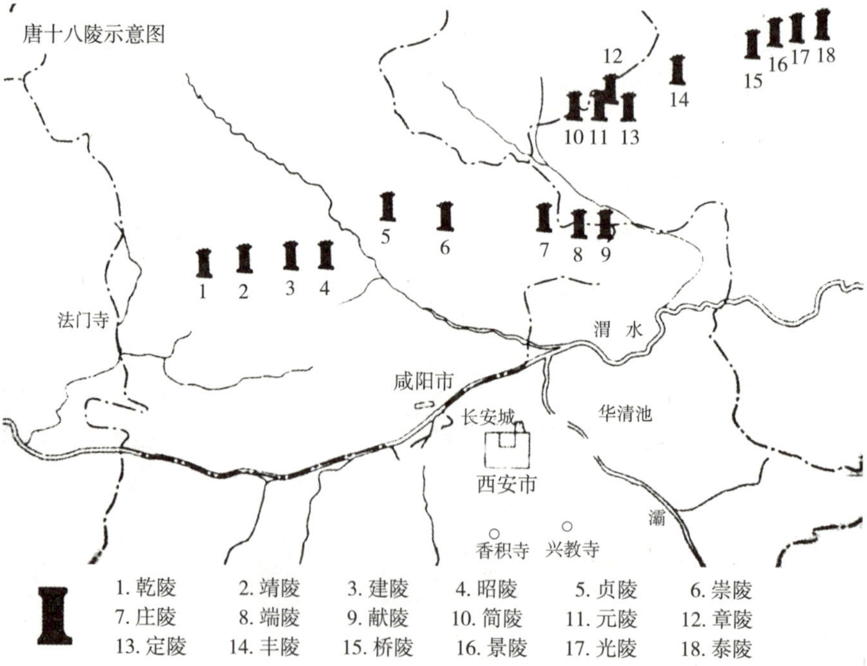

图 94–1　关中唐十八陵分布示意图

的就是一种理想境界、一种恢弘气势，这比单纯建一个死后的栖息之所更重要。唐陵前的石刻群大气磅礴巍然肃立，融自然地形与人文精神于一体，完美地体现了中国古代“天人合一”的思想理念和精神追求。这些王陵所凝聚的“精”“气”“神”不会随风而逝，反而在漫长岁月的延宕中固化为一种历史的永恒。

在唐十八陵中，最著名的是昭陵和乾陵。

位于礼泉县城东北的九嵕山上的昭陵是唐朝第二代皇帝李世民的陵墓，是“唐十八陵”中规模最大的一座。昭陵陵园周长60公里，占地面积200平方公里，共有陪葬墓180余座，被誉为“天下名陵”，是世界上最大的皇家陵园。“乐游原上望昭陵”，若天气晴好，从百里之外的长安也可清楚地看到昭陵，可见昭陵是何等的高大雄伟。

昭陵依九嵕山峰，凿山建陵，开创了唐代依山为陵的先例。昭陵工程是由唐代著名工艺家、美术家阎立德、阎立本兄弟仿照唐长安城的建制精心设计而建的。陵墓由建筑群与雕刻群相结合，参差布置于有“龙盘凤翥”之势的山峦之上，各建筑之间以栈道相连。当年，诗人杜甫路经此地，感叹之余落笔写下了诗句“陵寝盘空曲”，为后人留下了无限的想象空间。昭陵地面建筑虽被毁坏了，又屡遭战乱的破坏，但地上地下仍遗存了大量的文物。它们是初唐走向盛唐的实物见证，是我们了解、研究唐代乃至中国封建社会政治、经济、文化难得的文物宝库。

与一般帝王陵上安置粉饰太平的吉祥瑞兽、着力营造祥和太平的氛围完全不同，唐太宗李世民命著名艺术家阎立本主持设计，将自己生前骑乘过并壮烈战死的六匹骏马以高浮雕形式刻画上石，作为自己陵墓的主要纪念物，这就是著名的“昭陵六骏”。“昭陵六骏”凝结的是一位老军人对与自己同生死、共命运、共赴沙场的战马的生死之情，是对大唐创业艰难的深情眷顾，但更多的是，它们以杰出的艺术风范和动人的情感魅力，以具有浓郁悲壮色彩和启迪性的英雄史诗，一扫空洞、无聊的帝王丧葬形式，给子孙后人提出“毋忘历史”的肺腑告诫，突出体现了唐朝人积极达观的生死观念，它们因之成为那个伟大时代留下的宝贵文化财富。昭陵前，一大批时代杰出人物的墓葬，形成古代历史上最密集最有影响的英魂安葬区，站在这些英雄的陵前，一股浩然之气油然而生，足以惊天地泣鬼神，令一代又一代炎黄子孙寄托无限的景仰和怀念。

乾陵位于陕西乾县，是中国乃至世界上独一无二的一座两朝帝王、一对夫妻皇帝合葬陵。里面埋葬着唐王朝第三位皇帝高宗李治和中国历史上唯一的女皇帝武则天。乾陵营建时正值盛唐，国力充盈，因而陵园规模宏大，建筑雄伟富丽，堪为“历代诸皇陵之冠”。

乾陵发展、完善了昭陵的形制，陵园仿唐都长安城的格局营建，分为皇城、宫城和外郭城，其南北主轴线长达 4.9 公里，陵园“周八十里”，原有城垣两重，内城置四门。经考古工作者勘查得知，陵园内城约为正方形，其南北墙各长 1450 米，东墙长 1582 米，西墙长 1438 米，总面积约 230 万平方米。城内有献殿、偏房、回廊、阙楼以及狄仁杰等 60 朝臣祠堂、下宫等辉煌建筑群多处。“安史之乱”后，乾陵地面建筑遭到严重破坏。此后，历经 1300 多年的风雨沧桑，乾陵地面的宏丽建筑早已荡然无存，唯司马道两侧列置的 120 余件大型石刻，成为盛唐社会蓬勃发展的真实写照，让人感受到它所体现的盛唐时代精神。石兽最前面是 1 对昂首挺胸、浑圆壮观的石刻翼马，马身两翼雕以卷云纹，似有腾飞之势；翼马之北是 1 对优美的高浮雕鸵鸟，它是唐王朝同西域文化交流与友好往来的象征。紧接鸵鸟的是 5 对配有驭手的石仗马和 10 对

图 94-2　乾陵全景

高4米左右的石翁仲。翁仲是古代陵墓前常见之石人，原本指匈奴的祭天神像，大约在秦汉时代引入中国，后来专指陵墓前面及神道两侧的文武官员石像，成为中国两千年来上层社会墓葬及祭祀活动重要的代表物件。翁仲之北是两通石碑，西边的一通是金字“述圣纪”碑，它是为高宗歌功颂德的纪念碑，碑高6.30米，宽1.86米。碑文约5600余字，武则天亲自撰文，中宗李显书丹，笔画初刻填以金屑，现今个别字的金迹尚在。东侧一通是武则天的无字碑，通高7.53米，宽2.1米，厚1.49米，重98.8吨。整个无字碑高大雄浑，雕刻精美，为中国历代群碑中的巨制。无字碑唐时立，但不铭唐人一字，留下诸多待解之谜。目前主要有“德大说”“遗言说”等。“德大说”是武则天认为自己以女子称帝，“功高德大”，难以用文字表达，故仅立白碑；“遗言说”是说武则天临终前遗言：“己之功过，留待后人评说”，故不铭一字。从北宋崇宁二年（1103）至明崇祯六年（1633）的530年间有“往来登眺者题咏诗篇刊其上”，计39人42段。其中无字碑阳面正中的“大金皇弟都统经略朗君行记”题刻，是用被称为“二十世纪之谜”的契丹文字镌刻的，弥足珍贵。在两通石碑的紧北边，竖立着当时与唐王朝关系密切的国家及民族首领石像61尊，是唐代空前的大外交和民族大团结的生动写照。如此众多的陪葬石像也是所有帝王陵中绝无仅有的。陵园内城的四门之外，还蹲踞着昭示大唐帝国神圣和威严的4对8尊高大雄伟的石狮。乾陵无字碑原本空身素立不着一字，为中国文化史上最

图94-3　乾陵无字碑

引人注目的谜团之一。然而，“此时无声胜有声”，它却因此产生了无数丰碑巨石难以比拟的文化震撼力和感召力。

作为唐高宗李治与女皇帝武则天的合葬墓，乾陵在中国古代帝王陵寝中是具有典范性的，说它是第一也不为过分。其出类拔萃之处在于，它以海拔 1047．9 米的梁山主峰为陵丘，而梁山山脊是天然形成的神道，前面又正好有两座小山丘分列神道两侧，是天造地设的设置陵阙的理想位置。陵丘、神道和陵阙是古代帝王墓最重要的组成部分，但这些必备的组成部分都圆满地借用天然地形而达到了目的。当我们惊叹大自然为乾陵提供的陵址是如此完满、如此理想时，也不能不感慨武则天的文化素养、胸襟气魄及艺术眼光。这浑然一体的高山陵寝气势雄伟，站在几十公里外远望乾陵，也难以抑制那种横空出世的震撼。来到乾陵，当谒陵者步步临近又一层层登高之时，不能不在气喘吁吁中产生对天地人生和武则天、唐高宗的无限感慨，沉思遐想，这或者正是设计者的目的所在。

乾陵共有 17 座陪葬墓，已重点发掘懿德太子、章怀太子和永泰公主等墓，其中出土的文物，无论是陶俑还是精美的壁画，均承载着丰富的盛唐气象和文化信息。这些陪葬墓的发掘，实际上是给沉睡千年的乾陵打开了几个小小的窗口。“待到幽宫重启日，还期翻案续新篇”。人们一直对尚未发掘的乾陵抱有极大的期望，也许当这座地下宫殿重见天日时，会出现轰动世界的奇观。人们在期待着这座地下宫殿将以怎样的方式展示古老的中国和神秘的东方。作为全国重点文物保护单位，乾陵已被列入丝绸之路申请世界遗产预备名单。在乾陵陵园内建立的乾陵博物馆为目前中国最重要的帝王陵墓博物馆之一。

九五、文明交往的见证——遣唐使与唐代的中外文化交流

丝路的畅通和繁荣，造就了唐代的强盛，唐代的强盛又吸引了越来越多的外国人来到长安学习、生活。当时的长安城仿佛世界的“天堂”，不少国家的人都把去往唐都长安作为自己的最大梦想。如果说在汉代行走在丝绸之路上最多的人是商人和士兵，最多的活动是交流贸易的话，那么在唐代往来于丝绸之路上的人则不再仅仅是商人和士兵，还有更多

图 95-1　墓道壁画客使图（李贤墓）

的为寻求信仰理念而从事文化交流的人，他们所进行的更多的是文化交流，其影响更加广泛而深远。唐李贤墓道壁画《客使图》描绘的正是唐代官员接见外国使者的场景。

日本与中国一衣带水，在唐代时，中国高度发达的文化对日本影响非常大。汉字、儒学、陶器、历法，甚至吃喝玩乐的方式，都引起了日本如醉如痴的效仿和吸收。日本学者吉田茂曾说："日本人很早以来就醉心于中国，一直不遗余力地输入中国文化。圣德太子不仅用汉字书写日本最初的宪法即 17 条宪法，而且还引进中国服装，收集中国物品，想使全部生活中国化……古代的中国拥有非常先进的文明，对日本来说，学习中国，是一个莫大的恩惠。"而日本原日中友好协会会长平山郁夫先生则毫不掩饰地承认："西安是日本文化的根。"日本享受中国文化恩惠的过程，是通过大量的遣唐使、留学生来中国实现的。在唐代，日本派往长安的遣唐使共 19 批，先后累计达几千人之多。其中随团前来的留学生、学问僧如饥似渴地学习唐文化，最著名的如阿倍仲麻吕还作了唐朝的官，在中国度过了一生；而留学生吉备真备、学问僧空海等

归国后，为传播中国文化做出了巨大贡献，推动了日本社会与文化的飞速发展，至今为人称道和怀念不已；8 位最有名的来华留学僧被称为“入唐八家”，其中 6 位是在长安的青龙寺留学的，他们后来大都获得了大师的称谓；日僧圆仁属于“入唐八家”之一，他在唐 8 年，根据亲身经历写下的《入唐求法巡礼记》一书，被今天的学者们称为与《马可·波罗游记》齐名的最佳东方见闻录。近年在西安出土的井真成墓志，在中日两国都引起轰动，原因在于井真成不但是日本人，随日本的遣唐使来华，而且最后还病逝于长安。井真成墓志是目前出土的第一方遣唐使墓志，因此显得特别宝贵，是迄今为止中国发现的唯一有关遣唐使的实物

图 95-2　唐代中外交通路线图

图 95-3　井真成墓志

资料，也是最早体现日本国名、国号和日本作为国家被承认的重要文物——井真成墓志。

新罗（位于今朝鲜半岛东南部）由于离唐最近，向唐学习的热情也更高，入唐留学生比其他国家加起来的总数还

多，仅有一年返国的留学生就达105人。新罗的很多留学生克服了很多难以想象的困难，考中了唐朝的进士，攀上了中国文化的高峰，在各国中遥遥领先，其中最杰出的如崔致远，汉文化造诣之高令两国文人都叹服不已。大量中国文化传入新罗，玄奘法师的大弟子就是新罗人圆测，圆寂后就陪葬在恩师墓侧；新罗人金可记曾考中唐朝的进士，后来在长安以南的子午峪修道，并在那里羽化，至今那里还有关于他的摩崖石刻保存。

中亚、西亚和南亚在对唐朝的交流方面，也有着很高的热情。波斯萨珊王朝在国家危难之际，想到向东方大国唐朝求援，其末代国王卑路斯和他的儿子泥涅师都来到中国长安，后来都在中国度过余生，乾陵陪葬的六十一王宾石像，其中两尊上就刻有他们两位的名字。公元635年，波斯人阿罗本带着传播景教的传教团来到长安，唐太宗派宰相房玄龄亲率仪仗队到西郊隆重迎接，这不仅是对异邦宗教的尊重，更是出自对双方关系的珍视。唐代有关景教，亦即聂斯脱里派基督教流传情况的名碑《大秦景教流行中国碑》至今犹存，并且一直是各国学术界探讨与研究的热点；另外还有波斯宗教摩尼教和祆教传入中国，与景教一起就是著名的唐代“三异教”，并都对中国文化产生重要影响。波斯人因为做生意或学习，大批流入长安，后来就在长安娶妻生子，担任公职，时间久了，唐朝政府也干脆批准他们入籍，一次即达几千人之多。当波斯已亡国200多年、久居长安的波斯人后裔苏谅在妻子马氏亡后，仍然用汉文和古波斯文两种文字刻下了墓志铭，现在就珍藏在西安碑林博物馆。祖籍波斯的李询是唐朝著名的词人。波斯商人带来了大量西

图 95-4　大秦景教流行中国碑

方的奇珍异宝，而他们加工金银器和其他方面的高超技艺，也无保留地传到了唐朝。有许多学者统计了中外交流的科技项目，数目多达上百项，而主要输出、输入对象都是波斯。

中国和印度都是世界文明古国，彼此都把对方看做文明与富足的大国，除了真诚的尊重外，甚至还有着神话般的精神向往，所以两国都不断有人舍生忘死去对方国度，研讨学问，传播文化，做沟通双方的友好使者。早在西汉哀帝元寿元年（前 2），长安博士弟子景卢跟随大月氏使者学习佛经，表明了当时长安的上层贵族已把佛教经典当作一种新知识、新思想去追求。公元 64 年，由于崇信黄老学说的最高统治阶层对于席卷西域的佛教文化的仰慕，促使东汉明帝派遣了一个以蔡愔、秦景为首的 12 人使团前往印度正式探讨佛学，引进印度学术，这是中国历史上首次由政府组织的前往印度取经的活动。汉代人对佛教这种积极吸收的态度，表明了古代中国人对于外来文化勇于学习的开阔胸襟。

到了唐代，中印两国的交流更加频繁。公元 627 年至 645 年，玄奘为了澄清争论了数百年的佛性疑惑，毅然西行，以不惜性命的无畏精神赴印度求法。《玄奘负笈图》传为宋人所绘。描绘玄奘背负从印度取回的经卷而孤身绝域、悬命大漠的动人情景。当玄奘大师用 17 载寒暑经历 5 万里的行程，从印度归来时，他能够豪迈地说出“张骞望而非博，班超定而未远”。足见唐人的眼界与足迹已超越汉朝人很远，看到了以往中国人从未看到的全新的世界以及那里的万象人生。玄奘西行天竺，取得“真经”，极大地丰富和完善了中国的佛教经典的存目。玄奘西行，带回佛经 657 部，其数量可谓空前绝后。他从事译经 19 年，共译书 75 部、1335 卷，同样成就辉煌，开创了中国佛教翻译事业的高峰。在译经过程中，他凭借自己良好的学术背景和深厚的传统文化积淀，改变了以前佛经翻译中存在的残缺、混乱、舛误频出的状况，使新译的佛经变得完整、明晰、相对准确，佛经翻译的中国化程度大大提高，玄奘也凭此确立了他在中国翻译史上的重要地位。需特别指出的是，玄奘的翻译充分实践了“信、达、雅”的准则，对汉语的词汇（如“印度”“涅槃”

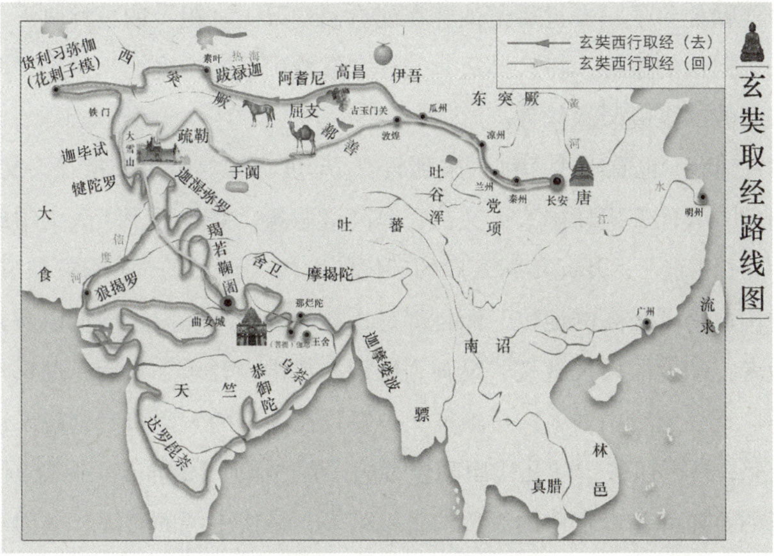

图 95-5　玄奘取经路线图

等）、文法等方面亦有深远影响。玄奘在大慈恩寺译经讲学期间，团结了大批学有所长的高僧，使大慈恩寺成了闻名世界的佛学中心。玄奘还把旅途见闻写成了《大唐西域记》一书，《大唐西域记》为唐代著名高僧唐玄奘口述，门人辩机奉唐太宗之敕令整理而成。共十二卷，为玄奘游历印度、西域旅途 17 年间之游历见闻录。书中所记沿途 100 多个国家和地区的自然地理、政治经济、社会文化、物产风俗、宗教信仰等情况，对于研究我国唐代中外文化交流、佛教、交通及民族史都有很大帮助。它先后被译为英、法、德、日等文字广为传播，在国际上拥有重大影响，受到国际学术界的高度评价。玄奘不仅将印度的大量佛经带回了中国，而且也为印度带去了中国的文化，为中印文化交流做出了巨大贡献。在当时的印度，玄奘是家喻户晓的人物，没有玄奘的记录，印度的历史将有很多空白。公元 664 年 2 月 5 日，一代佛学大师玄奘，在完成他从印度带回的佛教经典的翻译之后，溘然长逝。一生对玄奘充满敬意的唐高宗听到消息后，仰天长叹道：“朕失国宝矣！”为悼念玄奘，唐高宗罢朝三天，将玄奘灵柩安放大慈恩寺，供百姓吊唁。当年玄奘西行取经载誉归来时，长安 100 万市民倾城而出，自发地涌上街头载歌载舞夹道欢呼，而在玄奘安葬那天，京城附近五百里内，也有百万人自发送葬。玄奘曾经嘱托弟子，去世后把他葬在能看到“万山之祖”的秦岭脚下。唐高宗根据他的遗愿，将玄奘遗骨安葬在秦岭山区的白鹿原，后来又改葬紧依秦岭的少陵原兴教寺。

在唐代，也有不少印度人来到长安。印度人瞿昙的家族擅长天文学，入唐后有数代人担任国家天文台长等高级职务，并且写下了天文学的巨著《开元占经》；开元年间入唐的三位印度僧人善无畏、金刚智和不空，在中国取得了极高的地位，而且都是大学问家、翻译家，他们以及其他传教者把印度的佛教教义、绘画、雕塑、数学、音乐、音韵、逻辑学、医学广泛介绍给中国人，贡献极大，并且在长安的大兴善寺创建了佛教的密宗；不空还曾担任几代唐朝皇帝的“灌顶国师”，官至一品肃国公；印度的石窟寺艺术在中国流传的直接结果，是使中国的敦煌、龙门等艺术宝库大大丰富了题材、风格和各方面的表现能力，提高了它们的艺术水准；印度佛教中的重要建筑——塔传到中国后，成为中国最常见的标志性寺院建筑，也是中国古典建筑的主要形式之一。摩揭陀国（今北印度一带）向唐朝传授制白砂糖的技术，唐人学习以后加以改进，制出的白砂糖质量又有新的提高；而波棱菜（即菠菜）等许多物产也是从南亚输入的。

大食（今阿拉伯）人也是大批入华，有唐一代共有 37 批使节到达长安，这比近邻日本还多得多。在长安生活的大食人中上有为官为宦，下有经商为奴，文物中多见“大食胡”的形象。公元 752 年，唐与大食发生冲突，唐之造纸工匠因而流人大食，把中国四大发明之一的造纸术传到了阿拉伯地区，又从那里传到欧洲，影响了整个世界的文明进程。中国古代数学中没有“零”这个符号与概念，也是在唐代由阿拉伯传入。中国的元幻方铁板出土于西安东郊元安西王府遗址，共五件，分布于宫殿四角及中央，应为压胜之用。正面纵、横各排列六行阿拉伯数字，为从 1 至 36 不重复。每行不论纵、横或对角线相加都等于 111。由于让人感到神奇不可思议，所以被称为幻方。同时，其使用数字为古老的阿拉伯数字，其来源引起各方极大关注，有学者认为或与马可·波罗有关。这看起来是个小问题，实际上是很重要的科技文化交流，它使中国数学的抽象思维与表达能力大大提高；大食人李彦升在唐考中进士，是所有非东方籍留学生中唯一的一个。

图 95-6　法门寺出土波斯琉璃盘

图 95-7　陕西历史博物馆藏唐摩羯纹金杯。金杯的造型为四瓣海棠形。杯内中心有一摩羯在水中嬉戏。从公元 3 世纪中叶开始，摩羯纹就出现在古代印度的雕塑、绘画艺术当中，摩羯纹随佛教的东进而传入中国。在杯的内壁，四个区间每一区间内錾刻两组对称的宝相花，宝相花两侧还有如意花纹。从金杯的造型和纹饰来看，有着浓郁的外来文化色彩

生活在长安的外来人在学习吸收唐代文化的同时，也以他们的思想、精神、文化、技艺影响着唐朝人，影响着唐朝社会。随着外来人数量越来越多，地位越来越高，他们所产生的影响也就越来越大。唐诗中有大量反映中外关系的诗句，也可以说，是它们将丝绸之路装扮成五彩缤纷的文化长廊。“胡姬压酒劝客尝”是长安街头常见的景观，取法于西域的葡萄美酒成为身兼酒徒与诗人的李白等人常见的创作题材，当然也是他们创作的动力源泉之一；曾有当朝宰相上朝途中，闻到“胡饼”香味，忍不住买下边走边吃，被别人讥笑说是失礼，但这说明了外来生活方式在长安深入人心的程度；在文艺演出场所观看外国歌舞，身穿外国风格的服装，就像壁画、陶俑中常见的大翻领袍服，也都是当时社会上的时髦风尚。

丝绸之路绝不仅仅是一条商路。实际上，沿着丝路进行的文化交流，其影响远远超过一切商业交流，对交流双方所起的作用也是最重要的。由于大量的胡人源源不断地来到长安，他们带来了全然不同于中国的新的文明，这一历史现象终于引起学者们的注意。继李希霍芬提出“丝绸之路”的概念后，1933 年，中国学者向达发表了他划时代的名著《唐代长安与西域文明》，第一次将长安这座城市与外来文明联系在一起，

将长安看作中外文化交流的主要中心；20 世纪 80 年代，美国学者薛爱华在其轰动西方的名著《唐代的外来文明》中说，“在唐朝统治的万花筒般的三个世纪中，几乎亚洲的每个国家都有人曾经进入过唐朝这片神奇的土地”，也对这种文明交流现象做了深入的研究。

丝路在元朝之后的逐渐衰落，间接刺激了欧洲海权兴起。意大利威尼斯人马可·波罗是后期丝绸之路上最重要的旅行家之一。元至正十二年（1352），马可·波罗曾经旅陕达两月之久，后来，他在著名的《马可·波罗游记》中描述在陕见闻。其中有汉人与其他各族友好相处、各种宗教并行不悖的记载。京兆府（西安）城市繁荣、百业兴旺。特别是他对当时刚落成不久的安西王府有较详细的记述，而这些记述已为今天的考古发掘所证实。

中国及亚洲成为许多欧洲人向往的繁荣富裕的文明国度。西班牙、葡萄牙等国家开始企图绕过被意大利和土耳其控制的地中海航线与旧有的丝绸之路，经由海路接通中国，并希望能从中获得比丝路贸易更大的利润。一些国家也希望将本国所信仰的宗教传至东方。1492 年，哥伦布远航的一个目标就是最终能到达中国，并开创另一条比丝路更好的贸易要道，但他却带领欧洲发现了美洲这一块新大陆。于是哥伦布之后的探险家在美洲开启了新世界的殖民地时代，17 世纪之后，荷兰与英国也陆续在非洲、美洲、南太平洋扩展他们的势力。19 世纪初期，尽管欧洲强权已在海上遍布，中国依然被西方认为是向往之地，是最兴旺与古老的文明之地，学者们多认为这是丝路在中西交流史上所带来的精神性影响，也造成西方在近代 200 年期间，认为与中国交易必能获得巨大利润的印象之源。

九六、考古为证——大唐西市与丝绸之路的繁荣

唐代，在很长一段时期对西域实施了更为有效的统治，西域地区结束了小国林立的状况，因此唐代的丝绸之路比汉代更为畅通，使得丝绸之路在唐代出现了空前的繁荣，唐王朝和 300 多个国家与地区有交往，往来于唐的使节和商旅穿行于途、络绎不绝。丝绸之路的繁荣

在长安城的西市中得到了最集中的反映。

图 96-1 大唐西市博物馆藏三彩驼队

西市位于唐长安城皇城外的西南方向，是长安城最大的商业中心，也是当时世界上最大的市场。根据考古调查，西市南北长 1031 米，东西长 927 米，面积近 1 平方公里，其具体范围在今西安莲湖区东桃园以东、老縻家桥以西、东桃园桥以北、中国航空器材公司西北分公司以南，现在的劳动南路市场一带。西市内南北向和东西向各有两条均宽 16 米的街道，四街纵横交叉成“井”字形，将整个市内划分成 9 个长方形区域，其中东西向二街相距 327 米，南北向二街距离 309 米。西市的 9 个区域四面均为街道，这样每个区域的周边都临街，便于交易。每个区域内还有便于内部通行的小巷，有的巷道下还有砖砌的暗排水道，与大街两侧的水沟相连。临街部分出土的商业店铺遗址表明，房屋的规模不大，面阔 4 至 10 米，进深 3 米多，均沿街毗连，当时店铺多为前店后厂，也可能是集“商品”的生产、加工、销售或者仓储一条龙服务。这些都足见当时城市功能的健全。西市街道两旁栽种槐榆，大道笔直，绿树成荫，十分壮观。白居易给张籍的诗中所描写的“迢迢青槐街，相去八九坊”，就是反映当时西市内的这一景象。

西市距离唐长安丝绸之路起点开远门较近，周围坊里居住有不少胡商，从而使西市成为一个国际性的贸易市场。这里有来自中亚、南亚、东南亚及高丽、百济、新罗、日本等各国各地区的商人，其中尤以中亚与波斯（今伊朗）、大食（今阿拉伯）的“胡商”最多。最繁华时期的西市约有数万外国客商常年在此聚居经商。

西市汇聚了酒肆、衣行、药店、古器、珠宝、铁铺等 220 行，商铺上万家，其中有金融业的雏形——“柜坊”，柜坊可代人存放钱财和贵重物品，凭信物支取，亦可长期存放。鼎盛时期的大唐西市，商贾云集，

每天的客流量达 15 万人，极尽繁华之表现。由于西市的繁荣，这个地方进而成了财富的象征，因此西市也被世人称为“金市”。

西市不仅经营琳琅满目的各类商品，而且荟萃国内外的奇珍异宝，《太平广记》一书中曾记载了西市珍奇的王四郎金子、神秘的镇国宝碗；《南部新书》也记载：“胡人慧眼，善识宝，西市胡人贵蚌珠而贱蛇珠……”此外，西市的美酒、美食闻名遐迩，貌美的胡女歌舞，豪爽的胡商举止以及文人墨客的潇洒和各路客商的穿梭，购成了盛唐歌舞升平的景象。李白曾赋诗赞曰：“五陵年少金市东，银鞍白马度春风；落花踏尽游何处，笑入胡姬酒肆中。”白居易也曾赋诗：“东邻有富翁，藏货遍五都。东京收粟帛，西市鬻金珠。”

图 96–2　镶金兽首玛瑙杯。1970 年西安南郊何家村窖藏出土，陕西历史博物馆藏。属于酒器，以产自中亚、西亚地区的红色夹心玛瑙制成。杯身弧形，因似兽角，亦称角杯。属于舶来品

当时唐朝政府对西市的管理极为重视，分别设立市署和平准署等市场管理机构。这两个部门对市场的管理主要包括：定时交易。西市实行严格的定时贸易与夜禁制度。市门有门吏专管，早晚要随六街鼓声而开闭，管理交易。市署负责市场交易管理，办法是“以二物（秤、斗）平市，以贾均市”。即规定市场物品交易，必须用公平的秤斗，对交易者所使用的秤等度量器物，要进行检查验看，确保市场交易秩序，做到童叟无欺。另外还规定，凡官府在市场上购置物品，要不取高价低价，而是以中间价交易。同时，市署对于市场上交易的弓矢、长刀及其他器物，都立有定样和要求，凡私人所造者必须确保质量，并需在器物上刻上制造者的名字才能出售。对以粗制滥造和劣质品出售者，一律没收。在管理中，还对在市场上囤积居奇、哄抬物价、扰乱市场等行为给予严惩。当时在西市设立的平准署的职能，主要负责西市市场上物价秩序，掌握市场价格涨落，这有点像现在物价局的职能。如果遇上物价上涨，则由政府拿出实物投放市场；遇到物价低落，政府则又买入，以此调节市场物价，稳定市场。

西市每天要进行大量的商业往来，也就发生了许多与金钱有关的故事。《太平广记》卷中《魏伶》一文就记载了这么一则趣闻：唐魏伶为西市丞，养一赤嘴鸟，每于人众中乞钱。人取一文而衔以送伶处，日收数百，时人号为“魏丞鸟”。故事里的魏伶，是西市令的两个副手之一，养了一只红嘴鸦雀。那鸟儿很会讨人喜欢，每天在市场上向商民要钱，从每个人那里叼一文钱回来给魏伶，每天都能收数百文，时间长了人们便给这只鸟送了个外号叫“魏丞鸟”。这虽然只是一个官员欺压商民的故事，但仔细想来一只讨钱的鸟每天都能叼回数百文钱，也可见西市每天的交易量之大及市场的繁盛。

图 96–3　唐三彩童子叠置伎俑。表现的应该是长安百戏中的一个杂技节目

关于西市的繁华，还有两则故事可以证明。《太平广记》卷中《吴凑》一文则记载说，唐德宗紧急任命吴凑为京兆尹，叫他即刻上任。闻讯而来祝贺的客人们到府上的时候，宴席已经摆好了。有人问怎么这么快？门吏说：“东市西市每天都有礼席，可以随时带着盆锅去买。所以三五百人的宴会，可以立刻办妥。”西市的繁华，由此略见一斑。另据记载，杨贵妃兄弟姐妹曾于天宝十年的元宵节夜游，与广平公主及驸马一行争进西市门时发生争执。公主泣诉至皇上，玄宗杀了杨氏家奴，但驸马也被免了官。事后杨贵妃仍觉委屈，玄宗于是召集两市杂戏以娱贵妃。这个故事从一个侧面反映了西市的繁华，由于游人如织，肢体碰撞难免，也就易起争端。

此外，大量的外国商人长期在西市经商，他们的各种风俗习惯即“胡风、胡俗”也就随之在汉人中流传开来。

图 96-4 唐长安城遗址出土波斯库思老二世银币

图 96-5 唐长安城遗址出土日本“和同开珍”钱

大唐西市作为当时国际性的商贸市场，是帝国经贸交易的主要场所和最大的物品集散地。唐时期也采取了一系列保护、鼓励和优惠的政策来促进“丝绸之路”商贸往来的繁荣与发展。同时，唐朝廷对胡人移居中国一直采取支持和宽容的态度，并曾提出过专门的优惠政策，规定对移居大唐的胡人，所在州镇应给衣食并于宽乡安置，同时免去他们十年的赋税，以致迁居大唐的西域各国胡人往往数以万计。因此，作为唐代中外交流及国际贸易的重要窗口——西市及其周边胡人聚居区，也在一定程度上具有了“经济特区”的某些特征，与此同时，西市也见证了大唐国力强盛、经济繁荣、政治清明、文化包容、民族和谐的一段熠熠生辉的历史时期。

然而，唐文宗大和九年（835）六月，一场大火竟然使西市毁于一旦。也就是从那个时候开始，昔日大唐西市的胜景也只能在世人的文字记载中为后人所知。20 世纪 60 年代以来，考古工作者先后对西市遗址进行了多次大规模的调查和发掘，考古成果从多方面印证了西市繁荣和辉煌。而 2010 年 4 月建成开放的大唐西市博物馆则使人们能在原址上感受到西市当年的宏伟与繁华。陕西省政府也已将长安西市列入申报“丝绸之路”世界文化遗产的预备名单。

除最大的市场西市和东市外，唐都长安还有一处当时全国最大的港口——广运潭。广运潭是唐玄宗天宝初年为改善漕运、打通全国到长安的水运通道而在浐河和灞河一带修建的大型港口。据《旧唐书》记载：

图 96-6　东罗马赫拉克利留斯金币

图 96-7　波斯萨珊朝银币

“天宝元年三月，（韦坚）擢为陕郡太守，水陆转运使……奏请于咸阳拥渭水做兴成堰，截灞、浐水傍渭东注，至关西永丰仓下与渭合。于长安东九里长乐坡下，浐水之上架苑墙，东面有望春楼，楼下穿广运潭以通舟楫，二年而成”。广运潭的建成给唐都长安带来了交通运输之便利，促进了长安经济繁荣。史载唐玄宗曾在广运潭举办了一次全国性的水运博览会，参会商船 200 多只，从江南运到长安的粮食最高达到 700 万石，规模盛大。江南的金银财宝、绫罗绸缎、瓷器酒具、名酒茶叶、文房四宝、名贵药材等等，天南海北的奇珍异宝、地方特产汇集于此，繁华异常。但时间不长，便发生了安史之乱，漕运阻塞。随后又因浐灞泥沙沉淤，潭不可漕，成了个大鱼塘。如今，随着西安广运潭生态景区的建设以及 2011 年世界园艺博览会的召开，广运潭很快再现曾经的辉煌，再次聚焦世人的目光。

九七、高山仰止——楼观台与《道德经》的传播及道教发源地

春秋战国时期，列国争战不休，社会动荡难安，然而，剧烈的动荡

却伴随着变革，由于强国的欲望和各国诸侯对于人才的渴求，造就了空前活跃的思想文化和学术交流机制。从而出现了百家争鸣的现象。儒、法、道、墨等“诸子百家”的各种思想流派竞相涌现，互相辩论，游走天下，传布各自的学说，列国的上层和士人阶层显示出昂扬奋进的气势，从而缔造了历史上难得一见的个性张扬与思想解放的时代。当时老子所创立的道家学派对于中国文化的影响巨大。

老子姓李，名耳，字伯阳，又称老聃，本是春秋时期楚国人。曾经在东周王室做守藏史，掌管全国的图书典册和重要文档。根据史书记载，孔子曾经向老子问道求教，受益匪浅。公元前516年，由于周王室宫廷发生内乱，心灰意冷的老子便辞官而去，独自骑上一头青牛，径直往西向函谷关而去。函谷关位于当时的秦魏交界之处，是历史上建置最早的雄关要塞之一，素有“一夫当关，万夫莫开”之称。因为关在谷中，深险如函，故称函谷关。自古以来便是兵家必争之地。史书上总是以函谷关为界，分为关中和关东两大区域。

据说守护函谷关的关令尹喜善于观星望气，那时候他发现一股紫气从东往西缓缓而来，预知将有圣人经过。于是，每天站在关楼上留心过往的行人。终于有一天，他看到一位长须飘飘的老者骑着一头青牛悠然而来。尹喜赶紧下楼将老子恭敬地迎接到关房里好生招待。

图97-1　孔子见老子画像

老子是诸子百家中最为标新立异的一位。他创立了“道”和“自然”为核心的思想体系，他以“无为”作为行事的根本。西行函谷关之前，他已经名扬天下，成为人们心目中的智者。根据《礼记》《庄子》《史记》的记载，孔子曾经向老子求教，受益匪浅。那时候老子还未著书立说。就是在函谷关之时，尹喜恳请老子留下他的学说，于是，写下了《道德经》五千言。《道德经》写成后，老子执意西行，尹喜便辞掉函谷关令，追随老子而去。然而，当他们来到了终南山下，却被楼观台的胜景所吸引，于是老子面临秦岭，驻足楼观台，开始向世人宣讲《道德经》。老子说经台至今依然矗立在那里，每日的清晨，在诸多道士的早课中人们似乎还能听到老子那苍老沉雄而带有磁性的宣讲声。《道德经》由此开始了它走向中国、走向世界的传播之旅。自从在楼观台讲授《道德经》后，老子便去向不明，再无消息了。司马迁在《史记·老子韩非列传》中写道，老子“言道德之意五千余言而去，莫知其所终。”老子的去向始终为后人留下了一个不解之谜，可是老子的道家思想却影响深远，为后人所铭记。

图 97-2　终南山古楼观说经台

《道德经》是中国历史上首部完整的哲学著作，不仅是道家思想的重要来源，而且也对儒家思想以及其他学说产生了巨大的影响。早在1700年前，晋朝学者葛洪就指出：“道者儒之本也，儒者道之末也。”这就是说，老子的道家思想对孔子的儒家学说的创立所产生的影响是根本性的。对于两种思想的关系，有人认为老子学说与孔子学说相辅相成，都是指引中华文化发展的重要经典；也有人认为道家哲学才是中国哲学的理论主体。

《道德经》虽然只有五千余字，但它的内容却是博大而精深的。它所蕴含的哲学思想，不但滋养了中华民族，而且在传入欧洲后，也为西方的哲学以及社会、科学的发展，注入了强大的思想动力。16世纪以后，《道德经》被西方的商船和传教士带到西方，很快被译成各种西方文字，传遍欧洲大陆。德国哲学家莱布尼兹看到《道德经》后，根据老子阴阳学说，提出二进位思想，并为老子学说取了一个洋名：辩证法。从此，老子被推到了辩证法之父的位置。在西方，《道德经》比孔子或任何儒家的作品都流行。几百年来，《道德经》的外文译本涉及17种语言文字，有一千多种版本。从被译成外国文字的世界文化名著发行历史来看，《圣经》的发行总量位列第一，《道德经》高居第二，由此可见，老子及其思想在世界范围内的巨大影响。直到今天，西方世界依然认为，《道德经》和《圣经》并驾齐驱，是能够规范人类思想、行为的哲学经典。

因为《道德经》这部伟大的哲学著作是从楼观台开始流传的，所以这座海拔只有580米的山梁也成了令人观止的哲学之巅。到了东汉末年，起源于陕西汉中的道教又开始奉老子为太上老君，作为道教至高无上的尊神，供教徒朝拜。老子由中国道家学派的创始人，变成了道教的始祖，《道德经》由哲学著作变成了道教的最高经典，楼观台也由此成为了中国道教的发源地。自汉开始，历代均奉楼观台为道教圣地，并不断有所扩建或修缮。唐朝建立后，唐高祖李渊为了溯本求源，把自己的祖脉追到了李姓老子这里，并把道教奉为国教。公元620年，李渊专程来到楼观台礼拜，尊老子为李氏皇室先祖，封楼观台为皇室祖庙，由朝廷拨款扩建，赏赐供养。从此楼观台被道教徒称为“天下第一福地”。

鲁迅先生说：中华文化的根底在道教。道教在陕西源远流长，影响巨大，从最早的楼观派到华山派以及全真派，从楼观台、华山到终南山重阳宫，从尹喜、吕洞宾、陈抟到王重阳、丘处机，无数的道教宗师和他们的著述为中华文明的生生不息注入了无穷的生机。

特别值得一提的是王重阳和全真教。全真教不但起源于陕西，其创始人王重阳也是陕西人，后被尊为道教的北五祖之一。他有七位出名的弟子，在道教历史上称为北七真。王重阳揉合儒家和道、释的思想，主张三教合一。声称“儒门释户道相通，三教从来一祖风”。认为“人心常许依清静，便是修行真捷径”。相传王重阳在陕西户县遇到的仙人吕洞宾化身，遂通道术，后去山东等地传教。王重阳羽化后，其弟子护送他的遗骨归葬户县旧居，并于其地建立道观，因大殿上有弟子马丹阳手书的“祖庭心死”一匾，从此各方道教徒便称这里为“祖庵”，后改称“重阳宫”，并增建了许多殿阁楼台，为全真道三大祖庭之首，享有“天下祖庭”“全真圣地”之尊称。根据现存元代碑石记载，当时重阳宫的规模非常宏大，共有殿堂、楼阁等建筑物共计五千余间，住有道士近万人。现有用汉文和蒙文书写的大型碑石近四十余通，是研究元代历史文化和道教史的宝贵史料，因此又称“祖庵碑林”，为国家级文物保护单位。

全真教自金代出现后，很快风行全国。在元代时还被定为国教。王重阳的弟子丘处机曾被邀请去向成吉思汗传授修养之法，深得成吉思汗的赞赏，封为“神仙”。自此，全真教盛极一时，寺庙改为道观、佛教徒改信道教者不计其数。丘处机死后被封为长春真人。如今的重阳宫被公认是道教全真派的祖庭，是道众长期的活动场所。

九八、佛法东渐——佛教在长安的传播与翻译中心的奠定

作为丝绸之路的起点，早在西汉时期佛教就已传入陕西关中地区。魏晋南北朝时期，入主关中的少数民族政权的统治者均大力提倡佛教、虔诚佞佛。那时候既有来华传教的异国佛徒，又有西行取经的中国僧侣，他们或者途经关中，或者以关中作为其旅行的终点，从而使关中地区成为佛教传播活动和佛教理论研究的中心。这一时期最著名的高僧是道安，以他为代表的一大批佛教徒活跃在长安。

道安是东晋著名的高僧，12 岁时出家当了和尚，他先是拜西域高僧为师，后来在各地从事佛教活动，声名逐渐远播。公元 380 年，他应前秦苻坚之邀而入长安，传授佛法。他第一次提出了系统的佛经翻译理论和基本原则，延请众多西域高僧翻译了大量佛经，形成较大的规模，从而使长安成为中国第一个佛经翻译中心。道安规定出家人一律不用俗家姓而统称姓“释”，即与佛祖同姓。这不仅使佛教徒与一般人有了一

图 98-1　北周五佛像

条更清楚的界限，而且也提高了佛教徒的地位。与此同时，道安还制定了一整套佛教徒的行为规范——戒规，也深化和发展了佛教教义。这些规定得到了各地僧众的共同拥护，并一直沿习传到后世。道安坐镇长安，广收徒众，四处化缘，建立僧院，弘扬佛法。当时有谚云："长安僧，天下行"，就是长安佛教向外扩展传播的生动写照。道安派到全国的弟子中，最著名的是高僧慧远，他主持建立的东林寺，至今还屹立在江西庐山脚下，是我国江南著名的古刹。

公元 399 年，高僧法显从长安出发，踏上了西行求法的漫漫征途。虽然现在的人们说到"西天取经"，首先想到的是唐玄奘。那是因为一部《西游记》的巨大影响所致。其实法显才是中国第一位到海外求法取经的大师，他比唐僧玄奘早了两百多年。法显因其丰富的阅历和实践而成为中国杰出的旅行家和翻译家。

也就在法显西行取经的两年之后，公元 401 年，西域有一位高僧鸠摩罗什也结束了他云游讲学的生涯，来到后秦，定居长安附近的草堂寺。其实，早在公元 382 年前秦苻坚授命大将吕光率领十万大军征伐西域，其中一个目的就是为了将羁留龟兹的鸠摩罗什法师请来长安来主持佛事。在长安，鸠摩罗什一方面讲经传法，一方面建立了第一个国立译经场逍遥园，他带领三千弟子在这里校译梵文经典 97 部 427 卷，首次将印度大乘佛教的般若类经典全部完整地译出，对后来的中国佛学发展，起了重要的作用。鸠摩罗什本人也译了6部63卷。可以说，是鸠摩罗什开启了佛教中国化的进程，他让晦涩深奥的佛教教义，以通俗易懂的方式和浸润着中国传统文化精神的语言文字，走向了中国社会，接近了普通民众。此外，许多包含重要资料的经文原本在印度等南亚国家早已失传，而中国却有译本可供参考，所以许多从事南亚史的外国专家、学者对中国古代译出的佛经的重视程度不亚于中国学者。鸠摩罗什创建的草堂寺，是关中现存最早的寺院，而他本人的舍利至今还保存在寺中。鸠摩罗什与他的弟子僧肇以及后来的玄奘、义净并称为中国古代四大翻译家。

图 98-2　鸠摩罗什舍利塔

在法显与鸠摩罗什之后，“丝绸之路”上中外名僧东来西往，络绎不绝。陕西临潼籍僧人释智猛也曾从长安出发，历经千辛万苦经过克什米尔、尼泊尔而抵达印度，最后返归故里。与鸠摩罗什同时，有迦毗罗卫国（今尼泊尔南）僧佛陀跋陀罗来到长安，他后来译出佛经多部。另外，鸠摩罗什的弟子、长安僧人僧肇，也是当时佛教界一位重要人物。他的几部宗教哲学著作影响极大，奠定了中国大乘佛教的理论基础。鸠摩罗什四大弟子之首的竺道生，是活跃在长安佛坛的又一高僧。他的涅槃佛性学说，与僧肇的佛性学说结合起来，相辅相成，使佛教大乘学说臻于完善，对佛教的发展贡献极大。

隋文帝时期印度高僧那莲提黎耶舍、舍那崛多和达摩笈多先后来到长安大兴善寺翻释佛教经典，同时传授佛教密宗，被称为“开皇三大师”。到了唐玄宗开元年间，印度僧人善无畏、金刚智和不空同时来华，均在大兴善寺传授密宗，并称“开元三大士”。不空和尚在这里译出佛教密宗经典500多部，因此大兴善寺便成为密宗的祖庭以及当时长安翻译佛经的三大译场之一。唐僧玄奘西天取经，将丝绸之路的求法事业推向了

图 98-3　药王山摩崖石刻

历史的顶峰，影响遍及海内外。

佛教在长安的传播和发展，对关中文化艺术的发展起了极大的促进作用。从现今关中地区遗留下来的大量佛教文物，可以清楚地看出各种文化艺术的交流与融合进程，如从北魏后期到北周的佛像，时间虽只相差几十年，但艺术风格却明显不同：前者面长发卷、深目高鼻，后者方面大耳、衣冠齐楚，南亚人、中亚人与中国人的不同特征表现得非常明显。这也就是佛教艺术的中国化。由于推行佛教，出自立碑造像的需要，又推动了雕刻艺术和书法艺术的发展。在这一时期，魏书、楷书、草书都由草创阶段趋于成熟。关中耀县药王山和西安碑林中保存的大量石刻作品，本身固然是佛门的产物，但同时又是书法中的精品，是石雕艺术的杰作。

九九、佛都长安——佛教六大宗派的祖庭和佛教圣地法门寺

佛教产生于公元前 6 世纪的印度。佛教认为：现实世界是“无常”的，即迅速变化和虚幻的，现实的人生则是“苦”的。“苦”的根本原因既不能怨天——不是神的安排，也不要尤人——不在社会环境，而是由个人的各种欲望所造成的，故只有按照佛教教义苦修身心，完全克制

自己的世俗欲望，才能摆脱苦，并最终达到神秘的涅槃（解脱）境界。

关于佛教最早传入中国的时间，目前学术界、佛教界比较公认的看法是公元前 2 年（汉哀帝元寿元年）。这一年，来自中亚大月氏国的使者伊存在长安向汉朝的博士弟子景卢口授佛教经书《浮屠经》。虽然这部佛经没有留存下来，但是，据史料记载，他在当时曾产生了很重要的影响，尤其是影响了上层社会的一大批人，标志着佛教正式传入中国。1998 年中国佛教学会和中国宗教学会举行了各种形式的“中国佛教两千年纪念活动”，是对这一事件的高度认可。因此说，长安是佛教在中国的发源地。

佛教自西汉末传入长安后，借助于长安的都城所在地的优越条件而日趋兴盛。如果说魏晋南北朝时期，陕西还只是北方的佛教中心，那么到隋唐时期，佛教在中国达到了它的鼎盛，陕西也由此成了名副其实的中国佛教文化中心。这一时期，陕西地区寺庙众多，高僧辈出，已经完成了佛教中国化的历程，建立了中国自己的佛学理论。当时中国形成了天台宗、三论宗、华严宗、法相宗、律宗、净土宗、密宗、禅宗八个全国性的佛教宗派，除天台宗和禅宗之外，其他六大宗的祖庭都在长安区域，直接影响了后世佛教发展的方向。

1. 法相宗祖庭大慈恩寺

法相宗专论本质和现象的认识关系，故名法相宗，又以阐明“万法唯识”为宗旨，所以也叫“唯识宗”。该宗最大特点就是对大量的佛教专用名词进行了分类和说明，为著名高僧玄奘所创立。

其祖庭大慈恩寺原为隋代无漏寺。公元 648 年，太子李治为追念其母文德皇后，在无漏寺的基础上重建新寺，取名“慈恩寺”。公元 652 年，唐高宗李治为供奉玄奘从印度带回的

图 99–1　大雁塔

佛像、舍利和佛教经典以及展示大唐帝国的国威，在寺内修建了著名慈恩寺塔。因仿印度雁塔样式，故称雁塔。后来在长安荐福寺内又修建了一座较小的雁塔，为了区别，人们就把慈恩寺塔叫大雁塔，荐福寺塔叫小雁塔。

在慈恩寺，玄奘先后翻译了 1335 卷经书，超过了与他并称中国佛经翻译史上四大家的鸠摩罗什、真谛和不空三家翻译数量的总和。本着原典著作，玄奘发扬了其中的唯识论，开创了唯识宗，成为中国佛教八宗之一。

实际上，在玄奘取经归来后，中国兴起了所谓的“新佛教运动”，宗派层出不穷，这多多少少也与玄奘取回并译出的梵典有关。比如华严宗三祖贤首法师曾参与过玄奘译场《华严经》的传译，律宗、密教等教派此后的发展亦离不开玄奘的译经工作及其成果。由于大慈恩寺地位高，寺宇广阔，中外高僧云集，是当时堪与印度那烂陀寺媲美的世界著名佛教寺院。在慈恩寺内现珍藏不少历代文物，其中以《大唐三藏圣教序》和《大唐三藏圣教序记》两碑最负盛名，分别为唐太宗李世民和唐高宗李治为玄奘新译出的佛经所撰写的序言和为序所作的记文，由当时著名书法家褚遂良书丹，堪称中国宗教文化和书法艺术的瑰宝。

2. 三论宗祖庭草堂寺

三论宗因以《中论》《百论》《十二门论》（合称三论）为基本经典，故称三论宗。该宗的中心理论是诸法性空的中道实相论。创始人为隋代高僧吉藏，尊鸠摩罗什为始祖。以位于秦岭北麓的草堂寺为祖庭。

鸠摩罗什（344 ~ 413）祖上世代是印度的宰相，他的父亲鸠摩罗炎却无意功名，皈依佛教，为辞避相国而出国，被龟兹国（今新疆库车）国王请为国师，并将其妹嫁予鸠摩罗炎为妻，生下鸠摩罗什。鸠摩罗什天资聪慧，七岁时随父母出家学经，二十多年后成为著名的高僧，被尊为“三藏法师”。为争夺这位高僧，前秦和后秦竟发动了两次宗教战争。鸠摩罗什来到长安，后秦姚兴给予他国师的礼遇，迎入逍遥园西明阁，并建草堂寺翻译佛经。鸠摩罗什在草堂寺主持了大规模的译经活动，共有 3000 多人参加了翻译。十年间，鸠摩罗什及其弟子们共译出大乘经典 94 部 425 卷，后世公认他为与唐玄奘齐名的四大翻译家之一。

鸠摩罗什翻译风格简明扼要，深受僧俗欢迎。祖庭草堂寺位于西安城西南 50 余公里的户县草堂镇。草堂寺内有为安葬鸠摩罗什而修建的舍利塔一座，塔身八面十二层，用玉白、砖青、墨黑、乳黄、淡红、浅蓝、赭紫、灰色八种颜色的玉石雕刻而成，又称“八宝玉石塔”。寺院周围风景优美，南对圭峰，东临丰水，每当日落之际，淡雾轻烟弥漫圭峰，别有一番情趣。寺内西北有一古井，相传古时井内能散出飘向长安城的烟雾，故有“草堂烟雾”之说，成为关中八景之一。唐代的文人学士如岑参、贾岛、白居易、刘禹锡、温庭筠等都到过草堂寺参拜，留下大量的诗赋词文，更为草堂寺增添了光彩。13 世纪时日本日莲法师依照鸠摩罗什翻译的《妙法莲花经》，创立了日莲宗。于是，草堂寺也是日本莲宗在中国的祖庭。

3. 华严宗祖庭华严寺

华严宗因以《华严经》为根本经典而得名。该宗尊法藏为实际开创者。法藏年轻时曾参加过玄奘主持的译经工作，后来因为对佛理的见解与玄奘不同而走出译场。法藏善于搞政治活动，他深知“不依国主，则法事不立”的道理，积极为武则天做女皇制造神学预言，所以他创立的华严宗得到了武则天的信任与支持，不但在当时广为流行，而且还远播朝鲜、日本。法藏的弟子澄观还做过唐德宗的镇国大师，被尊为教授和尚。今天西安南郊少陵原华严宗的祖庭华严寺遗址，还保留着澄观的舍利塔。

图 99-2　华严寺灵骨塔

华严宗的教义体现了汉地佛教高层次的文化心理特征，非常适合以士大夫为主体的信徒们的胃口，那些性格豪迈奔放而富有浪漫气息的文人或思想先驱大多对华严宗颇有兴趣。

4. 净土宗祖庭香积寺

净土宗因专修往生阿弥陀佛净土法门，故名。其实际创始人是隋唐之际的僧人道绰。净土宗宣传人只要心中有佛、专心念阿弥陀佛的名号就可以得到佛力相助，往生净土即没有恶行、没有烦恼、没有污垢、没有欲念、生活无忧无虑的佛国。在佛教各宗派中，净土宗的教义和理论最为简单，对文化水平较低的下层人士和广大劳苦百姓很有吸引力。净土宗目前是我国影响最大、群众基础最牢固的佛教法门。

其祖庭香积寺位于长安区郭杜镇香积寺村，是弟子为纪念净土宗代表人物善导而建。“天竺有众香之国，佛名香积”，所以起名为香积寺。善导是唐朝时在长安传布净土学说的一代宗师，他因为以身试法，而从柳树上跳下殉教，从而掀起了净土信仰的高潮。因为佛经上说：传说建寺时唐高宗曾经赐 1000 颗佛珠，武则天也亲自来到寺院观看。香积寺

图 99-3　香积寺

古建筑基本已毁，今可见善导塔和其弟子净业和尚灵塔。

香积寺是中日两国净土宗共同的祖庭。唐朝时，来中国的日本僧人将善导阐述的净土宗理论著述《观无量寿经疏》等带回日本，净土宗在日本影响逐步扩大。12世纪时，日本僧人法然上人依据善导的理论创立了日本净土宗。由于日本净土宗有14个宗派，8190座寺院，三所大学，信徒达500余万人，因此，他们对其祖庭香积寺极为重视，经常派使团前往香积寺拜祖寻根，进行文化交流。1980年善导大师圆寂1300周年，日本净土宗派遣2000余名高僧赴香积寺举行法会，并在善导墓塔的东侧新建一座大雄宝殿，殿内设佛龛供奉阿弥陀佛像和日本净土宗赠送的善导法师木雕像各一尊。如今的香积寺善导舍利塔也成为国家级重点文物保护单位。

5. 律宗祖庭净业寺

律宗是研习佛教戒律、严肃佛教戒规的宗派。实际创始人为唐代道宣。因依据五部律中的《四分律》建宗，也称四分律宗。复因道宣住终南山，又有南山律宗或南山宗之称。佛教的“律”犹如儒教的“礼”，都是用来节制人的行为、调解人际关系的。

道宣一生精持戒律，他对传统《四分律》作出具体阐释，对传戒和受戒等戒法制度作出了具体规定，并著有《广弘明集》《续高僧传》《大唐内典录》等多部著作，此外他还按照他所创立的戒律设坛传戒。此后，佛教各宗派大都以他所传弘的律学为范仪，并称道宣为南山律师。中国出家的僧徒也多以他的《四分律》为自己持戒的楷模，称《四分律》学为南山宗或律宗，其道行盛名远播西域，唐开元三大士之一金刚智法师亦慕名来长安亲近道宣律师。玄奘、窥基、圆测法师、牛头祖师及孙思邈等与道宣律师交往的故事颇多。道宣律师门下有受法传教弟子千人，著名的有大慈、文纲和文纲的弟子道岸、道宗等。道宣的弟子高僧道岸当时被誉为天下四百州的“受戒之主”，曾亲自为唐中宗李显受具足戒。道宗的再传弟子鉴真将律学传到日本，成为日本律宗祖师。他东渡日本传道弘法，历尽艰险五次渡海都遭遇风浪失败。天宝十三年（754），在他67岁高龄时，第六次东渡最终获得成功。他把中国佛教律宗学说和盛唐文化带到日本，对日本社会发展产生了积极的影响。

其祖庭净业寺位于陕西西安长安区终南山北麓之凤凰山，距西安市约 35 公里，是国务院确定的佛教全国重点寺院之一。

6. 密宗祖庭大兴善寺

密宗又称密教、秘密教、持明教、金刚乘，它是印度佛教的最后阶段。称为秘密教，是和“显教”相对而言的。“显教”即由释迦牟尼佛所说之教，包括一般所说的“小乘佛教”和“大乘佛教”，它们都以“经、律、论”为公开宣讲内容。而密教则宣称自己传承的是法身佛“大日如来”的深奥秘密教旨，为最“真实”的言教。相对于显教重视“体悟”而言，密教更重视修持。密教的学习必须随师傅传授、遵守严格仪轨，从初皈依灌顶到金刚上师，都有一定的修习次第，不可越等强求。其祖庭大兴善寺位于西安市城南小寨。

密宗是由印度僧人直接传播的佛教宗派。早在隋文帝时期印度高僧那莲提黎耶舍、舍那崛多和达摩笈多先后来到长安大兴善寺翻译佛教经典，同时传授佛教密宗，被称为“开皇三大师”。唐开元四年，印度高僧善无畏来华。到了唐玄宗开元年间，印度僧人善无畏、金刚智和不空同时来华，均在大兴善寺传授密宗，并称“开元三大士”。不空和尚在这里译出佛教密宗经典 500 多部，因此大兴善寺便成为密宗的祖庭以及

图 99–4　青龙寺世界和平祈念塔

当时长安翻译佛经的三大译场之一。善无畏曾为唐玄宗祈雨解暑，他的弟子一行和尚是世界上首测子午线长度的中国古代著名科学家。金刚智和不空也与唐朝皇帝关系密切，他们的弟子惠果从唐代宗大历年间起，便在长安乐游原青龙寺任主持，宣传密宗教义。

公元804年，日本僧人空海来到长安，在青龙寺向惠果学习密宗“真言大义”。公元806年，空海回到日本，传播学到的教义，建立日本佛教最大的宗派真言宗。除空海和尚外，日本著名的“遣唐八使”中也有6人曾在青龙寺学习过。由于空海在华学习期间，利用日本留学僧人吉备真备创制的片假名的基础，结合中文汉字，兼用梵音，正式完成了日本的平、片假名字母，成为日本文字的创始人。日本人称其为弘法大师、日本密宗的开祖。青龙寺也因此成为日本佛教真言宗的发祥地，并在日本享有极高的声誉。20世纪80年代初，日本佛教各宗派纷纷来华认祖归宗，日本真言宗也通过当时的日本总理大臣中曾根康弘与我国政府交涉，获准由中日两国在当年空海接受惠果灌顶的青龙东塔院旧址修建了“惠果空海纪念堂”，以后又陆续修建了空海纪念碑及园林。

图99–5　法门寺出土佛指舍利

7. 佛教圣地法门寺

佛教有三宝，即佛宝、法宝、僧宝。佛舍利是佛宝的最高圣物。释迦牟尼佛灭度后，遗体火化结成舍利。公元前3世纪，阿育王统一印度后，为弘扬佛法，将佛的舍利分成84000份，分送世界各国建塔供奉。其中在中国有19处，位于陕西扶风的法门寺为第五处，珍藏有释迦牟尼的真身舍利，其传承有序，在中国一直受到最高规格的供奉。尤其是在唐代，法门寺被尊奉为皇家寺院，在国家宗教生活中占据着至高无上的地位。每三十年开启一次地宫，迎送舍利，更是举国上下的重大盛典，对唐代佛教、政治产生了深远的影响。1987年，法门寺地宫出土佛指舍利，被视为世界上独一无二。佛教界至高无上的圣物出土震惊了世界，被誉为20世纪十大考古发现之一，深受世界各国佛教徒的膜拜。为此，陕西省建立了以供奉舍利为目的，以弘扬佛、法、僧三宝为主题的法门寺文化景区，如今法门寺已成为朝圣礼佛的佛教圣地，更是世界旅游胜地和佛教文化交流中心。

佛教自从公元前1世纪末传入中国后，在中国发展和兴盛了两千多年，为中国人提供了又一人生智慧之源及解脱之道。佛教传入中国，带来的不仅仅是宗教信仰和一套相应的道德标准，同时也将古老的印度文化带到了中国，并同佛教文化一起影响到中国社会的各个领域，其影响之巨，早已远远超过宗教领域。如汉语的切音就源自梵文发音的拼法，汉语的“浮屠”（即佛）、“桑门”（即和尚）、“伊蒲塞”（即居士）等词汇，也是东汉初从梵文中引进的。我们日常生活中很多用语也源于佛教的语汇，比如世界、如实、实际、平等、刹那、清规戒律、相对、绝对、一针见血等等。佛教对中国思想文化的影响不只表现于信仰、观念等方面，更深入到理论思想和思维方式的深层，不少学者认为，不懂佛教、不懂佛学，就不可能全面弄懂中国的思想文化。通过中国，佛教又传入朝鲜、日本，对当地的社会也产生了重大影响。因此可以说，佛教传入中国不但是中国历史上，而且也是世界历史上最伟大的一次文化交流。而陕西在这次伟大的文化交流中所发挥的作用更是无与伦比的。陕西曾是中国历史上聚集高僧最多的地方。据《高僧传》所统计，自佛教传入到宋代，长期居住在长安的高僧有461人，占《高僧传》所列高僧总数的36%。中国佛教协会编著的《中国佛教》一书所列近百位高僧中，主要在陕西活动的也占到将近一半。那些震古烁今、彪炳史册的高僧大德如以上所提及的鸠摩罗什、玄奘等人，则大多出自陕西。此外，历史上，朝鲜、日本、越南等外国僧人来华求法、朝拜，一般都是以陕西的长安为目的地，得到各宗高僧的传承，归国以后开宗立说，成为本国的宗师，各自在本国的历史文明中留下了灿烂的一页。

一〇〇、包容共存——景教等外来宗教在长安的传播和发展

唐代长安是一座国际化的大都会，随着丝绸之路的畅通，中西文化交流更加深入。伴随着越来越多涌入长安的西方商人，一批传教士或者番僧也来到长安。唐朝政府对于这些外来的宗教一概持欢迎的态度。于是，祆教、摩尼教、景教、伊斯兰教等宗教在唐代相继传入长安并传播到各地。

景教属于基督教的一个支派聂斯托里派，早在唐太宗时，就已由波斯人阿罗本传入长安，因而，陕西成为景教最早传入中国的省份。西安碑林博物馆至今保存的石碑“大秦景教流行中国碑”是基督教传入中国最早的史料记载。此碑是专为基督教在中国的传入而立，碑文主要用汉文撰写，共1800余字，详细记载了景教传入中国的经过。据碑石记载，唐太宗贞观九年（635），波斯传教士阿罗本来到长安，唐太宗派宰相房玄龄带领仪仗队到西郊恭迎他们入宫，并准许阿罗本在皇宫藏书楼翻译《圣经》，并与众大臣讨论其宣传的教义。三年后，唐太宗谕准阿罗本自由外出传教，招收教徒。贞观十二年，朝廷批准在京城义宁坊修建大秦寺一所，核定神职人员十二人，从此景教开始在长安流行。碑文还引用了大量儒道佛经典和中国史书中的典

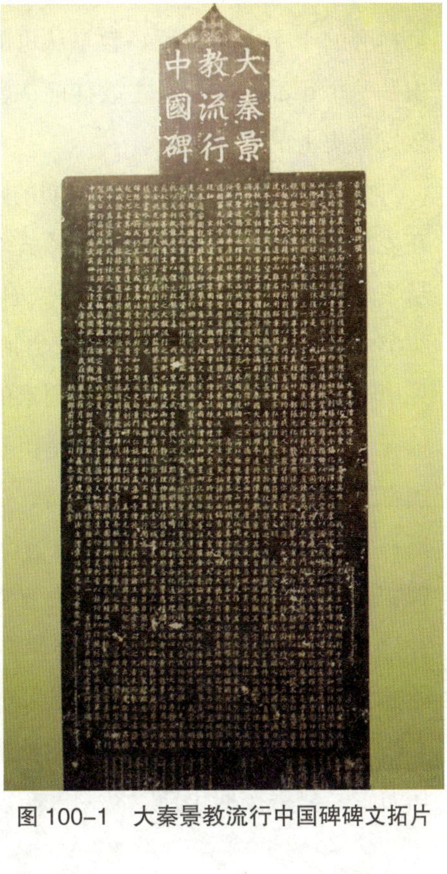

图 100-1　大秦景教流行中国碑碑文拓片

故来阐述景教教义，讲述人类的堕落、弥赛亚的降生、救世主的事迹等。碑文虽系波斯传教士撰写，但他的中文功底却相当深厚。从贞观九年开始，历经五代皇帝约一百四十余年，景教都能得到朝廷的重视和保护。唐高宗下令各州设立景教寺，唐玄宗、肃宗也都优待景教。景教会也曾多次派遣使者来长安活动纳贡。

“大秦景教流行中国碑”原立于秦岭北麓周至大秦寺中。随着景教的没落，大秦寺的院落为佛教所用，此碑不知何时失落。明天启三年（1623）重新出现后，当时不少西方在华的传教士曾争相拓片，把碑文译成拉丁文寄往欧洲本国。当地人怕此碑被他们盗走，秘密地把碑抬到附近的金胜寺内，竖起来交寺僧保管。清光绪年间一个叫傅里茨·何尔谟的丹麦人欲出重金买走此碑，但遭到清政府拒绝。1907 年，陕西巡抚将碑移入西安碑林（现西安碑林博物馆）。除“大秦景教流行中国碑”外，周至秦岭山中的大秦寺也是目前全国最早的基督教教堂，而眉县豹窝村旁的十字山则是罗马教皇认可的东方圣山，被称为“东方加尔瓦略山”，每年都有大量天主教徒前往朝圣。这些均表明了陕西在中国基督教发展史上的重要地位。

伊斯兰教产生于 7 世纪初期的阿拉伯半岛，611 年，穆罕默德开始在麦加城传教。630 年唐太宗灭东突厥，准备向西北拓展时，穆罕默德从麦地那回师麦加城，取得阿拉伯教主地位。至迟在唐高宗永徽二年（651），大食国第三任哈里发奥斯曼当政时，派使臣来到唐长安，朝见唐高宗，详细介绍了哈里发国家的建国经过、国内习俗与伊斯兰教的情况。于是，这一年被公认为是伊斯兰教正式传入中国的时间。此时，国都长安以及南方的广州、泉州、杭州等城市，就有不少的伊斯兰教穆斯林生活居住，他们带来了阿拉伯世界的风情和文明。安史之乱平息后，曾帮助唐王朝平叛的回纥、大食官兵不少落籍中国，在长安城聚集而居并建立自己的寺院，更加促进了伊斯兰教在陕西乃至中国的传播。现在，始建于唐代的西安清真大寺已被联合国教科文组织列为世界伊斯兰教文物之一，它的建筑形式和基调虽然是中国传统的民族风格，但寺内一切布置又严格按照伊斯兰教制度布设陈列。殿内的雕刻藻饰蔓草花纹都由阿拉伯文套雕组成，中国传统和伊斯兰风格巧夺天工地结合在一起。

祆教是公元前 6 世纪琐罗亚斯德所创宗教，推崇光明必胜，因崇拜火又称拜火教。唐代长安城内西域人很多，祆教便有许多信徒，也容易取得进展。据文献资料所载，长安城内有祆教祠、西祆词、南祆教等四所祆教寺院。管理祆教徒的机构称萨宝府，其长官称“萨宝”，即粟特语“骆驼商队队长”一词的音译，多由撒马尔罕出身的粟特人担任。而管理外来宗教事务的就叫“祆正”，祆正所管的并不限于祆教，其他外来宗教也由祆正来管理。1955 年在西安城西土门村附近发现的汉文和波斯文合刻的《苏谅妻马氏墓志》，是中国古代和波斯交往而遗留至今的重要双语文字材料，也是入华波斯人信仰祆教的实物证据。马氏和苏谅家的一员是萨珊波斯的遗民，他们居住在长安，并且在波斯已亡国 200 年后，依然坚持信仰祆教，该墓志保存在西安碑林博物馆；2000 年在西安发现的安伽墓门额，富有粟特系祆教图像特征，为我们提供了丰富的研究素材，如今在陕西历史博物馆展出。这些祆寺在会昌法难时也被毁坏，但祆教的影响却在中国民间长期存在。

摩尼教是波斯人摩尼所创宗教，也称“明教”，倡导互助，主张明暗相争，即“光明战胜黑暗”。公元 694 年传入中国。摩尼法师曾为唐

图 100-2　西安清真大寺

朝皇帝祈雨。由于回纥人曾帮助唐朝收复两京，因而安史之乱后唐廷与回纥关系密切，而回纥人多信摩尼教，于是回纥人请在长安城、洛阳城、太原等地建摩尼寺，得到唐廷允许。以后，摩尼教在中国流行很长时间，直到清朝仍有其影响存在。

原本流行在欧洲和西亚的景教、伊斯兰教、祆教、摩尼教，在北朝到唐代，逐渐传入中国并进一步流传开来，是整个中国文化成熟、自信、大度、包容的标志，是中国文化的吸纳性、开放性的体现。历史早已证明，人类社会的进步，有赖于各种优秀文化的相互交流、取长补短、相得益彰，这是人类社会前进的潮流与规律。

捌　西部重镇　西安肇兴

一〇一、唐代余韵，长安情节——唐以后至元朝时期对于长安城的修复

唐代以后，长安虽然再也没有作为首都，但就其地位说，仍然是统治者心目中最重要的一座西北重镇。

清代地理学家顾祖禹在他的名著《读史方舆纪要·陕西方舆记·序言》说："陕西据天下之上游，制天下之命者也。是故以陕西而发难，虽微必大，虽弱必强，虽不能为天下雄，亦必浸淫横决，酿成天下之大祸。"事实上，在中国历史上的很长时期里，人们都是这样认识的。统治者的长安情节左右了他们的诸多重大决策。他们认为谁占有了长安谁就可以在全国发挥重大作用。即使不是在长安建都的王朝，也都非常注重长安的地位：

东汉建都洛阳，但东汉的皇帝除灵帝刘弘外，都曾巡幸长安。光武帝刘秀曾到过长安七次（《后汉书·光武帝纪》）；西晋亦建都洛阳，但晋武帝司马炎曾作石函，规定非至亲宗室不得都督关中（《晋书》卷五十九《河间王显传》）；北宋建都开封，太祖赵匡胤曾欲都洛阳，未能实现，因而发愿说："迁河南未已，终当居长安耳。"（《续资治通鉴》卷八）；元代建都燕京（大都，今北京），明代初年建都南京（后迁今北京），但这两个王朝的开国皇帝，都是把仅次于皇太子的儿子封王关中。西安既是元世祖忽必烈之子忙哥剌的安西王府所在地，又是明太祖朱元璋的次子秦王朱樉的王城。明代末年，李自成所领导的农民起义军，攻取西安以后，成立大顺政权，便是以关中为根本之地，平定西北，然后直取北京城，灭亡明朝。清朝初年向西南进军平定三藩叛乱，

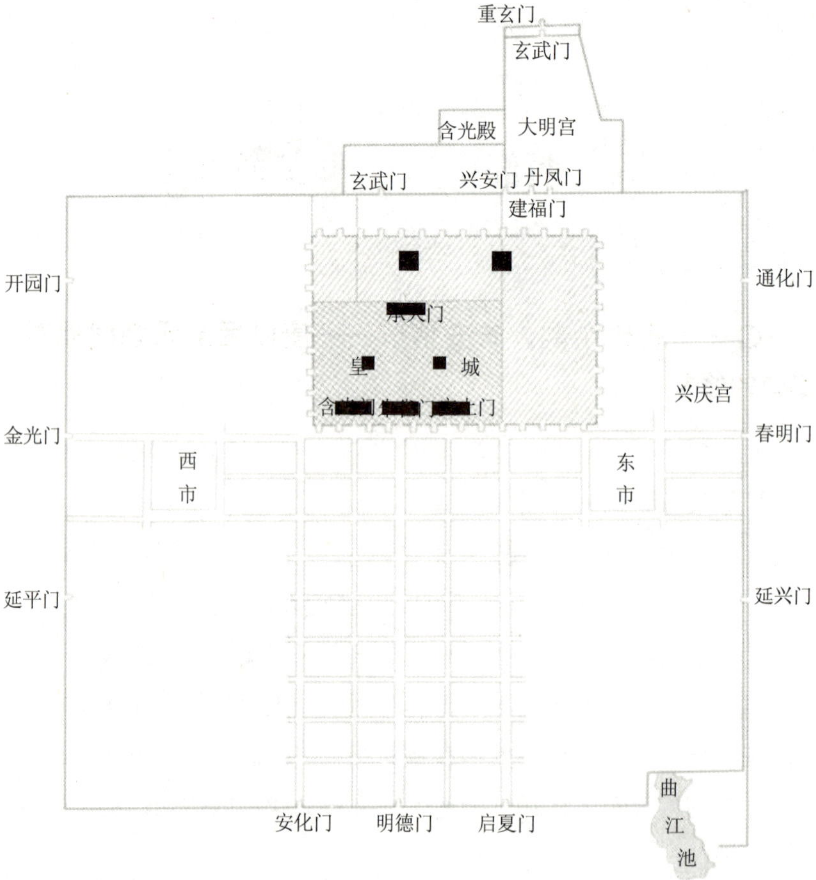

图 101–1　明清西安府与隋、唐、五代、宋、金、元长安城位置关系图

也是以西安作为重要的后方基地。

唐朝以后，历代的统治者对于长安城进行了多次改筑和维修。

唐朝末年，朱全忠（温）不但拆毁了城内的建筑，还逼散、迁走了城内的居民。元李好文《长安志图》说：

新城，唐天祐元年（904），佑国军节度使韩建筑。时朱全忠迁昭宗于洛，毁长安宫室百司及民庐舍，长安遂墟。建遂去宫城，又去外郭城，重修子城（原注：即皇城也）。南闭雀门，又闭延禧、安福门，北开元武门，是为新城（原注：即今奉元路府治也）。城之制：内外二重，四门，门各三重。今存者惟二重，内重其址尚在。东（按：此字下应有“西”

字）又有小城二，以为长安、咸宁县治所。

唐朝末年，佑国军节度使韩建驻守长安，可能是因为城大人少，不易防守，因此放弃了外郭城和宫城，只把唐代的皇城加以改修，封闭了朱雀、安福、延禧三门，以便防守。因为城的范围缩小，所以长安、咸宁两县都留在了城外。此后，历经五代的后唐、后晋、后汉、后周到宋、元两代，城内的建置似乎变换很多，但城垣规模并无改变。

李好文把韩建改筑的这个城称为新城。其实它的正名在宋代应该称为永兴军城，在元代应该称为奉元城，明代后就称西安府城了。而在宋、元两代民间还称之为京兆府城。这个城既然是唐代皇城的改筑，为便于说明问题，有必要再简单回顾唐代皇城的建置情况。

据《新唐书・地理志》、宋敏求《长安志》等文献记载，唐代的皇城，亦称子城，东西长五里一百一十五步，南北宽三里一百四十步；周围十七里一百五十步。南面三门，正南曰朱雀门，东曰安上门，西曰含光门；东面二门，南曰景风门，北曰延禧门；西面二门，南曰顺义门，北曰安福门。

唐、宋文献关于唐皇城城垣的记载，大致如此。韩建重修时，南面封闭朱雀门，保留安上、含光门；东面封闭延禧门，保留景风门；西面封闭安福门，保留顺义门；北面新开玄武门。到宋哲宗元祐元年（1086），张礼在《游城南记》中说他“出安上门，入含光门”。可知在北宋末年，城的南面还是两个门，且仍保持唐代的名称。但到元代，在李好文所画《奉元城图》上，南面只有一门，依位置看，应该是安上门，不见含光门了。这个门的封闭，可能在南宋时期。又前引李好文《长安志图》“城之制，内外二重”一句。元奉元城正是内外两重城墙，说明唐代的皇城原来就是两道城墙。在这两道城中间，可能驻有士兵以保护皇城的安全。但这种制度在其他文献资料中没有提到过，因此这一句话很重要。由此还可以联想到，唐代的宫城大约亦是两重。

在元奉元城东北，即今西安城东北约 3 公里处，另有元代修的一个城，当地居民称为达王殿，或叫斡尔朵，即元代安西王府所在。斡尔朵为蒙古、土耳其语“宫殿、郭城或营帐、行宫”之意。这个城的规模，

文献记载不多。这个王宫城的遗址，已由中国科学院考古研究所作过钻探，探知东、西城基长 603 米，南城基 542 米，北城基较南墙略短，长 534 米，周长 2282 米。这个城的范围既然不大，说明它是适应游牧民族原野生活习惯的居住区，一般行政主要还是在奉元城内进行。以上是由五代到宋元两代长安城的情况，可以看出这一时期它基本上还是保持着唐代皇城的面貌。

一〇二、斡耳朵——西安浐灞生态区内的一座元代王宫

在西安的浐河西岸有个叫"韃王殿"的地方，又被称为"斡耳朵"。"斡耳朵"是蒙古语"宫殿""郭城"和"行宫"的意思。原来这里正是 1273 年即元世祖至元十年开始修建的安西王宫所在地，也称"安西王府"。"韃王殿"是当地群众对王宫宫殿台基的称谓。

公元 13 世纪初，崛起于漠北高原上的蒙古铁骑，挟带着草原上彪悍强劲的雄风，大举南下进攻金国统治下的黄河流域，以摧枯拉朽之势先后占领了中国北方广大地区。蒙古大汗蒙哥（宪宗）曾派其弟忽必烈管理漠南汉地。忽必烈深受汉族知识分子的影响，用汉法改用汉制。1253 年，蒙哥大封同姓王，让忽必烈在南京、关中择一地作为封地。《元史》卷一百五十八《姚遂传》说"宪宗大封同姓，敕世祖于南京、关中自择其一。枢曰：'南京河徙无常，土薄水浅……不若关中厥田上上，古名天府陆海。'于是世祖愿有关中。"忽必烈据谋士姚枢的意见，挑选了关中，成为当时中国西部地区乃至全国最具有实力的藩王。蒙哥汗死后，在争夺皇位的斗争中忽必烈击败对手，仿效中原王朝建了大元王朝，迁都大都（北京）。关中是忽必烈龙潜旧邸，又是当时进行统一全国、进攻四川、云南的战略要地，故将其爱子忙哥剌封为安西王，设立京兆府。

图 102–1　忽必烈

忙哥剌是忽必烈正后所生的第三子，其长兄早逝，次兄真金继立为皇太子。因他在诸王子中所处仅次于皇太子的特殊地位，深受忽必烈的器重，特将这一关键地区封给他。安西王的辖区和权力都很大，“至元九年十月丙戌，封安西王，出镇京兆，分兵驻六盘，兼辖河西、吐蕃、四川等处军民之政。置王相府。”（《蒙兀儿史记》卷七十六）京兆即唐长安城所在地京兆府；六盘即开城，今宁夏固原。还兼管今陕西、甘肃、宁夏、青海、四川、西藏等省区，而且总揽军民之政。据史书记载，至元十年便在京兆府的东北，兴建安西王宫。以京兆路总管兼府尹赵炳为营司，而且在营建前还对现场进行过实地调查。那么，当年修建起来的安西王宫是什么样子？据《蒙兀儿史记》记载：“有诏命炳为治宫室，壮丽视皇居。”那就是说安西王宫的规模和富丽堂皇相当于大都的皇宫。

最早观看到并记述安西王宫豪华壮丽情景的是元代大文人姚燧，在他的记述中可以看出，安西王宫是历史上少见的一种蒙古包与中原皇宫建筑艺术交融的建筑群。其中写道安西王宫不仅是“毳殿中峙”（大蒙古包），而且“车间容车，帐间容帐”。在龙首原畔，浐河之滨他们把被称为“斡耳朵”的宫帐引进了金碧辉煌的宫殿区。关中的故老望之“眙目怵心，赍咨啧啧”，赞叹不已。

意大利人马可·波罗曾经到过陕西，见到雄伟壮丽的王宫时也大为惊奇。他说：“（京兆府）城外有忙哥剌王的宫，宫很华丽。……宫在一个大平原上。到处有川、河、湖、沼、源泉。宫的前面有一很厚很高的墙，周围五迈耳。建筑极佳，并设有铳眼。墙里有许多野兽飞禽。墙围之中央即王宫，宫很大，并很华丽，比这再好的是没有了。宫里有许多伟壮的殿同美丽的房屋。到处皆油漆绘画，用金叶、蔚蓝和无数的大理石来装饰。忙哥剌治国贤明，公平无私，人民很爱戴他。宫的四周有兵驻防，野禽、野兽给他们许多娱乐。”（张星烺译《马可孛罗游记》）。马可·波罗对安西王宫的描绘，从皇宫所在的地理环境、自然景物以及宫苑的细节描绘，均凸现出“天人合一”的自然之美，既有平原，又有水、有湖，还有野禽野兽，正是蒙古人狩猎和游弋的天然场所。

然而这座豪华壮丽的安西王宫在历史的长河中犹如昙花一现。从至元十年（1273）修建，到大德十一年（1307）年忙哥剌之子阿难答在争夺大汗之位失败被诛，仅35年，以后长时间无人继袭。虽然至治三年（1323）忙哥剌之孙月鲁铁木耳袭封安西王以之为邸，但当年十二月即被流放云南。至正二年（1342）李好文在完成《长安志图》一书时，安西王宫已成为“安西故宫”，不过这座故宫尚未废弃，至正十七年（1357），红巾军攻陷商州，进据蓝田，元代官吏王思诚等曾会于安西王月鲁铁木耳邸商议对策（《元史》卷一百八十三《王思诚传》）。安西王宫成为废墟，大概是在元代末年，此后就销声匿迹，在地下沉睡了五百多年。

安西王宫遗址在今西安城东北3公里，浐河西2公里，南距秦家街120米，地处高而且平的龙首原。在距今1100多年前这里是唐代皇家的禁苑。1957年中国科学院考古研究所对安西王宫（安西王府）遗址和殿基范围进行了勘测。宫墙除北墙基还可以看出一些形迹外，其他三面均埋于现在地表以下。钻探得知，墙基均完整，全是板筑夯土，宫墙四角向外突出，可能有角楼一类的建筑物。整个宫城东西南三面有门，北面无门，南门道较其他门宽大，应为宫的正门。从殿基规模之大和这里出土的大量黄釉琉璃瓦、黄釉龙纹圆瓦当、三角形龙纹和花叶纹滴水瓦等建筑材料，可以想象得知当时的宫殿是多么的富丽堂皇。如果把整座王宫和大都（北京）的皇宫大明殿来加以对比，实际上比大明殿还要恢弘。安西王宫主殿坐北朝南，其布局前为朝会的正殿，中为柱廊或中殿，后为寝殿，略呈工字形。1957至1958年蒙古国和林以北60公里康都依地方发掘一座元代（14世纪）的宫殿遗址，也是在台基上建筑前、中、后三殿，中后二者间有柱廊。（夏鼐《安西王府址和阿拉伯数码幻方》《考古》1960年第五期）沿着中国历代宫殿建筑发展的轨迹，就不难发现，安西王宫是将“宫帐”的斡耳朵模式带到了金碧辉煌的宫殿区，这应当是中国宫殿建筑史上别具匠心的创意。

在安西王宫的勘查之中所获遗物不多，但出土的五件铁板幻方却非常珍贵。在夯土台基中（由台基最高点向下约25米）出土五块铸造有阿拉伯数字的方形铁板，五块均相同，长宽各14.2厘米，厚1.5厘米。

正面排列六个阿拉伯数字，构成一个数字方阵，纵、横、对角线上的六个数字相加，其和均为 111。它含有一定的数学原理，在古代被视为神秘之物。这一发现，“既可以作为研究阿拉伯数码演变史的资料，又可以提供研究当时的宗教和风俗的史料，同时它们也是十三世纪中西交通频繁的重要物证。”（夏鼐《安西王府址和阿拉伯数码幻方》《考古》1960 年第五期）

图 102-2　元幻方铁板

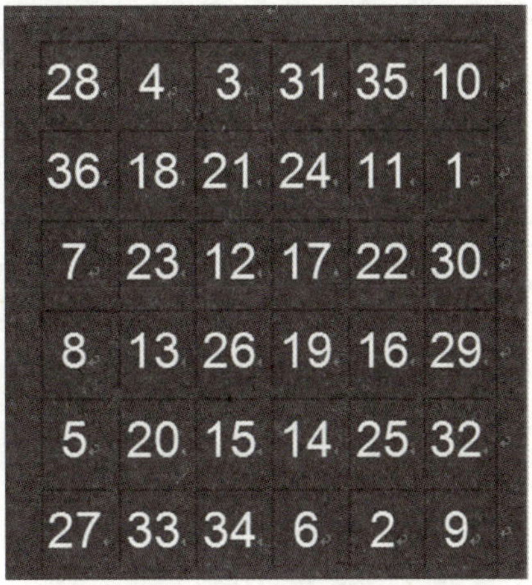

图 102-3　元幻方铁板数字面板

元代的安西王宫——“斡耳朵”，为什么要修建在今日的浐灞生态区？假若我们随着马可·波罗游记所描绘的京兆城去瞥一眼，就会看到，这里的工商业很兴旺，不仅出很多蚕丝，而且还有各种金线织物和其他丝绸。各种食物很丰富，价钱又便宜，还能制造各种武器。城里的居民大部分是佛教徒，也有一些也里可温（基督教徒）和一些穆斯林。唐末长安城虽然失去了首都地位，但仍是中国西北地区的一个政治、军事重镇。尤以宋金时期，京兆府是对西夏用兵作战的指挥中心及战略物资供应基地，元初这里是南下攻宋的战略桥头堡。忙哥剌封为安西王，开府在京兆，它的王宫就不能远离京兆府城。

长期以来，习惯于逐水草而迁徙的蒙古人，走进了眼花缭乱的城市里，城市的财富和生活方式，当然会对新的统治者有莫大的吸引力，但是他们依旧留恋大漠的生活方式，喜欢出行和狩猎、驰骋原野。唐长安

城东北皇家的旧禁苑处于高而且平的龙首原上，距京兆府城只有3公里，且从这里俯视京兆府，一目了然。这里是一个战略上的制高点，交通便利，又有广阔的草场和水体丰盈的河、湖、泉、池，既便于马匹的觅食和饮水，又能按照蒙古人的习惯，跑马狩猎。因此这里是建立安西王宫的最佳选址。但是，即便有如此良好的自然环境，他们还是不能习惯这里的生活，他每年的夏季，他们都要远离王宫，前往六盘山上广阔的草原上去避暑。正如史书上记载的那样："王府冬居京兆，夏徙六盘山，岁以为常。"（《元史》卷一百六十三）由此可见，作为统治者，要适应新的形势需要，必然要有所舍弃，否则不会长久。（李恭）

一〇三、"天下第一藩"——明朝的西安府以及秦王十三陵

元朝末年，天下大乱，群雄四起，逐鹿中原，红巾军的一位首领朱元璋胸怀韬略、深谋远虑，在长期的争战中脱颖而出，最终翦灭各地的割据势力，统一中原，驱逐元朝统治者，当上了皇帝，史称明太祖。明太祖治国，恢复唐宋体制，重视儒学，倡导廉政爱民，打击贪腐，以刚猛治国，堪称英武神武的一代明主。但是，有一件事情却困扰了他几近三十年，直到他临死的时候才得以勉强解决——这便是定都的问题。

公元1368年，朱元璋虽然在南京称帝建立了明王朝，但由于南京偏于东南，不便于控制全国，虽然号称六朝形胜地，但是东吴、东晋以及南朝的宋、齐、梁、陈这几个在建康（今南京）建都的朝代，都是短命的王朝，所以朱元璋对南京并不十分满意，当时并没有把南京确立为正式的首都。明王朝建立后，朱元璋曾多次召集大臣商议定都之事。围绕长安、洛阳、应天、汴梁、北平几地，大臣们的意见不一，谁也说服不了谁。直到朱元璋洪武十一年（1378），才正式下诏，以南京为国都，多年悬而

图103-1　明太祖朱元璋

未决的定都问题总算告一段落。

有一个时期，朱元璋对长安很中意，曾经有迁都的意向。因为古代的宫殿建筑，都是坐北朝南，均以南低北高的地势为上好的风水，取意为步步升高，江山可以万代相传。但是南京城的皇宫建成后不久，就开始逐渐下沉，宫城前昂后洼。按照阴阳家的说话，这是绝后和丧败亡国的征兆。朱元璋也感觉到这是一种不祥之兆。此时正好又有大臣建议迁都西安，朱元璋顿时心动，便派太子朱标巡视关中，其实已经颇有迁都关中的打算。

太子朱标经过洛阳，到达西安。他详细考察了这两个城市，比较两地的形胜和城建，回来后即向朱元璋献上《陕西地图》。朱标个人比较倾向于选择西安为国都，因为西安（历史上的长安）曾经为西汉和唐朝国都，地理形势具有十足的王者气派。然而，世事难料，太子朱标不幸于第二年病逝。太子壮年而逝，白发人送黑发人，年近七十的朱元璋受到沉重打击，再也没有精力和心情考虑迁都的事情，再加上他不愿劳民，于是，迁都西安的事就此搁置。这不但是朱元璋的遗憾，同时也是陕西和西安的遗憾。国都对于一个王朝的稳定和发展具有重要的影响，他不仅是政治中心、文化中心，更是交通和军事核心。朱元璋之所以在定都问题上犹豫不决，反复斟酌，费尽心机，无非是因为希望能够依托稳固的国都实现他的王朝世代固守、传之久远的愿望。而关中优越的地理位置，长安宏富的历史文化，而且西安长期作为国都的传统，使得唐以后的帝王们在选择国都时始终绕不开西安。

图 103-2　明秦王陵石刻（阎成功摄）

宋代，宋太祖赵匡胤出于对首都汴京无险可守的无奈，曾想迁都长安，因臣下的反对而罢手。但赵宋朝廷没有死心，到太平兴国年间，宋

太宗亲自决定，陕西路的首府仍然按汉唐专指首都的习惯叫做“京兆府”，而不是像其他地方一样叫某某州。这其中就暗含着对汉唐雄都的眷恋。北宋后期，京兆府又改成永兴军路的路治，是全国唯一以“军”为名的路一级行政区。

在明代，西安虽然没有成为国都，但是以西安为中心的秦王，却号称“天下第一藩”。

明朝初建时，朱元璋为了巩固朱氏政权，将除去太子之外的二十四个儿子和一个孙子，分封在各地为王，其中二儿子朱樉被封到西安镇守陕西，号为秦王。由于此时的大明王朝还面临着北方残余蒙元势力的威胁，所以，驻守北方的诸王便担负起了保卫边疆的重任。西安的秦王朱樉、太原的晋王朱㭎以及燕王朱棣都手握重兵，其中尤以秦王朱樉的兵权最重。由于秦王在诸位藩王中年龄最长、兵权最重，又担负着拱卫西北边疆的重任，所以秦藩国被称为“天下第一藩”，这一点在西安城的城市建设中也有着充分的反映。

洪武二年（1369），明太祖朱元璋改奉元路为西安府，这是西安名称的起源。《洪武实录》记，洪武三年（1370），朱元璋封他的次子朱樉为秦王，同时开始创立王府官制、经费、礼仪等准备工作。由于它是

图 103-3　西安明城墙

西北的重镇，地位重要，所以城垣规划也特别宏伟，并着手修筑。西安城的修筑，应当始于这一年。据《洪武实录》卷八十四记录，洪武十一年（1378），朱樉就藩西安，西安城应该是已经修成了。明代的西安城“周四十里，高三丈，门四，东曰长乐，西曰安定，南曰永宁，北曰安远，四隅角楼四，敌楼九十八座。”现在西安城的四门，还保有这四个名称。城上角楼、敌楼早已毁坏，但遗迹尚存。至于“周四十里”之说，显然太大。据清光绪十九年舆地馆实测，“城周四千三百九十丈，为二十四里三分零；东西距一千三百七十丈零，为七里六分零；南北距八百二十五丈，为四里五分零”，比元奉元城约大四分之一。说“高三丈”，又似乎不够。据清乾隆四十九年（1784）陕西巡抚毕沅给清朝皇帝的报告说“城身高三丈六尺五寸，而雉堞不与焉。下广六丈二尺，上广四丈七尺。”（《修城记碑》）高度、厚度大概也超过奉元城很多。这是唐代以后西北地区规模最大的城垣建筑。

据现代考古证明，这座明西安城，周长 13912 米，城内面积 11.5 平方公里，有马面及敌楼各 98 座，垛口 5984 个，四门有城楼、箭楼和谯楼，并分别建有瓮城。其城墙高度为 13 米，同明北京城一样；城楼甚至比北京、南京都要高大；城周一圈将近 14 公里，也是地方城市之最；其防御功能之强，同样不下于南京、北京。是我国乃至全世界保存至今最大的完整的城垣建筑，

作为明西安城的一个组成部分，西安城中的钟、鼓楼成为除了大雁塔而外的标志性文化遗迹。

钟楼初建于明洪武十七年（1384），通高 36 米，为全国现存最大古钟楼。曾在西安钟楼上担任报时的景云钟铸造于唐景云二年（711），高 247 厘米，重达 6 吨。它周身铸有精美的动物图案，但真正使它千古留名的，一是唐睿宗李旦书写的钟铭，文学与书法造诣都很高；二是它悠长悦耳的钟声。景云钟曾凭借录音参加世界名钟会议并荣获第二名，而中国的国家电台、电视台也多次用它来作为新年钟声，代表全国人民去迎接新的一年到来。今天，安放在西安碑林博物馆中的景云钟仍然风采不减、钟声依旧。楼下为方形基座，三层攒尖顶重檐，上有高达 5 米

图 103-4　钟楼

的圆顶，金顶外面贴着纯金金箔，阳光下熠熠生辉，极为壮观。钟楼内为二层楼，装饰、雕镂非常精美，具有典型明代建筑风格。

鼓楼东距钟楼 250 米，明洪武十三年（1380）建，楼北架有大鼓，称“闻天鼓”，每日傍晚击鼓报时，通告城门即将关闭。鼓楼通高 34 米，也是全国最大的鼓楼。楼体为重檐歇山顶木构建筑，下有券洞以通车马。鼓楼壮美而精巧，两边都悬挂大匾，一边是“文武圣地”，另一边是“声闻于天”，将鼓楼的作用和西安的文化地位都标示出来，是西安标志性建筑，它也已被列入全国重点文物保护单位。

关于明西安城和元奉元城、唐皇城的关系问题。《明实录》有当时镇守陕西的大将耿炳文等为修西安城给朱元璋的请求记录，全文如下：

“陕西城池已没，军士开拓东大城五百三十二丈，南接旧城四百三十六丈。今又再拓北大城一千一百五十七丈七尺，而军力不足，西安之民耕获已毕，乞令助筑为便。中书省以闻。上命俟来年农隙兴筑，仍命中书省考形势，规划为图以示之，使按图增筑，无令过制，以劳人力。”此处所谓“南接旧城”当是明以前的元奉元城城墙部分。

据学者研究，元奉元城东北有一座斡尔朵城，完全是元朝的建筑。

其“四角均向外突出。突出部分的平面近半圆形。”（中国科学院考古研究所《西安元代安西王府勘察记》，《考古》1960年第五期）现在的西安城，东南、东北和西北三角都是直角，只有西南角是突出的圆角，其结构形状和斡尔朵城完全相同，这是极可注意的现象。斡尔朵城建筑在后，可能是仿照元奉元城。奉元城可能四角都是突出的圆角。明代初年重修时，北面、东面都是新拓的，西、南两面主要利用的是旧城，故西南角保留了原来的形状。而这种制度还可以追溯到唐代，就是说唐代的皇城原来就是四角突出的圆角。

由以上的考察，似乎可以得出这样的结论，明代初年修建西安城时，是在元奉元城的基础上进行的，特别是西、南两面大部分利用的是奉元旧城。《陕西通志》中说：“明洪武初，都督濮英增修”。“增修”两字用的是有分寸的。因此，西安城不但保存着元奉元城的制度，还可以进一步说是保存有唐皇城的制度，尤其是西、南城角部分。但是现在的西安城西、南面因为是利用的旧城，所以很不坚固，现在西安城有时塌裂，都在这个范围。

元代的安西王府斡尔朵城，可能在元末明初遭到破坏。在明代，另在西安城内修了秦王府城，简称王城，讹传为皇城，就是现在陕西省人民政府所在的新城。修筑的时间，大致和西安城同时。

明代初，朱元璋为巩固其在西北的统治，府城、王城同时并筑，既修高大的城垣，又修巍峨的城楼。但这时的城还是土墙。明世宗嘉靖五年（1526），巡抚王荩重修城楼；明穆宗隆庆二年（1568），巡抚张祉给城墙外面砌了一层青砖；明思宗崇祯末年（1642左右），巡抚孙传庭修了四关城（《西安府志》）。这就大体上固定了西安城的规模和外貌。

然而，元奉元城是由唐代皇城改筑而成，已经得到了近年来考古发掘的证实，目前发掘的含光门遗址已将唐城完全揭露出来。唐代皇城东西长五里一百一十五步。唐以三百六十步为里（$360 \times 5 + 115 = 1915$步。二步为丈，$1915/2 = 957.5$丈），加上所接的四百三十六丈，为一千三百九十三丈五尺，与舆地馆实测东西距一千三百七十丈仅差

二十三丈五尺。如今关于西安古城的南墙和西墙是利用唐代皇城城墙的旧址加砖覆盖建成的观点，已经形成定论。为此，西安市有关部门已将西安城墙重新定名为唐明皇城，并在唐代含光门旧址修建了含光门旧址博物馆。

明代的秦王一共有多少位？根据史书记载，从第一代秦王朱樉开始，先后袭封王位的有隐王朱尚炳等九代十四位藩王在西安府城居住。其中十三位藩王死后就葬在西安周围。明代对于藩王墓葬的规格有严格的界定，然而，从考古调查资料看，第一代秦王朱樉墓的大小却远远超过了这个规定。现在西安市长安区洪固原上的明代藩王陵墓有十三座，号称“西安的明十三陵”，就群体而言，“西安的明十三陵”是全国规模最大的明藩王墓葬群。明崇祯十六年（1643）十月，李自成率领的农民义军攻克西安，点燃焚烧了末代秦王朱友枢，李自成建立了大顺政权，以秦王府为大顺王府，明朝在西安的统治宣告结束。（参考张永禄编著《西安古城墙》）

明代以后，清朝统治者对城垣修筑保护工作都极重视，对“直省城垣所在修理之事，责之督抚州县官吏。倾圮者有罚，修葺者有奖。”（见《续修陕西省通志稿》）保修城垣是地方官吏的一项主要任务，目的主要是把城垣作为统治据点，维护其统治。然而清代对西安城的建筑格局并未做大的变化，主要做了一些维修、增建和加固工作，其中最主要的是顺治六年（1649）由明秦王府城改建的满城。满城是清代西安居住的满人所居住的内城，同时分屯八旗驻防兵，故亦称之为八旗驻防城。（见于张永禄编著《西安古城墙》）。其位置是由钟楼东门洞沿今北大街的东边到北门（安远门），再由钟楼沿今东大街的南边到东门（长乐门）。

1911年10月22日，陕西革命党人响应武昌起义，进攻并占领满城，宣布陕西光复。此后，拆除了满城的西墙和南墙，恢复了北大街和东大街的面貌。从此西安古城的面貌保留至今。

新中国成立以后，曾经有过几次拆除古城的动议，当时在老一辈文物工作者的坚决抗议、抵制和及时反映之下，得到时任中央领导的习仲勋的支持，得以劫后余生。1961年西安古城墙由国务院宣布为国家级重点文物保护单位。20世纪80年代，在时任西安市长张铁民的主持之下，对于西安古城墙进行了全面的大规模的保护维修，如今展现在世人面前的规模宏大、功能齐全的古城西安不仅传承了我国历史上最伟大的城防工程，而且是世界上保存最为完好的最大的古代城垣建筑。

一〇四、经略西北的重镇——陕西作为行政区划的演变及其历史定位

唐以后，西安虽然没有被作为国都，但在全国政治、军事上的地位仍然是极其重要的，尤其在军事上，宋元明清各代都把西安当作控制西北、西南的军事重镇来经营的，因而其地位远远高于其他城市。如历史上的西安叫做长安，还有过大安府（后梁）、京兆府（后唐）、陕西路（宋）、安西路（元）、奉元路（元）等不同名称。1368年，朱元璋在南京建立了明朝，第二年春，大将军徐达攻下奉元路，朝廷便将奉元路改名为西安，就是取安定大西北的意思。历史上的西安具有重要的地位，唐宋以来，它一直都是陕西地区行政的中心。

陕西之称最早见于周朝。周成王时，周召二公一起治理天下，分而治之。“自陕而东者，周公主之；自陕而西者，召公主之。”（《春秋公羊传·隐公五年》）陕指今河南陕县老城西南的陕原。召公所治之地即指陕西。“陕西”一词由此而来。

然而，陕西作为行政建制是从何时开始的?

北宋至道三年（997），改道为路，始设陕西路，辖区包括今陕西、甘肃两省大部分，宁夏南部，青海一部，山西省运城以及河南三门峡市全部。

元中统三年（1262）始设陕西行省，全称为“陕西四川行中书省”，辖区约有今陕西、甘肃、宁夏、青海、四川以及内蒙河套地区；至元十八年（1281）分出甘州、肃州、永昌等路设立甘肃等处行中书省；至元二十三年（1286）又分出成都、广元、顺庆、重庆等路设立四川等路行中书省，将陕西四川行中书省改称陕西等处行中书省。至此，陕西等处行中书省的辖区约有今陕西省（不含勉县、宁强、略阳），宁夏南部，

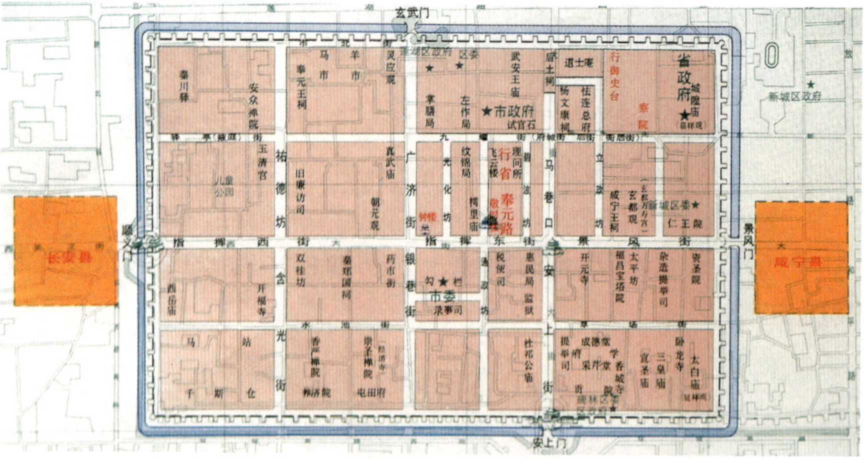

图 104–1　元奉元路城图

甘肃省黄河、洮河以东地区，治所在奉元路，范围远大于今陕西的辖区。

明朝的行政建制，最初因袭元朝，除南京直隶中书省外，分全国为12个行中书省。洪武九年（1376）六月将行中书省改为承宣布政使司（习称藩台），总管一省行政，其辖区仍称为省。明洪武二年（1369）四月，将元朝的陕西、甘肃两个行中书省合并为一省，称为陕西等处行中书省，治所西安府，即元朝的奉元路；洪武九年同时改称陕西等处承宣布政使司，辖区约今陕、甘、宁三省区以及内蒙、青海一部分。其辖区仍称陕西行中书省。

清代的行政区划大致继承元明两代，以行省为最大的地方政区。清顺治元年（1644）继承明代的建制，设立陕西等处承宣布政使司，顺治三年，改置陕西省，设巡抚，住西安，辖区范围仍然很大。直到清康熙三年（1664）将陕西省的辖区分为左右二布政使司，分别治理东西两部地区，这是陕甘分制之始。康熙六年即将陕西右布政使司改为巩昌（今甘肃陇县）布政使司，七年又改为甘肃布政使司，治所从巩昌徙治兰州；同时，陕西左布政使司改称陕西布政使司。他们的辖区分别成为甘肃省和陕西省。至此，陕西省的辖区约为今天的陕西省。

中华民国的疆域继承了清朝而来，其地方行政建制仍以省为主。从此，陕西省的称呼继承沿用至今。

根据以上史料，陕西正式作为行政区划的名称，始于宋代。陕西称

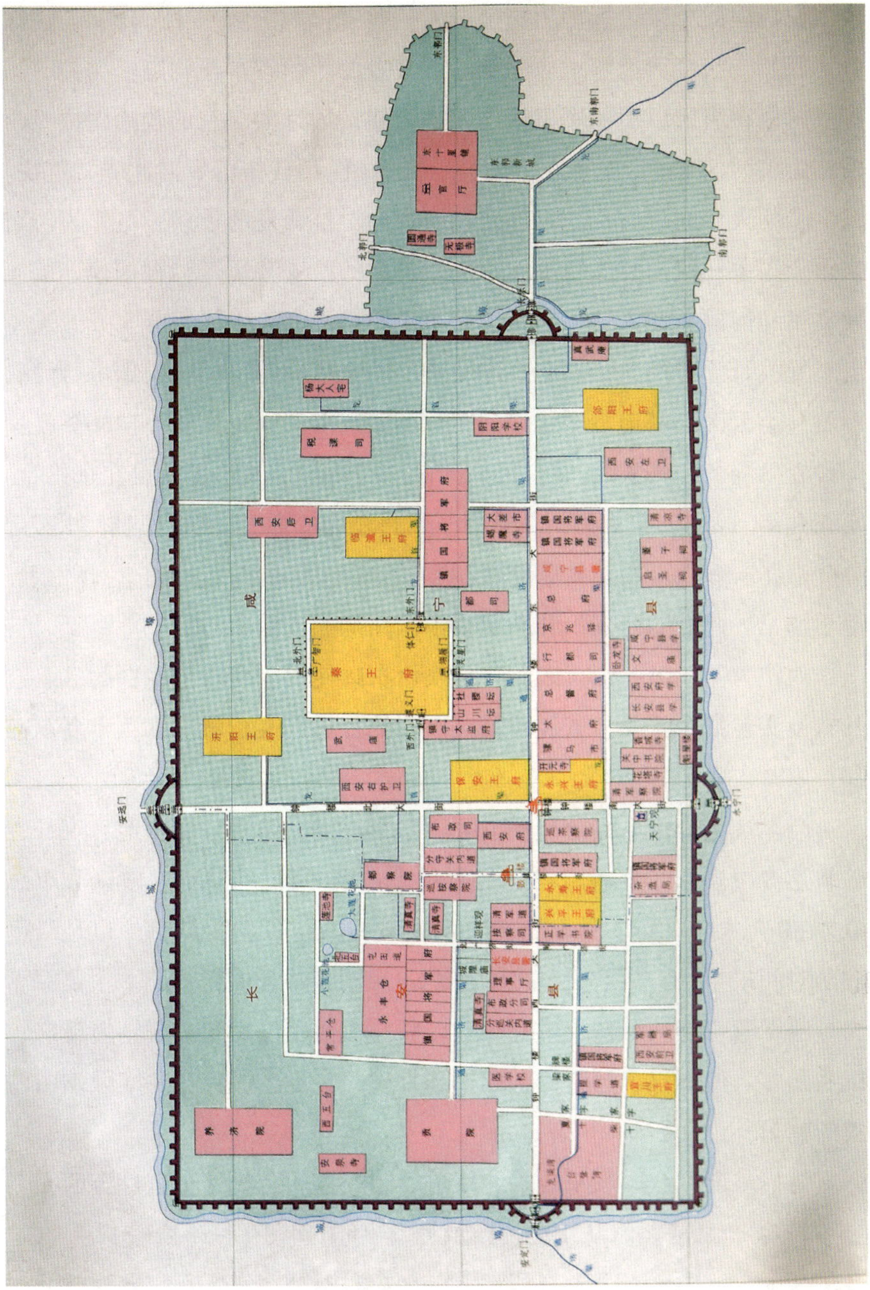

图 104-2　明西安府城图

为行省（应该是简称省）是在元朝的至元二十三年（1286），但不能等同于今天的陕西省，因为它的辖区范围远远大于今的陕西，但治所是在

今西安，因此可以说那是历史上的大陕西省；从康熙三年（1664）陕甘分治开始，与今天能够对应的实际意义上的陕西省真正确定。

陕西在唐宋以后的军事地位非常重要，远远大于它的政治地位。西安作为陕西的首府，发挥了举足轻重的作用，历代统治者对此非常重视。

金朝灭亡北宋后，不仅把京兆府视为对抗西夏的重镇，更作为与南宋争夺汉中和四川的主要基地。并以关中的长安和凤翔为根据地，接连发动了和尚原、仙人关、饶凤关等多次有名的大战。

元蒙哥汗时期，划京兆为其弟忽必烈的封地，作为经营四川、青海、西藏甚至云南的基地。而忽必烈在作了元世祖的中统元年（1260）就立即设置秦蜀行中书省（也称陕西四川行中书省），其治所就设在京兆府。至元九年（1272），忽必烈封其第三子忙哥剌为安西王。安西王拥兵15万，分驻京兆府和六盘山，兼辖河西、吐蕃、四川等处军民之政，位高权重，冠于诸王。此时的西安，几乎成了中国西部的统治中心。

而作为明代第一级行政单位的陕西布政使司（相当于现在的省），其辖境实包括今陕西全省和嘉峪关以东的甘肃以及青海东部，宁夏东南部，内蒙古南部各地。

清军统一全国后，分命满、蒙、汉军八旗，镇守各省要地。陕甘省驻兵达 8 万多人，在各直省驻兵数目中占第一位。其他 15 省区驻军总数才 50 万人。如以具体城市论，西安城在全国各主要城市中也是八旗驻防时间最早、驻兵数目最多的一个。八旗之外，清朝的又一主要军事力量叫绿营。清初绿营兵屯驻也是以驻扎在西安的川陕总督辖境最广、统兵最多。他不仅统辖陕西、四川和甘肃的驻军，而且还一度兼辖山西省的驻军。

清代末期，八国联军攻陷北京后，慈禧太后和光绪皇帝逃至西安。史称“庚子西狩”。从 1900 年 10 月至 1901 年 10 月，西安成为临时性的全国政治中心，虽没有国都之名，却有国都之实，百官随驾于此，大批重要政令由此发布全国，各地的奏章、贡赋源源不断运往西安。

九一八事变后，随着日本侵略者的步步紧逼，为了应付时局的突然变化和适应巩固战略后方的需要，1932 年 3 月，国民党决定以“长安为陪都，定名西京”，并成立了西京筹备委员会，负责进行陪都的设计与建设工作。从 1932 年 3 月到 1945 年 6 月，西京筹备委员会前后存在长达 13 年之久。在此期间，西安由于偏居西北，局势相对较为平静，加上国民党中央政策的倾斜，抗战时期东部沿海地区工商业内迁以及陇海铁路延伸到西安等因素，使得这一时期的西安人口激增，工业化程度提高，社会生活空前活跃，并终于由一座军事城堡转变为初具规模的近现代工商业城市。

新中国成立前夕，在定都的备选城市中，西安也与北京、南京等地一样是备选城市之一。可见，从西周到新中国，不论朝代如何变化，都城的设立始终绕不开长安这块宝地。

总之，历史选择了西安，历史也没有忘记西安，即使是西安失去首都地位的一千多年后，情况依然未变，各朝各代依然对西安逝去的辉煌眷恋不已。当然，西安也没有辜负历史的期望，作为一个负责任的城市，每当国难当头，它总会伸出自己厚实的肩膀，挺起那摇摇欲坠的破碎河山。

一〇五、西安碑林——中国石书的经典宝库

西安碑林位于西安古城南门至文昌门之间，坐落于西安市三学街，是借助古代的孔庙建筑改造而成。清代的西安府学设在孔庙之中，长安县学、咸宁县学分别在府学的两边，分别与长安、咸宁两县对应，长安据西，咸宁据东。所以人们将这一带习惯上称为三学街。

最早的碑林建于北宋哲宗元祐二年（1087），最初是漕运使吕大忠等人为保藏因唐末五代战乱而委弃市井的唐《石台孝经》《开成石经》及颜真卿、柳公权等所书的著名石碑而兴建的，后来随着宋徽宗崇宁二年（1103）孔庙的迁入而备受历代重视，经金、元、明、清、民国历代的维修及增建，规模不断扩大，藏石日益增多。“碑林”是因碑石丛立如林，蔚为壮观而得名。1961 年被国务院列为全国第一批重点文物保护单位。西安碑林现有八座碑亭、四座碑室和四道碑廊，收藏有自汉代至今的碑石、墓志近 3000 件，收藏碑石、墓志的数量为全国之最，且藏品时代系列完整，时间跨度达 2000 多年。但西安碑林并不只是以历

图 105-1　西安碑林碑亭

史悠久、保存碑石之多、规模之大著称于世，更重要的还是这些碑石文字珍贵的史料价值和书法艺术价值。

碑林中的碑石不少都是古代重要的文献资料，具有极高的学术价值。如《开成石经》是唐文宗开成二年（837）刻成的一部石经，其刊刻花费了大约七年时间。其中包括《周易》6 卷，《尚书》13 卷，《诗经》20 卷，《周礼》11 卷，《礼仪》17 卷，《礼记》20 卷，《春秋左氏传》30 卷，《春秋公羊传》12 卷，《尔雅》3 卷，以及《春秋榖梁传》《孝经》《论语》等十二种经书。计 114 石，文刻两面，共 228 面，共 650252 字。既是当时知识分子必读之书，同时也是读经者抄录校对的标准。此石经是我国古代七次刻经中保存最完好的一部，俨然是一座大型的石质书库，这在我国印刷术发明以前，对文化的保存和传播起了重要的作用。《大秦景教流行中国碑》用中国和叙利亚两国文字记载了唐时基督教中一派——景教由中亚传入我国的情况，为研究宗教史及古代中西文化交流，提供了宝贵的历史资料，是世界瞩目的重要碑石，具有极大的影响。唐代书法家徐浩书写的《不空和尚碑》对于研究佛教密宗的传播和中日、中印文化交流史也具有重要价值。

西安碑林内，还收藏了九百余块从晋至清的墓志。墓志是为了防止陵谷变迁、沧桑更替，将死者的姓名、籍贯、官职、生平事迹、埋葬地点等，刻于石上、砖上，使后世有所稽考。这些墓志所记事实，是考证史籍之异同、补充史籍记载的缺漏、研究各民族及各国的交往、考证古代郡县乡里之所在，以及了解当时人们的生活习俗等的重要资料。

图 105-2　碑林镇馆之宝开成石经

碑林对人们的最大吸引力，还在于它篆、隶、楷、行、草各体俱备，名家荟萃，精品林立，有许多的书法名作。东汉《曹全碑》字体流畅俊美，是我国现存汉碑中最完好的、独具风貌的稀世精品。汉熹平石经《周易》残石，保存了我国最早的《周易》文句，相传是当时著名学者、大书法家蔡邕以隶书书写，方挺严整，为汉隶之典范；魏晋南北朝时期的《司马芳残碑》、《广武将军碑》、北魏《晖福寺碑》以及于右任先生悉心收藏并于30年代捐赠给碑林的《鸳鸯七志斋藏石》中的北魏墓志，都在书法艺术史上享有很高的声誉。碑林保存的名碑中，以唐碑最为突出。可以说，欧阳询、虞世南、褚遂良、颜真卿、柳公权、张旭、怀素等唐代书法名家的代表之作大多被珍藏在碑林。如虞世南的《孔子庙堂碑》、欧阳询的《黄甫诞碑》、褚遂良的《同州圣教序碑》、欧阳通的《道因法师碑》、张旭的《断千字文》、李阳冰的《三坟记碑》、怀素的《千字文》、柳公权的《玄秘塔碑》以及僧怀仁集王羲之的《集王圣教序碑》等，尤其是碑林收藏的颜真卿的七块丰碑，即他44岁时写的《多宝塔碑》、54岁前后的《臧怀恪碑》、55岁时写的《郭家庙碑》和《争座位帖》、70岁写的《颜勤礼碑》、71岁的《马磷残碑》、72岁时写的《颜氏家庙碑》，使我们有幸看到了颜体由锋芒锐利、字体端秀向笔

图 105-3　僧怀仁《圣教序碑》

力劲健、气韵醇厚的发展过程。僧怀仁花费 24 年心血，从内府藏王羲之墨迹中集字刻成的《圣教序碑》，再现了书圣王羲之秀劲超逸、美若簪花仕女的书风，加之碑文由唐太宗作序、时任太子李治（高宗）作记，歌颂了卓越的佛学家、旅行家和翻译家玄奘，被后世誉为“三绝碑”。唐以后的书法名家黄庭坚、米芾、赵佶、赵孟頫、董其昌、何绍基以至近代的于右任等，也在碑林留下了他们珍贵的诗文墨迹。清费甲铸翻刻的《宋淳化阁帖》则是汇集我国历代书法作品之大成的一部丛帖，为研究我国书法艺术的类别及演变提供了极大的方便。

碑林中还有一部分引人注目的石刻，更使碑林锦上添花。如宋元祐六年（1091）刻的《唐王维画竹》，以它的挺拔潇洒之态，清妍高雅之神，博得人们的喜爱。明代刻的《达摩东渡图》和《达摩面壁图》，是西安疯颠和尚的手笔，画面以粗线条写意，局部用工笔细描，画出一印度僧人的虔诚形象，极其生动传神。

除碑石墓志外，西安碑林还收藏展示了以汉唐石刻为主的石刻艺术精品。如东汉的石兽、画像石，唐代的蹲狮、犀牛。驰名中外的《昭陵六骏》有四骏保留在这里。

正是因为西安碑林拥有如此浩瀚的藏品，具有卓越的书法和艺术价值、丰富的文化内涵，所以被誉为“东方文化的宝库”“书法艺术的渊薮”“汉唐石刻精品的殿堂”“世界最古的石刻书库”。

至今历时 900 多年的西安碑林，自建立后曾经得到了不少有识之士的关心和支持。其中贡献最大者为清朝两度出任陕西巡抚的毕沅。毕沅，江苏人，清乾隆年间状元，是一位著名的学者型官员、金石学家。他对保护和研究陕西的历史文化遗址、遗迹和文物，付出了大量心血和辛劳，并且取得了丰硕的成果。他在任职期间，几乎游遍了三秦大地的山山水水，那些城廓庙宇、宫室园囿、名胜古迹，都深深吸引了他。毕沅不仅奏请朝廷修建西岳庙和周公墓，而且对众多的汉唐陵阙也进行了识别和树碑标志。经过苦苦辨识订正，最后修成《关中胜迹图志》一书。该书共 30 卷，分疆域、名山、大河、古迹、帝陵、庙宇等不同门类，而且名为“关中”，实际上对于陕南陕北都有涉及，涵盖陕西全境。书中还附图 61 幅。对于已经毁弃和堙没的名胜，他也都千方百计地或佐以文献、或亲自勘察，努力拨去历史的迷雾和前人的谬讹，做出自己的判断和结论。当今研究陕西地方历史文化的学者，莫不从《关中胜迹图志》中获得极大的益处。对于碑林，他不但将其直接置于巡抚衙门的管理之下，而且修缮了房屋，清理了碑石，制订了一整套保护措施。新中国建立后，政府对碑林进行了大规模的整理修复工作，又增加了许多有价值的历代碑石、墓志，使碑林面貌焕然一新。近年来又被列入中国申请世界文化遗产预备名单。作为西安最有价值的文物古迹和中国知名度最高的历史文化单位之一，这里每年都吸引着 60 多万海内外游客。今天西安碑林已成为世界文化宝库中的重要组成部分，是弘扬祖国传统文化的重要窗口。

一〇六、经世致用——北宋横渠先生的关学及其影响

中国的历史到了宋代，承继了周秦汉唐的文化积淀、制度文明和创造财富的经验，已经形成了相对稳定的社会管理和国民信仰体系。在政治上相对开明，在思想上相对活跃。于是，一种糅合儒、佛、道三家理论而成的新的思想体系理学应运而生。理学以儒家传统伦理思想为核心，是晋唐以来儒、佛、道三教既长期纷争，又相互影响、渗透而趋于合流的结果。北宋理学家们大都经历过出入佛老而归于孔孟的思想历程。当时形成了以周敦颐为代表的濂学，邵雍为代表的象数学，以二程（程颢、程颐）为代表的洛学和以张载为代表的关学。理学家们以“性

命与天道”为中心，通过对理、气、性、命、心、情等范畴的立论和辨析，讨论了理气（道器）、心物（知行）、天理、人欲等问题。传统的古典儒学借助理学重新获得了新生，取得了思想上的统治地位。理学自从北宋创立以后，不断发展，出现了南宋朱熹、明代王阳明为代表的思想家，从而形成影响巨大的宋明理学。

“关学”为理学开创阶段的重要学派之一，是宋代创新文化的重要代表。其创始人张载（1020 ~ 1077）出生于长安，幼时喜读兵书，为范仲淹赏识，并在范仲淹的劝说下，弃武从文，走上了学术研究的道路。他在研习儒家经典的同时，广泛涉猎佛道之说，穷究不舍。他曾两次为官但都不得志，而他一生大部分时间都在陕西眉县横渠镇专心读书著述，终于创立了自己的思想体系，并且培养出大批门徒，形成一个阵容强大、影响深远的学派。因家居关中，且从学弟子多为关中人，故后人称他开创的学派为关学。又因张载长期居住在郿县（今陕西眉县）横渠

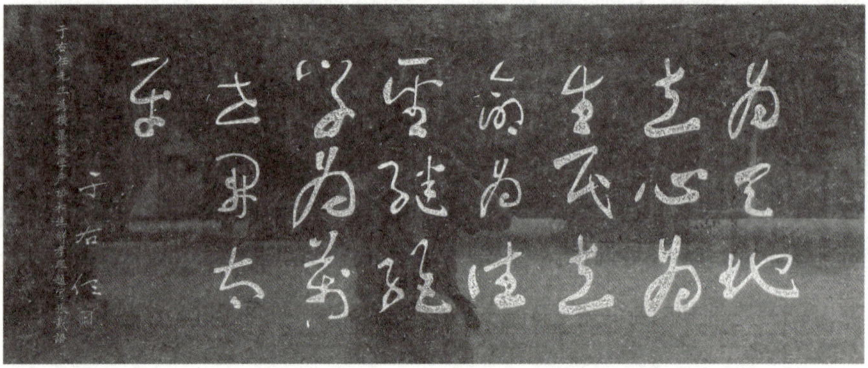

图 106–1　于右任书写横渠四句石刻

镇收徒讲学，世称“横渠先生”，因此又有“横渠之学”的说法。

关学作为理学中独立的学派，具有不同于其他学派的特点。关学主张“以实用为贵”，要求学以致用，力图把学术思想与现实社会的政治、经济、军事等问题联系起来，为现实服务，反对虚浮空谈的学风。关学注重实用知识，注重社会实际问题的特征，与后来只知道“低头拱手，空谈性命”的理学家是完全不同的。此外，关学还特别重视伦理，强调礼仪，对当时流行而不合古礼的礼仪极力予以纠正。

张载的关学与同时代周敦颐的濂学，程颢、程颐兄弟的洛学以及南宋朱熹的闽学，并称理学四大派，他本人也被誉为“理学宗祖之一”。张载在学术上的追求，可以概括为一个“新”字。他在一首《咏芭蕉》的诗中写道：“芭蕉心尽展新枝，新卷新心暗已随，愿学新心养新德，旋随新叶起新知”。学新心，养新德，起新知，宋代新儒学的形成，与这种求新的思潮是分不开的。这个新就表现在儒学的哲学化。周敦颐是把道家的宇宙论与儒家的易学相结合，建立他的天人一本理论。二程则汲取佛教本体论的形式，创立了理一无论的哲学。张载与他们不同，他是在总结当代自然科学和传统易学的基础上，创立自己独特的“太虚即气”“以气为本”的宇宙本体论，这是中国哲学史上第一个系统地以气和阴阳说明世界运动的哲学体系；在人性论上，张载也总结和吸取了中国古代的人性理论，创立了“天地之性”和“气质之性”的人性二元论，使中国自先秦以来讨论千余年，议论甚多、分歧极大的人性理论，尤其是人性善恶及其来源问题，有了较为圆满的解决。所以朱熹评论：“横渠之学是苦心得之”。张载自己也说：“学贵心悟，守旧无功”。刻苦学习前人的知识而不墨守前人的陈规，坚持不懈地探索和锐意求新，终于创立了他自己无愧于时代的哲学体系。张载死后，封建统治者给予他崇高的荣誉，宋孝宗封他“眉伯”“从祀孔子庙庭”。明清两代，张载的著作都被认为是理学的代表作，是开科取士的必读书。他的学派和他的哲学思想，对宋以后的中国文化产生了重大的影响。

作为北宋著名理学家、关学领袖，张载为后世留下了许多宝贵的精神遗产。除《易说》《正蒙》《语录》《经学理窟》等著作外。他的“为天地立心，为生民立命，为往圣继绝学，为万世开太平”的“横渠四句教”更一直被人们传颂不绝。“横渠四句教”涉及社会和民众的精神价值、生活意义、学统传承、政治理想等内容，既概括了哲学家的最高境界，也表现了儒者的宏大抱负，即：为社会重建精神价值，为民众确立生命意义，为前圣继承已绝之学统，为万世开拓太平之基业。这四句名言历代流行不衰。

张载死后，人们为纪念他，在他少年时读书的地方建立了横渠书院。

元代元贞元年（1295），开始在原横渠书院旧址上建张载祠。近年来，由于“横渠四句教”被国家领导人作为执政的理念多次提及从而影响深远，因而法、德、日、韩、美国等不少专家学者，也不远万里，慕名前来张载祠谒拜先哲，访真求学。

关学作为儒学史上承前启后的一个重要学派，从北宋到清末，延续了800余年，誉播华夏，对于关中子弟的教化影响深远。明代著名学者王阳明曾说：“关中自古多豪杰，其忠信沉毅之质，明达英伟之器，四方之士，吾见亦多矣，未有如关中之盛者也。”

在张载的学生中，最著名的是“蓝田四吕”，尤其是吕大临。

图106-2 横渠书院历代碑刻

吕大临（1044～1091），字与叔，号芸阁。先祖原为河南汲郡（今河南汲县）人，其祖父吕通曾任太常博士，因为葬在蓝田，吕氏后代遂移居蓝田。其父比部郎中吕蕡共有六子，一个夭折，五人登科及第，今有史可考者，只有大忠、大防、大钧和大临四兄弟，大临为幼。吕氏四兄弟在北宋朝廷均曾担任要职，不但在政治上具有较大的影响，而且在文化、学术领域也颇有建树和贡献，黄宗羲在《宋元学案》中就称“吕氏为关中学派蓝田系”。在四吕中，又以吕大临的学术贡献最为突出，是“守横渠学甚固”之人。

作为关学的杰出代表，吕大临对关学的贡献首先表现在包括他在内的吕氏兄弟对关学传播的推动。关学之所以“盛传于关中”，一方面是由于张载学说极广大、致高远、重力行、尚笃志的特点，吸引四方学者纷纷来学；另一方面则与蓝田吕氏兄弟拜张载为师，从而使关中学者知所趋向密切相关。吕大钧和张载为同科进士，但因敬佩张载的道德、学识，第一个拜张载为师。后其兄大忠、弟大临相继都尊张载为师，由此带动了关中学者奔向张门求学之风，使“关学郁郁满秦川”，并形成“关学之盛，不下洛学”的局面，推动了关学的发展。可以说，没有蓝田吕氏各方面的支持和对关学宗旨的实践、躬行，关学兴盛之局面是难以出现的。张载逝世后，吕大临虽转师二程，并成为程门高足，却不放弃关学的基本理论宗旨，不背其师，成为关学最有力的捍卫者。

无论是师从张载，还是后来改随二程，吕大临均享有极高的声誉。如南宋著名理学家朱熹认为吕大临的学术成就高于当时与他并称的诸家，“于程子门人中最取吕大临”，并把他与程颐相比而论。朱熹非常看重吕大临，认为自己假如“只如吕年”，也不见得能达到尔后那样高的学术成就。然而吕大临却早逝，其师程颐十分悲痛，直到大临逝世后三年，程颐“因阅故编”《雍行录》，回忆往昔“关西学者相从”的情景，因为“思与叔之不幸早死，为之泣下”，这既反映了程颐的真情，也说明了吕大临在当时学界的声名和地位。像吕大临这样，先后师从理学两个重要学派的创始人、被两个学派均视为代表性人物，同时还得到当时及后世著名理学家一致的高度评价，这样的学者在宋明理学史上还是极其少见的。

吕大临不但是著名的理学家，还是我国最早的金石学家，被誉为中国考古学的祖师爷。他虽在晚年才开始从事对青铜器的收集与研究，却最早将青铜器铭文作为一门学问进行系统研究。他所撰的《考古图》和《考古图释文》两书，奠定了现代考古学、古文字学的基础。吕大临一生著述甚丰，但是由于有关关学方面的著述大多失散，只留下《考古图》十卷传世，凸显了吕大临在金石学上的影响和地位。2008 年，陕西省考古研究院对位于陕西省蓝田县三里镇乡五里头村的吕氏家族墓进行

清理发掘，出土了大量西周至北宋时期的各种文物，它们不但证实了宋代收藏之风的盛行，而且更为我们研究宋代的历史文化提供了极为珍贵的实物资料。

清代的李二曲也是关学的代表人物之一。李二曲名颙，二曲是他的号，陕西周至人。他自幼发奋自学，广泛读书，但坚决不肯参加科举，终于在30岁时成为陕西知名学者。此后，他逐渐把主要精力放到学术研究上，以恢弘关学为己任，成为继张载、吕大临之后的又一代关学大师。康熙皇帝几次派人催促，要他进京做官，他却表示誓死不做朝官，甚至躺在棺材中准备自刎，这才使得官员罢手。他极力主张学术自由，提倡学者应把自己的学问公之于众，反对少数人垄断知识。同时他也主张注重实际，反对空谈，在当时的思想界享有很高的威望，与孙逢奇、黄宗羲并称为清初“三大儒”。他的著作宏富，收集在《二曲集》中。

宋代以降到明清之际，在陕西关中地区，曾先后建立了几所著名的书院，如眉县的横渠书院、西安的关中书院、三原的弘道书院、泾阳的味经书院和崇实书院。这些书院的共同特点，一是名师主理，如陕西著名学者冯从吾、马理、李二曲、刘古愚、柏景伟等，都曾是书院的山长或教习，他们坚持以弘扬学术文化和高尚的道德品质为己任，使得书院扬名四方。关中书院甚至能和江苏无锡的东林书院相提并论，成为当时反对阉党的知识分子的又一大本营；二是这些书院有着科学而严格的教学管理体系，为陕西甚至国家培养出大批杰出人才，如于右任、李仪祉、张季鸾等，都曾就学于这些书院；三是这些书院在办学过程中都曾遇到过种种磨难，但办学者都以惊人的毅力和大无畏的勇气，战胜一切困难，其精神力量鼓舞和感动了广大求学者，甚至地方长官。经过一段艰难困苦的历程，这些书院都逐渐产生很大的影响，不仅陕西、甘肃，甚至邻近的豫、鄂、川各省的学子都纷纷慕名前来求学，成为西北地区以至全国都享有盛誉的著名古代书院。其中的关中书院，在地方官的支持之下继续扩建校舍，扩建后的关中书院不仅具有相当的规模，而且绿树成荫、环境宜人，整条大街都是书声琅琅，最后索性改名为书院门。今天，书院门街已是西安最著名的一条古文化街，吸引着广大中外游客。而古老的关中书院，现已改建为西安师范学校，继续作为培养人才的重要基地。

明清时代是科学领域的群星灿烂的时代。那位有“北方徐光启”之称的王徵，就是群星中的明星。王徵是陕西泾阳人，自幼聪颖好学。他所著的《新制诸器图说》一书收录了他平时改进、发明的各种农具和日常用具，这些器具均广泛应用于生产、生活中。王徵对当时先进的西方科技特别重视，不仅与西方传教士合作，翻译西方科技著作，而且写了很多介绍西方文化与科技的重要著作与文章，是古代中国将视野投向世界的先驱者之一。他翻译的《远西奇器图说》，是国内最早引进的有关西方物理和数学的科学著作。许多著名的西方传教士金尼阁、汤若望、艾儒略来陕都是应王徵之邀，而他们独著或与王徵合著的著作，又有不少是在西安完成和刊行的。他既是一位难得的机械制造专家，致力于传授西方学术的科学家，同时也是一位理学家，还著有《两理略》《辩道说》等理学著作。只因他深感理学迂腐误人，不能起到挽救社会危机的作用，才潜心研究科学技术，希望从中找到一条富国强民的道路，从这个意义上也可以说王徵是中国古代最早具有科技救国思想的人物。

一〇七、古调独弹——中国最古老的戏曲秦腔所展示的陕西精神

秦腔是发源于陕西的中国最古老的戏曲剧种，因战国秦汉以来，陕西地区被称为秦，秦腔由此而得名。据学者研究，秦腔的起源可上溯到秦汉时期，其唱腔在唐代已基本定型。唐代的皇宫凡有庆典或皇上赏赐、大臣摆宴席或者闲暇无聊时，演奏歌舞就成了主要的娱乐方式。皇宫也专门划出一块地方供他们排练，并把这个地方命名为“梨园”，后来“梨园”成了戏曲行业的代名词，演员称为梨园弟子。唐代玄宗皇帝非常喜欢戏曲，他不仅看，有时侯也亲自上场演出，所以后来的梨园弟子就把唐玄宗尊奉为祖师爷。此时所演奏的不一定全是秦腔，但是，以秦地为主要发源地的秦腔必然会成为其中的一种演奏曲目和表演形式。

天宝十四载（755）安史之乱爆发，一大批宫廷艺人流落民间，宫廷艺术得以在民间流行，成为平民百姓的艺术。然而，最迟在明代，秦

腔已传播至全国不少地方。清代是秦腔的繁盛时期，清中叶以后，除山海关以外的东北三省尚未有秦腔的足迹外，其他各省都有流行。它在广东的支派“西秦戏”流行于广东海丰、陆丰等地，清末还到新加坡、印尼等国进行演出。乾隆、嘉庆（1736 ~ 1820）年间，秦腔演员魏长生曾三次到北京演出，轰动京城，原有的京腔六大班几乎无人过问，不少昆曲、京腔艺人改习秦腔，北京城中形成了秦腔一枝独秀的局面。此后半个多世纪，秦腔一直是北京舞台上最重要的戏曲剧种，同时流行全国许多地区。魏长生携带秦腔进京，为中国秦腔的发展和中国戏曲其他剧种的繁育做出了不朽的贡献。乾隆五十年时，清廷以魏长生的表演有伤风化，明令禁止秦腔在京城演出，但魏长生南下江南，又相继在扬州、苏州刮起了秦腔旋风，他新创的西秦腔，“徽伶尽习之”“海外咸知有魏三，清游名博大江南。”这是嘉庆初年《日下看花记》的作者评论秦腔艺人魏长生（即魏三）的诗句，它说明魏长生在乾隆、嘉庆年间曾是誉满大江南北的民间艺术大家。1924 年 7 到 8 月间，应邀来西北大学讲学的鲁迅先生，在 22 天紧张的讲学期间，为秦腔所吸引，利用课余时间，五次到西安的秦腔易俗社观看表演，并将自己在西安讲学的费用 50 块大洋捐赠给了易俗社。鲁迅为秦腔吼出的沧桑与霸气所震撼，挥笔写下了“古调独弹”四字制成匾额，亲赠易俗社用以赞誉他们的戏曲改革。借助鲁迅的巨大威望以及 “古调独弹”四字匾额，秦腔的影响力也得到了极大提升。易俗社成立于1912年，是以辅助社会教育、启迪民智、移风易俗为宗旨的我国第一个集戏曲教育和演出为一体的新型艺术团体。易俗社也确实对现代秦腔的改良和发展做出了突出贡献。近年来，秦腔剧目

图 107–1　西安易俗社

不断捧得中国戏剧最高奖——梅花奖，更为这一古老的艺术增添了新的光彩。

由于秦腔的很多剧目都是表现我国历史上反侵略战争、忠奸斗争、反压迫斗争等重大的或富有生活情趣的题材，由于秦腔音乐反映了陕甘人民耿直爽朗、慷慨好义的性格和淳朴敦厚、勤劳勇敢的民风，且较早地形成了比较适宜于表现各种情绪变化的板腔体音乐体制；加上秦腔艺人逐渐创造出一套比较完整的表演技巧，因而秦腔所到之处，都给各地剧种以不同的影响，并直接影响了各个梆子腔剧种的形成和发展。清康、雍、乾三代，秦腔流入北京，又直接影响到京剧的形成。为此它曾和昆山腔、弋阳腔、柳子腔等被誉为全国戏曲的所谓南昆、北弋、东柳、西梆的“四大声腔”。著名戏剧理论家欧阳予倩先生曾说：“秦腔可分为东西两路，西路入川为梆子，东路在山西为晋剧，在河南为豫剧，在河北为河北梆子”。著名戏曲家田汉在建国初年明确指出：“秦腔不仅是陕西一千万人的剧种，也是六亿人的剧种”。著名京剧表演艺术家梅兰芳也认为京剧表演艺术就来源于秦腔。确实，在目前流行中国北方的梆子腔各种戏曲中，或多或少都与秦腔存在着渊源关系，有许多其他地方戏曲剧种的老艺人，更直接把秦腔奉为他们的“老祖宗”。也正因为如此，2006 年，秦腔被国务院列入全国首批非物质文化遗产名录。

秦腔兴起于气势雄浑的黄土高原，风行于尚勇粗犷的秦民中间，是秦地秦民精神、性格、风俗、人情在艺术上的高度提炼和集中表现，故以黄钟大吕之声、粗犷豪放之势、洒脱淋漓之情为其主要特点。《史记·李斯列传》中所谓“击瓮叩缶，弹筝搏髀而歌呼呜呜快耳者，真秦之声也”，即是秦腔豪歌四野的先声；《列子·汤问篇》中秦青“抚节悲歌，声振林木，响遏行云”的记载，则是秦声高亢激昂的最初写照。随着历史的发展演变，秦腔逐渐形成为一种由声腔、音乐、表演动作等形式组成的综合性戏曲艺术，但其传统的风格与神韵仍然完整地保留下来并得到发扬光大。如现在有人所谓的“吼秦腔”，其实就是对秦腔风格与特点的形象描述。

从总体上看，秦腔的整体风格是粗犷豪放，“吼”声不绝，但也有

一些细腻柔和、缠绵悱恻的唱腔和缓步轻移、柳枝依依的大作。也就是说，它既可以如诉如泣、哀怨缠绵，又可以慷慨激昂、阳刚大气。自古以来有“听一段欢音春风得意，听一段哭音眼泪汪汪”的说法。

秦腔在漫长的历史过程中共积累了5000多个剧目，居所有剧种之首。丰富的剧目，强烈的表现力，使得人们如醉如痴地喜爱秦腔。陕西人说“老陕生来爱秦腔，一天不唱心发慌”。陕西关中大地上老百姓的风俗里，红白喜事一定会请来戏班，唱几段秦腔老调，一个生命，由生而死，其间的悲欢离合似乎就是在秦腔舞台上度过的。

一〇八、近代的西安革命和现代记忆

进入20世纪之后，陕西乃至中国的大地上孕育着翻天覆地的巨大变化。从西安举义、讨袁护法、二虎守长安、渭华起义以及西安事变，无数仁人志士、先哲英烈，用自己的爱国热忱和满腔热血，浇灌这块黄土地，谱写出了可歌可泣的英雄篇章，使自唐以来逐渐沉寂的陕西再次成为中国政治风云和世界关注的中心。

1. 讨袁护法

1911年10月10日，具有历史意义的辛亥革命在武昌首先爆发，陕西革命党人同哥老会联合，于10月22日发动起义，在张凤翙等人的领导下，经过两天激战，光复西安。张凤翙早年曾留学日本学习军事，辛亥革命时任西安起义的总指挥。

陕西响应武昌起义，是北方各省最早响应的一个省，也是全国最早响应的两省之一（另一省为湖南）。西安起义的迅速胜利，使清廷本打算以陕西、甘肃为基地以收复东南的计划完全落空。为了扑灭陕西的革命烈火，清朝廷派大军从河南、甘肃两路夹攻陕西。陕西人民为保卫革命成果，在军械、粮饷极端困难的情况下，在东西两个战场与清军展开了激烈的战斗，牵制了清军大量兵力，减轻了武昌革命军的压力。同时，陕西革命军又在井勿幕、胡景翼、陈树藩等人率领下，渡过黄河，一举攻下运城，支援了山西革命。西安起义的成功，从政治、军事上给清王朝以沉重的打击，有力地支持了南方刚刚建立起来的革命政权，促进了北方革命高潮的到来，推动了北方地区和全国革命形势的发展，加速了清王朝的崩溃，在辛亥革命史上写下了光辉的一页。

1915 年 12 月 12 日，袁世凯逆历史潮流而动宣布复辟帝制，激起了全国各地反对复辟帝制、拥护共和的讨袁护国战争。陕西成为继云南、贵州、广西、广东、浙江 5 省之后，第 6 个宣布独立的省份，当时督理陕西军务的陆建章是袁世凯的亲信，于是陕西发动了讨袁逐陆的战争并很快取得胜利，加速了袁世凯的败亡。

1916 年 6 月 6 日，袁世凯在全国人民的唾骂声中忧惧死去。皖系军阀段祺瑞出任内阁总理，执掌北洋政府实权。为反对段祺瑞独裁专制、解散国会和拒不恢复《临时约法》，1917 年 7 月 19 日，孙中山先生在广州举起了护法旗帜，护法战争从此开始。1918 年 1 月，陕西靖国军在三原成立。在于右任、井勿幕和胡景翼等人的领导下，靖国军以渭北数县之地，在饷械全无、供应不给的艰苦条件下，抗击了北洋军阀五省联军的数次围攻，坚持斗争长达 5 年之久。由于组织涣散和内部矛盾，

图 108–1　陕西靖国军总部旧址三原李靖故居

以及军阀强大的军事力量和拉拢分化，靖国军虽然最终失败了，但它在近代革命运动中的重要地位却是不容忽视的。陕西靖国军是北方地区唯一一支响应孙中山护法运动，并产生重大影响的军事力量和政治力量。它顺应了人民反对北洋军阀独裁统治的时势，合乎争取真正的民主共和国的历史潮流，在战略上策应了南方护法运动，因而在中国的民主革命史上具有不可磨灭的功绩。

2. 策应北伐

坐落于西安西五路的革命公园，如今是一个人们熟悉和喜爱的休憩场所。而追溯其建园始末，却会引出一段悲壮的历史往事——西安现代史上著名的“二虎守长安”战争。

1926年7月，国民革命军从中国南方开始北伐，直指控制中国北方的北洋军阀。在这场大革命前夕，西安成了北洋军阀对南作战中首先要控制的重镇。1926年春，北洋军阀吴佩孚部组织以豫西军阀刘镇华的镇嵩军为主的10万大军一路烧杀抢掠、逼近西安，很快就将西安城四面围定。西安城守军虽不足万人，但在守将“二虎”即杨虎城、李虎臣率领下，殊死守城，全城军民同仇敌忾，粉碎了镇嵩军一次又一次的进攻。但是由于敌我力量悬殊，西安城的守卫战打得非常艰苦。尤其是在守城后期，西安城内军民面临着粮食极度缺乏的困境，所有可以吃的动物、皮革制品、中药铺的某些药材都被吃光。城内居民曾试图出城就食，却被刘镇华部机枪封锁了道路。在饥寒交迫之下，城内每天都有大批居民死亡。在围城期间，城内死于饥饿的军民共达5万多人。1926年9月冯玉祥率部进行“五原誓师”，宣布全体官兵加入国民党，参加北伐革命，部队改编为国民联军，大举入陕，与于右任率领的国民军以及杨虎城、李虎臣和卫定一指挥的守城部队内外夹击，打败了刘振华的部队。11月28日，被围困8个月之久的西安城终于胜利解围，重见天日。

西安守城之战，正值国共合作的北伐战争进行之际，也是北伐战争的重要组成部分。

经过这场战争，西安也遭到严重破坏。昔日繁盛的街市变为瓦砾场，更为悲惨的是5万军民死于战火、冻饿，尸横累累，满目疮痍。西安解围后，为悼念和埋葬在围城斗争中死难的军民，由冯玉祥倡议成立了由各界人士参加的“陕西革命大祭筹备委员会”。有 3043 具无名尸体集体下葬于西安城东北角的一处空地，即今西安城内五路口以西。为了表达对死难者的敬意，西安党政军民各界数万人自发背来两万多袋黄土为他们堆起两座大冢，东冢埋葬男性遗体，西冢掩埋女性遗骸，称之为“陕西革命军民殉难合葬冢”。两冢之间建亭一座，名为“革命亭”。并在该地辟建公园，命名为“革命公园”。次年春天，陕西各界在此举行了隆重的追悼大会。冯玉祥、于右任在讲话中高度评价了西安军民艰苦卓绝的奋斗精神，以及杨虎城、李虎臣在反围城斗争中所作出的历史性贡献。杨虎城在会上发表了讲话，并为公祭大会送上挽联：“生也千古，死也千古；功满三秦，怨满三秦”。这幅挽联后来在陕西广为流传。杨虎城所写挽联虽然仅仅 16 个字，但含意深刻，耐人寻味，从一个侧面反映了杨虎城守卫西安城的复杂情感。为了迎接冯玉祥将军的解围大军

图 108-2　西安革命公园革命亭

入城，在西安的莲湖路正西专门开了一座城门，1928 年被命名为玉祥门，以此纪念冯玉祥将军解围之功。与此同时，在冯玉祥将军的倡导之下，于西安东城墙偏北一处新开辟了一座小门洞小东门，为纪念孙中山先生，冯玉祥特意命名此门为中山门。并开辟了南北二门洞，分别命名为东征门和凯旋门。如今的门楣上还清晰可见中山、东征、凯旋字书。

另外，1939 年在西安的朱雀门以西新开辟一座小门洞小南门，特

命名为勿幕门，以纪念陕西辛亥革命的元老功臣井勿幕。

国民联军进驻西安以后，1927 年 3 月 10 日，国民军联军总司令部与西北临时政治委员会领导联合成立中山学院，被誉为“西北最高革命学府”的高等学校，它是在原国立西北大学的基础上创办的。共产党人刘含初任学院院长，李子洲任副院长兼总务长，共培养学员 1000 余人。同年 5 月，共产党人史可轩、邓小平等人，在西安创办了中山军事政治学校，培训了大批革命骨干，时有“西北黄埔”和“第二黄埔”之誉。西安周围的农民运动也于此时蓬勃发展，与两湖地区的农民运动遥相呼应。在这一时期，西安成为北方各个省的革命基地，形成了南有广州、北有西安两个革命中心，为中国现代史增添了壮丽的篇章。

3. 西安事变

1935 年 12 月 9 日，在中国共产党的领导下，由北平学联组织发动了著名的“一二・九”抗日爱国运动。“一二・九”运动公开揭露了日本吞并华北进而侵略全中国的阴谋，打击了国民党政府的妥协退让政策，极大地促进了中华民族的觉醒，也标志着全国抗日救亡民主运动新高潮的到来。

当时在西北地区，以西安为中心的国民党军队的主要力量有张学良率领的东北军和杨虎城率领的第十七路军，这两支军队均非蒋介石嫡系，屡受排挤，对此，他们极为不满。尤其是东北军，过去盲目执行不抵抗政策，弃守东北，遭到国人唾弃，后又被命令前往陕北“剿共”蒙受重大损失，全军上下深感“剿共”没有出路，强烈要求抗日，收复东北国土。杨虎城同样热切希望进行抗战。中共中央通过种种渠道，大力开展对这两支军队的工作，坚定了张、杨联共抗日的决心，从而使党的抗日民族统一战线政策首先在西北地区取得成果。

张学良接受共产党的主张，实行联合抗日，为此多次劝谏蒋介石停止内战，一致对外，遭到拒绝。蒋又于 1936 年 12 月初到西安逼迫张学良、杨虎城把军队全部开赴陕北“剿共”前线。面对蒋介石的顽固态度，张学良声泪俱下，向蒋介石哭谏，苦陈抗战之必需，但遭到蒋的严词训斥。杨虎城也前往华清池向蒋介石进行“面谏”。蒋介石不仅严厉拒绝张、杨的请求，进而调集嫡系部队进驻陕甘，亲临西安督促“剿共”，逼迫张、杨进攻红军，否则就将张扬部队调离拆散，并且准备对前往临潼向蒋请愿的西安学生、市民动用军队进行镇压。张学良、杨虎城深感不解和痛苦，于是不得已决定实行“兵谏”。12 月 12 日凌晨，张学良和杨虎城派军队在临潼骊山扣留了蒋介石，并随即通电全国，提出改组南京政府、停止一切内战等八项抗日主张。这就是震惊中外的“西安事变”。

西安事变发生后，在国内外引起了强烈反响。各种政治派别和势力围绕如何处理事变展开了惊心动魄的斡旋和斗争。西安这座自唐代以后逐渐远离中国政治中心的古都，再一次被历史推到了风暴的中心，霎时吸引了全世界的目光。中共中央正确地分析了当时错综复杂的政治形势，经过反复研究，确定了和平解决的方针，并派周恩来、秦邦宪、叶剑英等前往西安调停。南京政府当局也派蒋介石夫人宋美龄及妻弟宋子文亲赴西安商谈。经过各方的共同努力，蒋介石被迫接受联共抗日的条件，西安事变最终得以和平解决。

西安事变后，南京政府当局终于逐步转变了长期以来的“攘外必先安内”的错误政策，基本停止了内战，开始准备抗战。中国共产党也不计前嫌，出于民族大义支持蒋介石国民党一致抗战，毅然决定与国民党进行第二次合作，抗日民族统一战线初步形成。为表明中国共产党团结抗日的决心和态度，1937 年清明节，中共中央派林伯渠代表中共中央，参加了两党首次联合举行的公祭黄帝陵活动，为此，毛泽东当时还亲自写了祭文，由林伯渠来宣读。此外，卢沟桥事变后，中共中央为了适应抗战形势的需要和广大爱国青年抗日救国要求，由西北青年救国联合会出面，在国民党统治区陕西泾阳县安吴堡创办了一所战时青年干部学校——安吴青训班。这所学校实施抗战教育，以多种组织形式和活动方式，吸引、团结、教育、训练来自全国各地的爱国青年。自 1937 年 10 月创办至 1940 年 4 月奉命撤离，历时两年半时间，共举办 14 期，组编 127 个连（队），培训学员 12000 余名，分别输送到延安、抗战前线、敌后根据地等地参加抗日救国斗争工作，为抗日青年运动的蓬勃发展做出了卓著的贡献，被誉为“青运史的丰碑、抗日青年的熔炉”。

西安事变的和平解决，成为中国由内战转向抗战的时局转换的关键。中国的政治时局，中华民族的历史进程，由此发生了根本性的逆转。作为事变发动者的张学良、杨虎城两位著名爱国将军，也因为“有大功于抗战事业”，而成为中华民族的“千古功臣”。

作为行伍出身、土生土长陕西人的杨虎城，不但与张学良共同成就了“西安事变”这样的“惊天地、泣鬼神”的伟业壮举，他在主政陕西时期也非常重视发展文化教育和水利等事业，为社会培养了大批人才，为社会发展做出了巨大贡献。为了培养高级农业人才，杨虎城与国民党监察院院长于右任、考试院院长戴季陶等十五人发起设立西北农林专科学校（西北农学院、西北农林科技大学的前身）。杨虎城还聘任著名教育家、水利专家李仪祉担任陕西省政府委员兼建设厅长、省水利厅长及黄河水利委员会委员长、省教育厅长、西北大学校长等职，倡办水利工程专校、中国第一个水工试验所及设置黄河水电站，提出治黄构思及理论。如今，由他倡议而修建的洛惠渠等水利工程仍在关中的农业生产中发挥着巨大的作用。为了纪念他对陕西乃至全国的贡献，人们也将他主政陕西时修建的官邸止园辟为“杨虎城将军纪念馆”，供人凭吊追怀。

西安事变和平解决后，1937 年 2 月初，红军驻西安办事处在西安

图 108-3　安吴青训班旧址

城内北新街七贤庄一号院成立。七贤庄原是一组庭院建筑，依建筑顺序，借晋时“竹林七贤”之名而得名。由南、北两个大小、结构相同的两进院落组成。院内建砖木结构平房，下设地下室。在参与西安事变的和平解决期间，中共代表叶剑英大多数时间居住在七贤庄一号院西厦房。为了及时和周恩来、秦邦宪交流情况、研究问题，叶剑英有时也在张学良公馆东楼居住。

1937 年 8 月 25 日，红军主力部队被正式改编为国民革命军第八路军，红军驻西安办事处正式改名为“国民革命军第八路军驻陕办事处”，是 1937 年至 1946 年设立在国民党统治区的一个公开合法机关。九年中，它在叶剑英、林伯渠、董必武等同志领导下，开展抗日民族统一战线工作，输送进步青年赴延安，为延安采购和运送物资，为抗日战争的胜利做出了巨大贡献。它在抗战时期全国 15 个八路军、新四军办事处中，是成立时间最早、坚持时间最长、影响最大的办事机构。党和军队的主要领导人周恩来、朱德、刘少奇、彭德怀、叶剑英、邓小平、博古、吴玉章等多次在此工作、居住。人民音乐家冼星海和新婚不久的妻子，经过办事处的帮助顺利到达延安；斯诺夫妇、白求恩、胡志明等人也是通过办事处的帮助到达延安的。仅 1937 年到 1938 年，通过办事处介绍去延安的全国各地的爱国青年就有两万多人。当年的青年成为白发苍苍的老人，当他们重游七贤庄时，无不发出这样的感慨：七贤庄是我们走上革命道路的起点！

主要参考书目

[1] 赵荣主编 . 文化陕西 [M]，西安：陕西旅游出版社 ,2010 年。

[2] 秦中朝编 . 话说西安十三朝 [M]，西安：三秦出版社，2014 年

[3] 武复兴主编 . 长安学丛书・武伯纶卷 [M]，西安：三秦出版社，2010 年。

[4] 王学理著 . 秦都咸阳 [M]，西安：陕西人民出版社，1985 年。

[5] 王学理著 . 咸阳帝都记 [M]，西安：三秦出版社，1999 年。

[6] 王学理著 . 汉都长安城建史 [M]，西安：陕西人民出版社，2011 年。

[7] 翦伯赞主编 . 中国史纲要 [M]，北京：中华书局，1979 年。

[8] 史念海主编 . 西安历史地图集 [M]，西安：西安地图出版社，1996 年。

[9] 武伯伦著 . 古城集 [M]，西安：三秦出版社，1987 年。

[10] 张永禄著 . 唐都长安 [M]，西安：三秦出版社，2010 年。

[11] 周云庵著 . 陕西园林史 [M]，西安：三秦出版社，1997 年。

[12] 梁中效、王继胜主编 . 张骞文化与丝绸之路 [M]，西安：三秦出版社，2015 年。

[13] 吕卓民著 . 古都西安——长安韦杜家族 [M]，西安：西安出版社，2005 年。

[14] 史念海主编 . 文史集林（第一辑）[J]，西安：人文杂志丛刊第四期，1985 年。

[15] 史念海主编 . 文史集林（第二辑）[M]，西安：三秦出版社，1987 年。

[16] 王永平著 . 唐代游艺 [M]，西安：西北大学出版社，1995 年。

[17] 潘孝伟著 . 唐代体育 [M]，西安：西北大学出版社，1995 年。

[18] 萧默著 . 隋唐建筑艺术 [M]，西安：西北大学出版社，1995 年。

[19] 潘镛著 . 隋唐时期的运河和漕运 [M]，西安：三秦出版社，1987 年。

[20] 李浩著 . 唐代园林别业考录 [M]，上海，上海古籍出版社，2005 年。

[21] 清・毕沅撰，张沛校点 . 关中胜迹图志 [M]，西安：三秦出版社，2004 年

[22] 清・徐松撰，张穆校补，李健超校注 . 增订唐两京城坊考 [M]，西安：三秦出版社，2006 年。

[23] 辛德勇著 . 隋唐两京丛考 [M]，西安：三秦出版社，2006 年。

[24] 汉・王褒等撰，陈晓捷辑注 . 关中佚志辑注 [M]，西安：三秦出版社，2006 年。

[25] 元・骆天骧撰，黄永年点校 . 类编长安志 [M]，西安：三秦出版社，2006 年。

[26] 宋・张礼撰，史念海、曹尔琴校注 . 游城南记校注 [M]，西安：三秦出版社，2006 年。

[27] 汉・赵岐等撰，清・张澍辑，陈晓捷注 . 三辅决录・三辅故事・三辅旧事 [M]，西安：三秦出版社，2006 年。

[28] 清・毛凤枝撰，李之勤校注 . 南山谷口考校注 [M]，西安：三秦出版社，2006 年。

[29] 唐・韦述、杜宝撰，辛德勇辑校 . 两京新记辑校・大业杂记辑校 [M]，西安：三秦出版社，2006 年。

[30] 汉魏・佚名撰，何清谷校注 . 三辅黄图校注 [M]，西安：三秦出版社，2006 年。

[31] 刘庆柱辑注，三秦记辑注・关中记辑注 [M]. 西安：三秦出版社，2006 年。

[32] 宋・朱熹注解，张帆、锋焘整理 . 诗经 [M]，西安：三秦出版社，2005 年。

[33] 张铭洽主编 . 长安学丛书・张西堂卷 [M]，西安：三秦出版社，2011 年。

[34] 宋・朱熹撰 . 四书章句集注 [M]，北京：中华书局，1983 年。

[35] 刘庆柱、杜文玉主编 . 丝绸之路中国段文化遗产研究（十卷本）[M]，西安：三秦出版社，2016 年。

[36] 商子秦、于孟晨总主编 . 西安城墙（四卷本）[M]，西安：陕西科学技术出版社，2012 年。

跋：寻找古都的文明记忆

按：时在 2013 年 10 月，赵荣先生与李郁共同策划编写本书，其初衷与过程赵荣先生已在前言中说明，不再赘述。然本书之所以能够申请获得 2014 年度陕西省重大文化精品立项，实赖三秦出版社支旭仲社长、赵建黎总编辑之努力争取和省委宣传部的大力支持，特此感谢。经过三年多时间的编写和反复修改，该书于 2017 年 5 月终于付梓出版。在编写过程中，幸有王学理、文军、陈亮、党秋妮等人的鼎力帮助，不敢或忘。本书编写之时，时有感悟、心得，偶然记之，便集腋成裘，汇成此文，文中观点，也是井底之见，或有偏颇之处，万望方家批评指正。

说起丝绸之路，人们并不陌生。自从 19 世纪末德国地理学家李希霍芬提出这个概念以来，便被学界普遍认可，成为古代欧亚大陆贸易通道的代名词。虽然有一些观点认为，从考古的意义上讲，玉石之路要早得多，大概可以上溯到上古时期。但是，玉石之路的商业价值和丝绸之路完全不可同日而语，不可等量齐观。至于是谁发现了这条道路，司马迁说汉武帝时期的张骞“凿空”西域，就是开辟西域通道的意思。其实，这样的通道一直都存在，从上古时期到汉武帝朝，人们也正是依赖这条通道做着各种买卖，或明或暗。但是，他并没有被政府和相关机构纳入交通和商业的经营体系。只有从张骞开始，严格意义上的发现才正式确立。存在与发现的概念完全不一样，即使他们所面对的是同一个主体。存在是自然形态，发现是文明形态。正如一座溶洞，当地祖祖辈辈的山民都知道它的存在，但只有当它被传播到山外并被科学认定以后才称得上“发现”，这样的举例实在是太多了。除了玉石之路，还有香料之路、传教之路等，但是玉石之路也好，丝绸之路也罢，他本身就是一种存在。文化和商业意义上的开拓，并不应包含古往今来的那些不同个体之间的物品交换和往来。然而，从张骞开始，东西方之间的贸易往来出现了质的变革，上自政府，下至民间，纷至沓来，你来我往，逐渐成为不可抑制的潮流。

至于中西交往的历史，少说也有三千多年。人们一定会记得穆天子，其实也就是西周穆王，在位时间 55 年（前 976—前 922）。那是有记载的最早抵达西域的中原统治者，影响波及海内外。因而，西王母、昆仑山在中原的文化体系里具有神圣的地位。他的出发地丰镐，是西周的都城，秦朝叫咸阳，汉朝、唐朝叫长安，也就是今天西安的前身。汉朝的张骞、唐朝的玄奘也都是从这里出发西行，建立了旷世奇功。我们的这本书虽然叫《丝绸之路的起点——西安》，但内容依然是讲述西安的历史文化，论述古代西安的地理环境、历史事件、著名人物、科技发展、宗教艺术、文化成就等等以及与之相关的王朝政治和社会管理体系。关于丝绸之路的学术研究非常繁荣，出版了很多专著，为丝路文化的持久研究奠定了坚定的基础。我们编写本书是为了普及西安的历史文化，通俗性成为第一的要求，因此在以往学术研究的基础上重新加工是必然的选择。为了做出本书的特色，我们便从 2016 年初开始，按照史圣司马迁的方式，游历了陕西的绝大部分博物馆和文物古迹，期望从最直观的研究成果中汲取学术的养分。

大概只要是写作西安的历史文化旅游的文字，蓝田猿人必然是第一个被提出的，否则便显得没有头脑，无从谈起。我们在写作《丝绸之路的起点——西安》的时候，也不能脱此窠臼。农历丁酉年正月二十二日，我们终于完成了对于蓝田猿人的实地考察，这是我们考察的最后一站，原想也不会有什么新的发现。然而，结果却令我们大为震惊，也给了我们灵感。结合一年多来的有目的的参观的所见所闻，我们不得不回首审视西安历史的相关定义。

现在，每当我们从外地坐火车回西安，过了临潼以后，总能听到动听的声音介绍古城的历史文化，我不止一次听说“西安是周秦汉唐等十二个王朝的古都所在地”，每当此时，我总是惊诧：不是说“十三朝古都”吗，怎么少了一朝。虽然心有不平，却很快就忘记了。可是，在蓝田猿人博物馆的展厅里赫然写道：西安是周秦汉唐十一个王朝的建都地。又少了一朝。而且在我们平日所见也常常出现“陕西十三朝”的说法，诸如此类，与我们多年所遵循的学术共识——“西安十三朝”“陕西十四朝”有所不同。陕西历史博物馆的常设展览“中国古代文明展”所列十四个王朝在陕西建都，并用详细的表格加以表述。十三个王朝建都西安，还有一个王朝是建都榆林靖边的赫连勃勃所建的大夏国。我也曾经编写过一本《话说西安十三朝》的书，采纳的就是这个论点。当然，在学术上对于十三朝的观点还有争议。但是，其他说法争论更甚。学界大概对于西周、秦、西汉、新莽、前赵、前秦、后秦、西魏、北周、隋、唐（包括武周）应该没有多大的歧义，然而对于东汉献帝初期、西晋愍帝时期和大夏国算不算定都长安有不同的看法。出现这样的不同表述，原因在哪里呢，有没有评价体系和标准不同的问题呢？究竟什么样的政权才能算作王朝、什么地方才能算作首都？我倾向于这样的观点，作为王朝最起码必须具备以下几个条件：

第一，这个政权必须拥有一个公认的家族统治者，称之为王或者皇帝；

第二，这个政权必须拥有中央官僚体系和一定区域的地方政权与之配套；

第三，这个政权必须拥有一套政治管理制度和礼仪规范；

第四，这个政权必须得到当时人（包括敌对方）的认可和承认；

第五，这个政权必须有一定年限的存续时间。

如果以上五点能够达到，就应该称之为王朝政权，都城就是这个政权相对固定的办公场所，是政治中心，行政中心。

我们速查一下东汉献帝朝和西晋愍帝朝，所有文献和研究著作都承认东汉献帝在位32年（189—220），初平元年（190）初到建安元年（196）七月被董卓劫持，迁都长安，史书上记载得非常清楚，时间虽然只有短短6年零5个月，但是王朝的性质毋庸置疑，长安的都城地位也理所应当。再看一下西晋愍帝（313—316），晋怀帝永嘉五年（311），匈奴汉赵政权皇帝刘聪南下洛阳，俘虏了晋怀帝。汉赵大将刘曜率兵攻取长安，西晋军队拼死争战，不久便收复长安，于是原来驻守长安的秦王司马邺被群臣推举为太子，并以太子的名义号令天下，从而存续西晋的王朝命脉。永嘉七年（313）四月，晋怀帝被汉赵毒害以后，长安群臣便拥立太子司马邺继位，改元建兴。这便是晋愍帝。直到建兴四年（316）十一月，汉赵大将刘曜率兵围攻长安，司马邺不忍生灵涂炭，便自缚投降，西晋宣告灭亡。建武元年（317），逃到江东的司马睿才继位，史称东晋。晋愍帝在长安虽然不足4年，但是他延续了晋王朝的统治体系，而且被当时的敌我双方都予以承认，承担了西晋王朝那时期的政治、军事、行政和外交职能。当时的长安城虽然残破不堪，但也不失作为都城而存在。大夏国是南北朝时期匈奴贵族赫连勃勃依据长安和黄土高原一带所建立的王朝，从407年开始称王至431年灭亡，前后经历三代24年的统治。赫连勃勃虽然在长安称帝，但是很快就移师北上，建都统万城，却以长安为南台（即南京）。由于其主要的活动不在长安，因此在统计长安建都的王朝时通常并不计入大夏国。但讲陕西建都王朝史的时候，称之为十四朝，就计算了大夏王朝。

陕西是中华民族的重要发祥地，西安是古代丝绸之路的起点。古代长安的文明影响了整个世界文明。此前中外的学者尤其是研究汉唐史、中外交通史、文化交流史、民族史的学者们一直将古代丝绸之路作为重点研究对象，并未有过间断，而且成果斐然。曾经产生了诸如向达、武伯纶、史念海等大师级的研究专家，其对学术的突出贡献已经被学界公认。近几年伴随着“一带一路”战略而兴起了新的“丝绸之路”热，研究的学者和考察团队纷至沓来。这当是中华文化繁荣复兴的一斑，可喜可贺。近三四十年来，陕西的学者人才辈出，致力于长安区域的考古和文化研究的学术成果非常集中，其专业的水平在学界均产生了深远影响。这正是我们研究长安文化弥足珍贵的参考资料。我们研究长安的历史，借鉴前人的研究成果，重新梳理长安文化的精神，重新审视长安文化的本质特征，便是有所本，有所依托的。

人类学家说，蓝田猿人是迄今发现的中国北方最早的古人类，却与我们并无基因上的传承关系。或许在蓝田人之后，那些替代的智人并没有放弃这一带的美好家园。于是，我们不妨想象一下，那古老的先民究竟是什么时候逐渐地从公王岭一带沿着灞河谷地转移到华胥一带，将人类的文明升华到一个新的高度，从而成为中华文明的新起点。大约是六七千年前，他们的后代繁衍生息，将文明的种子撒播在灞河、浐河两岸的西安半坡和临潼姜寨一带，又在四五千年前，构造了高陵的杨官寨文明。

现在的博物馆里，我们所看到的人面鱼纹盆和尖底瓶无疑成为半坡人文明智慧和艺术水平以及渔猎文明的象征。更为重要的是至今伫立在关中大地上的那些老式的土坯厦房甚至水泥建造的农家大院，不管是哪一种样式的外观构造，在半坡人的草房样式中似乎都能够找到他们的基址原型；还有周原遗址上的天子宫殿和贵族院落，流传了数千年而不衰，成为中国传统宫廷建筑和四合院建筑的经典造型。

上古神话传说和英雄传奇是早期人类文明基因传播的载体。宝鸡姜氏城、北首岭遗址和炎帝的传说、高陵杨官寨和黄帝传说、富平盘龙湾遗址和黄帝铸鼎传说，还有蓝田华胥氏、临潼伏羲女娲的传说和半坡遗址、姜寨遗址，诸如此类，他们之间到底该不该采用附会的方式做个推理？如果不成立，那么又该怎么解释他们的空间距离是如此之近，文化类型又是如此的相像？

考古学家说要讲证据。当我们的有些学者还在怀疑司马迁《史记》有关上古的记载是不是可信的时候，殷墟甲骨文的出土，使商王朝的世袭得到了证实；宝鸡出土的青铜器铭文也将西周的天子世袭完整地呈现出来。如何利用这些新的考古发现诠释历史？20 世纪后半叶至 21 世纪初期，大规模的现代化建设所倒逼的考古发掘成果远远超过了过去数百年的发现。这是王国维时代那些大师们所远远不具备的条件，这是当代文化人的幸运。

博物馆学家说要看影响。陕西是名副其实的文物大省，国宝级文物名满天下。有人问陕西历史博物馆馆藏的 18 件国宝级文物，哪一件才是第一的国宝？我说宝鸡青铜器博物院的何尊、秦始皇陵博物院的铜车马、茂陵博物馆的马踏匈奴石雕、乾陵博物馆的无字碑、碑林博物馆里的开成石经，这些无疑都是他们各自的第一国宝。那么，究竟哪一件文物才是陕西历史博物馆的第一国宝呢？我以为，真正的国宝既要能够代表当时综合文明的最高成就，又要有一定的象征意义。纯粹的金银器、玉器、象牙制品等常用的奢侈品只能反映手工技艺的高超，而不是反映当时社会、政治、经济、文化、艺术的综合代表作品，不可以做第一。我们去过陕西历史博物馆无数次，深知选出哪一件作为它的第一是很难的，但是我们确信陕西的古代文明正是中国古代最辉煌灿烂的周秦汉唐文明的代表，是真正的天下第一。

然而，陕西的古代文明究竟从什么时候开始算起呢？蓝田猿人，距今一百万年左右，但是，他们究竟是动物性强一些呢，还是人性强一些？大概还是动物性强一些，他们的文化从本质上讲，不应该属于人类文明的范畴。人类文明区别于动物文明的最主要标志是脱离了人的动物本能需要的那些创造和发明，艺术和信仰是最主要的表现形式。半坡人、姜寨人的文明代表了那个时期生活在古代西安周围的人类的文明程度，他们建立了怎样的氏族管理体系，依靠的是推测。但是，从周代开始，所建立的分封制度和礼乐天下却开启了中华文明的新纪元，秦汉隋唐以至元明清甚至 20 世纪前期的所有统治思想和管理体系，与周朝所奠基的古代文明密不可分。虽然在秦代有一次大的变革，在隋代又有一次大变革，但是，封建的体制模式并没有改变，所变的只是管理的制度模式，因此，古人所谓“天下大势，分久必合，合久必分”，道出了中国历史的恶循环本质。古代的西安城，作为王朝的首都，也几度繁荣辉煌，几度衰败残废。

据说，3100 多年之前的周文王姬发擅长星象占卜之学，他是以仁厚治理天下，那么当他测定在当时的丰地建立京城的时候，是否曾经预言过这里将会出现千年的帝王之城，千年的辉煌之后又过了千年之久，这里将会变成 21 世纪中华文化复兴的世界大都市。或许有，或许没有。但是，所有过去的已经发生，辉煌的地面建筑已不复存在，我们所能做的唯有依赖文献的记载和考古发现互相印证，期望找出那几千年文明的印记，并用简洁的语言加以描述。这正是丝绸之路的起点——西安的历史文化纪实。

古人云：读万卷书，行万里路。古人的游学，是做学问的重要法门。我们曾经说，参观一次博物馆，顶得上读三本同类的书。但愿这本书能够成为你参观陕西、了解陕西的导读。此为跋，愿与识者共勉之。

时在农历丁酉年四月二十二日即 2017 年 5 月 17 日

李郁于西安